Dieter Smolka (Hrsg.)

Motivation und Mitarbeiterführung in der Schule

Praxishilfen Schule
Pädagogik

Dieter Smolka (Hrsg.)

Motivation und Mitarbeiterführung in der Schule

Empfehlungen für die Schulpraxis

Luchterhand

Die Deutsche Bibliothek – CIP-Einheitsaufnahme

Motivation und Mitarbeiterführung in der Schule:
Empfehlungen für die Schulpraxis/Dieter Smolka (Hrsg.)
Neuwied; Kriftel: Luchterhand, 2000
(Praxishilfen Schule: Pädagogik)
ISBN 3-472-03271-5

www.luchterhand.de

Umschlag: Ute Weber GrafikDesign, Geretsried
Satz: KompetenzCenter Urban, Düsseldorf
Papier: Permaplan von Arjo Wiggins Spezialpapiere, Ettlingen
Druck: Neuwieder Verlagsgesellschaft mbH, Neuwied
Printed in Germany, März 2000

∞ Gedruckt auf säurefreiem, alterungsbeständigem und chlorfreiem Papier

Inhalt

Einleitung: Lehrer »faule Säcke« oder ...?

Die bildungspolitischen und schulischen Rahmenbedingungen lassen im Hinblick auf die Motivation der Lehrerinnen und Lehrer derzeit zu wünschen übrig. Dazu tragen insbesondere die verschärften Arbeitsbedingungen für die Lehrkräfte bei: Die ministeriell verordnete Mehrarbeit, die Streichung der Stellenreserve, die zunehmende Zahl der Vertretungsstunden, die Erhöhung der Pflichtstundenzahl, die größeren Klassenfrequenzen sowie die ständig wachsende Zahl verhaltensschwieriger Kinder und Jugendlicher.

Gleichzeitig sind in vielen Elternhäusern Erziehungsunfähigkeit, Resignation und Ratlosigkeit festzustellen. Die pädagogischen und erzieherischen Anforderungen an die Schule steigen, weil Erziehungsprobleme u. a. mitverursacht werden durch

- die negativen Auswirkungen von Dauerarbeitslosigkeit der Väter und auch der Mütter auf die Familien sowie die wachsende Armut in unserer Gesellschaft,
- die immer größere Anzahl der Kindern aus gescheiterten Ehen, aus Familien von getrennt lebenden Eheleuten bzw. von Alleinerziehenden,
- den immer stärkeren und unkontrollierteren Einfluss der Medien auf Kinder und Jugendliche,
- die Defizite in der außerschulischen Sozialisation.

Diese Entwicklungen und Begleiterscheinungen verstärken die psychischen und physischen Stressfaktoren in der Schule. Gerade engagierte und vordem hochmotivierte Lehrerinnen und Lehrer stoßen häufig an die Grenze ihrer Belastbarkeit.

Hinzu kommt, dass wegen der vergleichsweise geringen Zahl der Neueinstellungen an den Schulen die Lehrkräfte immer älter werden. Das Durchschnittsalter beträgt gegenwärtig mehr als 46 Jahre, an Gymnasien sogar 48,5 Jahre! Nur jede zehnte Lehrperson ist jünger als 35 Jahre, aber jede dritte bereits älter als 50.

Die Aufgaben der Schulleitungen und Lehrerkollegien werden immer umfangreicher, wie z. B. die Umsetzung neuer Richtlinien und Lehrpläne, die Budgetierung, die Schulprogrammarbeit oder die Maßnahmen zur Qualitätsentwicklung und -sicherung. Die Arbeitszeituntersuchung in Nordrhein-Westfalen verdeutlicht die große Belastung der Lehrkräfte an allen Schulformen. Aber statt Arbeitszeitverkürzung und spürbarer Arbeitsentlastung setzen die Kultus- und Finanzminister der Länder weitere Sparmaßnahmen im Schul- und Bildungsbereich durch.

Darüber hinaus trägt auch folgender schulpolitischer Zickzack-Kurs zur Verunsicherung bei: Viele Kultusministerien propagieren zwar eine erweiterte Selbständigkeit von Schule und verpflichten Schulen zur Erstellung eines Schulprogramms. In einer hektischen Reaktion auf den Leistungsvergleich der TIMSS-Studie wird der in Aussicht gestellte Spielraum durch ein ganzes Bündel neuer Vorschriften zur Qualitätssicherung aber de facto wieder eingeschränkt.

Die Erwartungen der Gesellschaft an die Schule, d. h. die Erfüllung des Bildungs- und Erziehungsauftrags einerseits und die Schwierigkeiten, diesen Erwartungen gerecht zu werden andererseits, können Gefühle der Überforderung, Selbstüberlastung, Spannungen sowie Konflikte auslösen. Denn niemals ist der Pädagoge – gemessen an pädagogischen Idealansprüchen – gut genug! Lehrerinnen und Lehrer werden durch »das Muster der nach oben offenen Richterskala zum willfährigen Objekt überfordernder Dienstherren«, formulierte der Erziehungswissenschaftler Hans-Georg Schönwälder in der *Allgemeinen LehrerZeitung* (Nr. 1/98 v. 29. 8. 98) treffend.

Mangelndes Ansehen des Berufsstandes in der Öffentlichkeit (»Faule Säcke«) bei gleichzeitigen Verschlechterungen im Bereich Besoldung und Versorgung tun ihr Übriges, die Motivation in den Lehrerkollegien zu mindern. Bei vielen Pädagogen sind zudem die Leistungsreserven erschöpft, Frustrationen und psychosomatische Störungen sind bei einigen an der Tagesordnung. Demotivation, freizeitorientierte Schonhaltung, innere Kündigung, Burnout und Frühpensionierungen sind die Folgen.

Kritisiert werden insbesondere von den Lehrerverbänden zu Recht

- die Erhöhung der Pflichtsstundenzahl der Lehrkräfte,
- die Einführung der Vorgriffsstunde,
- die Streichung der Stellenreserve,
- die Reduzierung der Entlastungsstunden,
- die Senkung der Alters-Ermäßigungsstunden,
- die Anrechnung des bedarfsdeckenden Unterrichts der Lehramtsanwärter in der Stellenberechnung,
- die Verschlechterung der Schüler-Lehrer Relationen bei der Grundstellen-Berechnung,
- die Reduzierung der Stundentafel.

Die Forderungen an die Schul- und Bildungspolitiker sind klar: Die sächlichen, personellen und schulorganisatorischen Rahmenbedingungen müssen verbessert, die Klassenfrequenzen deutlich gesenkt, die Wochenstundenzahl der Lehrkräfte verringert und neue Lehrerinnen und Lehrer jetzt und in Zukunft eingestellt werden.

Aufgrund der Altersstruktur und der steigenden Schülerzahlen in bestimmten Schulformen ist es notwendig, jüngere Lehrkräfte einzustellen. Denn junge Lehrerinnen und Lehrer sind ein unverzichtbares Innovations-Potential für eine ausgewogenere Zusammensetzung der Lehrerkollegien und für die Weiterentwicklung der Schule. Auch in Zeiten enger finanzieller Ressourcen sollte nicht ausschließlich der Spargedanke, sondern gerade die Verantwortung für die Zukunft unserer Kinder die politischen Entscheidungen bestimmen.

Als Herausgeber dieses Buches verkenne ich keineswegs diese komplexen bildungs- und schulpolitischen Zusammenhänge, die die Aufgaben des Unterrichtens und Erziehens in der Schule immer schwieriger machen. Andererseits gilt es aber auch Wege aufzuzeigen, wie solche Probleme in der Schulpraxis besser bewältigt werden können. Das Thema »Motivation« wird deshalb nicht primär als individualistisches Lehrerproblem gesehen und auf den Aspekt der Motivation des »Einzelkämpfers im aufopfernden pädagogischen Einsatz« verkürzt.

Zu den Kernaussagen dieses Buches zählen folgende richtungsweisende Aspekte: Strukturelle Verbesserungen und schulischer Wandel, mehr Gestaltungsfreiheit und Selbstverantwortung statt Gängelung sowie ein besseres, d. h. professionelleres Schulmanagement sind notwendig und führen zu mehr Arbeitszufriedenheit und Selbst-Motivation der Lehrerinnen und Lehrer. Eine mitarbeiterorientierte Führung wirkt motivationsfördernd und setzt oft ungeahnte Kräfte frei. Führung und Schulmanagement können in dieser Hinsicht für bessere Arbeitsbedingungen hinsichtlich der Kooperation und Kommunikation in der Schule sorgen. Diese Leitgedanken finden in den verschiedenen Beiträgen der Autorinnen und Autoren ihren Ausdruck.

Im ersten Kapitel steht zunächst das Thema *Motivations-Entwicklung* im Mittelpunkt. Hier wird dargestellt, wie durch Führung, Schulmanagement und Schulentwicklungs-Projekte Voraussetzungen für Motivation geschaffen, wie Engagement gefördert und wie die Grundlagen für eine größere Identifikation mit der eigenen Schule gelegt werden. Im Kapitel *Selbst-Motivation* wird anhand von Praxisbeispielen gezeigt, wie Schulleitung und Lehrerkollegium sich gegenseitig motivieren (bzw. auch demotivieren) können und wie eine gute Schule die Motivation aller am Schulleben Beteiligten fördert. Ein Kollegium ist nur dann zu motivieren, wenn Freiräume geöffnet werden, die von den Lehrerinnen und Lehrern selbstverantwortlich genutzt und gestaltet werden können. Zentrale Aussagen zur *Motivations-Psychologie* werden aus dem Erfahrungsbereich der Schulpsychologie dargestellt. Hier werden Kooperation und Teamentwicklung, Steigerung der Selbstwirksamkeit und die Bedeutung des Schulklimas für die Motivation konkretisiert. Schulentwicklung bedeutet ein dynamisches Aushandeln (und damit Verändern) der Widersprüche zwischen Realität und Visionen. Unternehmensberater, die die Schulentwicklung aufmerksam und kritisch beobachten, geben schließlich praxisorientierte Empfehlungen für Selbstverantwortung, Selbstmanagement, für ein zielorientiertes und effizientes *Motivations-Management* sowie Hinweise für eine zukünftige Schulentwicklung.

Das Buch vermittelt konkrete Handlungshilfen zu folgenden Fragen:

Wie können

- demotivierende »Blockaden« und Motivationsbarrieren in der Schule abgebaut werden?
- Resignation, Burnout und innere Kündigung im Lehrerberuf überwunden werden?

- Lehrerinnen und Lehrer »motiviert« und für pädagogische Aufgaben und Ziele »begeistert« werden?
- Selbstmotivation, Selbstwirksamkeit und Mitverantwortung aller an Schule Beteiligten gesteigert werden?
- Selbstverantwortung und Commitment als zentrale Gestaltungsidee an Schulen verwirklicht werden?
- wieder »mehr Lust auf Schule« erreicht werden?

Diese Publikation wendet sich an alle Leserinnen und Leser, die mit Fragen der Motivation und Gestaltung von Schule beruflich zu tun haben, also an

- Lehrerinnen und Lehrer aller Schulformen,
- die Mitglieder der Schulleitungen aller Schulformen,
- die Schulpsychologen,
- die Vertreter der Lehreraus- und -fortbildung,
- die Vertreter der Schulaufsicht und
- die Bildungspolitiker.

An diesem Buch haben 39 anerkannte Experten mit ihren Erfahrungen und Erkenntnissen aus unterschiedlichen Arbeitsfeldern mitgearbeitet, und zwar aus

- Schulleitungen, Schulmanagement und Schulaufsicht,
- Lehrerkollegien,
- Schulpsychologie und Schulberatung,
- Managementtraining, Unternehmensberatung und Unternehmensführung,
- Lehrerausbildung, Lehrerfortbildung, Schulentwicklung, Universität.

Ich danke allen Autorinnen und Autoren für die gute und effektive Zusammenarbeit, die vielen persönlichen Gespräche bei der Planung und Konzeption des Buches und die fundierten und praxisorientierten Beiträge. Besonders bedanke ich mich bei Herrn Uwe Arnim Borchers, dem Lektor des Luchterhand Verlages, für die große Unterstützung bei der Realisierung dieses Projekts.

Ich bin davon überzeugt, dass das vorliegende Buch zu mehr (Selbst-) Motivation aller an Schule Beteiligten beitragen wird. Denn nur motivierte Lehrerinnen und Lehrer in einer guten Schule können auch ihre Schülerinnen und Schüler motivieren und begeistern.

Im Frühjahr 2000 — Dieter Smolka

Motivations-Entwicklung

Motivation und Führung in der Schule

Dieter Smolka

Eine kooperative und partizipative Führungs- und Leitungsstruktur unterstützt die Selbstverantwortung und Selbstwirksamkeit der Lehrerinnen und Lehrer und trägt zu deren Motivation bei. Ein motivationsförderndes Schulmanagement, kompetente Mitarbeiterführung, Sach- und Sozialkompetenz und emotionale Intelligenz sind wichtige Qualifikationen, über die die Schulleitung verfügen sollte. Dadurch wird auch ein positives Schulklima als Voraussetzung für Motivation geschaffen.

Bildung und Erziehung vollziehen sich nicht auf der verwaltungstechnisch-rechtlich-technokratischen, sondern auf einer personalen, kommunikativen und sozialen Ebene. Die pädagogische Arbeit an der Schule gelingt durch Selbstverantwortung, Kooperation und Teamarbeit. Ein entwicklungsorientiertes Schulmanagement unterstützt die pädagogischen und organisatorischen Gestaltungsprozesse in der Schule und hat die Aufgabe, »die Fähigkeit der Schule zur Selbstorganisation zu fördern und den in der Schule tätigen Personen die notwendigen Handlungsspielräume zu eröffnen« (HORSTER 1998, S. 54).

Das Schulmanagement umfasst verschiedene Bereiche: Führungs- und Leitungsaufgaben, Schul- und Organisationsentwicklung, Personalentwicklung, pädagogische und administrativ-organisatorische Aufgaben sowie Evaluation und Qualitätskontrolle. Die Entwicklung einer Schule hängt vom motivationsunterstützenden Zusammenspiel dieser Bereiche ab.

Zusammenhang zwischen Führung und Motivation

Managers do things right. Leaders do the right things – Manager erledigen die Dinge richtig, Führende tun die richtigen Dinge. Die Schulleitung sollte über beide Dimensionen, nämlich Management- und Führungsqualitäten verfügen. Die Leitung einer Schule ist nicht nur bloße Organisation und Verwaltung. Führung ist die Anleitung zur Weiterentwicklung und die Einflussnahme durch Kommunikation. Effizientes Führen heißt, die Lehrerinnen und Lehrer bzw. das Kollegium stärken und im Schulalltag unterstützen. »Die wichtigsten Quellen für die Kompetenz und Innovation einer Organisation sind die Mitarbeiter. Zwischenmenschliche Beziehungen, Wohlbefinden und Identifizierung bestimmen den schulischen Erfolg. Führen heißt motivieren« (REGENTHAL 1998, S. 15).

Jede Form der Führung und Leitung hat entsprechende Auswirkungen auf die Mitarbeiter. Führung und Management sind nicht ausschließlich, aber zu einem großen Teil für die Kommunikationsabläufe verantwortlich. Ein schlechtes Führungs- und Schulklima trägt dazu bei, dass Lehrerinnen und Lehrer für »Burnout« und »innere Kündigung« anfälliger werden. Der

»Dienst nach Vorschrift« oder eine hohe Krankheitsquote sollten als Warnsignal dienen, das eine Reflexion der Arbeitsweise und Suche nach möglichen Fehlern im Organisations- und Kommunikationsablauf erfordert. »Der Demotivierungszyklus beginnt immer bei der Führungskraft selbst. Auf Dauer hat jeder Chef die Mitarbeiter, die er verdient« (SPRENGER 1993, S.180).

Ein optimales und effizientes Schulmanagement fördert ein positives Schulklima und unterstützt die Motivation und Selbstmotivation der Lehrerinnen und Lehrer. Der Führungsstil einer erfolgreichen und kompetenten Schulleitung ist durch Kooperationsfähigkeit, eine überzeugende Menschenführung, durch eine psychologische und soziale Sensibilität gekennzeichnet. Die Mitglieder der Schulleitung sollten nicht nur über Wissen, Können und ein professionelles Knowhow verfügen. Sie sollten die Beziehungen der Menschen stärken und auf die »Kultur« der Schule aktiv Einfluss nehmen.

Die **motivationsfördernden Qualitäten der Führung und des Schulmanagements** werden in diesem Aufsatz erläutert:

1. **Stärkung der Gestaltungsfreiheit**
2. **Stärkung von Selbstverantwortung und Empowerment**
3. **Vereinbarung gemeinsamer Leitziele**
4. **Entwicklung einer kooperativen und partizipativen Führung**
5. **Umfassende Information, Transparenz der Entscheidungen**
6. **Delegieren wichtiger Aufgaben**
7. **Akzeptanz der Pluralität**
8. **Stärkung der Teamentwicklung**
9. **Kooperative Konfliktlösung**
10. **Professionelle Beratungskultur**
11. **Motivierende Führungsqualitäten**
12. **Verbesserung des Schulklimas**
13. **Stärkung einer innovativen Unterrichtspraxis**
14. **Motivationsbeispiel: Mitbeteiligung bei der Unterrichtsverteilung**

1. Stärkung der Gestaltungsfreiheit

Die Schule als eine lernende Organisation braucht die aktive, mitbestimmende und mitarbeitende Beteiligung aller. Die Schule ist innovationsfreundlich und sorgt für Mitgestaltung und Mitverantwortung bei pädagogischen und organisatorischen Entscheidungen. Die grundsätzliche Offenheit für alternative Handlungsmöglichkeiten ist Grundlage einer dialogischen, kooperativen und partizipativen Führungs- und Leitungsstruktur. Wer eine profilierte und eigenständige Schule will, muss Selbständigkeit und Mitverantwortung des Kollegiums fördern. »Dass man dabei Risiken eingeht, liegt in der Natur der Sache. Aber wo nichts riskiert wird, bewegt sich auch nichts« (RISSE 1993, S.18).

Die Gestaltungsspielräume in den Schulen sind heute größer geworden, die Grenzen weiter gesteckt. »Wenn es früher darum ging, Gesetze und Richtlinien, die auf Gleichheit, Rechtmäßigkeit und Ordnungsmäßigkeit zielten, getreu den Anforderungen umzusetzen, so sind heute zwei andere Aspekte prägend für die Arbeit im Bildungsbereich: Komplexität und kontinuierlicher Wandel. Dies stellt hohe Anforderungen an diejenigen, die die Rahmenbedingungen schulischen Handelns festlegen, an Bildungspolitiker und Schulaufsicht, aber auch – und zwar nicht zuletzt – an die Führungskräfte in den Schulen selbst« (INGRISCH 1998, S. 10).

Die Autoren der Denkschrift der Bildungskommission Nordrhein-Westfalen definieren Schule als »Haus des Lernens«, in dem sich Bildung in eigenverantwortlicher Mitgestaltung ereignet. Mündigkeit als Zielvorstellung pädagogischen Handelns und verstanden als Verbindung von Selbstbestimmung und Verantwortung verlangt nach Gestaltungsfreiheit, eigenverantwortlicher Mitgestaltung, nach einer mündigen Schule (vgl. BILDUNGSKOMMISSION 1995, S. XXIV). Das von der Bildungskommission vorgeschlagene Steuerungskonzept will die Übersteuerung in vielen Bereichen überwinden, die Eigeninitiative, Flexibilität und sinnvolle Lösungen vor Ort behindert. Für die Einzelschule soll vor allem ein großes Maß an Gestaltungsfreiheit im pädagogischen und organisatorischen Bereich gewährleistet werden. Lehrerinnen und Lehrer gestalten das pädagogische und organisatorische Programm ihrer Schule aktiv und selbstverantwortlich.

Jede Selbstverantwortung und Motivation wird durch übertriebene Anordnungen, Richtlinien und Dienstvorschriften behindert. Eine bürokratische Fixierung auf Erlasse und Vorschriften verhindert Gestaltungsfreiheit und Profilbildung der Schule (vgl. FISCHER/SCHRATZ 1993, S. 143). »Zunächst noch wütend zappelnd, dann immer ruhiger werdend, der frühen Selbstpensionierung entgegen dümpelnd. Der Rest an Begeisterung bleibt in den engmaschigen ›Das-geht-nicht‹-Stahlnetzen juristischer Regelungsmechaniker hängen« (SPRENGER 1995, S. 32). »Die ängstliche Fixierung auf Erlasse und Vorschriften ist der Tod jedes qualitätsreichen pädagogischen Handelns in der Schule« (HURRELMANN 1996, S. 337). Andererseits: Je mehr Befugnisse man den Menschen jedoch gibt, desto mehr Verantwortung übernehmen sie und desto höher ist die (Selbst-) Motivation.

2. Stärkung von Selbstverantwortung und Empowerment

Das Schulmanagement trägt dazu bei, die Selbstgestaltungs-Prozesse des Kollegiums zu unterstützen und zu fördern. Das Prinzip Empowerment (vgl. BLANCHARD, CARLOS, RANDOLPH 1998) verlagert so viele Entscheidungsbefugnisse wie möglich auf selbstverantwortliche Arbeitsteams und auf einzelne Lehrer. Das sorgt für weniger Hierarchie und weniger Bürokratie, entlastet das Management und motiviert durch Mitverantwortung die

Mitarbeiter zu optimalen Leistungen. Wenn zum Beispiel neue pädagogische Konzepte aus den praktischen Arbeitszusammenhängen der Lehrerinnen und Lehrer (z.B. in den Teamsitzungen einer Jahrgangsstufe) entstehen, dann haben diese aus der Praxis entwickelten Konzepte gute Chancen der konkreten Umsetzung. Regelmäßige pädagogische Teilkonferenzen (z.B. in Jahrgangsteams) können bei Entscheidungsprozessen ein guter Weg sein. Die relevanten Themen und Probleme werden in den Teams besprochen, Ergebnisse und Lösungsvorschläge werden erarbeitet, die Lehrerkonferenz kann anhand von vorbereiteten Konferenzvorlagen zielorientiert und zeitökonomisch zu klaren Beschlüssen kommen.

Selbstverständlich sollte die Schulleitung nicht nur auf Vorschläge und Anträge der Jahrgangsteams warten und erst dann reagieren, sondern auch selber Impulse geben, Initiative zeigen, eigene klare Standpunkte entwickeln und Lösungsvorschläge deutlich machen. Im Rahmen von Organisationsentwicklung der Schule kann und muss die Schulleitung Akzente setzen. Wichtig ist allerdings, dass die Schulleitung hier nicht über die Köpfe des Kollegiums hinweg Ziele und Wege vorgibt, sondern sie im Team mit den Lehrerinnen und Lehrern zusammen entwickelt und vereinbart. Nur wenn das Vorhaben auf Akzeptanz stößt, Mitverantwortung übernommen werden kann und »die Bereitschaft vorhanden ist, sich auf einen Veränderungsprozess einzulassen, wird es gelingen, den oft recht langen Weg bis zum Ende zu gehen« (KREIENMEYER/HERBST 1997, S. 129). Die Kommunikation mit dem Kollegium und die Stärkung des Kollegiums für gemeinsame Planungs- und Entwicklungsaufgaben sind wichtig und fördern die Motivation.

Aber Demotivation und Widerstände sind dann zu erwarten, wenn

- die Veränderungsvorhaben undeutlich, unübersichtlich und inkonsistent sind,
- nicht genügend Zeit vorhanden ist, die Veränderung zu verstehen, vorzubereiten oder einzuführen,
- Lehrerinnen und Lehrer von der Schulleitung nicht in die Lage versetzt werden, zu einem Veränderungsvorhaben beitragen zu können,
- Konflikte mit der Schulleitung oder mit Kollegen nicht bearbeitet und einvernehmlich gelöst wurden. (Vgl. HAEREN/HOVEN 1996)

Strenghts	Weak-nesses
Opportuni-ties	Threats

Praxisbeispiel:

Eine konkrete Moderationstechnik zur Stärkung von Selbstverantwortung und Empowerment ist die SWOT-Analyse: S (*strengths*) Stärken, W (*weaknesses*) Schwächen, O (*opportunities*) Gelegenheiten, T (*threats*) Gefahren. In Schulleitungs- und Lehrerteams können diese zentralen Aspekte mit einer Kartenabfrage (z. B. bezüglich der Schulentwicklung) konkretisiert werden. Jedes Teammitglied notiert die Punkte, die aus seiner persönlichen Sicht am wichtigsten sind. Dabei können z. B. die folgenden Leitfragen als Orientierung gelten:

1. *Stärken und Schwächen:* Welche Stärken/Schwächen hat unsere Schule? Welches Bild hat die Öffentlichkeit von der Schule? Was klappt (weniger) gut? Wie laufen die internen Entscheidungsprozesse?
2. *Gelegenheiten und Gefahren:* Welche Entscheidungen fördern oder behindern die Entwicklung der Schule? Welche Ressourcen können stärker genutzt werden? Welche Initiativen sollten (nicht) aufgegriffen werden?

Die Karten werden anschließend erläutert, in das Raster auf der Flipchart geklebt und in der nachfolgenden Gesprächsrunde ausgewertet.
Der Vorteil dieser Analyse besteht darin, dass Erwartungen, Wünsche, Ziele, Konflikte verdeutlicht und konkrete gemeinsame Möglichkeiten und Wege vereinbart werden können.

3. Vereinbarung gemeinsamer Leitziele

Wenn Du ein Schiff bauen willst, dann trommle nicht Männer zusammen, um Holz zu beschaffen, Aufgaben zu vergeben und die Arbeit einzuteilen, sondern lehre sie die Sehnsucht nach dem weiten, endlosen Meer.

Antoine Saint-Exupéry

Das Schulmanagement entwickelt zusammen mit dem Kollegium, den Eltern und Schülern eine Schulkultur und Schulqualität – »Corporate Identity« – mit der sich möglichst alle Beteiligten identifizieren können. Neben den fachlichen Zielen sind auch die pädagogischen Leitziele der Schule für die Arbeit des Kollegiums sowie für die Leitung und Organisation der Schule bedeutsam. Die besten Schulen – und zwar unabhängig von der Schulform – orientieren sich an klar definierten Wertmaßstäben und Zielvorstellungen, die von Schulleitung und Kollegium gemeinsam vereinbart und auch in der Praxis verwirklicht werden. Fehlen diese Orientierungen, Prioritäten und Leitziele, reduziert sich Leitung auf technokratische Verwaltung statt zukunftsweisender Gestaltung.

Pädagogische Leitideen und gemeinsame Ziele bilden den Kontext für gemeinsames Handeln und Identifikation aller Beteiligten. Führung und Schulmanagement tragen dazu bei, die Zukunftsperspektiven in die Realität umzusetzen, in großen Entwürfen zu denken und mit kleinen Schritten – unter aktiver Beteiligung und Mitwirkung des Kollegiums – anzufangen. Gute Leistungen entstehen, wenn hoch gesteckte Ziele und ein ausgeprägter Sinn für Pragmatik zusammentreffen. Der Sinn für Pragmatik – z.B. welche pädagogischen Leitideen in welchem Zeitraum sinnvoll umgesetzt werden können – ist wichtig.

Wenn dagegen theoretische Konzepte oder ministerielle Vorgaben von der Schulleitung unreflektiert »von oben nach unten an das Kollegium durchgereicht« werden, ist wohl kaum mit Motivation und Engagement des Kollegiums zu rechnen. Die Entscheidungen in der Schule, zum Beispiel zur Gestaltung des Schullebens, sollten deshalb nicht »von oben« (top down) verordnet, sondern von den Betroffenen »von unten« (bottom up) entwickelt und umgesetzt werden.

4. Entwicklung einer kooperativen und partizipativen Führung

Bei Top-down-Entscheidungen sind resignativer Rückzug oder Opposition die nachvollziehbaren Reaktionen. In einer sich wandelnden Schule ist deshalb nicht der autokratische Schulleiter-Typ hilfreich, der seinem Kollegium mittels Amtsautorität zeigen will, »wo's lang geht«. Die Schulleitung sollte pädagogische und organisatorische Fragen und den Weg der Schulentwicklung nicht allein entscheiden, sondern sich stets darum bemühen, das Kollegium miteinzubeziehen, gemeinsam mit den Lehrerinnen und Lehrern in einem Prozess des Dialogs Ziele zu entwickeln, mit denen sich (fast) alle identifizieren können. Dazu gehört ein kooperativer und partizipativer Führungsstil der Schulleitung. Wenn dies nicht beachtet wird, kann sehr schnell der *Matterhorn-Effekt* eintreten: »Der Kontakt zu den Teammitgliedern reißt ab, einige kommen nicht mehr mit, andere machen es sich im Basislager bequem, man ist allein in eisiger Höhe – und dort kann es sehr einsam sein« (INGRISCH 1998, S. 10).

Dennoch versuchen manche Führungskräfte, Veränderungen »von oben nach unten« (gelegentlich auch mit Hilfe externer Berater) einzuführen. Eine solche Vorgehensweise ist aber selten erfolgreich. Denn die Bereitschaft für Veränderungen sinkt, wenn Mitarbeiter zu wenig an Entscheidungsprozessen beteiligt werden. Ohne Dialog läuft bei Veränderungsprozessen gar nichts. Veränderungsprozesse sind nur dann erfolgreich, wenn sie von den Mitarbeitern getragen werden. Wenn statt dessen unter Zeitdruck versucht wird, ein Veränderungsmodell nach dem anderen durchzusetzen, wenn zu viel zu schnell erreicht werden soll, dann demotiviert der Zeitdruck. Die

Folge: Das Ideen- und Erfahrungspotential der Mitarbeiter wird nur wenig oder gar nicht genutzt.

Veränderungsprozesse sind Lernprozesse, die Zeit brauchen. Bei jeder Art von Veränderungsprojekten sollten das Lernen in der Gruppe und der Erfahrungsaustausch im Vordergrund stehen. Eine sinnvolle Evaluation begleitet die Projekte. Alle Schritte werden reflektiert, erste Erfolge wertgeschätzt, Fehler toleriert. Nur so entsteht eine motivierende Lernkultur in der Schule.

5. Umfassende Information, Transparenz der Entscheidungen

Zu einem motivations-unterstützenden Schulmanagement zählen neben der Transparenz der Entscheidungen die kontinuierliche und umfassende Information. Ziel ist ein möglichst hohes Informiertheitsniveau aller am Schulleben Beteiligten. Jeder muss Zugang zu allen Informationen haben. Demotivierend für ein Kollegium ist das Herrschaftswissen einzelner Funktionsträger, die Monopolisierung von Informationen auf wenige »Auserwählte«. Die regelmäßige und umfassende Information trägt dazu bei, dass der Zusammenhalt und Teamgeist in der Schule wächst. Die Schüler werden in Jahrgangsstufen-Versammlungen (Assemblies), alle Eltern durch einen regelmäßigen Informationsbrief der Schule über alles Wissenswerte informiert. Gleichzeitig ist eine solche regelmäßige Information eine ständige Aufforderung zum genauen Hinsehen, zum Feedback und zur Selbstevaluation (vgl. SMOLKA 1994, S. 7). Durch umfassende Informationen wird die Transparenz der pädagogischen und organisatorischen Entscheidungen verdeutlicht.

6. Delegieren wichtiger Aufgaben

Der Mangel an echter Delegierung wichtiger Aufgabenbereiche ist die Schwäche vieler Führungskräfte. Delegieren von Aufgaben heißt nicht Macht- und Kompetenzverlust. Im Gegenteil: Die effektive Führung eines Kollegiums manifestiert sich in einem partizipativen und kooperativen Führungsstil, der durch kommunikative Kompetenz, emotionale Intelligenz und soziale Interaktion geprägt ist. Demotivierend ist, wenn ein Schulleiter alles zur »Chefsache« macht oder wichtige Aufgaben zwar zunächst an kompetente Mitarbeiter delegiert, sie dann aber schließlich doch allein »managt«, um eigene Vorstellungen durchzusetzen. Die bloße »Befehlsausführung« schafft bei den Mitarbeiterinnen und Mitarbeitern Unwillen bzw. Widerstand und erschwert die erforderliche Motivation, Eigeninitiative und Identifikation mit der Schule. Deshalb ist es unabdingbar, dass qualifizierten Lehrerinnen und Lehrern von der Schulleitung eigenständige Verantwortungsbereiche und entsprechende Entscheidungskompetenzen mit gemeinsam vereinbarten Zielen (Führen durch Zielvereinbarung) übertragen werden. Delegieren von Aufgaben bedeutet auch, dass Vertrauen in die Kompetenz und Professionalität des Mitarbeiters gesetzt wird, der die Aufgabe selbstverantwortlich übernimmt.

7. Akzeptanz der Pluralität

Lehrer sind Individualisten. Die Aufgabe der Schulleitung ist es, dafür zu sorgen, dass die vorhandenen Unterschiede nicht zu einem unvereinbaren Gegeneinander, sondern zu einem sich ergänzenden Miteinander führen. Akzeptanz der Pluralität (Grundsatz: »*sowohl – als auch*«, nicht »*entweder – oder*«) bedeutet die offene Kommunikation zum Beispiel über unterschiedliche pädagogische und organisatorische Konzepte, nicht jedoch Beliebigkeit und Unverbindlichkeit. Für die demokratisch verfasste Schule heißt dies, dass es nicht nur die eine richtige Idee gibt – viele Beiträge ergeben zusammen ein Ganzes. »Dazu gehört auch, dass Opponenten und Andersdenkende ernst genommen und ihnen nicht von vornherein unlautere Motive unterstellt werden. Offenheit, Unvoreingenommenheit, Verständnis für die andere Position und Empathie sind die sozialen Kompetenzen, die hier verlangt werden« (INGRISCH 1998, S. 13). Nur ein motivierter und geschätzter Lehrer, der sich auch in schwierigen Situationen der aufrichtigen Unterstützung seiner Kollegen sowie der Schulleitung sicher sein kann, wird seinen Beruf, der hohen Anforderungen ausgesetzt ist, mit Engagement und Elan ausüben. Entscheidend ist, »dass ein Schulleiter nicht krampfhaft versucht, die heterogenen Vorstellungen in seinem Kollegium auf einen gemeinsamen Nenner zu bringen, sondern dem Wertepluralismus Raum gibt und diesen für künftige Entwicklungen nutzt. Pluralität der Meinungen sind die wichtigsten Voraussetzungen für die Entwicklung von Vertrauen und das Entstehen eines Wir-Gefühls« (DRESSELHAUS 1999, S. 21).

8. Stärkung der Teamentwicklung

Gemeinsam eine bessere Schule schaffen, bedeutet Beteiligung möglichst vieler Direktbetroffener an Entscheidungen. Das Kollegium arbeitet kooperativ zusammen. Der Teamgedanke wird durch die organisatorischen Abläufe unterstützt. Bezüglich der Ziele, Methoden und Leitideen besteht weitgehend Konsens. Das Nebeneinander von Einzelkämpfern wird in einer guten Schule vom Miteinander selbstverantwortlicher Beteiligter abgelöst. Dadurch wird eine hohe Identifikation mit der Schule erreicht.

Auch in guten Schulen finden sich – wie in vielen anderen Schulen auch – einige demotivierende Rahmenbedingungen. Die Erfahrung zeigt jedoch, dass sie sich an guten Schulen nicht so gravierend negativ ausdrücken. Die kooperativen Arbeitszusammenhänge bilden ein psycho-soziales Stützsystem, das geeignet ist, auch erhöhte Belastungen des beruflichen Lebens zu mindern.

Die Schulleitung trägt Verantwortung für die Entwicklung einer kooperativen Schulkultur. Die Leistungsfähigkeit einer Schule ist oft das Spiegelbild ihres Teamgeistes. Die Teamentwicklung im Kollegium ist eine wesentliche Voraussetzung und integrierende Aufgabe jeder Schulentwicklung. Die Schulleitungen sind am effektivsten, die es verstehen, im Team und mit Teams zu arbeiten. Teambildung und Motivation der Lehrerinnen und Lehrer hängen eng miteinander zusammen. Das Lehrerteam, das in einer Jahrgangsstufe eingesetzt ist, sollte pädagogische Grundsätze und Ziele gemeinsam entwickeln und die Teamsitzungen zur gegenseitigen Hilfe, zum Feedback, für gemeinsame pädagogische Absprachen und zur Entwicklung fächerübergreifender Unterrichtsprojekte benutzen. Wenn Lehrerinnen und Lehrer jedoch eher als »pädagogische Einzelkämpfer« ausgebildet wurden, sollte beachtet werden, dass deren Teamfähigkeit nicht automatisch vorhanden ist, sondern noch unterstützt werden muss. Die Schulleitung kann zur Stärkung der Teamentwicklung beitragen (vgl. PHILIPP 1996, S. 35 ff.). Ein gutes und effizientes Team arbeitet partnerschaftlich mit Spaß an der Kooperation, hat ein gemeinsames Ziel, das den Teamerfolg definiert, entwickelt Innovationen auf der Grundlage gemeinsamer pädagogischer Erfahrungen und Erfolge und ist gekennzeichnet durch die gegenseitige Unterstützung der Teammitglieder bei der Bewältigung neuer Probleme und Herausforderungen. Die unterschiedlichen persönlichen Präferenzen der Lehrerinnen und Lehrer – z. B. Streben nach Veränderung und Innovationen, nach Beibehaltung und Bewahrung des bisher Erreichten, nach Eigenständigkeit und Unabhängigkeit, nach Anerkennung sozialer und gruppenbezogener Aktivitäten – können zusammengeführt und für Synergie-Effekte zur Stärkung der Teamkultur genutzt werden.

Checkliste: Funktioniert Ihr Team?

- Die Teamziele/Arbeitsaufträge sind klar definiert und eindeutig.
- Die Teamarbeit aktiviert alle Mitglieder. Aktive Mitarbeit und engagierte Auseinandersetzung mit Arbeitsauftrag/Thema/Ziel sind wichtig.
- Die Teammitglieder schaffen eine positive Arbeitsatmosphäre. Das offene und konstruktive Kommunikationsklima erlaubt es, jederzeit auch abweichende und unpopuläre Meinungen/Extrempositionen/Innovationen zu vertreten und auszutauschen.

- Teambesprechungen laufen effektiv und mit gutem Zeitmanagement.
- Teammitglieder machen sich auf Fehler aufmerksam. Konflikte werden besprochen und sind nach ihrer Lösung erledigt. Keiner ist nachtragend.
- Gemeinsam erarbeitete Leistungen werden gegenseitig anerkannt. Die Verantwortung für Teamentscheidungen werden von allen Mitgliedern getragen. Die Teams besprechen ihre Ergebnisse und Entscheidungen mit anderen Teams.
- Der Teamleiter genießt bei allen Teammitgliedern volles Vertrauen.
- Das Team kann autonom arbeiten, ohne dass ständig von außen in dessen Belange eingegriffen wird.

Praxisempfehlung:

Gute Teams brauchen eine effiziente Organisation, ein gutes Zeitmanagement, eine realistische Terminplanung, konkrete Zielvereinbarungen und Beschlusskontrolle und eine Gewichtung der zu behandelnden Themen. Die Gewichtung der Themen nach folgenden inhaltlichen Prioritäten hat sich in der Praxis als sinnvoll erwiesen:

Priorität A: dringend, unabdingbar, Beschluss erforderlich

Priorität B: wichtig, je nach Zeitstruktur sofort oder Festlegung für eine der nächsten Sitzungen

Priorität C: Aufgabe wird ohne Diskussion an ein Teammitglied delegiert, Bericht erfolgt in einer der nächsten Sitzungen.

9. Kooperative Konfliktlösung

Eine gute Schule zeichnet sich nicht durch das Fehlen von Konflikten, sondern durch eine konstruktive Konfliktregelung aus. Nicht der Konflikt als solcher ist bereits nachteilig für das Schulklima, sondern fehlende Informationen, Missverständnisse, defizitäre Kommunikationsstrukturen und unzureichende Konfliktregelungs-Möglichkeiten. Die Folge: Konflikte werden nicht bearbeitet, sind offen oder latent vorhanden und überlagern Sachentscheidungen.

Führung und Schulmanagement sollten kooperative und konstruktive Konfliktregelungen unterstützen. Konflikte sollten besprochen und gemeinsame Lösungen gesucht werden. Kritik wird als konstruktives Element im Entwicklungsprozess der Schule gesehen und nicht als persönlicher Angriff bewertet. Konflikten wird nicht aus dem Weg gegangen, sondern sie werden als Anstoß zur weiteren Diskussion und Beratung betrachtet. »Innerschulische Entwicklungsarbeit, die die Existenz unterschiedlicher Standpunkte nicht überdeckt, sondern geradezu zum Ausgangspunkt gemeinsamer Anstrengungen macht, kann nicht konfliktfrei sein. Ein Kollegium, das Interessengegensätze erfolgreich bearbeitet hat, löst nicht nur eine akute Schwierigkeit, sondern gewinnt neue Kompetenzen für die Gestaltung des Entwicklungsprozesses« (HORSTER 1998, S. 54).

Für die Bewältigung von Konflikten gibt es drei **Grundstrategien,** die mit recht unterschiedlichem Motivationserfolg angewendet werden:

- die »*win-win*« Strategie; d. h. die Beteiligten haben einen Konsens, zumindest aber einen gemeinsamen Kompromiss erzielt. Diese Strategie, die mit Verhandlungsgeschick, Empathie und emotionaler Intelligenz erreicht werden kann, stärkt die Gemeinsamkeiten und die Motivation aller Beteiligten,
- die »*win-lose*« Strategie; d. h. eine getroffene Entscheidung, bei der weder ein Konsens noch ein Kompromiss erreicht wird, schafft im Kollegium eine Gewinner- und eine Verlierergruppe. Auf Dauer wirkt diese Strategie, insbesondere für die »Verlierer«, demotivierend,
- die »*lose-lose*« Strategie; d. h. eine getroffene Entscheidung schafft ausschließlich Verlierer. Dies ist der Fall, wenn von unterschiedlichen Gruppen unterschiedliche Konzepte favorisiert werden, die allerdings alle abgelehnt werden. Diese Situation sorgt für Demotivation auf breiter Ebene.

Zur Stärkung der »*win-win*« Strategie, für eine kooperative Konfliktprophylaxe und Konfliktlösung ergeben sich folgende **Handlungsempfehlungen** (vgl. SEITZ/CAPAUL 1999, S. 12):

- Konflikte durch präventive Maßnahmen vermeiden helfen (Konfliktprophylaxe), d. h. Konflikte früh erkennen, nicht aufschaukeln lassen, Konfliktbegrenzung anstreben, potentiellen Konflikten mit einer gewissen Gelassenheit begegnen,
- Konflikte klar diagnostizieren, d. h. beide Seiten anhören, Missverständnisse ausräumen, Ursachen sorgfältig analysieren, das Gespräch suchen, keine »Briefkriege« starten,
- Beziehungen zwischen den Konfliktparteien nicht abbrechen lassen, sondern wieder herstellen, Sachebene suchen und Differenzen konstruktiv bearbeiten und ausgleichen,
- Ergebnisse der Konfliktlösung klar festhalten, Gesichtsverlust der Parteien vermeiden, Wirksamkeit der Konfliktlösung kontrollieren.

10. Professionelle Beratungskultur

Das Verhalten der Schulleitung in schwierigen Gesprächssituationen wird von der Schulöffentlichkeit aufmerksam beobachtet. Eine professionelle Beratungskompetenz beeinflusst die Kommunikation, Kooperation und das Beratungsklima an einer Schule. Denn bevor sich Lehrerinnen und Lehrer an die Schulleitung wenden, werden sich potentielle Ratsuchende fragen:

- Kann man der Schulleitung Probleme und Kritik anvertrauen? Wie geht die Schulleitung mit Problemen und Konflikten um?

- Wirkt die Schulleitung integrierend und bringt Konfliktparteien wieder zusammen oder geht sie Koalitionen ein, setzt ihre Meinung durch und schafft »Gewinner-Verlierer« Lösungen?
- Ist die Schulleitung ernsthaft an der Meinung anderer interessiert? Ist sie offen für alternative Vorschläge?

Fallen die Antworten auf diese Fragen positiv aus, wird die Schulleitung in ihrer Beratungs- und Steuerungsfunktion für schulische Entwicklungsprozesse akzeptiert und unterstützt. »Überwiegt ein negativer Eindruck in der Schulöffentlichkeit, wird die Schulleitung aus diesen Prozessen ausgegrenzt und die Kritik sucht sich andere, in der Regel destruktive Ventile« (GREWE 1997, S. 253).

Qualität der Beratung

Der Beratungserfolg ist dann erkennbar, wenn es dem Berater gelingt, Konflikte und Kommunikationsstörungen zwischen Beteiligten zu klären sowie die Suche nach geeigneten Handlungs- und Konfliktlösungs-Möglichkeiten zu unterstützen. Der Berater sollte nicht versuchen, ein Problem allein zu »lösen« und diese Lösung mittels hierarchischer Positionsmacht durchzusetzen. Denn die Verantwortung für die Entscheidung und für den Umgang mit dem Problem sollte beim Ratsuchenden bleiben. »Wenn der Ratsuchende den Eindruck hat, dass der Schulleiter von ihm eine ganz bestimmte Lösung erwartet, wird er evtl. in der Situation diesem Wunsch nachgeben, ohne zu überprüfen, ob er diese Lösung langfristig durchhalten kann. Die Möglichkeit, im Gespräch die optimal passende Lösung zu finden, ist damit vertan« (GREWE 1997, S. 244).

Wenn die Beratung durch Bewertung und Beurteilung geprägt ist, wird eine fundierte Auseinandersetzung mit möglichen selbstverantworteten Handlungsalternativen und Lösungen erschwert. Nachteilig für den Beratungserfolg ist, wenn

- die Beratung unter Zeitdruck erfolgt und der Berater ausschließlich seine Vorstellungen hinsichtlich geeigneter Problemlösungen darlegt,
- der Berater das Problem in einem einzigen kurzen Gespräch lösen will und Lösungsmöglichkeiten aus seinem Standardrepertoire vorschlägt,
- die Sichtweise des Ratsuchenden zu kurz kommt,
- längere Redebeiträge des Ratsuchenden den Berater«stören«, für den die Diagnose und die notwendige Veränderungsrichtung häufig schon vorschnell feststehen,
- Lösungsvorschläge allgemein bleiben und für den Ratsuchenden nicht umsetzbar sind.

11. Motivierende Führungsqualitäten

Die Führungskompetenz der Schulleitung beeinflusst das Klima einer Schule und damit die Arbeitszufriedenheit und (Selbst-) Motivation der Lehrerinnen und Lehrer. Um das Kollegium zu motivieren, muss auch die Schulleitung selbst motiviert sein, die gemeinsame Verantwortung für die Realisierung der Leitziele zu stärken und die Identifikation mit der Schule zu fördern.

Die kompetente und motivierende Schulleitung

- verdeutlicht die gemeinsam erarbeiteten und festgelegten Leitziele der Schule und trägt dazu bei, diese in konkrete und erreichbare Teilziele zu übertragen,
- ersetzt Hierachien durch selbständige und selbstverantwortlich handelnde Teams, delegiert wichtige Aufgaben – und zwar konsequent,
- übernimmt Gestaltungsverantwortung und ermutigt das Kollegium zur Selbstgestaltung und Selbstverantwortung, setzt auf Eigenverantwortung und unterstützt die (Selbst-) Motivation der Lehrerinnen und Lehrer,
- ist erreichbar und ein guter Zuhörer, kennt das Leistungspotential der Mitarbeiter und fördert dieses, vertraut seinen Mitarbeitern und betrachtet sie als Partner,
- fördert und ermutigt zur selbständigen und kreativen Problemlösung, kooperiert mit den Kolleginnen und Kollegen und schafft dadurch ein gutes Schulklima,
- gibt Feedback, das unterstützend, ehrlich und aufrichtig ist, äußert sich anerkennend, wenn gute Arbeit geleistet wird, bemerkt schlechte Arbeit und zeigt erreichbare Möglichkeiten der Verbesserung auf,
- verdeutlicht, dass man aus Fehlern lernen kann, gibt eigene Fehler zu und zeigt Verständnis, wenn andere Fehler zugeben müssen; denn jeder Fehler ist eine Gelegenheit zur Steigerung von Kompetenz,
- sorgt für umfassende Information, Kommunikation, offene Problemdiskussionen und Transparenz der Entscheidungen,
- sorgt für einen gerechten und fairen Ausgleich unterschiedlicher Interessen,
- stellt in der Öffentlichkeitsarbeit die Angebote der Schule dar und pflegt das Image der Schule nach innen und außen,
- verfügt über ein effizientes Zeitmanagement,
- bewältigt mit Humor, Aufgeschlossenheit, Gelassenheit, mit emotionaler Intelligenz die vielseitigen Anforderungen des Schulalltags.

Keine Schulleitung ist perfekt und verfügt über sämtliche Führungsqualitäten. Allerdings sollten folgende Fehler vermieden werden, die die Demotivation der Lehrerinnen und Lehrer geradezu garantieren:

Eine Leitungskraft ohne Führungsqualität

- verwaltet das Chaos und rudert – ohne erkennbare Prioritäten – orientierungslos durch den Schulalltag,
- ist meist nicht zu sprechen, gibt seinen Mitarbeitern Anweisungen und erwartet, dass sie ausgeführt werden,
- lässt andere Meinungen nicht zu, versucht Gesprächspartner zu manipulieren oder »zerredet« Themen, selektiert Teilargumente eines Gespräches, um diese zu kritisieren,
- versucht eigene Konzepte mittels Positionsmacht durchzusetzen und behält sich die endgültige Entscheidung immer selbst vor,
- redet nicht oder nur selten mit den Betroffenen,
- lässt Informationen nur in eine Richtung fließen – in das Chefzimmer,
- schafft bei Entscheidungen Gewinner- und Verlierersituationen, statt sich um Kompromisse zu bemühen, die für beide Seiten sinnvoll und akzeptabel sind,
- missachtet die fachliche Kompetenz der Lehrerinnen und Lehrer, weiß und kann immer mehr, greift oft und gerne ein, erklärt zu viele Themen zur Chefsache,
- kritisiert und bewertet sehr häufig das Verhalten der Mitarbeiter; akzeptiert kaum Erklärungen und Erläuterungen,
- führt autokratisch und versucht, anderen die Chef-Meinung aufzuzwingen und Gespächspartner »zuzutexten«,
- bietet wenig persönliche Unterstützung an und hält sich bei Problemen und Konflikten »bedeckt«,
- ist festgefahren und nicht in der Lage, eigene Fehler einzugestehen.

(Vgl. PETERS/AUSTIN 1993, S.413 – 417 und SMOLKA 1994, S. 88)

12. Verbesserung des Schulklimas

Schule soll sowohl die intellektuelle, emotionale und kreative Intelligenz, die fächerbezogenen Fertigkeiten, Fähigkeiten und Kenntnisse – in einem positiven und ermutigenden Schulklima – fördern. Unterricht ist Wissensvermittlung, Erziehung und Charakterbildung, Interaktion zwischen Lehrern und Schülern und kommunikatives Handeln. Folgende Aspekte, die z. B. im Schulprogramm festgelegt werden, können das Schulklima und die Motivation aller am Schulleben Beteiligten positiv beeinflussen:

- Stärkung von fachlichen und sozialen Kompetenzen der Schülerinnen und Schüler, z. B. Bekräftigung positiver Modelle, offizielle Anerkennungen (in jahrgangsbezogenen Schülerversammlungen) für herausragende fachliche Leistungen sowie Anerkennung besonderer sozialer oder kultureller Beiträge für die Schulgemeinschaft,
- Schaffung einer förderlichen Lernumgebung, z. B. Verschönerung der Schule, attraktives Arbeitsumfeld und gemeinsame Festlegung von Verantwortungsbereichen,

- Anleitung zur sinnvollen Freizeitgestaltung und Gesundheitsförderung,
- Festlegung gemeinsamer Regeln und Konsequenzen bei Verstößen (konkrete Vereinbarungen, an denen Schüler, Eltern und Lehrer beteiligt sind),
- konstruktive und kooperative Konfliktlösung nach der »Niederlagelosen-Methode«,
- Stärkung des Schlichterprogramms zur Konfliktbearbeitung und Gewaltprophylaxe.

Praxisbeispiel: Verbesserung der Lernkultur

Die Lernkultur beeinflusst das fachliche und soziale Lernen. Lehrerkollegium und Schulleitung gemeinsam können maßgeblich zu einer positiven und ermutigenden Lernkultur beitragen. Damit in der Schule auch neue Formen des Lernens verwirklicht werden, ist es notwendig, sie – im Konsens mit den Beteiligten – organisatorisch abzusichern. Dazu gehören zum Beispiel

- fächerübergreifendes Lernen, projektorientiertes Lernen, soziales Lernen,
- Methodentraining: das Lernen lernen, Inhalte selbständig – und mit Mitschülern zusammen – erschließen, Probleme bearbeiten und Erarbeitetes präsentieren.

Förderung des fachlichen und sozialen Lernens
Konkrete »kleine und große« Schritte zur Förderung des fachlichen und sozialen Lernens werden entwickelt. Dazu gehören zum Beispiel:

- das Betriebspraktikum in Klasse 9 und/oder 10,
- das Sozialpraktikum und Landpraktikum ab Klasse 8 (z. B. Kindergarten, Krankenhaus, Altenheim, Bauernhof),
- Partner- bzw. Patenschaften zwischen verschiedenen Klassen unterschiedlicher Jahrgangsstufen (z. B. Schüler der 10. Klasse betreuen Schüler der 5. Klasse etc.), verschiedene Formen der Helfersysteme zwischen Schülern verschiedener Jahrgänge, z. B. Hausaufgabenhilfe,
- Schlichterprogramm zur Lösung von Konflikten und zur Konfliktprophylaxe: Schüler werden ausgebildet, Streit zwischen Schülern kompetent zu schlichten,
- Soziales Kompetenztraining, mit dem Ziel, die »Klasse als Team« zu stärken,
- Projekttage zu unterschiedlichen Themenschwerpunkten, zum Beispiel »Gesunde Ernährung«, »Berufs- und Lebensplanung«, »Mädchen- und Jungenförderung«, »Talentförderung«, Selbstsicherheitstraining
- Entspannungstrainings zur Förderung der Konzentration und Persönlichkeitsentwicklung (vgl. MENN-HAUPTVOGEL/SMOLKA 2000).

13. Stärkung einer innovativen Unterrichtspraxis

Erfolg im Unterricht erhöht die Motivation. Jeder Lehrer unterrichtet gern in einer lernwilligen Klasse. Wenn der Lehrer positive Rückmeldungen von seinen Schülern erhält, dann macht Unterricht Freude. Lehrer und Schüler können sich gegenseitig motivieren und wechselweise zu einem guten Unterricht beitragen. Aber nicht alle Klassen sind lernwillig und »pflegeleicht«. Im Gegenteil: Manche Lehrer empfinden ihre Schüler als »schwierig«, »lernunwillig«, »nicht motivierbar«. Trotz pädagogischer und fachlicher Bemühungen fühlen sie sich durch Desinteresse, Ablehnung und Unterrichtsstörung der Schüler selbst zunehmend demotiviert, gestalten ihren Unterricht mit abnehmendem Engagement und verstärken damit die wechselseitige Demotivation. In ihrer Ausbildung lernen Lehrer zwar viel über Fachdidaktik und Unterrichtsmethodik, wenig aber darüber, wie eine Ansammlung von Einzelpersönlichkeiten in ein arbeitsfähiges Team verwandelt werden kann. Die Konsequenz: Die Schüler sind unterfordert, die Lehrer überfordert.

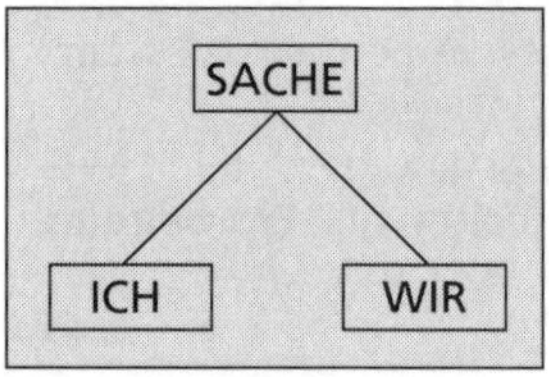

Durch eine veränderte Unterrichtspraxis und eine neue Qualität des Unterrichts können die Lernsituation und das Lernklima positiv verändert werden. Die Verbesserung der Lernatmosphäre und die konstruktive Zusammenarbeit der Lehrerinnen und Lehrer untereinander, die Verknüpfung von Selbst-, Sozial- und Sachkompetenz, die Gestaltung der »Klasse als Team« (vgl. MITSCHKA 1997), die Gleichgewichtung von ICH, WIR und SACHE sind Voraussetzungen für motivierende Lehr- und Lernprozesse. (Fach-) Unterricht ist nur dann nachhaltig erfolgreich, wenn es dem Lehrer gelingt,

- ein gutes emotionales Verhältnis zu seinen Schülern aufzubauen,
- auf (Lern-) Probleme der Schüler individuell einzugehen,
- jeden Schüler individuell zu fordern und zu fördern,
- jedem das Gefühl der Akzeptanz und Wertschätzung der Person zu vermitteln,
- die Selbständigkeit der Schüler zu unterstützen,
- individuelle Lernfortschritte wahrzunehmen und zu unterstützen,
- die Klasse als Team zu entwickeln,
- einen schülerorientierten Unterricht zur Leistungs-, Talent- und Persönlichkeitsförderung zu gestalten,
- die Interdependenz zwischen den fachlichen Anforderungen (SACHE), der individuellen Motivation und Anstrengungsbereitschaft (ICH) und der gruppendynamischen Voraussetzungen der Klasse (WIR) wahrzunehmen und professionell zu gestalten.

Die Schulleitung kann durch Förderung kollegialer Kooperationsformen sowie durch interne und externe Fortbildungen dazu beitragen, dass sich die Lehrerinnen und Lehrer in dieser Hinsicht weiter qualifizieren.

Praxisbeispiel zur Gestaltung des sozialen und fachlichen Lernens – am Beispiel des 5. Jahrgangs:

Wie können soziales und fachliches Lernen vorbereitet werden und die Klasse als Team entwickelt werden?

1. Kommunikation verbessern und als Team stärken: In den ersten Schultagen des neuen Schuljahres überlegen Lehrer und Schüler gemeinsam, wie miteinander kommuniziert werden soll. »Regeln« des Umgangs miteinander werden erarbeitet und begründet, schriftlich fixiert und in der Klasse für alle sichtbar aufgehängt (»Gesetzestafel«). Beispiele: *Einander zuhören, andere ausreden lassen, freundlich miteinander umgehen etc.*

Kommunikation muss geübt werden. Die Einführung von Gesprächsritualen und deren konsequente Einhaltung ist empfehlenswert. Eine Möglichkeit dazu bietet der Gesprächskreis (Stuhlkreis). Themen können sein: Rückblick auf die vergangene Woche, zukünftige Planungen, aktuelle, die ganze Klasse betreffende Themen, aktuelle Konflikte unter Schülern, Sorgen und Ängste der Schüler, Organisatorisches, Einüben bestimmter Gesprächsregeln, z. B. Zuhören können, Loben, etc. Hier bieten sich folgende Übungsformen an:

Zuhören können: Bevor ein Schüler seine Meinung äußert, wiederholt er die Aussagen seines Vorredners (Echo).

Loben: Positive Rückmeldungen geben, Komplimente austauschen, z. B. in Form von »Komplimentbriefen«.

Positive Gefühle ausdrücken (z. B. Freude, Lob, Verständnis etc.), motiviert die Schüler und schafft ein gutes Arbeitsklima. Schüler fühlen sich eher akzeptiert und ernst genommen, wenn sie die Möglichkeit haben, ihre Erlebnisse, Eindrücke, Ideen, Ängste und Sorgen mitzuteilen. Wichtig ist das Einüben von Ich- und Du-Botschaften.

2. Umgang mit Konflikten: Konflikte können im Rollenspiel aufgearbeitet und alternative Lösungsstrategien erprobt werden. Durch das Rollenspiel werden Ursache und Wirkung des Handelns anschaulich und deutlich und dadurch Schülern eher zugänglich. Förderliche und hinderliche Verhaltensweisen für Konfliktlösungen werden bewusst gemacht. Bei verhaltensschwierigen Schülern müssen die Grenzen und Regeln der Schule bzw. des Unterrichts konsequent deutlich gemacht und durchgesetzt werden. Dabei sollte das Lehrer-Team einer Klasse, z. B. in pädagogischen Konferenzen, frühzeitig gemeinsame Strategien vereinbaren. Zur gegenseitigen Unterstützung ermöglicht die Schulleitung den Lehrerinnen und Lehrern des Jahrgangsteams Beratungs- und Supervisions-Möglichkeiten.

3. Dem Schultag einen Rahmen geben

- Gemeinsame Wochenplanung mit Aufgabenverteilung: Was wollen wir bis Freitag geschafft haben? Wie sind die Verantwortlichkeiten? Wer übernimmt zusammen mit wem welche Aufgaben?
- In Gesprächen bedenken: Nicht nur die Dinge analysieren, die schlecht waren, oder Einzelne kritisieren, sondern positiv und erfolgreich abgeschlossene Aktivitäten und Vereinbarungen bestärken.

4. Das Lernen lernen

- Effiziente Lerntechniken und Lernstrategien werden mit den Schülern besprochen und eingeübt, z. B.: Wie können Vokabeln besser gelernt und behalten werden? Wie kann die Zeit besser eingeteilt werden (Zeitmanagement)? Wie können Lernergebnisse dargestellt und präsentiert werden?
- Wie kann ein ganzheitliches Lernen in fächerübergreifenden Zusammenhängen ermöglicht werden?
- Wie kann individuell und im Team selbständig gearbeitet und gelernt werden?
- Projektarbeit und Teamarbeit üben. Hier sind kooperierende LehrerInnen Vorbilder für eine gute Zusammenarbeit, sie verdeutlichen das, was sie sich von den Schülern wünschen.
- Wie kann durch gezielte Entspannung (autogenes Training, progressive Muskelentspannung) die Konzentration und das Lernen verbessert und mehr Ruhe und Gelassenheit erreicht werden?

5. Verantwortung für das Klassenleben gemeinsam tragen

- Anliegen, die Klasse und LehrerIn betreffen, Rechte und Pflichten innerhalb der Klasse, besprechen.
- Aufgaben zur Stärkung der Mitverantwortung vergeben (Ordnungsdienst, Klassenraumdienst, Blumenpflege, Klassenkasse, Klassenbücherei etc).
- Gemeinsam überlegen und Vorschläge sammeln: Was können wir machen, damit wir uns in der Klasse wohl fühlen, wie können wir die Atmosphäre im Klassenraum verbessern (Schmuck, Blumen, persönliche Gegenstände)? Verantwortung für sauberen Raum übernehmen. Wie kann unsere Klasse ein gutes Team werden?

6. Patenschaften in der Schule fördern

- Paten-Vereinbarungen zwischen verschiedenen Jahrgangsstufen schaffen soziale Verantwortung und Beziehungen. Ältere Schüler kümmern sich um jüngere Schüler und lernen für andere Verantwortung zu übernehmen.
- Die Patenschaften werden von den Klassenlehrern und der Schulberatung begleitet und unterstützt.

14. Motivationsbeispiel: Mitbeteiligung bei der Unterrichtsverteilung

Ein Beispiel für die Qualität des Schulmanagements ist die Mitwirkung des Kollegiums an der Erstellung der Unterrichtsverteilung. Die Unterrichtsverteilung ist die pädagogische Visitenkarte einer Schule (vgl. SMOLKA 1997, S. 51ff.). Die Vorgehensweise bei der Unterrichtsverteilung und die Beteiligung der Kolleginnen und Kollegen sagt viel über die Schulkultur und den »innerbetrieblichen« Entscheidungsprozess aus. Die Erstellung und das konkrete Verfahren bei der Unterrichtsverteilung ist ein Beispiel für die Leitungsstruktur und ein Prüfstein für die Kommunikation und das Management einer Schule. Die Verbesserung des Organisationsklima trägt zur Erhöhung der Qualität einer Schule und zur Stärkung der Motivation der Lehrerinnen und Lehrer bei.

Klausur-Modell oder Mitbeteiligung?

Wenn die Unterrichtsverteilung (UV) für das nächste Schuljahr ansteht, begeben sich manche Schulleiter und Schulleiterinnen gern in Klausur. Hinter verschlossenen Türen werden im »Unterrichtsverteilungs-Puzzle« die verfügbaren Lehrer-Wochenstunden den Fächern, Klassen und Kursen zugeordnet. Wird die Unterrichtsverteilung als einsame Chef-Entscheidung im »Klausur-Modell« ohne Beteiligung der Fachkonferenzen und der Kolleginnen und Kollegen vorgenommen und schließlich vor den Sommerferien als Überraschungscoup durch Aushang mitgeteilt, so kann die Akzeptanz der Entscheidungen wohl kaum erwartet werden. Die bei schnellen und einsamen Chef-Entscheidungen scheinbar gesparte Zeit wird meist anschließend dazu benötigt, um Konflikte oder zumindest Meinungsverschiedenheiten auszuräumen. Missverständnisse, mangelhafte Informationsweitergabe und unklare Ziele sind Folgen eines nur vordergründig effizienten Handelns. Der Sinn einsamer und wenig transparenter UV-Entscheidungen bleibt in vielen Fällen undeutlich und für die Betroffenen kaum nachvollziehbar. Das gern zitierte »Sachzwänge«-Argument der Schulleitung ist aus der Sicht des Kollegiums selten stichhaltig und überzeugend.

An vielen Schulen wird deshalb seit einigen Jahren ein neues Verfahren der Unterrichtsverteilung praktiziert (vgl. SMOLKA 1993, S. 190). Pädagogische und organisatorische Überlegungen und Probleme werden transparent gemacht und das Kollegium wird in die Erstellung der Unterrichtsverteilung aktiv mit einbezogen. Auch wenn sich nicht alle Interessen und Wünsche in der Unterrichtsverteilung verwirklichen lassen – und z. B. ein fachspezifischer Lehrermangel optimale pädagogische Lösungen erschwert –, so ist doch die Transparenz der Informationen und Entscheidungen von entscheidender Bedeutung für ein positives Schulklima und die Motivation der Lehrerinnen und Lehrer. Dadurch werden die Voraussetzungen für das Bemühen um gemeinsame Problemlösungen geschaffen. Eine Mitbeteiligung des Kollegiums hat sich gerade in diesem wichtigen pädagogisch-organisatorischen Bereich bewährt. Denn Konsens-Management führt zu konsensgestützten, nicht machtgestützten Entscheidungen. Dazu gehören Offenheit, Transparenz und Vertrauen, die eine Grundlage jeder organisatorischen Integrität darstellen.

Die Unterrichtsverteilung und die Stundenpläne können für ein erhebliches personal-psychologisches Konfliktpotential in der Schule sorgen. Es ist deshalb gerade auch bei der Unterrichtsverteilung und der Gestaltung des Stundenplans wichtig, auf den gesamten Rahmen der Arbeitsbedingungen von Lehrerinnen und Lehrern in der Schule zu achten. »Nur beruflich engagierte Lehrer können Schülern wirklich das an Unterstützung und Förderung bieten, was sie benötigen. Günstige Arbeitsvoraussetzungen für Lehrer, nach quantitativen und qualitativen Aspekten der Belastung kontrolliert, sind die entscheidende Voraussetzung für die schwierig gewordene pädagogische Auseinandersetzung mit Kindern und Jugendlichen« (HURRELMANN 1996, S. 22). Jetzt gibt es allerdings nicht nur hochmotivierte sondern auch demotivierte und wenig engagierte Lehrerinnen und Lehrer, die z. B. aufgrund von Misserfolgen in schwierigen Klassen das Vertrauen in die eigene persönliche Kompetenz und Stärke verloren haben. Diese Kolleginnen und Kollegen brauchen Hilfestellung und kollegiale Unterstützung. Die Stärke eines Kollegiums spiegelt sich auch im Umgang mit den schwächeren Partnern eines Teams.

Es ist zweckmäßig, dieses UV-Verfahren am Anfang zunächst in der Lehrerkonferenz und auch in der Schulkonferenz vorzustellen und zu besprechen. Der Arbeitsaufwand für die Organisationsleitung ist gegenüber dem »Klausur«-Modell höher aber auch wesentlich wirksamer. Der Gewinn an Transparenz und Akzeptanz ist erheblich. Da die Unterrichtsverteilung nicht nur mit technokratischen und pragmatischen Organisationselementen, sondern viel mit Psychologie und Schulkultur zu tun hat, ist ein solches partizipatives Verfahren von großem Wert. (Vgl. SMOLKA 1997)

Pädagogische Kontinuität und erzieherischer Auftrag

Die Struktur jeder Schule sollte in überschaubare Einheiten gegliedert sein. Insbesondere in großen Schulen kann dies abteilungsbezogen in überschaubaren kleinen Einheiten nach dem Prinzip »Schulen in der Schule« erfolgen. Im Rahmen der Unterrichtsverteilung ist zu bedenken, dass Lehrerinnen und Lehrer nicht über alle Jahrgangsstufen willkürlich verstreut, sondern schwerpunktbezogen in möglichst wenigen Klassen und Jahrgangsstufen eingesetzt werden. Solche überschaubare Einheiten gerade auch in großen Schulzentren können die Identifikation der Beteiligten sowie das Schulklima insgesamt erheblich verbessern. Um die erzieherische Kontinuität zu sichern, haben die Klassenlehrer bzw. die Klassenteamlehrer möglichst viel Unterricht in ihrer Klasse. Die Verlässlichkeit der Beziehungen zwischen Lehrern und Schülern ist wichtig und wird durch diese an pädagogischen Maßstäben orientierte Unterrichtsverteilung verstärkt.

Teambildungen auf der Ebene der Klassenleitung sind geeignet, pädagogisch homogenere Einheiten zu schaffen. Möglichst wenige Lehrer und Lehrerinnen sollten als Team möglichst viel Unterricht in ihrer Klasse haben. Mitunter können Kollegen mit ihrem Einverständnis auch gelegentlich fachfremd in ihrer Klasse unterrichten, und zwar nicht, um Mangelfächer abzudecken, sondern um in möglichst vielen Unterrichtsstunden in der Klasse anwesend zu sein. Das ist besonders aus pädagogischen Erwägungen in den Jahrgangsstufen 5 bis 8 der Sekundarstufe I sinnvoll. Dadurch kann der Erziehungsauftrag der Schule intensiver wahrgenommen werden. Allerdings sollte auch bedacht werden, dass Lehrerinnen und Lehrer gern noch in anderen Klassen und Jahrgängen pädagogische und fachliche Abwechslung erfahren möchten. Auch diese Wünsche sollten in der Unterrichtsverteilung berücksichtigt werden. Einseitige Extremmodelle – Motto: »Lehrereinsatz ausschließlich in einer Klasse oder ausschließlich in einer Jahrgangsstufe« – tragen nicht unbedingt zur Arbeitszufriedenheit bei.

Die Teamentwicklung stärkt die Lehrerinnen und Lehrer in ihren Erziehungsbemühungen auch im Umgang mit verhaltensschwierigen Kindern. Teamentwicklung sichert die fachlichen und pädagogischen Absprachen unter den Lehrpersonen und vergrößert ihre erzieherische Einflussnahme auf die Schüler. Diese Aspekte sind für die Unterrichtsverteilung unverzichtbar. Je stabiler das allgemeine pädagogische Fundament einer Schule ist, desto günstiger werden die Voraussetzungen, die Persönlichkeit von Kindern und Jugendlichen heranzubilden und auch mit Verhaltensproblemen von Schülern angemessen umzugehen. »Soziale Stabilität im Gefüge einer Schule und der Erwerb sozial verantwortlichen Verhaltens sind ebenso wichtig wie die fachliche Spitzenleistung« (BILDUNGSKOMMISSION 1995, S. 41).

Fazit

Schule braucht Motivation und eine neue Aufbruchstimmung, eine Schulleitung mit einem kooperativen und motivierenden Führungs- und Leitungsverständnis, ein überzeugendes und professionelles Schulmanagement, eine neue Mitarbeitermotivation, eine offene Informations- und Kommunikationsstruktur, eine Stärkung der Teamkultur, gemeinsame partizipative Entscheidungsprozesse, Vertrauen und Offenheit, eine Corporate Identity als Philosophie, als Leitziel und als konkrete Handlungsaufforderung.

Dieter Smolka, Studium an den Universitäten Köln und Rochester (USA), Direktor, stellv. Schulleiter, Organisationsleiter, beschäftigt sich mit Fragen des Schulmanagements, der Mitarbeiterführung, Motivation, Organisation, Schulentwicklung und der neuen Medien, ist in der Lehrerausbildung und Lehrerfortbildung tätig und Autor bildungspolitischer, schulpraktischer und fachdidaktischer Veröffentlichungen.

Anschrift:
Städtische Gesamtschule Kikweg Sekundarstufe I und II,
Heidelberger Str. 75, 40229 Düsseldorf, Tel.: 02 11/8 99 96 11,
Fax: 02 11/8 99 96 12, E-Mail: Kikweg@compuserve.com

Motivation und Mitarbeiterführung als gemeinsame Aufgabe von Schulleitung und Schulaufsicht

Harald Gampe

Einleitung

Wie in Unternehmen und sozialen Organisationen wirkt sich ebenso in Behörden und Schulen die Führungsleistung der Vorgesetzten auf die Qualität der Arbeit aus, insbesondere auch auf die berufliche Zufriedenheit. Unbestritten ist ein hohes Qualitätsniveau nur über qualifizierte und motivierte Mitarbeiterinnen und Mitarbeiter zu erreichen. Die Steigerung der Arbeitsfreude und der Zufriedenheit muss daher ein Qualitätsziel sein. Dazu zählen größere Selbständigkeit, Planungssicherheit, Vertrauen und das Unternehmensimage (Corporate Identity bzw. Wir-Gefühl). Damit stellt sich die Frage nach der Bedeutung einer entsprechenden »Führungsphilosophie«. Führung impliziert sowohl die Vorstellung (Vision) von Aufgaben und Zielen als auch deren Verwirklichung im Hinblick auf die Verhaltensbeeinflussung anderer Menschen. Dies aber erfordert Führungswissen und -können bei Vorgesetzten und Funktionsträgern wie Schulleitungs- und Schulaufsichtspersonen.

Ein autoritativer Führungsstil des Vorgesetzten bewirkt durch Demotivation Leistungsverluste, Interessenlosigkeit und mangelndes Engagement. Offensichtlich entscheidet also Personalführung über das Leistungsniveau eines Unternehmens, einer Dienststelle, auch eines Schulbetriebes. Kommt es durch Führungsfehler der Vorgesetzten zu einem negativen Betriebsklima (Schulklima), flüchten sich Mitarbeiter (Lehrpersonen) häufig in die Reaktanz oder in die »innere Kündigung«. Reaktanz meint die Reaktion einer Person auf Freiheitsentzug und Fremdbestimmung. Neben den vielen unterrichtlichen Fehlzeiten sind bei einigen Lehrkräften auch psychosomatische Erkrankungen bis zu dauernder Dienstunfähigkeit die Folge.

Schulleitung und Schulaufsicht sind gemeinsam mit für die Berufszufriedenheit und das Qualitätsmanagement an der Schule verantwortlich. Wie gehen beide Seiten mit ihrer Gesamtverantwortung um? Fühlen sie sich durch die Aufgabenfülle vielfach überfordert? Können sie überhaupt als Führungspersonen die vielfältigen Erwartungen der am Schulleben Beteiligten (Schüler, Eltern, Lehrpersonen) erfüllen? Wie werden sie mit den dauernden Rollenkonflikten fertig? Hinzu kommt: Ein besonderes Merkmal der berufsfeldspezifischen Bedingungen von Schule ist die Tatsache, dass es sich in dieser Institution um eine vergleichsweise homogene Mitarbeiterstruktur mit geringer Führungsdifferenzierung und Binnenhierarchie handelt. Obwohl die Schule eine professionelle Organisation darstellt, stehen Kooperation und Kontrolle in einem typischen Spannungsverhältnis.

Die Leistungen eines Unternehmens werden in Bilanzen gemessen. Die schulische Leistungsbilanz dokumentiert sich in der Organisation und Durchführung sozialer und fachlicher Lernprozesse. Erschwerend sind Individualisierungstendenzen innerhalb des Lehrerkollegiums mit der Folge, dass Führungs- und Organisationsaufgaben von Schulleitung und Schulaufsicht vielfach als Einengung individueller Handlungsspielräume angesehen wird. Führungspersonen werden vorschnell auf ihre bloße Kontrollfunktion festgelegt. Personalführung tangiert die professionelle Selbständigkeit der Lehrerschaft. Damit stellt sich die Frage, wie Schulleitungs- und Schulaufsichtspersonen die ihnen zugedachte Aufgabe erfolgreich bewältigen sollen, d. h. Qualitätsverbesserung der Schule sicherzustellen und zugleich eine Kooperationskultur zu ermöglichen.

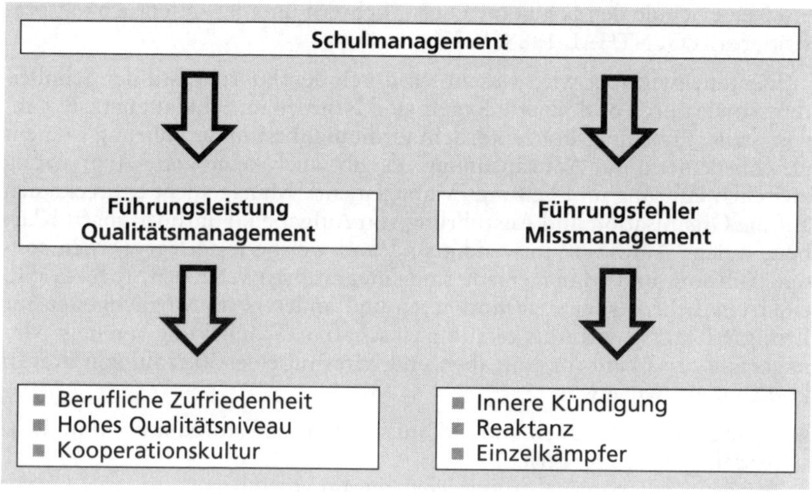

Motivation und Mitarbeiterführung im Schulbereich

Der Begriff Motivation erklärt dreierlei, und zwar die inhaltliche Ausrichtung des arbeitsbezogenen Verhaltens, die Intensität und die Zeitdauer dieses Verhaltens (GEBERT/ROSENSTIEL 1992, S. 35). Motivation beinhaltet die Komponenten der Intention und der Aktivation, also die Auswirkung auf ein Ziel sowie den Energieeinsatz (WISSINGER/ROSENBUSCH 1991, S. 41). Die immer schwierigeren Rahmenbedingungen (z. B. größere Klassen, höhere Lehrerwochenstunden, zunehmende Zahl von Problemschülern, erziehungsunfähige Eltern) sind nicht dazu angetan, die Motivation der Lehrerinnen und Lehrer zu stärken. »Derzeit mangelt es Schulen jedoch sowohl an Ressourcen als auch an Strukturen und Mechanismen für Selbstevaluation und Entwicklung … Damit eine ›Kultur‹ der Selbstvergewisserung und Selbstkontrolle an den Schulen stimuliert wird, sind entsprechende Rahmenbedingungen erforderlich: Strukturen, Ressourcen, systemtypische Gratifikationen wie Karriere, Entlohnung, Ansehen etc.« (ALTRICHER/POSCH 1998, S. 9). Eine Reform des Dienstrechts könnte mehr Leistungsanreize schaffen, entweder durch eine leistungsbezogenere Bezahlung oder durch die Vergabe von Entlastungsstunden für bestimmte Aufgaben.

Für die schulischen Arbeits- und Motivationsprozesse ist das Rollenverständnis der Schulleitung von erheblicher Tragweite. Schulleiter und Schulleiterinnen sind dabei weniger als dominate Personen, sondern vor allem in der Rolle der Berater, Unterstützer, Initiatoren und Prozessbegleiter am effektivsten (ROLFF 1993, S. 185). Finanzielle Anreize sind somit als sekundäre Motivation nicht allein ausschlaggebend. Weit wichtiger ist oft die »Unternehmensidentität«, d. h. die Summe aller Aktivitäten, mit denen sich etwa eine Schule den Schülern, Eltern, Lehrern und der Öffentlichkeit präsentiert (REGENTHAL 1988, S. 21).

Die Innenwirkung wird wesentlich durch den Führungsstil der Schulleitung sowie durch praktizierte Regeln und Normen im Schulalltag (z. B. Umgangsstile, Erziehungskonzepte, Schulordnung) bestimmt. Führung ist nicht gleichbedeutend mit Amtsausübung. Es gibt auch keine klare Abgrenzung zwischen Führung und Leitung (Management). Management erstreckt sich auf die Organisation und Ausführung von Aufgaben. Führung schafft Klarheit, welche Aufgaben notwendig sind und welche festgelegt werden sollten. Führung und Management sind integrativ zu verstehen, d. h. es gilt, einerseits Lehrpersonen zu motivieren und andererseits Möglichkeiten für Erfolgserlebnisse und Anerkennung zu schaffen. Schulleitung vereinigt Management- und Führungsaufgaben und wird mit einer Vielzahl von Fragen konfrontiert, wie etwa:

- Gelingt es, beim Planen und Organisieren die Selbstorganisation im Lehrerkollegium zu fördern?
- Werden Ziele vorgegeben oder gemeinsam vereinbart?
- Werden Aufgaben verteilt/delegiert?
- Kommt es zur Teamentwicklung?
- Gibt es Chancen, dass Lehrerinnen/Lehrer ihr Rollen- und Arbeitsverständnis weiterentwickeln können?

»Jede Institution oder jeder Teil einer Institution gerät offenkundig in Schwierigkeiten, wenn ihr Leiter keine Führungsimpulse zur Erfüllung der primären Aufgabe gibt« (RICE 1973, S. 30). Sowohl Führung als auch Motivation sind Formen sozialer Einflussnahme bzw. Kontrolle. Führung kann als zielgerichtete Einwirkung auf Menschen verstanden werden. Sie umfasst die Entscheidung über Handlungsziele, die Motivation zur Leistung sowie die Koordination der Einzelleistungen zu einer Gesamtleistung.

Die Schule bedarf als Dienstleistungsunternehmen der Führung. Führung bildet gleichsam die Voraussetzung für die Verbesserung der Organisation und Struktur der Schule. Sie erleichtert notwendige Entscheidungen. Das Führungssystem erstreckt sich auf die Aufbauorganisation (z. B. Stundenplan, Lehrereinsatz, Verteilung der Zuständigkeiten), die Ablauforganisation (z. B. Arbeits- und Dienstanweisungen, Allgemeine Dienstordnung und ihre Bestimmungen) und das Führungsverhalten des Vorgesetzten (z. B. Mitarbeitergespräch, Partizipation, Transparenz).

Führung unterscheidet sich ebenso von Verwaltung. Während eine Verwaltung nur auf Anweisung handelt und Richtlinien im Rahmen vorgegebener politisch entschiedener Gesetze entwickelt, will Führung den Einzelnen in seiner Eigenverantwortung stärken und diese entfalten helfen (VON HEYMANN 1986, S. 40). Verwaltung fordert, Führung fördert!

Eigenverantwortung stärken

Management und Führung sind unverzichtbar, weil sich die Schule als soziale Organisation entwickeln soll. Die Bildungskommission NRW legt ihren Empfehlungen ein Verständnis von Schule zugrunde, das Bildung und Erziehung weniger als einen Weg zu vordefinierten Zielen, sondern mehr als eigenverantwortlichen Gestaltungsprozess beschreibt (BILDUNGSKOMMISSION NRW 1995, S. 61). Das Leitbild der »selbständigen Schule« meint in erster Linie nicht die Erweiterung der Machtfülle der Schulleitung, sondern die Tatsache, dass die Entscheidungen »vor Ort«, also in die einzelne Schule verlagert werden sollen. Damit erfahren sowohl Zuständigkeiten als auch Verantwortlichkeiten eine Veränderung, und zwar von Außensteuerung zu mehr Innensteuerung, von Fremdbestimmung zu mehr Selbstbestimmung, von Durchführung von Aufgaben zu mehr Selbstverantwortung, von Weisung zu mehr Zielvereinbarung etc. (DRÖGE/WOKER 1997, S. 11).

Das Schulsystem ist heute mit den Mitteln der Bürokratietheorie nicht zu erfassen. In neuerer organisationspädagogischer Sichtweise geht es darum, den Einfluss von Organisationen auf Individuen (z. B. Lehrerinnen und Lehrer) und Teilsysteme (z. B. Schülerinnen und Schüler, Klassen, Lehrerkollegium) sowie den Einfluss von Individuen und Teilsystemen auf die Organisation zu berücksichtigen. Solche Wechselwirkungsprozesse sind charakteristisch für differenzierte, komplexe und soziale Systeme. Schule ist einerseits eine formale soziale Organisation, die durch Arbeitsteilung, Leistung und zweckrationales Handeln gekennzeichnet ist. Bei der Schule handelt es sich andererseits um eine Bildungs- und Erziehungsstätte, in der das Prinzip der Selbstorganisation im Vordergrund stehen muss. Die pädagogische Verantwortung ist schließlich ein Merkmal des Berufsbildes des Lehrers und der Lehrerin. Sie unterrichten, erziehen, beurteilen und innovieren in eigener Zuständigkeit. Darüber hinaus sind sie für die Schulentwicklung als Weiterentwicklung der Organisation mitverantwortlich. Die Besonderheiten der Schule als soziale Organisation resultieren aus den Erziehungs- und Bildungsprozessen, die sich nicht einfach technologisieren lassen. Die Lehrpersonen steuern den Organisationsentwicklungsprozess weitgehend selbständig, indem sie beispielsweise den Istzustand an der Schule analysieren, Bedarfe ermitteln, gemeinsam Ziele formulieren und entsprechende Arbeitsschritte festlegen. Im Rahmen von Organisationsentwicklung geht es um zweierlei: einmal um die Selbstentwicklung der Lehrkräfte und zum anderen um die Selbsterneuerung der Schule mit dem Ziel der Optimierung der Erfüllung der gestellten Aufgaben (DALIN/ROLFF 1990, S. 7). Das Arbeiten in Gruppen, der Arbeitsplatz als Ausgangspunkt, die Entwicklung als kontinuierlicher Prozess bestimmen die Organisationsentwicklung weniger als Einzelziele, vielmehr als Systemziele. In der Führungsforschung wird der Wandel von einem personenorientierten zu einem systemischen Führungsverständnis gefordert, d. h. Führung als Vorgang des wechselseitigen sozialen Handelns zu verstehen (WIMMER 1996, S. 54).

Führung ist als transaktionaler Prozess zu begreifen, d. h. auch die Geführten nehmen den Führer wahr, beurteilen ihn und entwickeln bestimmte Strategien des Umgangs und der Zielerreichung. Es ist somit von einer wechselseitigen Verhaltenssteuerung auszugehen, bei der der/die Vorgesetzte natürlich eine herausgehobene Position innehat (NEUBAUER 1996, S. 37).

Führungspersönlichkeiten zeichnen sich in einer »lernenden Organisation« aus durch

- die Klarheit und Überzeugungskraft der Ideen, Konzepte, Modelle, Visionen,
- die Tiefe des persönlichen Engagements und der persönlichen Verbundenheit,
- die Offenheit, ständig etwas Neues lernen zu wollen.

Der Schulleiter/die Schulleiterin als pädagogische Führungskraft

Die Schulwirklichkeit widerlegt das immer noch verbreitete Bild vom Schulleiter, »der, ausgestattet mit Befehls-, Macht- und Weisungsbefugnissen, im Sinne der klassischen Bürokratiestruktur uniforme Aufgaben nach dem Zwang fester Regeln und Normen ausführt« (AUERNIG 1986, S. 206).

Wenn auch die formellen Befugnisse dem Schulleiter gegenüber den Schulgremien und der einzelnen Lehrperson eine relativ starke, zukünftig sogar noch stärkere Stellung einräumen, so sind seine Eingreifmöglichkeiten im Bereich von Unterricht und Erziehung faktisch gering (BAUMERT/LESCHINSKY 1986, S. 247). Er ist zur Zusammenarbeit mit dem Kollegium, den Erziehungsberechtigten, den Schülern, der Schulaufsichtsbehörde sowie dem Schulträger verpflichtet. Die Schulleitung ist verantwortlich für die Durchführung der Bildungs- und Erziehungsarbeit. Die Allgemeine Dienstordnung (ADO) grenzt z. B. in Nordrhein-Westfalen die Kompetenzen des Schulleiters gegenüber den Lehrpersonen ab und beschreibt die einzelnen Aufgaben und Dienstpflichten des Lehrers/der Lehrerin und des Schulleiters/der Schulleiterin. Dabei steht die Personalführungskompetenz immer im Mittelpunkt (MARGIES 1996, S. 10). Schulleiter/Schulleiterinnen und Lehrkräfte nehmen verschiedene Rollen wahr, und zwar gegenüber Schülern, Eltern, Schulträger, Schulaufsicht und Schulöffentlichkeit.

Die Schule ist somit als ein Rollensystem zu bezeichnen, in dem divergierende Organisations- und Individualziele miteinander konfligieren können. Der Handlungs- und Funktionsraum Schule bedarf als Sozialgebilde des Organisierens, Kontrollierens und Koordinierens sowie der Konfliktregelung, damit das soziale System funktions- und leistungsfähig bleibt (DALIN/ROLFF 1990, S. 24 ff.). Personalführung beinhaltet Entwicklungsmanagement und Konfliktmanagement gleichermaßen.

Führungskonflikte belasten das Schulklima

Zweifelsohne können sich trotz oder auch wegen vorhandener dienst- und schulrechtlicher Regelungen im Schulbereich jederzeit Ziel-, Organisations- und Entscheidungskonflikte ergeben. Die Praxis zeigt, dass Schulleiter manchmal aufgrund ihres Führungsverhaltens den Konflikt durch positionale Stärke lösen möchten. Dadurch wird häufig die personale und soziale Beziehungsebene gestört. Es werden u. U. neue Konflikte vorprogrammiert. Führungskonflikte belasten aber das Schulklima und sind Hemmnisse auf dem Wege zu einer leistungsfähigen Schule, denn Organisations- und Zielkonflikte erschweren zweifellos die kollegiale Zusammenarbeit. »Einer qualifizierten Leitung muss daran gelegen sein, Konflikte schon im Entstehen aufzuspüren und sie entweder im Sinne einer Chance für Neuentwicklungen zu nutzen oder sie zu regulieren. Nur auf diese Weise kann es gelingen, die Bildung selbstzerstörerischer Eskalationen zu vermeiden« (SCHREYÖGG 1997, S. 12).

Führungsaufgaben der Schulleitung und der Schulaufsicht

Der Führungsqualität von Schulleitung kommt im Rahmen von Schulentwicklung eine große Bedeutung zu. Der Ort der Schulentwicklung ist stets die Einzelschule mit ihren besonderen Gegebenheiten personeller, struktureller und aufgabenspezifischer Art. »Schulen sind nicht nur Lernorganisationen, d. h. die Organisation systematischer Lernprozesse, sie sind als Organisation auch selbst zu Lernprozessen fähig und auch dazu aufgerufen« (ROLFF 1993, S. 138).

Die Gestaltungsfreiheit und die Selbstverantwortung der Schule stehen im Dienste der Schulqualität. Wesentliche Bestandteile von Schulqualität sind Lernkultur (z. B. Qualität der Lehr- und Lernprozesse), Schulklima und

Schulorganisation (z. B. Teamarbeit). Diese Schlüsselmerkmale hat die Schulwirkungsforschung verdeutlicht, und zwar im Hinblick auf Problemlösefähigkeit, flexible Organisation und differenzierte Gestaltungskompetenz auf der Grundlage eines pädagogischen Konsenses zwischen Schulleitung und Lehrerschaft einer Schule (HOLTAPPELS 1995, S. 22). »Dem Zuwachs an Gestaltungsrechten muss eine Verpflichtung der Schulen zur Planung, Evaluation und Weiterentwicklung ihrer Arbeit und zur Rechenschaftslegung gegenüber Dritten entsprechen« (BILDUNGSKOMMISSION NRW 1995, S. 160). Schulentwicklung ist gleichsam eine Pflichtaufgabe, bei deren Erfüllung Lehrerkollegium, Schulleitung und Schulaufsicht zusammenwirken. Ausdruck der staatlichen Verantwortung über das öffentliche Schulwesen ist die staatliche Schulaufsicht.

Im Sinne von Qualitätsmanagement fallen Schulleitung und Schulaufsicht besondere Aufgaben zu, wie z. B. Impulse zu setzen, organisatorische Rahmenbedingungen zu schaffen, für Rollenklärung zu sorgen, externe und interne Evaluationsinstrumente bereitzustellen. Zudem sollen Führungspersonen über die Fähigkeit und Bereitschaft verfügen, sich in das Denken und Empfinden anderer Menschen hineinzuversetzen. Dies erfordert Authentizität (Ehrlichkeit, Echtheit, Offenheit), Akzeptanz (den anderen annehmen) und Empathie (Verständnis für den anderen).

Die Führungsaufgaben von Schulleitung und Schulaufsicht umfassen die Beratung, die Personalführung sowie die Qualitätssicherung von Schule. Sofern die fachliche und pädagogische Weiterentwicklung als eine Selbstgestaltungsangelegenheit der Einzelschule anzusehen ist, sind Schulleitung und Schulaufsicht als Partner in diesen Prozess eingebunden. Die größere Selbständigkeit der Einzelschule erfordert einen höheren Arbeitsanteil der Schulaufsicht im Bereich der systemischen Beratung, die ortsnah am effektivsten geleistet werden kann. Als externer Berater verfügt die Schulaufsichtsperson am ehesten über die nötige kritische Distanz, um ggf. konstruktiv bei der Problemlösung zu helfen.

»Schließlich hat auch Schulaufsicht unter dem Gesichtspunkt der Förderung der Selbständigkeit der Schule (auch bei Integrationsaufgaben) die wichtige Kontrollfunktion hinsichtlich der Umsetzung der staatlichen Aufträge für und an Schule. Es wird darauf verwiesen, dass diese Kontrollfunktion mit der Stärkung von Selbstverantwortung eher wächst als geringer wird« (BEHLER 1996, S. 10). Dabei ist der herkömmliche Begriff der Kontrolle neu zu definieren und durch Formen der Selbstkontrolle zu ergänzen.

Handlungsdimensionen von Personalführung in der Schule		
Begleitung	**Beratung**	**Evaluation**
Sicherung der Qualität von Schule durch Stärkung ihrer pädagogischen Wirksamkeit	**Beratung der Schulen hinsichtlich der gewählten Arbeitsschwerpunkte und Projekte**	**Analyse, Dokumentation, Bewertung der Prozesse, Verfahren, Strukturen kollegialer Kooperation**
■ Fortbildung der Lehrer/Lehrerinnen ■ Organisations- und Personalentwicklung ■ Teamarbeit ■ Erfahrungen anderer Schulen ■ Verbesserung der Unterrichtsqualität ■ Vernetzungsqualität ■ Öffnung von Schule ■ Zusammenarbeit mit außerschulischen Partnern	■ Unterstützung der schulinternen Fortbildung ■ Teilnahme an schulinternen Arbeitsgruppen ■ Moderation bei schulischen Verständigungs- und Entscheidungsprozessen	■ Erfassen der schulinternen Daten und Arbeitsprozesse ■ Rechenschaftslegung im Hinblick auf Ziele, Arbeitsschritte, Ergebnisse ■ Dokumentation der Arbeitsprozesse Dokumentation und Ergebnisse

Schulleitung und Schulaufsicht müssen in gegenseitiger Abstimmung die Ressourcenplanung in den Bereichen Personalauswahl, Personaleinsatz, Personalpflege und Personalentwicklung im Blick behalten. Eine wesentliche Aufgabe der Schulaufsicht ist es, eine optimale Personalförderung zu gewährleisten. Die schulaufsichtliche Personalförderung in Verbindung mit der Schulleitung ist eine wesentliche Voraussetzung für die Rekrutierung geeigneter Bewerber um Funktionsträgerstellen. Hier besteht folglich eine Hauptaufgabe, um die richtigen Personen zu motivieren und für die Aufgaben zu qualifizieren.

Die Schulaufsicht ist aufgrund ihres größeren Überblicks über die Schulsysteme am ehesten imstande, die notwendigen personellen Ressourcen zur Verfügung zu stellen. Schulentwicklung ist von Personalentwicklung und Personalförderung weitgehend abhängig. Dazu ist eine weitsichtige und kontinuierliche Planung und Bereitstellung von Angeboten zur Lehrerfortbildung sehr nützlich. Darüber hinaus ist aber auch eine kontinuierliche Fortbildung der Schulleitungen sowie der Vertreter der Schulaufsicht unverzichtbar, wenn diese Funktionsträger den gestellten Anforderungen gerecht werden sollen.

Schulentwicklung und Lehrerfortbildung sind untrennbar miteinander verbunden. Lehrerfortbildung wird für die Entwicklung und Qualitätssicherung genutzt. Sie bietet den Lehrpersonen die Möglichkeit, bisherige Schulpraxis zu reflektieren, weiterzuentwickeln und sich auf neue Arbeitsfelder und Anforderungen vorzubereiten. Die Arbeits- und Organisationsformen der Lehrer- und Schulleiterfortbildung müssen sich stärker auf die Gestaltungsprozesse von Schulen beziehen und zwar als Lernende, sich selbst entwickelnde und steuernde Systeme.

Schulentwicklung im Sinne des prozess- und ergebnisorientierten Arbeitens durch Zielvereinbarungen (Kontraktmanagement) erfordert eine konstruktive Kooperation und Führung im Team. Die klare Steuerung der Informationsprozesse und der Informationsaustausch bewirken ein Informationssystem, in dem Aufgaben verteilt und Verantwortung übertragen werden. Hierzu bedarf es bei dem Leiter bzw. der Leiterin von Konferenzen entsprechender Kompetenz. Anstelle der frontalen Konferenzleitung kann eine planvolle Moderation bewirken, kollegiales Interesse zu wecken, produktive Gespräche in Gang zu bringen und die Beteiligten zu neuen Ideen und Vorschlägen herauszufordern.

Teamarbeit

Teamarbeit in der Schule heißt: gemeinsam statt einsam! Dieses schafft für die Lehrkräfte Arbeitsbedingungen, die die Qualität der pädagogischen Arbeit verbessern. Freiräume für selbständiges Arbeiten steigern den Nutzen für die gesamte Organisation. Ziele und Arbeitsschritte bedürfen der Kontrolle anhand transparenter Maßstäbe. Ergebniskontrolle statt Ablaufkontrolle stärkt die Fähigkeit der Selbstevaluation. Schulaufsicht wird mit zur wichtigen Gelenkstelle für die schulische Qualitätsentwicklung, und zwar in ihrer Doppelfunktion von Beratung und Kontrolle. »Selbstevaluierung der Schulen und externe Evaluierung durch die Schulaufsicht sind dabei sich ergänzende und fördernde Erkenntnisinstrumente« (BARTNITZKY 1998, S. 199).

Qualitätssicherung und Evaluation von Schule haben durch die bekannte TIMSS-Studie zusätzliche Beachtung gefunden (LIST 1997). Evaluation meint den Prozess des systematischen Sammelns und Analysierens von Daten/Informationen sowie deren Bewertung und die Schlussfolgerung für die weitere berufliche Arbeit. Selbstevaluation erfolgt als Rechenschaftslegung im Sinne eines Ist-Soll-Vergleichs. Die Fremdevaluation als externe schulaufsichtliche Überprüfung dient dagegen in erster Linie der kritischen Wahrnehmung aus dem Blickwinkel dessen, der nicht unmittelbar in die Schule involviert ist.

Führung als Prozess- und Erfolgsindikator für Schulentwicklung

Schulleitung und Schulentwicklung verstehen sich vor allem als Qualitätsmanagement. Sie haben mit Hilfe der Management-Funktionen für ein optimales Lehren und Lernen zu sorgen. Eine zentrale Führungsaufgabe der

Schulleitung und Schulaufsicht besteht darin, das Spannungsverhältnis von Vorgesetztenstatus (Hierarchie) und Kollegialität auszubalancieren.

Die Schule bedarf immer wieder der Weiterentwicklung, weil sich die Anforderungen an Schule im Zuge einer sich ständig wandelnden Gesellschaft rasch verändern. Die Schulaufsicht hat die Gestaltungsautonomie mit Blick auf Eigenverantwortung und größere Selbständigkeit der Einzelschule zu beachten und zu fördern.

Sachkompetenz und Sozialkompetenz

Führung bedeutet Sachkompetenz und Sozialkompetenz. Wer andere führen will, muss vor allem überzeugen können. Dieses geschieht am besten auf der Grundlage von Kommunikation, Motivation und Kooperation. Dabei sind die Verbindungslinien zwischen diesen Führungsbereichen fließend. Ohne Sachverstand, ohne fachliches Wissen und Einfühlungsvermögen (»Fingerspitzengefühl«) kann keine Überzeugungsarbeit gelingen, weil die Akzeptanz seitens der Betroffenen genauso wichtig ist wie die Qualität der Entscheidung. Im Rahmen einer internationalen Studie wurde als wesentliches Ergebnis festgestellt: »Kein Vorgesetzter sollte von seinen Mitarbeitern verlangen, dass sie seine Anordnungen befolgen, bevor er sie nicht von der Richtigkeit überzeugt hat« (WOLFF/GÖSCHEL 1990, S. 26). Der Wunsch nach einem kooperativen Führungsstil wurde von 80 Prozent der befragten Führungskräfte geäußert und von 75 Prozent der Mitarbeiter. »Autoritäres« Führungsverhalten erzeugt unter Mitarbeitern dagegen »Frust« und Unzufriedenheit mit der ausgeübten Tätigkeit. »Das Führungsverhalten des Vorgesetzten wird sehr schnell zum Modell, das auf den nachfolgenden Ebenen – in der Schule also bei Lehrern und Schülern – nachgeahmt und als normativ angesehen wird.« (THIEMERMANN 1998, S. 92).

Fachliche Information kommt am besten immer dann beim Adressaten an, sofern sich die Führungskraft selbst glaubwürdig, ehrlich, offen und kritikfähig erweist. Sachkompetenz und Führungsqualität sind der beste Garant für Autorität. »Führungsautorität bedeutet die Fähigkeit, flexibel auf Anregungen und Vorschläge schulischer Gruppen eingehen zu können, aber auch das Stehvermögen, Ansprüche zurückzuweisen, für die man die Verantwortung nicht übernehmen kann« (ebd., S. 116).

Führungspersonen mit interpersonalen Fähigkeiten verfügen über Formen emotionaler Intelligenz, d. h. sie können mit den eigenen Gefühlen und denen anderer bewusster und sensibler umgehen. Dazu gehört z. B. auch Empathie, d. h. Vorgänge, Gefühle anderer aus deren Perspektive zu verstehen versuchen.

Schulleitungs- und Schulaufsichtspersonen haben spezifische Beratungsaufgaben, die mit ihrer Funktion in der Schule verbunden sind. Die Beratung der Lehrkräfte anlässlich von dienstlichen Beurteilungen nimmt dabei einen besonderen Stellenwert ein. Dieses benötigt entsprechende Beratungskompetenz und die Anwendung adäquater Gesprächsmethoden, um die Kritik im Sinne der Feststellung von Stärken und Schwächen einerseits und die Erhaltung der Motivation und Zuversicht des Beurteilten andererseits zu berücksichtigen. Die Gesprächsführung kann in diesen Fällen als Schlüsselkompetenz bezeichnet werden. Sie umfasst kommunikative Fähigkeiten und Fertigkeiten, die je nach Anlass verschiedene Gesprächsformen (z. B. Kritikgespräch, Konfliktgespräch, Informationsgespräch, Beratungsgespräch) erfordern (RAUSCHER 1997).

Aufgabe der Schulaufsicht ist es, die Schulen zum Diskurs über ihre fachlichen Leistungen anzuhalten, entsprechende Diskussionen zwischen mehreren Schulen zu organisieren, den Austausch schulformübergreifend über Fragen fachlicher Qualitätssicherung (z. B. Vergleichsarbeiten in Jahrgangsstufen einer Schulform) zu pflegen. Schulaufsicht soll Schulen dabei helfen, ihr eigenes pädagogisches Profil zu entwickeln: ein Profil, das ihnen auf der einen Seite ein unverwechselbares Gesicht verleiht, auf der anderen Seite aber auch den Kern der Anforderungen sichert.

Die Arbeit am Schulprofil und Schulprogramm erfordert ein pädagogisches Management. Dabei gilt es, die Zielvorstellungen der an der Schule tätigen Personen untereinander und mit den vorgegebenen Schulzielen abzustimmen. Konkrete Unterrichts- und Erziehungsvorhaben werden umgesetzt und deren Wirkungen evaluiert. Während das Schulprofil als die Summe der Bedingungen und pädagogischen Bemühungen einer bestimmten Schule im Unterschied zu anderen Schulen aufgefasst werden kann, stellt das Schulprogramm eine relativ autonome Handlungssteuerung bis in die kleineren Organisationseinheiten einer Schule dar.

»Es ist zu erwarten, dass die Folgen eines solchen selbst gesteuerten Handelns neue Handlungsspielräume eröffnen, die über eine differenzierte Selbstwahrnehmung auch neue Motivationen und unerkannte Fähigkeiten freisetzen. Lehrerinnen und Lehrer, aber auch Schülerinnen und Schüler werden zu wirklichen Gestaltern des Unterrichts- und Erziehungsprozesses« (RISSE 1995, S. 70).

Vor diesem Hintergrund wird deutlich, dass Managementaufgaben dem gesamten System obliegen, weil die Systemleistungen den gesamten Handlungsprozess voraussetzen. »Schule gestalten« meint immer auch organisationales Lernen, d. h. die Mitglieder sollen die Sinnhaftigkeit ihres gemeinsamen Handelns im Hinblick auf das System erkennen. Auf diese Weise gelangen sie zur Systemidentität, indem sie die Leitlinien (Systemziele) verinnerlichen und zur Maxime ihres professionellen Handelns erklären. Die Teamentwicklung und Personalentwicklung berücksichtigen besondere Prinzipien wie die aktive Mitbeteiligung, die vertrauensvolle Zusammenarbeit, die Zielvereinbarung, die Evaluation des Vorgehens und ggf. die Korrektur der Verfahrensweisen. Diese Aspekte sind integrative Bestandteile eines pädagogischen Managements in der Schule.

Mitarbeiterführung dient dazu, dass die Mitglieder eines Lehrerkollegiums mit den schulischen Aufgaben besser fertig werden. Durch regelmäßige Kommunikation können sie sich über den Funktionszusammenhang der Bildungs- und Erziehungsziele austauschen. Dies erleichtert die Abstimmung in wichtigen Erziehungsfragen. Die Kooperation trägt dazu bei, die Arbeitsprozesse auf der Beziehungs- und Sachebene besser zu bewältigen.

Zusammenfassung

Zweifellos sind Schulleitungs- und Schulaufsichtspersonen wichtige Führungspersonen, die in der Schule die Entwicklungsprozesse und die Bereitschaft der Mitglieder zur Selbstorganisation fördern, aber auch hemmen können. Die System- und Schulidentität im Sinne der »Corporate Identity« ist das Ergebnis organisationaler Lernprozesse der Lehrerinnen und Lehrer einer Schule. Sie wird in einem Prozess gemeinsamer Arbeit erworben, der allen Beteiligten zu mehr Berufszufriedenheit und einem höheren Maß an beruflichem Selbstbewusstsein verhilft. »Durch ein Mehr an Selbstgestaltung und Selbstreflexion sollen die Eigenkräfte der Schule mobilisiert, Motivation und Engagement gefördert und damit die Grundlagen für eine größere Identifikation mit der eigenen Schule gelegt werden« (HAENISCH 1994, S. 18).

Führungsverantwortung schließt die Aufgaben der Schulentwicklung und der Qualitätssicherung ein. Die mitarbeiterorientierte Führung bevorzugt einen kooperativen Führungsstil, der dazu beiträgt, hierarchische Distanz abzubauen, Verantwortung zu übertragen, Interaktionsspielräume zu eröffnen und soziale Bedürfnisse der Lehrkräfte zu beachten. Kooperation gilt dabei als Funktionsprinzip von Führung. Führung ist prozess- und ergebnisorientiert. Sie sorgt für Motivation, Kommunikation und Partizipation. Bei Schulleitung und Schulaufsicht wirken mithin Handlungs-, Führungs- und Ergebnisverantwortung zusammen. Zwischen diesen Funktionsträgern in Führungspositionen besteht eine professionelle Partnerschaft, die allerdings nur dann effektiv ist, wenn sich die jeweiligen Amtsinhaber offen begegnen, regelmäßig im Gespräch bleiben und an gemeinsamen Problemlösungen arbeiten.

Dr. Harald Gampe, Schulleiter, Fachleiter und Seminarleiter, seit 1975 Schulrat und ab 1979 Schulamtsdirektor im Schulamt für den Hochsauerlandkreis in Meschede. Harald Gampe ist Mitautor und Mitherausgeber verschiedener Kommentare auf dem Gebiet des Schulrechts und der Schulverwaltung und Verfasser einer Reihe von bildungspolitischen, schulfachlichen und pädagogischen Beiträgen in pädagogischen Fachzeitschriften.

Anschrift:
Schulverwaltungsamt des Hochsauerlandkreises,
Sternstr. 27, 59870 Meschede

Motivation und Leistung von Lehrer/innen: Voraussetzungen schaffen

Richard Bessoth

Motivationsbarrieren als Systemproblem

In vielen Schulen finden die Lehrkräfte keine Bedingungen vor, die es ihnen erlauben würden, die von ihnen mitgebrachte Leistungsmotivation optimal umzusetzen. Das Steuerungssystem des Schulwesens, die Schulbürokratie, schafft durch ihre jahrzehntelange »Systemgestaltung« eine Situation, in der Lehrkräfte keine Hochleistungen erbringen können. Das »System« erzwingt geradezu Schwachleistung und lastet sie den Opfern an (SPRENGER 1992, S. 51).

Lehrkräfte kommen in der Regel mit einer hohen Leistungsbereitschaft an die Schulen und erleben leidvoll, wie ihr Commitment unter dem Druck der Praxis, der erlebten Schulrealität, hinwegschmilzt. Gerade die besonders Engagierten überwinden diese zutiefst frustrierende Erfahrung häufig nicht und sind dann die ersten Kandidaten dafür, »auszubrennen« und ein »Burn-out« zu erleben.

Nicht auf die Reform der Schulaufsicht warten

Für die Erneuerung des Bildungsmanagements bzw. für die Verwandlung der derzeitigen Schulaufsicht, die sich (abgesehen von einigen erfreulichen Ausnahmen) nur als unzeitgemäße und ineffiziente Bürokratie bezeichnen lässt, gibt es in anderen Institutionen hervorragende Modelle. Erwähnenswert sind

- Lean Management,
- Total-Quality-Management und
- Process Reengineering.

Mit ihnen ist die Umwandlung der gegenwärtigen Hierarchie in eine Management-Komponente zu realisieren, die eine starke Unterstützung der Schulen bei der Steigerung der Leistungsfähigkeit anbieten könnte. Wer die Geschichte der Verwaltungsreformen studiert, wird aber darauf wenig Hoffnungen setzen: Zuviele Reformen sind von der »Bürokratie« zu Grunde gerichtet worden.

Die vordringlichen Fragen sind deshalb:

- Was können die Schulen und die dort tätigen Lehrkräfte selbst tun, um die Situation zu verbessern?

- Wie können sie die »Schere im Kopf« überwinden und im Interesse ihrer Schülerinnen und Schüler selbst positive Entwicklungen in Gang setzen?

Meine Antworten sind:

- Die Schulen können sehr viel tun und sie werden dabei kaum von Rechtsvorschriften beeinträchtigt, was sie ständig behaupten. Von Wilhelm HABERMALZ, einem niedersächsischen Schuljuristen, blieb mir folgender Satz im Gedächtnis haften: »Was pädagogisch sinnvoll ist, kann rechtlich nicht falsch sein!«
- Sie brauchen aber mehr Mut zur Kritik an der wenig effizienten Schulaufsicht.
- Die Schulen sollten selbstbewusster von dort die Leistungen fordern, die eine effiziente Verwaltung bringen muss.
- Schulen können und sollen ihre Selbstständigkeit und den erweiterten Handlungsspielraumes nutzen und ihre Geschicke selbst in die Hand nehmen.

Selbstständigkeit und Initiativen

Die meisten Schulgesetze legen die Verantwortung für die Arbeit einer Schule in die Hände der Schulleitung und geben zusätzlich den Kollegien – im internationalen Vergleich – weit gehende Mitbestimmungsrechte. Was hindert sie also daran, diese Verantwortung zu tragen? Die Erklärung dafür liegt in einem autoritären Schulaufsichtssystem, das den Schulen immer noch übergestülpt ist und Selbstständigkeit und Initiativen an vielen Orten schon im Keime erstickt. Dynamik und Managementverhalten werden von den Schulleitungen nicht gefordert! Da die Schulleitungspositionen eher mit Angepassten als mit Selbstständigen besetzt werden, wird nicht Gefordertes auch nicht erbracht. Aber Dynamik und »Unternehmertum« sind, wenn man den Geist des Grundgesetzes und der Schulgesetze nimmt, auch nicht verboten.

Total-Quality-Management

Wenn es darum geht, das Wohlbefinden der Schüler/innen und Lehrer/innen durch ein motivierendes Schulklima zu erhöhen, können Schulleitungen und Kollegien durchaus selbstständig handeln. Beim Total-Quality-Management werden die Bedürfnisse und die Zufriedenheit der »Klienten« ins Zentrum gerückt. Daraus werden dann die Anforderungen an das operative oder – plastischer und treffender formuliert – das »wertschöpfende« Personal, also die Lehrkräfte, abgeleitet. Sie sind wiederum die Kunden der Schulleitung. Entsprechend wird aus den Bedürfnissen der Lehrkräfte nach Leistung, nach Selbst-Wirksamkeit und Wohlbefinden der Leistungskatalog entwickelt, den die Schulleitung zusammen mit dem Kollegium entwickeln und anbieten muss.

Diese Denkweise hat mit der gegenwärtigen Realität im Schulsystem noch wenig zu tun. Das könnte auch Grund genug sein, die bisher unbefriedigende und eher demotivierende Realität zu ändern. Die alte Pyramide, in der sich das Denken an den Erwartungen des Kultusministeriums ausrichtet, hat ausgedient, sie sollte auf den Kopf gestellt werden. An der Spitze stehen dann die Bedürfnisse der direkten und indirekten Klienten, der Schüler/innen und Eltern. Das Ministerium ist an letzter, aber nicht unwesentlicher Stelle verantwortlich dafür, dass die Schulen ihre Arbeit mit den Schüler/innen optimal erfüllen können.

Es ist also ein beachtliches Umdenken erforderlich, um einen wirklichen Neuanfang zu starten. Das komplexe Motivationsmodell »Hochleistungszyklus« (LOCKE & LATHAM 1990 und BESSOTH Motivation 1997) setzt dieses Denken schon um. Leistungsdeterminanten sind dort die Herausforderungen oder Ansprüche der Aufgabe. Zweifellos stellt das Unterrichten der heutigen Schüler/innen viel höhere Anforderungen an die Lehrkräfte als früher, als nämlich viele Schüler/innen durch eine autoritäre Erziehung im Elternhaus schon für eine autoritäre Pädagogik im Klassenzimmer vorbereitet waren. Das Modewort, das viel Zündstoff für die Lehrkräfte beinhaltet, ist die »veränderte Kindheit«.

Nicht nur der »Input« aus den Elternhäusern ist anders, auch ein völlig anderer »Output« wird von den Schulen erwartet. War früher die Mehrheit der Arbeitgeber damit zufrieden, gehorsame, brave Azubis zu erhalten, die für anspruchslose (Fließband-)Arbeitsplätze tauglich gemacht werden mussten, werden heute *Schlüsselqualifikationen* (BESSOTH, HOFMANN & THEYMANN 1997; LANDWEHR 1997) verlangt, für die die alte autoritäre Pädagogik völlig untauglich ist. Schüler/innen, die das Gleiche leisten, wie ihre Vorgänger vor 30 Jahren, würden heute keine Arbeitsplätze mehr finden. Sie könnten sich mit den damals erworbenen Kenntnissen auf den angebotenen Arbeitsplätzen auch nicht mehr behaupten. Es ist eine neue Zeit angebrochen und die alten Rezepte sind untauglich geworden.

Zukunftskonferenz

Die gewandelten Anforderungen sind von den Schulen zuerst einmal dingfest zu machen. Ein geeignetes Instrument dafür sind die Zukunftskonferenzen, wie sie zunehmend an den Schulen durchgeführt werden. Sie können zu einem enormen Motivationsschub für ein Kollegium führen, weil die Zukunftsaspekte, die Visionen und Leitbilder für gerade diese Schule wieder ins Bewusstsein gerückt werden. Außerdem steht am Ende einer Zukunftskonferenz *die Vorbereitung von konkreten Maßnahmen zur kurzfri-*

stigen Umsetzung. Dabei geht es um die »Nahziele« vor dem Hintergrund der gemeinsam entwickelten Vision für die Schule.

Handlungskompetenzen verbessern

Angesichts der veränderten Anforderungen an die Lehrkräfte erweist sich die Handlungskompetenz fast aller Kollegien als der eigentlich Engpass. Das ist keine Schuldfrage, sondern eine Folge von Ausbildung, Studienseminar und Fortbildung. Eine ganz wichtige Voraussetzung für die Stärkung bzw. Wiedergewinnung von Motivation ist die Schaffung der erforderlichen Handlungskompetenz. Nach meinen Erfahrungen ist es hier dringend notwendig, eine intensive Weiterbildung in Gang zu setzen.

Hier wird eine elementare Führungsaufgabe der Schulleitung angesprochen. Eine vorbereitende Schulleitungsausbildung in Deutschland erfolgt äußerst selten und die Weiterbildung beschränkt sich in vielen Bundesländern auf eine Anpassungs-Qualifizierung an die Bedürfnisse und Erwartungen der Schulaufsicht.

Kooperative Planungen von (auch fächerübergreifenden) Unterrichtseinheiten stärken Teamarbeit und gemeinsame Lernprozesse der Lehrkräfte. Die Schulen sollen nicht nur Plätze für das Lehren, sondern auch für das Lernen der Lehrkräfte werden (FRASE & SHARON 1994). Die Metapher »Haus des Lernens« (BILDUNGSKOMMISSION NRW 1995, S. 77 ff.) greift im Grunde das gleiche Anliegen auf.

Commitment fördern

Wodurch wird das *Commitment* der Lehrkräfte gefördert? Vor allem

- durch die gemeinsam entwickelte Vision und die Leitziele,
- durch die daraus abgeleiteten Leistungsziele für jeden einzelnen Beschäftigten in der Schule – von den Schulleitungsmitgliedern, den Klassenlehrern, den Fachlehrern bis zur Schulsekretärin und dem Hausmeister,
- durch gemeinsam von kleineren Lehrerteams geplante interdisziplinäre, offene Unterrichtseinheiten, bei denen die Qualitätssicherung gleich mit berücksichtigt wird,
- durch das auf dieser Basis mögliche Feedback über den Lern- und Leistungsstand der Schüler/innen,
- durch die gewachsene Bereitschaft der Lehrkräfte, die Lernfortschritte und die Erziehungsfortschritte der Schüler/innen zeitnah und kontinuierlich zu beobachten, d. h. zu messen und die dadurch möglichen unmittelbaren Korrekturmöglichkeiten zu nutzen,
- durch das wachsende Selbstvertrauen der Lehrkräfte in ihre eigene Wirksamkeit.

Mit dem hier auf seine Motivationswirkungen skizzierten Modell einer kooperativen Unterrichtsplanung existiert eine vitale Basis für den Weg in den Hochleistungszyklus, d. h. in die verbesserten Lernerfolge der Schüler/innen. Diese Planungen sind nicht zu verwechseln mit der Feiertagsdidaktik der noch in den meisten Studienseminaren üblichen »Stundenentwürfe«, die in der Regel lehrerzentriert sind. Die neu ausgerichtete Unterrichtsplanung hat die überall geforderte stärkere »Kundenorientierung« schon im Ansatz eingebaut.

Feedback

Da in dem neu verstandenen und anspruchsvoller geplanten Unterrichts- und Erziehungssegment ein *kontinuierliches Feedback* vorgesehen ist, wird der Unterricht selbst zu einem intensiven Lernfeld. Es können alternative Unterrichtsabläufe geplant und in ihrer Wirksamkeit im Hinblick auf die angestrebten komplexen Lernziele überprüft werden. Der »würzige Duft« von *Handlungsforschung* durch die Lehrkräfte selbst durchdringt das Geschehen.

Im Gegensatz zur gegenwärtigen Praxis von Unterrichtsbesuchen, die ohne jegliche Kenntnisse der längerfristigen Lernziele, ohne Wissen um den exakten Lernstand der Schüler/innen auf der Basis nicht transparenter Unterrichtskonzepte von Besuchern und Besuchten durchgeführt werden und bei denen die Besuchten immer die hierarchisch Unterlegenen sind (BESSOTH 1994/97 sowie 1998) herrscht hier eine sonst völlig unübliche *Transparenz* und damit eine einmalige Lernchance für alle Beteiligten. Worin besteht sie? Im Gegensatz zur jetzigen Praxis, in der die Lehrer/innen Feedback eher als unerwünscht empfinden, selbst wenn es mit »Lob« gespickt sein sollte, entwickeln sie unter den neuen Bedingungen Appetit auf Feedback. Es entwickelt sich eine neue Evaluationskultur. Das ist eine Voraussetzung für das Lernen in einer Organisation. Sie sind unter diesen Bedingungen auch in der Lage, schädliche Denkmodelle, die bisher ihr pädagogisches Handeln bestimmt haben, abzulegen und neue, hilfreichere zu entdecken und sich zu Eigen zu machen. Die Lehrkräfte werden damit zu den Trägern des Qualitätsmanagements an einer Schule.

Freiraum, Selbstachtung, Motivation

Das Bildungsmanagement und vor allem die Schulleitungen müssen sich festlegen, ob sie die misstrauensgetriebenen und damit zum Scheitern verurteilten Motivierungs-«Drogen« einsetzen wollen, die das Selbstwertgefühl der Verbündeten *abwerten*, oder ob sie den Weg freigeben wollen

- für gelebte und erlebbare Selbstachtung,
- für Organisationsstrukturen, die ›Erwachsenen‹-gerecht sind,

- für Führungskräfte, die *zu*-trauen und *ver*-trauen, die fordern, fördern und ernst nehmen,
- für Lehrerinnen und Lehrer, denen ihre Selbstachtung höchstes Gut ist und die ohne ständiges Schulterklopfen auskommen (SPRENGER 1992, S. 226).

Bei der (Selbst-) Motivierung der Lehrerinnen und Lehrer geht es um die Stärkung der *Achtung* und *Würde*, um deren *Wachstum* und *(Persönlichkeits-) Entwicklung*. Wenn eine Schule dafür gute Voraussetzungen schafft, braucht sie sich um Motivation und die Leistung der Schule keine Sorgen zu machen. Anders wird es aber ein Problem – vor allem des Bildungsmanagements. Wenn sich dieses seiner Verantwortung entzieht, dann geht das Herumreichen des »Schwarzen Peters« los. Mit der Diffamierung der Lehrkräfte als »faule Säcke« wird nur versucht, ihnen den »Schwarzen Peter« anzuhängen.

MBWA als Feedbackinstrument

Schon Anfang der 80er haben PETERS & WATERMAN (PETERS & WATERMAN 1983, S. 152) und Mitte der 80er Jahre PETERS & AUSTIN (PETERS & AUSTIN 1986, S. 31 ff.) das von den Firmen United Airlines und Hewlett-Packard entwickelte und so bezeichnete Konzept des »Management by Wandering Around (MBWA)« aufgegriffen und bekannt gemacht. Es ist ein Führungsinstrument, aber nichts anderes als die *Taktik des Selbstverständlichen.* Durch das Verlassen des Büros und das Herumgehen auf den Fluren, im Lehrerzimmer, in den Klassenzimmern, auf Elternabenden in der Schule bietet eine Führungskraft vielen anderen Menschen die Chance zur Kommunikation. Wer dabei nicht allzuviele grobe Schnitzer macht, erschließt sich Informationsfelder, die denen verborgen bleiben, die sich in ihren Büros abschotten, verstecken oder verkriechen. Das Herumwandern erlaubt es, Tuchfühlung zu halten mit den Schüler/innen, deren Eltern, mit weiterführenden Schulen, im Falle der Sekundarschulen mit den Betrieben, die Praktikums- oder Ausbildungsplätze anbieten und vor allem mit den Lehrkräften, den Verbündeten bei der Aufgabe, eine gute Schule zu bieten.

Aufgrund von negativen Erfahrungen mit den traditionellen Unterrichtsbesuchen durch Dozenten der Hochschulen (in der 1. Phase der Lehrerausbildung), durch Studienseminar- oder Fachleiter in der 2. Phase und durch Schulaufsichtspersonal oder – gewissermaßen in deren Fußstapfen stehend – durch Schulleiter/innen haben die Lehrkräfte keinen Bedarf an Unterrichtsbesuchen. Aufgrund dieser überwiegend schlechten, unangenehmen Erlebnisse wurden an den Schulen eine ganze Reihe von Abwehrnormen und -mechanismen entwickelt, die es jedem Außenstehenden erschweren sollen, in den Unterricht einer Lehrperson »einzudringen«.

Das ist die Ausgangslage, aber sie charakterisiert einen pathologischen Zustand. Ich kenne keine einzige andere Organisation, an der es üblich ist, dass sich Chefs anmelden müssen, wenn sie eine/n Mitarbeiter/in am Arbeitsplatz aufsuchen. In den meisten Organisationen ist es allerdings auch nicht üblich, dass fast jeder Besuch mit einer Beurteilung verbunden wird. Die erste Forderung, die also im Hinblick auf Einführung und Akzeptanzgewinnung von MBWA zu stellen ist, lautet: Unterrichtsbesuche *nie* mit einer *summativen Evaluation* (Leistungsbeurteilung) verbinden!

»Herumwandern« heißt auch nicht, sich allzu lange an einem Platz aufzuhalten. Das Hereinschnuppern in den Unterricht kann von einigen Minuten bis zu einer ganzen Stunde dauern. Ganz ausnahmsweise wird sich z. B. ein/e Schulleiter/in z. B. bei einer Abschlussveranstaltung oder einer Feier (PETERSEN) am Ende einer sehr effektiven Unterrichtseinheit auch einmal dazu entschließen, mehrere Unterrichtsstunden, vielleicht sogar einen ganzen Morgen mit einer Klasse zusammenzusein.

Eine Vorbedingung dafür, dass solches Herumwandern, um – wie es Berthold SEIDEL ausgedrückt hat – »Witterung aufzunehmen«, von den Lehrkräften allmählich toleriert und vielleicht sogar *gewünscht* wird, besteht darin, dass die »Wanderer« ihre Fehlerbrille in ihrem Büro lassen. Ansonsten wird nicht der Eindruck des Herumwanderns, sondern eher des Herumschleichens bei den Lehrkräften entstehen.

Positives wahrnehmen und stärken

Die einzige Absicht ist, *positive Aspekte von Unterricht* zu erleben. Konkret gesprochen, wird das Hineinschnuppern und die kurzfristige Teilnahme an einem Unterricht nur dazu genutzt, um Positives zu sehen. Das als positiv Bemerkte kann dann später in möglichst kurzem Abstand zur Beobachtung direkt zurückgemeldet werden. Ferner kann auf das erlebte Positive auch in Gesprächen mit anderen Lehrkräften hingewiesen werden. Etwas heikel ist es sicher, auf solche Beobachtungen in einer Klasse auf Teamsitzungen oder Gesamtkonferenzen hinzuweisen. Aber so erhalten auch die übrigen Lehrpersonen ein Feedback über die Verhaltensweisen und Beobachtungen bei den Unterrichts(vorbei)gängen, die eine Schulleitung als positiv oder als Standard ansieht. Die Absicht: Über Unterricht soll in dieser Schule positiv gesprochen werden (können).

Diese Verhaltensregel ist für Pädagog/innen äußerst schwierig, weil sie von jung an gewöhnt sind, dass (trotz Lob) die Kritik überwiegt und sich im Gedächtnis einbrennt. Die meisten Unterrichtsbesucher/innen achten stärker auf vermeintliche »Fehler«, weil sie später ihre oft schon vorher feststehende Beurteilung damit begründen können. Die Aufforderung, nur Positives zu sehen und festzuhalten, ist daher erwartungswidrig und von vielen in der Praxis nicht so leicht zu erfüllen.

Neue Handlungskompetenzen erwerben

Daraus folgt eine weitere Empfehlung für dieses unterrichtsbezogene MBWA: Wenn problematische Situationen erlebt werden (z. B. nur lehrerzentrierter, geschlossener Unterricht) und wenn Konsequenzen daraus angezeigt sind, dann sollte sich das daraus resultierende Feedback *niemals* an einzelne Lehrkräfte richten, sondern als Systemerkenntnis und -problem behandelt werden. Die notwendige Veränderung erfolgt niemals durch individuelle »Schuldzuweisung«. Dieses Problem wird effektiver durch gemeinsame Fortbildung einer Lösung näher gebracht. Wenn die Lehrkräfte dann gemeinsam neue Handlungskompetenzen erwerben und in ihrem Unterricht einsetzen, kann das wieder Anlass für ein positives Feedback durch die »herumwandernden« Schulleitungsmitglieder sein.

Dass dabei die Schulleitung viele Gelegenheiten erhält, auch mit den Schüler/innen zu kommunizieren, deren Perspektive und Vorstellungen über »gute Schule« kennen zu lernen und in die eigenen Planungen einzubeziehen, ist ein weiterer positiver Nebeneffekt. MBWA wäre auch ein Schritt hin auf eine stärkere Schülerorientierung oder Kundenfreundlichkeit in den Schulen.

Professionalität stärken

Lehrkräfte brauchen viele Kenntnisse darüber, wie produktives Lernen der Schüler/innen möglichst reibungslos erfolgen kann und von welchen Faktoren es abhängt. Der Erfolg hängt von drei Voraussetzungen ab, deren Vorhandensein oder Fehlen sich auf den Berufserfolg und damit letztlich auch auf Motivation und Berufszufriedenheit auswirkt:

- Wissen,
- Perspektive und
- Einstellung.

»Kein Berufsprofi kann reüssieren, ohne in seiner Arbeit ein fundiertes Grundwissen über sein jeweiliges Fach-/Arbeitsgebiet anzuwenden. Selbstverständlich muss jeder Profi sich mit ganzer Kraft dafür einsetzen, die besonderen Fähigkeiten zu erwerben, die sein Beruf von ihm verlangt. Aber das berufliche Wissen geht über grundlegende Fertigkeiten hinaus. Wer professionell arbeitet, muss die Grundsätze und Ideen seiner Disziplin[en] kennen, die sehr viel länger Gültigkeit besitzen als die Fakten und Verfahren, die sich andauernd ändern. Professionalität erfordert auch kontinuierliche Weiterbildung – viele Berufsverbände verlangen das von ihren freiberuflich tätigen Mitgliedern sogar als Zulassungsvoraussetzung. ... Wenn sie ihre Kenntnisse nicht auf dem aktuellsten Stand halten, werden sie irgendwann ehemalige [Lernprofis] sein« (HAMMER 1997, S. 74/75).

Ein Blick in die Praxis der Schulen zeigt, dass dieses Kriterium allenfalls in Laufbahnordnungen (»Pflicht zur Weiterbildung«) erwähnt wird, aber für die Praxis des Unterrichtens keine Rolle spielt. Lehrkräfte, die sich wenig und unzureichend weiterbilden, sind in unserem System eher die Regel als die Ausnahme. Weiterbildung wird nur postuliert, aber nicht wirklich gefordert.

Professionalität erfordert eine besondere Perspektive, eine typische Denkweise. Berufsprofis arbeiten nicht schematisch. Der Anteil der Routinearbeit wird sich zunehmend verringern. Sofern an einer Schule fast nur Routineunterricht abläuft, ist das schon ein Zeichen für eine hoch entwickelte Motivationspathologie. Routinearbeit kann abgeschafft, automatisiert (Informations-Technologie) oder von Kunden selbst erledigt werden. Im Zentrum der Wertschöpfung steht der Einsatz von Wissen und Kreativität in neuartigen Situationen. Von professionellen Pädagogen wird viel mehr Denk- und Entscheidungsarbeit verlangt als von den Unterrichtsbeamten, zu denen sich viele Lehrkräfte in dem bisherigen Schulsystem entwickeln durften. Diese Anforderung ist unbequem, deshalb ist bei geistig steif gewordenen Berufsvertretern auch mit einigem Widerstand zu rechnen. Manche Schulen werden sich zu geistigen Wellness-Centern entwickeln müssen.

Auch die dritte Voraussetzung ist nicht leicht zu erfüllen. Professionell zu arbeiten verlangt die richtige Persönlichkeit mit einer hohen Motivation. Berufsprofis müssen sich selbst verpflichten und mit hoher Selbstdisziplin (ohne Anweisungen) arbeiten können. Die Berufsprofis in den Schulen werden zwar vom Staat bezahlt, doch sind sie letzten Endes vor allem ihrer Aufgabe und ihrer Berufsethik, ihrem Gewissen, verpflichtet. »Professionell arbeitende Menschen machen ihre Arbeit nicht deshalb richtig, weil ihnen jemand bei der Arbeit über die Schultern sieht, sondern weil sie ihnen am Herzen liegt. Ein weiterer Bestandteil der von Profis geforderten Einstellung sind Aufrichtigkeit und Enthusiasmus« (HAMMER 1997, S. 76). Es geht um den Beruf als Berufung. Schließlich erwartet man von den Berufsprofis auch, dass sie eine gewisse Beständigkeit, Ausdauer, ja sogar Hartnäckigkeit besitzen, um ihre Aufgabe zu einem guten Ende zu führen.

Fazit

Die meisten Lehrkräfte dürften am Anfang ihrer Berufslaufbahn über die geforderten Eigenschaften verfügen, vielen werden sie aber im Laufe ihrer Tätigkeit in einem bürokratisierten Schulsystem abhanden kommen. Deshalb ist es kein Wunder, dass an den meisten Schulen unter der Geröllhalde der bürokratischen Verkrustungen ein großes Potential für Leistungssteigerungen schlummert. Die verschütteten Motivationen müssen durch Pädagogische Führung kooperativ mit den Betroffenen zusammen freigeschaufelt werden.

Das Rezept für den Beginn dieser Aktionen ist ganz einfach: *Sofort* damit beginnen und mit denen anfangen, die schon jetzt dazu bereit sind. Die

Zögerlichen und Skeptischen sollten auf dem Weg zu neuen Lernerfolgen der »Klienten« dazu stoßen können. *Sofort* mit dem anfangen, was den Kernprozess der Schule ausmacht, nämlich mit dem breit verstandenen Lernen der Schüler/innen, das alle Sinne anspricht, Kopf, Herz und Hand beansprucht.

Dr. Richard Bessoth ist Akademischer Direktor an der Universität Koblenz – Landau in Landau; Verantwortlicher für die Studienrichtung Bildungsmanagement und das »Europäische Weiterbildungsstudium Bildungsmanagement (EWBM); Mitherausgeber der »Pädagogischen Führung« und von »Schulleitung – Ein Lernsystem«. Seine Arbeitsschwerpunkte: Schulqualität (Schulklima, Schulkultur), Unterrichtsqualität, Lehrerbeurteilung, moderne Managementkonzepte für das Bildungswesen.

Anschrift:
Betzentalstr. 48, 66386 St. Ingbert
Tel.: 0 68 94/96 60 70, Fax: 0 68 94/96 61 40

Lehrer der Zukunft

Peter Struck

1. Die Freude, mit Kindern umzugehen

»Kinder und Uhren darf man nicht beständig aufziehen, man muss sie auch gehen lassen«, meinte der deutsche Dichter Johann Paul Friedrich Richter, bekannter unter dem Namen Jean Paul. Das war vor rund zweihundert Jahren; und wenn es bald gar keine Uhren mehr gibt, die aufgezogen werden müssen, wird die Sentenz vielleicht nicht mehr verstanden. Uhren, die von Federn angetrieben werden, die immer wieder gespannt werden müssen, darf man deshalb nicht beständig aufziehen, weil die Mechanik unter dem Aufziehen leidet, deshalb sollen solche Uhren zwar aufgezogen werden, aber nur, wenn der Spannungszustand der Feder dies erfordert. Nun gibt es Menschen, die ihre Uhr aus Gründen, die in ihnen selbst aber nicht in der Bauweise der Uhr liegen, alle fünf Minuten aufziehen, gleichsam zwanghaft. Das schadet der Uhr.

Ebenso zwanghaft kann man als Erwachsener mit Kindern umgehen. Was heißt es – im Bilde Jean Pauls – Kinder beständig aufzuziehen? Natürlich ist hier aufziehen nicht im Sinne von necken gemeint, sondern im Sinne von den eigenen Weg gehen lassen. Dass dieser Gedanke am Anfang dieses Teils mit der Überschrift »Die Freude mit Kindern umzugehen« steht, hat seinen Grund darin, dass die gegenwärtige Auffassung darüber, wie einem Kind in der Schule und überhaupt begegnet werden soll, geprägt ist von der geradezu zwanghaften Vorstellung, man müsse Kindern beständig die Richtung weisen, jeden wirklichen oder vermeintlichen Fehler sofort berichtigen und sich darum sorgen, dass die Weichen für eine gesunde leibliche, geistige und seelische Entwicklung optimal gestellt sind. Das wird ausführlich und wortreich begründet; aber über so viel Zukunftssorge kann man leicht die Freude am Umgang mit Kindern und Jugendlichen verlieren und die – ganz falsche – Vorstellung entwickeln, als sei die Schule schon alles, und als gäbe es gar kein Leben nach der Schule.

Die Menschen sind sehr verschieden, das gilt auch von Kindern. Da kann man leicht dazu neigen, den einen für zu dick, den anderen für zu dünn, für zu schnell oder zu langsam, zu frech oder zu lieb, zu dies und zu das zu halten. Jede Abweichung von einer vermeintlich richtigen Mitte wird zum Anlass genommen, auf das Kind pädagogisch einzuwirken, es zu loben und zu tadeln, ihm Vorschläge zu machen und auf die Notwendigkeiten des Lebens zu verweisen (die Uhr aufzuziehen und sie zu stellen). Das hat aber mit der Freude, mit Kindern umzugehen, dann gar nichts mehr zu tun. So werden dann die Lehrer zwar um ihr Gehalt und die schier unendlich langen Ferien beneidet, aber nicht darum, mit jungen Menschen umgehen zu dürfen.

Viel Pädahektik aber wenig Pädagogik

Kinder sind Menschen in einem frühen Entwicklungsstadium, und die herrschende Auffassung ist, dass das Hauptziel des Zusammenlebens mit Kindern die Förderung ihrer Entwicklung zum Erwachsenen ist. So als wenn es das Hauptziel des Zusammenlebens mit Erwachsenen sein müsste, ihre Entwicklung zum Greis oder zur Greisin zu fördern. Aber das geschieht von selbst, und auch Kinder werden ganz von selbst zu Erwachsenen. In einer sehr schlichten Form wird das Wort »erziehen« im Deutschen Wörterbuch von Brockhaus-Wahrig erklärt durch »jemandes Entwicklung in einer bestimmten Weise lenken«; das Farbige große Volkslexikon des Bibliographischen Instituts wird da deutlicher: »Erziehen bezeichnet eine soziale Interaktion zwischen Menschen, in der ein oder mehrere Erzieher im Idealfall planvoll und zielgerichtet... versuchen, bei dem zu Erziehenden unter Berücksichtigung seiner menschlichen Eigenart ein erwünschtes Verhalten zu entfalten oder zu verstärken.« Die aufgeführten wissenschaftlichen Erklärungen der Wörter »erziehen« und »Erziehung« sind ja nicht falsch, aber doch merkwürdig weit entfernt von dem Zauber, den Kinder um sich verbreiten können, – wenn man sie lässt. Es wird gesagt, dass Schulen sich von reinen Bildungsanstalten zu Lebensräumen mit Bildungsauftrag entwickeln und Lehrer sich zu Lernberatern wandeln müssen. Dann brauchen wir in unseren Schulen wieder so etwas wie Muße; aber davon sind wir noch weit entfernt, so dass der Eindruck, in Schulen fände Pädahektik und keine Pädagogik statt, nicht nur ein witziges Wortspiel ist.

Lehrer werden heißt doch, sich darauf einzustellen, ein ganzes Berufsleben mit Menschen umzugehen, die noch keine Erwachsenen sind, die noch etwas vor sich haben, was wir schon hinter uns haben, und insofern ist der Umgang mit Kindern und Jugendlichen auch immer eine Begegnung mit der eigenen Vergangenheit. Das kann hinderlich aber auch förderlich sein, jedenfalls ist die Aufgabe, beruflich mit Kindern und Jugendlichen umzugehen, nicht nur belastend, sie kann und sollte auch Freude bereiten. Davon freilich ist heute wenig zu vernehmen, wenn in den Medien über Lehrer, Schüler und Schulen berichtet wird; da geht es vor allem um Abweichungen von dem, was eigentlich sein sollte, also um Unerfreuliches.

Was ist es denn, das uns im Umgang mit Kindern und Jugendlichen erfreuen kann? Da kann man – auch als erfahrener Lehrer – nachdenklich werden; darüber wird ja selten gesprochen, weder privat noch in der Berufswelt. Einfachste Anlässe zur Freude bietet der sogenannte Kindermund, jene ungewollt witzigen Äußerungen, die uns zum Lachen bringen und in jedem Lehreralltag vorkommen. Da sagt die siebenjährige Anja ganz sachlich und ehrlich zu ihrem Lehrer: »Du redest so laut, wie meine Mama.«, weil ihr das gerade aufgefallen ist und bringt den aufmerksamen Lehrer für einen Moment zum Schmunzeln; oder man liest im Aufsatz eines Grundschülers »Das Haushuhn stammt vom Menschen ab.« und wird – nachdem man erkannt hat, was hier gemeint sein könnte – unversehens in eine heitere Stimmung versetzt. Solcher Kindermund gehört aber eher zu den kleinen und oberflächlichen Freuden, viel tiefer geht die Freude an der Begeisterungsfähigkeit namentlich der Grundschüler; sie kann den Lehrer immer wieder beflügeln und zu neuen Einfällen bringen. Dass die Begeisterungsfähigkeit in den Sekundarstufen der Schulen schnell versiegt, liegt nicht nur am höheren Lebensalter der Schüler und der damit verbundenen Beruhigung des Gemüts, es hängt auch damit zusammen, dass in den Sekundarstufen Lernen und Lehren zunehmend weniger den Neigungen der Schüler entsprechen.

Konsonanz der Affekte

In der Psychologie gibt es den Begriff der Konsonanz der Affekte (Zusammenklang der Gemütsbewegungen) als einer zwingenden Kraft, die immer wirkt, wenn Menschen zusammen sind. Da steht einer auf einer Bühne, – steht nur da, sagt nichts, gähnt aber immer wieder vernehmlich; und es bleibt nicht aus, dass immer mehr Zuschauer ihrerseits anfangen zu gähnen, die Konsonanz der Affekte bewirkt dies. Wenn Lehrer sich auf ihre Schüler einlassen können, werden sie auf gleiche Weise von der Begeisterung ihrer Schüler zu eigener Begeisterung angeregt. Und wenn der Lehrer und seine Schüler einander mögen, kann deren Begeisterungsfähigkeit eine lebenslang sprudelnde Quelle der Freude sein.

Unter Autoritäten verstehen wir Menschen, deren Wissen, Können und Urteilen allgemein anerkannt ist, und viele Menschen glauben, der Lehrer habe seine Autorität kraft seines staatlichen Auftrages, kraft seines Amtes. Aber so ein »kraft seines Amtes« hat auf Schüler gar keine Wirkung, jedenfalls nicht auf Dauer, höchstens – scheinbar – zu Beginn, wenn die Schüler einen neuen Lehrer bekommen und noch nicht wissen, wie der ist. Im Alltag der Schule wird Autorität dem Lehrer von seinen Schülern verliehen, die mitgebrachte Amtsautorität bewirkt noch gar nichts. Haben die Schüler aber einmal erfahren, dass sie sich auf das Wissen, Können und das Urteil ihres Lehrers verlassen können, dann bringen sie ihm eine Achtung entgegen, die so herzlich und treu sein kann, dass die Formulierung »ihre Schüler wären für sie durchs Feuer gegangen« nicht nur eine übertreibende Floskel ist.

Lehrer sind Schicksal, im Guten wie im Bösen; und wenn wir hier die gute Seite betrachten, dann sehen wir, dass es Lehrer gibt, die von ihren Schülern so dauerhaft geachtet werden, dass eine lebenslange Freundschaft sie verbindet. Da kann es sein, dass eine erwachsene Frau und Mutter mehrerer Kinder, wenn sie ihrer Lehrerin zufällig begegnet, wieder innerlich zur Schülerin wird, weil sie jene gemeinsame Zeit in der Schule in so guter Erinnerung hat. Dieser Lehrerin wurde offenbar im oben beschriebenen Sinne die Autorität von ihren Schülern verliehen; das heißt keineswegs, dass sie etwa nicht streng war (Schüler unterscheiden, – mit gutem Grund – ihre Lehrer gern nach streng und nicht streng) oder dass im Unterricht nicht die Köpfe geraucht hätten. Kinder und Jugendliche brauchen Grenzen, und die bietet nur ein Lehrer, der Autorität – verliehen bekommen – hat. In den klaren Grenzen, die solche Autoritäten bieten, fühlen sich die Schüler wohl, und sie sehen solche Lehrer mit Achtung an, um so mehr, wenn sie womöglich zu Hause durch das Gegenteil von klaren Grenzen und das Fehlen jeder Autorität verunsichert und haltlos geworden sind.

Lehrer, die ihren Schülern solchen Halt bieten können, bauen ein Verhältnis zu ihren Schülern auf, das durch gegenseitige Achtung und Zuneigung geprägt ist; und in welchem anderen Beruf als dem des Lehrers haben Erwachsene die Möglichkeit so innig und herzlich von der Kundschaft gemocht zu werden. Natürlich sind da auch Kinder, mit denen das alles aus vielerlei Gründen gar nicht oder nur ansatzweise herzustellen ist; aber es ist auch eine fatale Verkehrung der Wirklichkeit, wenn heute gern so getan wird, als wäre der Umgang mit jungen Menschen eine kaum zumutbare Last und sonst weiter gar nichts.

Wenn junge Frauen zu Müttern und junge Männer zu Vätern werden, verwandeln sie sich und fangen an, von ihren Kindern zu schwärmen. Von jedem noch so kleinen Fortschritt des Kindes wird stolz berichtet, nicht nur im Sinne von »was bin ich doch für eine tolle Mutter (oder Vater)«, sondern auch im Sinne von dankbarer Freude über die täglichen Fortschritte in der Entwicklung des Kindes, die sie miterleben dürfen. Das ist bei vielen Lehrern nicht anders, und deren Familienmitglieder können von den begeisterten und ausführlichen Berichten der Lern- und Reifefortschritte der Schüler so manches Lied singen. Das mag für die mit solchen begeisterten Erzählungen überschütteten Familienmitglieder zuweilen recht anstrengend sein, zeigt aber, wieviel Lebensfreude dem Lehrer in seinem Beruf allein dadurch zuteil wird, täglich die Fortschritte von jungen Menschen so hautnah erleben zu können. Wo gibt es das sonst?

2. Der Lehrer als Schulleiter

Friedrich Mahlmann leitet ein Gymnasium im nordrhein-westfälischen Oerlinghausen. Er sieht ein bisschen wie Heinz Rühmann aus, und daher fühlt man sich sogleich an Spoerls »Feuerzangenbowle« erinnert, wenn er in seinem satirischen Buch »Pestalozzis Erben« Episoden aus seinem Städtchen und seinem Gymnasium wiedergibt. Klar, dass alles verfremdet ist, dass er Namen und Situationen abgewandelt hat, aber merkwürdigerweise erkennen viele Leser vor Ort ganz bestimmte Pädagogen ziemlich eindeutig wieder. Also hat er irgendwie Recht, wenn er von tropischen Begebenheiten mit »skurrilen Kollegen« mit »zähen Bürokraten«, »prinzipiellen Vereinsmeiern« und »profilneurotischen Kommunalpolitikern« schreibt, wie »Die Zeit« formuliert, aber dennoch hat es Beschwerden bis hin zum Schulrat, zur Bezirksregierung, den Kultusministerium gehagelt und zu einer Klage beim Landgericht geführt. Das Buch ist nett zu lesen, oft nickt man innerlich bei seiner Lektüre und sagt zu sich selbst innerlich: »Ja, so ist es«.

Aber Lehrer ertragen es nicht gut, wenn man sie belehrt, bewertet, kritisiert, in Frage stellt und durch den Kakao zieht, obwohl sie selbst das immer wieder mit Schülern tun. Eine symmetrisch gerechte Herangehensweise ist mit ihnen nicht möglich, es sei denn, man macht es ausgesprochen clever.

Die Qualifikation zur Menschenführung ist also bei Schulleitern gefragt und die Fähigkeit zum Schulmanagement. Dass ein Schulleiter einmal ein guter Lehrer war, reicht heute nicht mehr aus. Zwar gibt es Begleitseminare für werdende oder gerade eingesetzte Schulleiter, in denen sie vor allem im Verwaltungsrecht unterwiesen werden, aber das scheint heute nicht mehr auszureichen.

Mitgleider der Deputationen der Hamburger Behörden für Wissenschaft und Forschung sowie für Schule, Jugend und Berufsbildung haben Ende 1998 gefordert, einen »strukturierten Ausbildungsgang« für Schulleiter an der Universität einzurichten, der absolviert werden muss, bevor man überhaupt erst zum Schulleiter wählbar ist. Personalführung, -beurteilung und -entwicklung, Budgetplanung, Bauplanung, Öffentlichkeitsarbeit und Elterninformation sollen nach Meinung der Deputierten die Studienschwerpunkte sein, und sie führen ihre Initiative auf die Einsicht des nordrhein-westfälischen Instituts für Bildungsbetriebslehre zurück, das formuliert: »Schulleitung als das zentrale pädagogische Steuerungsorgan hat eine unternehmerische Komponente.«

Schulleiter sind bundesweit gesehen eine höchst heterogene Gruppe. Wie bei den Lehrern gibt es unter ihnen starke und schwache, engagierte und träge, junge und alte, männliche und weibliche, von einer breiten Zustimmung getragene, einsame vom Lehrerkollegium oder von der Schulkonferenz gewählte, von oben her eingesetzte, solche, die verdiente Partei- oder Verbandsfunktionäre waren oder sind, Ideologen, politisch und verbandsmäßig neutrale, auf Lebenszeit bestellte und solche, die bloß für zwei oder zehn Jahre bestellt sind.

Manche Menschen wirken als selbstherrliche Chefs, manche verstehen sich als Mitglied eines Leitungsteams, manche nennen sich Schulleiter, manche Pastoren und ganz viele Direktoren, und ihre Vertreter heißen entweder bescheiden »Stellvertretender Schulleiter« oder »Konrektor«. Leiter von Grund- oder Hauptschulen werden nicht so gut bezahlt, aber Leiter von Gymnasien, Gesamtschulen und Berufsschulen haben das gleiche Gehalt, das auch ein Oberschulrat bekommt, oder gar noch etwas mehr. Einige Schulleiter müssen neben ihrer Leitungsfunktion noch ein wenig Unterricht oder auch keinen geben, andere – meist von kleineren Schulen – geben ziemlich viel Unterricht und wieder andere führen sogar noch eine Klasse nebenbei.

Es gibt Schulleiter, die wenig Entlastung durch ihre Stellvertreter finden, aber ansonsten ihren oft großen Laden ziemlich allein führen; es gibt aber auch solche, die sich reichlicher Unterstützung durch ihren Stellvertreter, durch bis zu vier Abteilungsleiter (für die Grundschule, für die Klassen 5 bis 7, die Klassen 8 bis 10 und die Oberstufe), durch einen Didaktischen Leiter und mehrere Koordinatoren erfreuen. Es gibt Schulleiter und Schulleiterinnen, die bis zu ihrer Pensionierung im Amt bleiben und als bedeutend oder als schimm in die Chronik ihrer Schule eingehen, und solche, die ihr Amt vorzeitig freiwillig zurückgeben, per Misstrauensantrag abgewählt oder später nicht bestätigt bzw. nicht wiedergewählt werden, so dass sie – oft mit einem Knacks – wieder einfache Lehrer werden.

In Hamburg und Bremen werden Schulleiter vorübergehend auf Zeit gewählt, und zwar zunächst vom Lehrerkollegium nach Ausschreibung, Erstellung einer Bewerberliste mit bis zu drei Kandidaten, die ein Schulleiter-Findungsausschuss vorschlug, und dann nach zwei Jahren von der Erweiterten Schulkonferenz (in der Lehrer, Eltern, Schüler und Vertreter des Hauptpersonalrats sitzen) auf zehn Jahre. Sie bekommen dafür ihr Lehrergehalt plus eine Funktionszulage für die gewählte Zeit. Irgendwann hat das Bundesverwaltungsgericht für den Fall Bremen diese Wahl auf Zeit untersagt; seitdem werden die Schulleiter nach zwei Jahren von der Erweiterten Schulkonferenz wieder auf Lebenszeit gewählt oder abgewählt. Mit dem neuen Hamburger Schulgesetz ist jedoch wieder die Wahl auf zehn Jahre nach einer zweijährigen Bewährungszeit vorgesehen.

In den meisten anderen Bundesländern werden die Schulleiter »von oben«, also vom Kultusministerium oder von der Bezirksregierung, auf Lebenszeit bestellt, und oft haben sie sich als Partei- oder Verbandsfunktionäre »bewährt«. Die optimale Lösung liegt wohl in einer partizipatorischen Wahl, bei der Lehrer, Eltern und Schüler über ihren künftigen Schulleiter mitbefinden, denn sie sind nicht so sehr an einer »aalglatten« Leitungsfigur interessiert, die sich auf Verwaltung und Repräsentation der Schule nach außen eingrenzt.

In anderen Bundesländern wird die Position des Schulleiters gestärkt. Mit der Tendenz zu einer zunehmenden Profilbildung der Schulen müssen ihre Leiter stärker führen können, weil sie auch herkömmliche Schulaufsichtsfunktionen teilweise mitübernehmen müssen, weil sie mit den jeweiligen spezifischen Schulprogrammen zugleich auch dafür verantwortlich werden, dass die übergeordneten Richtlinien und Bildungspläne eingehalten werden und dass so etwas wie die Vergleichbarkeit der Abschlüsse garantiert bleibt.

Schule soll ja künftig einerseits profilierter, regionalisierter und partizipatorischer werden – und das ist gut so, weil sie dann mehr unserem demokratischen Pluralismus-Prinzip entspricht. Als autonomere »Einrichtung vor Ort«, als gestärkte Kommunal- oder Nachbarschaftsschule, benötigt sie aber eine neue Bilanz: Mehr Demokratie von unten braucht mehr Koordination und Führung von oben, wobei mit Führung vor allem die pädagogische, aber auch die sachverständige des erfahrenen Managers gemeint ist.

Wir wissen ja von den vollständig autonomen Privatschulen der Schulgeschichte, wie bedeutsam sie oft vor allem durch die starke Persönlichkeit ihrer Gründer und ihrer Leiter wurden, wenn man beispielsweise an Hermann Lietz, Paul Geleeb, Gustav Wyneken oder auch an Cecil Reddie und Kurt Hahn denkt. Schulleiter müssen Menschen führen können, und zwar sowohl Lehrer und ihr Hauspersonal als auch Eltern und Schüler, eventuell aber auch Kommunalpolitiker und Bauleiter. Sie brauchen konzeptionelle Visionen, Stärken in der Menschenführung und finanziellen Sachverstand, müssen in ihrem Amt professionell sein.

Den guten Lehrer in sich dürfen sie nie vergessen, und insofern erkennt man gute Schulleiter nicht nur an ihrer Tätigkeit, Konferenzen zu leiten, Verwaltungsvorschriften zu kennen und Puffer zwischen Schule und Behörde sein zu können, schon gar nicht daran, ministerielle Erlasse bloß in ihre Schule hinein umzusetzen, sondern auch daran, dass sie Anfechtungen von oben und von außen mit couragiertem Widerstand abzuwehren wissen und dass sie ihre Bürotür stets für Schüler und Eltern offen haben, ihnen also nicht erst das mühselige Überwinden der Hürde Schulsekretariat zumuten, bevor sie Einlass und ein Gespräch gewährt bekommen.

Sie sind allerdings auch für eine Menge Unbequemes zuständig. Sie müssen sich in die Kommunalpolitik, in die Verkehrspolitik, in die Nachbarschaft und in die Gemeinwesenarbeit einmischen, wenn es um die Verbesserung der Bedingungen für ihre Schule und ihre Schüler geht, sie müssen die Gelenkstellen zu Kindergärten und benachbarten Schulen ölen und zu einer übergreifenden Kooperation mit ihnen fähig sein, sie müssen den Blick ihrer Lehrer über den Tellerrand der eigenen Schule hinaus zu führen vermögen, wenn es um Reformimpulse in Richtung auf eine zeitnahe Anpassung ihrer Einrichtung und auch in die Zukunft hinein geht, sie müssen, wenn sie neu berufen sind, verkrustete und ideologische Strukturen des Althergebrachten aufzubrechen bereit sein, sie müssen den Mut haben, deutlich zu Eltern zu sein, wenn diese mit der Erziehung ihrer Kinder fast alles falsch machen, und sie müssen auch die Leistungen der Lehrer anerkennen, wenn nötig auch kritisieren.

Schulleiter sind ganz oft ebenso unzufrieden mit ihren Lehrern, wie es Eltern und Schüler sind. Sie laden daher schon einmal Referenten zu Vorträgen oder zu pädagogischen Konferenzen ein, die den Kollegen von ganz weit weg kommend »den Marsch blasen«, weil so etwas aus der Distanz und aus übergeordneter Neutralität bzw. Objektivität besser funktioniert als aus der Nähe der direkten Zusammenarbeit heraus.

Aber es gibt auch im Amt neue Schulleiter, die zuwenig die gewachsenen positiven Reformelemente ihrer neuen Schule wahrnehmen und statt dessen ihre Konzeption als die »allein seligmachende« dem Kollegium aus der Chefetage verordnen wollen. Diese Top-down Strategie führt zu Frust und Demotivation auch der vormals engagierten Lehrer.

3. Ein Lehrerbild für das 21. Jahrhundert

Ich habe in den vergangenen Jahren viele Schulen im In- und Ausland besucht oder mit ihnen Kontakt gehabt. Ich habe dabei höchst Vielfältiges und auch Gegensätzliches gesehen und kennengelernt. Alles hat immer irgendwie seine Berechtigung, seine Vor- und Nachteile, aber sinnvoll war es meist, wenn die Lehrer oder die Eltern oder die Schüler dahinter standen. Ich habe eine große Anzahl von Lehrern erlebt oder Kontakt zu ihnen gehabt und dabei sehr viel Engagement, Ablehnung von zusätzlichem Engagement und auch Hilflosigkeit gespürt, und ich habe mit einer großen Zahl von Eltern und Schülern zu tun gehabt, die ratlos, schwierig, schulbegeistert, schulmüde, entsetzt waren und mit ihren Kindern zusammen unter der Schule litten.

Die Not in den Schulen und um die Schulen herum ist insgesamt riesig, vor allem fehlt es massenhaft an hinreichendem Engagement gegenüber Einzelschicksalen.

Zusammenfassend muss ich daher feststellen, dass

- wir unbedingt eine ganz andere Schule benötigen,
- wir ganz anders motivierte Menschen als Nachwuchs für den Lehrerberuf brauchen,
- die Lehrerbildung sich deutlich verändern muss, aber auch die Art, wie man Lehrer einsetzt und wie man mit ihnen umgeht.

So wie Schulen und Lehrer zur Zeit sind und so wie Schüler heutzutage sind, können wir jedenfalls nachvollziehen, dass Eltern nicht selten zu dem Schluss kommen, dass ihr Kind nicht zu dem vorhandenen, immerhin schon sehr bunten staatlichen Schulwesen passt, dass sie es lieber auf eine Privatschule geben oder gar selbst unterrichten. Die 1,2 Millionen Homeschooling-Kinder der USA stehen doch immerhin für derartige Zweifel. Wenn immer mehr Eltern schulische Elternabende und den Kontakt zu Lehrern meiden, wenn sie über Lehrer empört sind oder Angst vor ihnen haben, wenn sie von den Lehrern als Väter und Mütter mit »Ablieferungsmentalität« gerügt werden, wenn Grundschulen im niederländischen Groningen schon Verträge mit Eltern von Problemkindern abschließen müssen, damit sie nicht nur ihrem Erziehungsrecht, sondern auch ihren Erziehungspflichten nachkommen, wenn man in einem Erlass des niedersächsischen Kultusministeriums von »wachsenden Schwierigkeiten mit unerzogenen Kindern unerzogener Eltern« spricht, dann ist wohl spätestens die Zeit für eine neue Schule mit neuen Lehrern gekommen.

Im 21. Jahrhundert brauchen wir Lehrkräfte,

- die in jahrgangsübergreifenden Klassen oder in einer flexiblen Eingangsphase der gebündelten Vor- und Grundschule auf das Prinzip Einschulung ohne Auslese reagieren, indem sie mit einem Höchstmaß an innerer Differenzierung und Individualisierung zu kompensieren und zu fördern vermögen,

- die sich als Lernberater statt als lehrerzentriert und frontal vorgehende Stundengeber verstehen und Kinder in die Lage versetzen, selbst zu lernen, statt belehrt zu werden,
- die den Offenen Unterricht in der Lernwerkstatt, die Integration von Behinderten und die Unterrichtung von Schülern mit erhöhtem Förderbedarf beherrschen,
- die etwas von Ernährung, Bewegungserziehung, Psychomotorik, von Hirnforschung und Lempsychologie, von Prävention gegen Gewalt, Sucht und Krankheit, von Spielpädagogik, von Muße, Musischem, Aktiver Pause und Bewegter Schule verstehen sowie von Rollenspiel und Darstellendem Spiel,
- die hilfreiche Lernentwicklungsberichte schreiben können,
- die Lust haben, statt Fächer Lembereiche zu unterrichten,
- die über Fachlernbereiche hinaus auch Schlüsselqualifikationen wie Selbständigkeit, Teamfähigkeit, Erkundungs- und Konfliktfähigkeit, Kreativität und die Fähigkeit zum vernetzenden Denken zu erreichen vermögen,
- die mit dem Computer und dem Internet sinnvoll und kompetent umgehen können,
- die in der Lage sind, mit Eltern zu kooperieren und ihnen bei der Erziehung ihrer Kinder zu helfen, indem sie Hausbesuche machen, Elternstammtische einrichten, Elternabende mit Erziehungsthemen veranstalten und indem sie den Schülern, Müttern und Eltern bekunden, dass sie jederzeit anrufbar sind,
- die bereit sind, mehr Klassenlehrer als Fachlehrer zu sein, und auch in ihrer eigenen Klasse Fächer zu unterrichten, die sie nicht studiert haben,
- die willens sind, sich ständig über Kursangebote des Instituts für Lehrerfortbildung weiterzuentwickeln,
- die zu Co- oder Team-Teaching fähig und mit Supervision einverstanden sind,
- die aber auch das herkömmliche Lehrerinstrumentarium beherrschen, nämlich das Erzählen, das Vorlesen, das Veranschaulichen, das wissenschaftsorientierte Vorgehen, das lehrerzentrierte Einführen, das methodisch sinnvolle und spannende Lehren und das Grenzen-Setzen.

Schüler und Schulen brauchen mehr denn je Lehrer, die Schüler mögen, die zu außerunterrichtlichem sozialpädagogischen Engagement bereit sind und die den Mut haben, trotz oder wegen knapper werdender öffentlicher Kasse neue Wege zu beschreiten, und zwar ohne zu jammern. Mehr ist es eigentlich nicht. Oder ist das zuviel der Zumutungen?

Dass der Staat dieses alles mit einem Mehr an Flexibilität, das den unterschiedlichen Erwartungen der Eltern und den vielfältigen Möglichkeiten der Schüler sowie der zunehmenden Pluralität unserer Gesellschaft entspricht, begleitet, nämlich mit Arbeitszeitkonten, mit der Genehmigung von Sabbatjahren, mit Teilzeitverträgen, mit der Möglichkeit, auch Nicht-Lehrer zu beschäftigen, mit einer autonomeren Schule, mit einer dezentralisierten Lehrerfortbildung und mit der Gestattung von immer mehr Schulprofilen im gleichwertigen Nebeneinander anstelle eines hierarchisch gegliederten Schulsystems mit höher- und minderwertigen Bildungsgängen, trägt gewiss auf Dauer nicht nur zu einem günstigeren Lehrerbild in der Öffentlichkeit bei, sondern gereicht am Ende auch bei den Schülern zu mehr Schulfreude und zu besseren Leistungen. Und genau die werden ja vor allem von den Betrieben und von den Hochschulen im Wirtschafts- und Wissenschaftsstandort Deutschland für das 21. Jahrhundert erwartet.

Prof Dr. Peter Struck war nach dem Studium von Pädagogik, Biologie und Kriminologie zehn Jahre Volks- und Realschullehrer und danach vier Jahre lang Schulgestalter in der Behörde für Schule, Jugend und Berufsbildung in Hamburg. Seit 1979 hat er eine Professur für Erziehungswissenschaft an der Universität Hamburg. Seine Arbeitsschwerpunkte sind Sozial- und Schulpädagogik, Bildungspolitik, Jugendforschung, Familienerziehung und Medienpädagogik. Seit 1980 forscht er vor allem mit einem Lehrerstudenten-Schüler-Betreuungsprojekt an der Gelenkstelle von Familie und Schule.

Anschrift:
Universität Hamburg, Erziehungswissenschaftl. Institut,
Von-Melle-Park 8, 20146 Hamburg, Tel.: 040/42838-3760

Motivation, Leistungsbereitschaft und Arbeitszufriedenheit im Schulalltag

Ronald Mackowiak

1. Einleitung

In diesem Beitrag wird ausgehend von der Erklärung der psychischen Abläufe im Menschen dargestellt, wie Motivation praktisch in Gang gesetzt werden kann. Es wird deutlich, dass der Schulleitung die entscheidenden Aufgaben bei der Förderung von Motivationsprozessen im Kollegium zukommt. Aber kontinuierlich erfolgreiches und motiviertes Arbeiten kann nur im Zusammenspiel von Schulleitung und Kollegium abgesichert werden. Über Motivation gelingt es, Verhalten zu steuern, zu leiten und zu kontrollieren. Nur wenn wir selbst motiviert sind, können wir die Qualität des eigenen Lebens und des Lebens anderer verbessern.

2. Zur Begriffsbestimmung »Motivation«

Die Motivation entwickelte sich in den letzten Jahrzehnten zu einem zentralen Untersuchungsgegenstand in der Erforschung des menschlichen Verhaltens. Motivation zu erforschen heißt, die Beweggründe für das Verhalten und Handeln aufzudecken und die Kraft, die hinter den Tätigkeiten wirkt und diese in Gang setzt, zu hinterfragen (KELLER 1995). Hinzu kommt die Analyse der auslösenden und fördernden äußeren Bedingungen, um zu erklären, wann eine gewünschte motivierte Verhaltensweise wahrscheinlicher oder unwahrscheinlicher wird (MIETZEL 1994). Motivation bewirkt, dass ein angestrebtes Ziel nicht nur durch eine Handlung erreicht wird, sondern diese Handlung auf einem bestimmten erhöhten Leistungsniveau mit verstärkter innerer Beteiligung des Handelnden abläuft. Die Stärke der Motivation ist ablesbar an der Dauerhaftigkeit und Intensität des Verhaltens. Motivation ist somit ein Antrieb für unsere Tätigkeiten und eine innere Einstellung.

Bei Lehrerinnen und Lehrern zeigt sich Motivation durch ihr besonders pädagogisches und menschliches Engagement für ihre Schüler. Sie arbeiten deutlich über das vorgegebene Maß hinaus, wenden mehr Zeit für ihre Tätigkeiten auf, trennen sich von Routine und beschreiten neue Wege. Dazu gehört z. B. die Anwendung neuer oder alternativer Unterrichtsmethoden wie Rollenspiele, Exkursionen, Projektarbeiten, Gruppenarbeiten u. a.m., um sich vom leider noch weit verbreiteten Frontalunterricht zu trennen. Über die Vermittlung des Lehrstoffes hinaus begleiten sie menschlicher und emotialer ihre Arbeit mit den Schülern und deren Eltern.

2.1 Der Motivationsprozess

Wie kann die Schulleitung zur Motivation der Lehrerinnen und Lehrer beitragen? Zum Verständnis des Motivationsprozesses bietet sich das dargestellte Schema (Abb. 1) an.

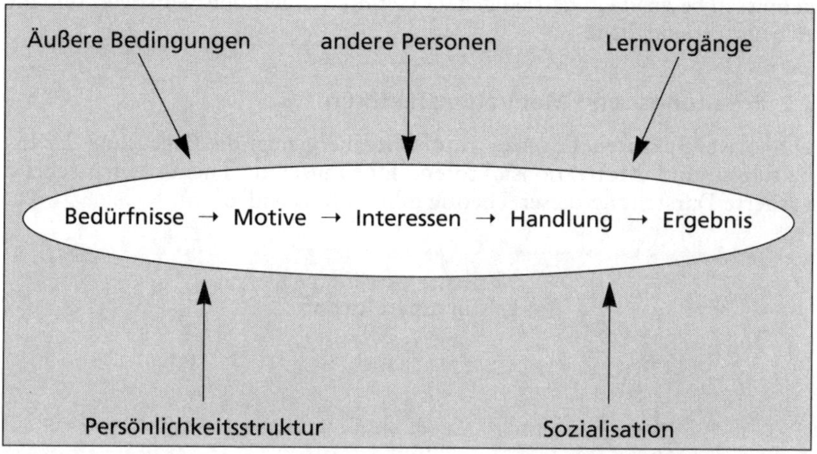

Abb. 1 Motivationsprozess (Handlungskette); (MACKOWIAK 1998)

Ausgangspunkt des Motivationsprozesses sind unsere Bedürfnisse, z. B. Sicherheitsbedürfnisse (Sicherheit des Arbeitsplatzes), Streben nach einem guten Betriebsklima in der Schule, nach Anerkennung, Selbstverwirklichung oder persönlichem Wachstum, Wunsch nach Entfaltung eigener Fähigkeiten, Wunsch, das zu tun, wozu man sich »berufen« fühlt, von anderen geschätzt und angenommen zu werden, Bestätigung zu finden.

Die Beachtung der Bedürfnisse ist der zentrale Punkt für die Motivation. Mitarbeiter sind motiviert durch die Befriedigung ihrer Bedürfnisse. Schulleiter, die den Bedürfnissen ihrer Mitarbeiter entsprechen, können die Leistungsbereitschaft erhöhen und Arbeitszufriedenheit fördern. Aus den bewusst gewordenen Bedürfnissen erwachsen Motive, die individuelle Handlungen aktivieren und auf konkrete Ziele hinsteuern. Motive als innere Beweggründe werden dem Einzelnen über seine Wünsche bewusst.

An welchen konkreten Bedürfnissen der Mitarbeiter sollte die Schulleitung anknüpfen? Hierzu zählen auf jeden Fall das Bieten von Möglichkeiten, um innovativ zu sein, sich von der Routine des Schulalltags zu trennen, Neues mit Schülern ausprobieren zu können, größere Entscheidungsspielräume zu nutzen und vielfältige, schulübergreifende Kontakte zu Vereinen, Institutionen, Behörden u. ä., insgesamt zur Praxis aufzubauen und zu pflegen. Die individuellen persönlichen Bedürfnisse (Partnerschaft, Familie, Freizeitinteressen, Hobbies) dürfen dabei keinesfalls übersehen werden.

Die Art der Aufgaben, die gelöst werden, die Projekte, die durchgeführt werden, die Ziele, die angestrebt werden und der Enthusiasmus, mit dem die Handlungen ausgeführt werden, geben die Möglichkeit, Rückschlüsse auf die auslösenden Bedürfnisse, Motive, Interessen und insgesamt auf die Motivation des Handelnden zu zielen. Das Erreichen von motivierenden Ergebnissen bewirkt ein befriedigendes Gefühl, steigert den Selbstwert und die Arbeitszufriedenheit.

2.2 Erhaltungs- und Motivationsfaktoren

Die »Zwei-Faktoren-Theorie« von F. Herzberg zeigt die Bedeutung der Erhaltungs- und Motivationsfaktoren. Eine unserem Thema entsprechend variierte Darstellung dieser Theorie gibt Abb. 2 wider.

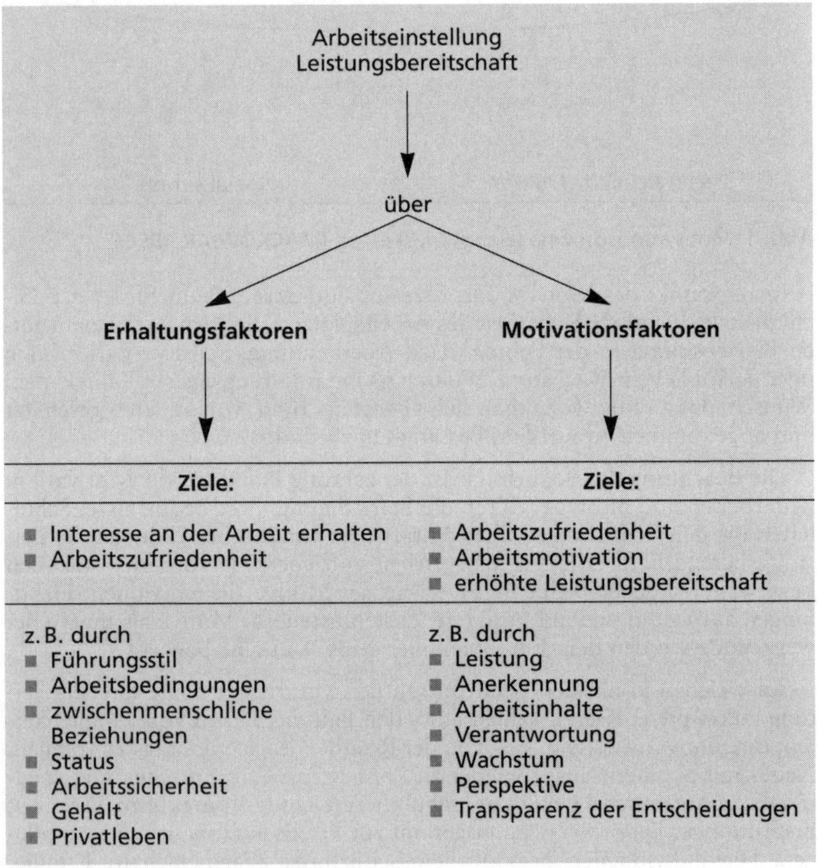

Abb. 2 Zwei-Faktoren-Theorie nach Herzberg (HANKS 1995, S. 35)

Beide Seiten sind im Gesamtprozess der Motivation notwendig. Die Erhaltungsfaktoren geben die Grundlage dafür, dass Mitarbeiter und Mitarbeiterinnen ihren Aufgaben gewissenhaft nachkommen. Erst die Motivationsfaktoren spornen die Mitarbeiter dazu an, über das notwendige Maß hinaus in besonderer Qualität mit großer Einsatzbereitschaft tätig zu werden.

Erhaltungsfaktoren

Als Schulleitung sollten Sie dem Führungsstil besondere Beachtung schenken, da es über den entsprechenden Führungsstil direkte Auswirkungen auf andere Erhaltungsfaktoren, insbesondere die Arbeitsbedingungen und die zwischenmenschlichen Beziehungen, aber auch auf alle Motivationsfaktoren gibt. Ein demokratisches, kooperativ-partnerschaftliches Führungsverhalten hat sich, auch über längere Zeiträume hinweg, als besonders motivierend für die Mitarbeiter und Mitarbeiterinnen erwiesen.

Motivationsfaktoren:

Über den Führungsstil hinaus können alle Motivationsfaktoren über eine Unternehmens- oder Schulphilosophie nachhaltig positiv beeinflusst werden. Eine solche Philosophie beinhaltet Aussagen zu folgenden Schwerpunkten:

- Ziele der schulischen Arbeit,
- Formen der Kooperation (Arbeitsteilung, Partner),
- Organisationsstruktur,
- Führungsstile,
- Bewertungsmaßstäbe,
- Außenwirkung,
- Formen der Konfliktlösung,
- Entwicklungsperspektiven.

Der Nutzen einer gemeinsam mit den Lehrerinnen und Lehrern erarbeiteten Schulphilosophie ist zwar aufwendig aber für die Motivation der Kolleginnen und Kollegen von enormer Bedeutung. Einige Vorteile bestehen in der größeren Identifikation mit der »eigenen« Schule und der schulischen Arbeit. Dadurch können Anlaufschwierigkeiten der neuen Lehrerinnen und Lehrer verringert und das Miteinander überschaubarer, verständlicher und planbarer gestaltet werden. Insgesamt kommen wir unseren Zielen – Arbeitszufriedenheit und Leistungsbereitschaft – ein Stück näher. Schriftlich fixiert, und in ansprechender Form gestaltet, sollte die Schulphilosophie für Eltern, Schüler und für alle Interessierten verfügbar sein.

2.3 Intrinsische und extrinsische Motivation

Das Sicherstellen günstiger Rahmenbedingungen für eine koninuierliche Motivation ist für die Schulleitung kraft- und zeitaufwendig. Die folgende Übersicht soll als Hilfestellung für die Erkenntnis dienen, über welche Faktoren Motivation eher zu erreichen ist und an welchen Stellen ihr Einsatz weniger erfolgreich sein wird.

Motivation	
Intrinsische Motivation ist durch die von einer Aufgabe ausgehenden Anreize bedingte Motivation	Extrinsische Motivation ist durch äußere Zwänge verursachte Motivation
intrinsische Motivationsfaktoren ■ Vermittlung von Erfolgserlebnissen ■ Spaß an der Arbeit ■ Leistungsbestätigung finden ■ Selbstverwirklichung durch Arbeit ■ autonome Arbeitsgestaltung ■ attraktive und abwechslungsreiche Arbeitsinhalte	extrinsische Motivationsfaktoren ■ Existenzsicherung ■ Leistungszwang ■ Pflichterfüllung ■ Sozialstruktur ■ Wirtschaftsstruktur ■ Wertvorstellungen ■ Normen ■ Bewertungsmaßstäbe ■ Kontrolle

Intrinsische Motivation bedeutet, dass eine Handlung um ihrer selbst willen ausgeführt wird. Die Kontrolle über diese Aktivität liegt beim Ausführenden selbst. Bei extrinsischer Motivation wird auf den Handlungsverlauf von außen Einfluss genommen. Als Schulleitung können Sie effektiver motivieren, wenn Sie den Mitarbeitern und Mitarbeiterinnen die Chance bieten, über intrinsische Motivation aktiv zu werden.

Dabei kann der Bindung der Lehrer an ihre Klassen auch über den Unterricht hinaus besonders Beachtung geschenkt werden, z. B. durch Klassenfahrten, Begegnungen nach dem Unterricht, Exkursionen. Das regelmäßige Angebot von fachlicher und fachübergreifender Weiterbildung spielt bei intrinsischer Motivation eine ebenfalls bedeutsame Rolle.

3. Analyse von Motivationsproblemen

Bei der Analyse von Motivationsproblemen im Kollegium geht es um die Ermittlung der Ursachen für Verhaltensweisen, die der Arbeitszufriedenheit und Leistungsbereitschaft engegenwirken. Es hat sich bewährt, bei der Diagnose in vier Schritten vorzugehen (STROEBE 1994):

1. Analysieren Sie Ihre eigenen Bedürfnisse, Werte und Ziele, die für Sie Bedeutung haben.
2. Analysieren Sie die Bedürfnisse, Werte und Ziele ihrer Mitarbeiter und Mitarbeiterinnen.
3. Stellen Sie fest, wo es gemeinsame Ziele und Werte bei Ihnen und Ihren Mitarbeitern gibt.
4. Formulieren Sie gemeinsam mit Ihren Mitarbeitern und Mitarbeiterinnen Bedürfnisse und Werte und leiten Sie daraus übereinstimmende Ziele ab.

Zu Beginn der Analyse betrachten Sie sich selbst in Ihrer Rolle als Schulleiter und Schulleiterin. Da eine Rolle durch ein Bündel von Erwartungshaltungen bestimmt wird, versuchen Sie, die konkreten Personen, Gruppen und Institutionen aufzulisten, die Ihre Erwartungen an Sie herantragen (siehe Abb. 3).

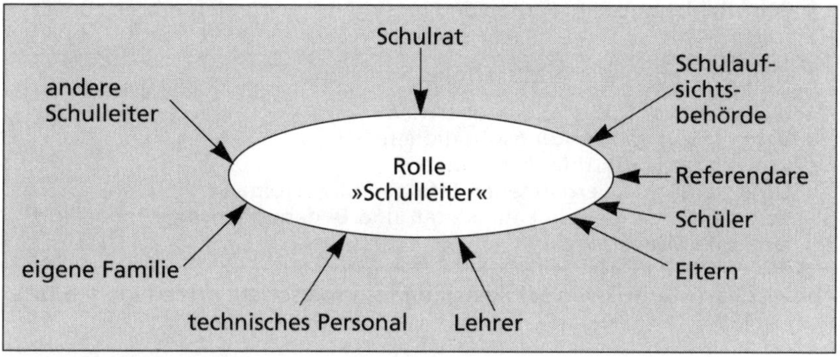

Abb. 3 Rolle »Schulleiter« als Bündel von Erwartungshaltungen (MACKOWIAK 1998, S. 9)

Allen Erwartungen kann ein Schulleiter nicht gerecht werden. Permanente Überforderung wäre die Folge eines solchen Versuches. Natürlich steht die Erfüllung von Muss-Erwartungen (Einhaltung von Gesetzen, Erlassen) an erster Stelle. Danach sollte man sich den Soll-Erwartungen (über ein vorgegebenes Maß in höherer Qualität tätig zu sein) und abschließend den Kann-Erwartungen (z. B. zusätzliches Arbeiten in gemeinnützigen Vereinen oder Organisationen) widmen. Durch ein angenehmes Feedback ist man selbst motivierter, um sich ggf. »ungeliebteren« oder aufwendigeren Aufgaben, die aus Muss- oder Soll-Erwartungen resultieren, zuzuwenden.

In Ihrem Kollegium wird es hoch-motivierte, mäßig-motivierte und demotivierte Lehrerinnen und Lehrer geben. Zwei Gruppen sind hier näher betrachtet. (siehe Abb. 4).

Die Arbeit mit den erfolgsmotivierten Lehrerinnen und Lehrern ist für die Schulleitung weniger problematisch und aufwendig, weil diese Gruppe gezielter nach der Lösung von Aufgaben und dem Erreichen von Zielen strebt, als das bei den Misserfolgs-Motivierten der Fall ist. Erfolgsmotivierte sollten über das normale Maß gefordert werden, Sie können ihnen abschnittsweise Führungsverantwortung übertragen oder sie für zusätzliche Projekte einsetzen. Mehr Zeit kostet die Arbeit mit den Misserfolgs-Motivierten. Um von ihnen motivierte Leistungen zu erhalten, sollten Sie diese Gruppe regelmäßig auf zurückliegende Erfolge verweisen, da diesen Menschen besonders Misserfolge bewusst werden. Darüber hinaus sollten Sie auch kleinere Lösungen und Ergebnisse deutlich positiv (wenn möglich vor anderen) bewerten und schrittweise begleitende Verantwortung bieten.

1. Gruppe: Hochmotivierte/Erfolgsmotivierte

- die Hoffnung auf Erfolge überwiegt
- Suche nach Möglichkeiten der Bestätigung
- Übernahme von Verantwortung
- zukunfsorientiertes, geplantes und gezieltes Arbeiten
- **Selbstbild:** hohe Fähigkeiten und große Anstrengungen führen zum Erfolg

2. Gruppe: Demotivierte/Misserfolgs-Motivierte

- die Furcht vor Misserfolgen überwiegt
- Vermeidung von Leistungssituationen
- Wunsch nach Führung durch andere
- Orientierung an vergangenen Erfolgen/Misserfolgen
- **Selbstbild:** mangelnde Fähigkeiten und Begabungen begründen fortlaufende Misserfolge

Abb. 4 Charakteristik von Erfolgs- und Misserfolgsorientierten (vgl. MIETZEL 1994)

3.1 Demotivierende Faktoren

Auch demotivierende Faktoren sind Auslöser von Motivationsproblemen. Fragen Sie sich dann nicht, was Sie motivierend tun können. Fragen Sie sich dann, wo Sie demotivierende Faktoren beseitigen können. Denn die Existenz demotivierender Faktoren behindert die Entwicklung von Motivation, d. h. um zu motivieren, sollten zuerst Faktoren der Demotivation abgestellt werden. Dazu zählen:

1. ein durchgehend autoritär-diktatorischer Führungsstil, der u. a. durch Überschätzung der eigenen Leistungsfähigkeit, Selbstherrlichkeit und Vertuschen von eigenen Fehlern gekennzeichnet ist,
2. die Arbeit mit Ermahnungen, ohne Erfolge positiv zu bewerten,
3. der Versuch, über Manipulationsmechanismen die Mitarbeiter (fremd-) zusteuern,
4. das Ausleben von Prestige und Status durch die permanente Betonung der eigenen Machtposition,
5. eine Ich-bezogene Darstellung von Erfolgen des Teams, indem z. B. erbrachte Teilleistungen der Mitarbeiter für die Lösung von Gesamtaufgaben als Ergebnis der Arbeit der Schulleitung demonstriert werden,
6. Mobbing auf den unterschiedlichen Ebenen,
   a) Vorgesetzter → Mitarbeiter
   b) Mitarbeiter → Mitarbeiter
   c) Mitarbeiter → Vorgesetzter,
7. für Mitarbeiter undurchschaubare Verwaltungs- und Organisationsstrukturen auf allen Ebenen, auch über den Schulbereich hinaus,
8. der Versuch, ständig alles selbst (besser) machen zu wollen und damit kein Vertrauen in die Leistung des Teams zu zeigen,

9. überall, bei jedem Problem mitreden zu wollen,
10. die Vermeidung des Kontaktes zu Mitarbeitern und Mitarbeiterinnen, Schülern, Eltern durch isolierte Einzelführung,
11. regelmäßiger Wechsel der Arbeitsmethoden und damit mangelnde Kontinuität, Berechenbarkeit und Planbarkeit der Zusammenarbeit,
12. der Versuch, es allen recht machen zu wollen,
13. fehlendes Feedback für die Mitarbeiter,
14. eher negative oder gar keine Leistungsbewertung.

Das Beseitigen solcher demotivierender Faktoren kann nur eine Vorstufe für die Entwicklung eigentlicher Motivation sein, denn das Vermeiden solcher Faktoren zieht nicht automatisch Leistungsbereitschaft oder Arbeitszufriedenheit nach sich.

3.2 Hilfen bei Motivationsproblemen im Schulalltag

Arbeitszufriedenheit auszulösen und Leistungsbereitschaft zu erreichen, heißt grundsätzlich, individuelle Stärken der Lehrerinnen und Lehrer zu maximieren und deren Schwächen zu minimieren. Die folgenden Empfehlungen sollen Ihnen im Bereich der Personalführung und des Schulmanagements Hilfestellungen für gezielte Motivation geben.

1. Setzen Sie erreichbare Ziele. Umfangreiche Aufgaben sollten in Teilaufgaben gesplittet werden, um regelmäßige Erfolgserlebnisse zu organisieren.
2. Erarbeiten Sie im Team eine »Schulphilosophie«, ein »Schulprogramm« als Orientierung für alle Mitarbeiter, Schüler und Eltern.
3. Entwickeln Sie mit Ihrem Kollegium klare, verständliche, überschaubare, für alle gleichermaßen verbindliche Normen des Miteinanders, die Handlungsspielräume belassen.
4. Achten Sie auf die individuellen Bedürfnisse der Lehrerinnen und Lehrer.
5. Bestärken Sie Ihre Mitarbeiter, Vorschläge einzubringen. Seien Sie aufgeschlossen gegenüber den Hinweisen und wimmeln Sie Ideen nicht ab.
6. Verwirklichen Sie unmittelbare, klare und verständliche Kommunikation und beachten Sie die Erwartungshaltung Ihrer Kommunikationspartner. Zeigen Sie Gefühle und akzeptieren Sie die Gefühle Ihrer Partner, denn Kommunikation läuft auf der Sachebene und auf der Beziehungsebene.
7. Geben Sie Ihren Mitarbeitern Feedback für Ihre Leistungen. Ein optimales Maß an Feedback ist an den Gesamtzielen der Arbeit orientiert und dokumentiert sowohl die Höhe der Leistungen als auch erfolgreich gelöste Aufgaben auf dem Weg zur Zielerreichung.
8. Beziehen Sie alle Beteiligten bei Konfliktlösungen ein.

9. Organisieren Sie statt ständiger Kontrolle Möglichkeiten für autonome Arbeitsgestaltung.
10. Delegieren Sie Verantwortung an Ihre Mitarbeiter. Damit entlasten Sie sich selbst, demonstrieren Vertrauen in Ihre Mitarbeiter und geben Ihnen Möglichkeiten, ihr Selbstwertgefühl zu erhöhen.
11. Passen Sie Ihren Führungsstil Personen, Situationen und Aufgaben an.
12. Beziehen Sie Ihre Mitarbeiter in Entscheidungsfindungen ein. Nur eine kompetente Führungskraft wird als Motivator akzeptiert.
13. Ihre innere Autorität wächst bei den Mitarbeitern, wenn Sie eigene Fehler zugeben können.
14. Bieten Sie Ihren Mitarbeitern Entwicklungsperspektiven. Sie fühlen sich dann mitverantwortlich für »Ihre« Schule.
15. Beachten Sie, dass einmal motivierte Mitarbeiter nicht immer motiviert sind. Geben Sie nach Zielerreichung neue Aufgaben, Ziele und Perspektiven.

Dr. Ronald Mackowiak ist Leiter des Magdeburger URANIA Trainings- und Schulungszentrums. Er ist in der Erwachsenenbildung tätig und gibt u. a. Seminare für Mitarbeiter der Landesbehörden von Sachsen-Anhalt, des Landeskriminalamtes und der Stadtverwaltung Magdeburg. Schwerpunkte der Unterrichtsthemen kommen aus den Bereichen Soziologie, Pädagogik und Psychologie.

Anschrift:
Magdeburger URANIA e. V., Nicolaiplatz 7, 39124 Magdeburg,
Tel. 03 91/25 50 60

Motivation durch kollegiale Kooperation

Reinhold Miller

Einleitung

Motivieren, d. h. sich bewegen, können Menschen nur selbst. Andere können sie schubsen, stoßen, ziehen, schleppen, tragen ..., aber alle diese »Fremdbewegungen und Fremdbestimmungen« haben mit dem eigentlichen Bewegen, Verändern, Lernen wenig zu tun. Ich halte deshalb nichts von »andere motivieren« und von »motiviert werden«, aber sehr viel davon, günstige *Bedingungen* zu schaffen, damit andere gute Voraussetzungen haben, *sich selbst zu bewegen*, sich zu verändern, zu lernen ...

Die vier hier aufgeführten Beispiele aus der Lehrerfortbildung zeigen, wie motivierend es für die berufliche Arbeit sein kann, wenn Lehrer/Lehrerinnen zusammenarbeiten:

Beispiel I: Das »Konstanzer Trainingsmodell«: Jeweils zwei Lehrer/Lehrerinnen bilden ein »Tandem« mit dem Ziel, Unterrichtsstörungen besser zu bewältigen.

Beispiel II: Die »Unterrichtshospitation«: Einige Lehrer/Lehrerinnen beobachten ihren eigenen Unterricht, analysieren ihn, werten ihn aus mit dem Ziel, ihr unterrichtliches Handeln zu verbessern.

Beispiel III: Die »Fallbesprechungsgruppen/Supervision«: Lehrer/Lehrerinnen stellen Aspekte schulischer Situationen in den Mittelpunkt der Gruppentreffen mit dem Ziel der Klärung und der Zunahme an Handlungssicherheit.

Beispiel IV: Der »Pädagogische Tag/die Klausurtagung«: Ein ganzes Kollegium nimmt sich einen oder zwei Tage Zeit, um schulrelevante Themen zum Inhalt ihrer Fortbildung zu machen mit dem Ziel beruflicher Qualitätsverbesserung.

Motivierend ist für die Beteiligten, dass sie durch Kommunikation und Kooperation Unterstützung im beruflichen Alltag bekommen, dass sie Akzeptanz ihres Tuns erfahren und dass sie sich nicht hinter ihren Klassenzimmertüren verstecken müssen.

1. Das Konstanzer Trainingsmodell

Das »Konstanzer Trainingsmodell« (KTM) wurde von 1978 bis 1987 als Forschungsprojekt von Psychologen der Universität Konstanz entwickelt. Das KTM wird angeboten als ein »integratives Selbsthilfeprogramm für Lehrkräfte zur Bewältigung von Aggressionen und Störungen im Unterricht« mit dem Ziel der Verbesserung der *Handlungs*kompetenz von Lehrerinnen und Lehrern.

Inhalt:

Im Konstanzer Trainingsmodell geht es um die Reflexion von Lehrerverhaltensweisen, um

- die Überprüfung relevanter Wissensbestände,
- die Wahrnehmung von Empfindungen und Gefühlen,
- die Analyse der Kommunikationsstile,
- die Auswahl und Durchführung bestimmter Trainingselemente und
- die Überprüfung von Erfolg/Misserfolg der ausgeführten Handlungen unter dem Gesichtspunkt von *Unterrichtsstörungen* und *Aggressionen*. (Schwerpunkt *Beziehungsebene*).

Ein zentraler Bestandteil des KTM ist die so genannte »Diagnostische Rekonstruktion«. Sie besteht aus der Diagnose einer aktuellen, problematischen Unterrichtssituation und der Rekonstruktion der bei den Lehrern/Lehrerinnen und Schülern/Schülerinnen ablaufenden Prozesse. Die Analyse des Gesamtprozesses konzentriert sich auf folgende vier Hauptphasen:

a) Situationsauffassung: Wahrnehmung und Interpretation bestimmter (störender) Situationen, des Kontextes und der Verhaltensweisen der Beteiligten
b) Handlungsauffassung: Auswahl der Reaktionen und/oder Maßnahmen durch die Lehrerin/den Lehrer
c) Handlungsausführung: Bestimmung einer oder mehrerer Maßnahmen und deren Durchführung
d) Handlungs-Ergebnisauffassung: Bewertung der Handlung (Erfolg/Misserfolg) und Vergleich mit den angestrebten Zielen. Aus der Diagnose und Analyse erkennen die Lehrer/Lehrerinnen, welche Trainingselemente für sie infrage kommen, z. B. Wahrnehmungs-, Einschätzungs-, Reaktions-, Interventionstraining.

Umsetzung:

Das KTM betont zwei Aspekte: die kollegiale Partnerarbeit (Tandem) und die Zusammenarbeit in Gruppen:

a) Zwei Kollegen/Kolleginnen analysieren ihr bisheriges Handlungsrepertoire, ihre tatsächlichen Interventionen und deren Wirkungen, und zwar mithilfe von Materialien aus einem Begleitordner (bestehend aus Fragebögen, Unterrichtsbeispielen, Informationen, Übungsangeboten) und durch gegenseitige Unterrichtshospitationen mit anschließender Auswertung.

Auf Grund der Gesamtanalyse wählen beide diejenigen Elemente aus, die für sie trainingsrelevant sind.

b) In der KTM-Gruppe, die sich etwa alle vier Wochen trifft, werden die Einzel- und Tandemerfahrungen mitgeteilt, gemeinsam reflektiert und ausgewertet. Je nach Bedarf werden in der Gruppe weitere Trainings angeboten und durchgeführt.

Einschätzung und Wirkung:

Das KTM gibt Hilfen zur Veränderung bestimmter individueller Verhaltensweisen der Lehrer/Lehrerinnen im Umgang mit aggressiven und störenden Schülern/Schülerinnen. Höchst motivierend ist dabei die Zusammenarbeit der beiden Kollegen/Kolleginnen (wenngleich auch mit Zeitaufwand verbunden) und die Treffs in den KTM-Gruppen: Miteinander reden – miteinander lernen – als Tandem zurück in die eigene Schule.

Zwischen den Kollegen/Kolleginnen entstehen Vertrauen und Offenheit hinsichtlich der Mitteilung ihrer Empfindungen/Gefühle, Gedanken und Handlungen im beruflichen Kontext. Sie erweitern ihr Handlungsrepertoire, werden sensibler und sicherer im Umgang mit sich selbst und anderen und angemessener in ihren Interventionen. Sie reduzieren und vermeiden strafende und herabsetzende Maßnahmen, zeigen aber auch Grenzen auf und sorgen für deren Beachtung. Die KTM-Teamarbeit motiviert viele Kollegen/Kolleginnen, sich im persönlichen und zwichenmenschlichen Bereich weiterzuentwickeln:

»Am meisten freue ich mich auf die vierwöchentlichen Gruppentreffen. Ich habe das Gefühl, keine Einzelkämpferin mehr zu sein, sondern wirklich Unterstützung zu bekommen.« (Lehrerin, HS)

»Die Tandemarbeit war am Anfang schwierig, weil ich es – seit der Prüfung – nicht mehr gewohnt war, dass jemand meinen Unterricht beobachtet. Allmählich wuchs das Vertrauen zu meiner Partnerin – und seither gehört der gegenseitige Unterrichtsbesuch zur Normalität.« (Lehrerin, Berufl. Schule)

2. Die Unterrichtshospitation

Durch das KTM wurde bereits deutlich, wie wertvoll die gegenseitigen Unterrichtsbesuche sein können. Sie haben ihren Ursprung in der Lehrer*aus*bildung, in der unter Leitung von Fachprofessoren der Unterricht gemeinsam von einer Studierendengruppe beobachtet, analysiert und aus deren Ergebnissen didaktische und methodische Konsequenzen gezogen werden. Das Ziel gegenseitiger Unterrichtshospitationen ist die Verbesserung des unterrichtlichen Handelns durch bewusste Wahrnehmung, präzise Beschreibung, vertiefte Reflexion und Auswertung des Unterrichtsgeschehens.

Inhalt:

Im Mittelpunkt steht jede unterrichtliche Tätigkeit von Lehrern/Lehrerinnen, von einer Einzelstunde über Lehrer-Team-Unterricht bis hin zu fächerübergreifenden Projekten.

Umsetzung:

Sie vollzieht sich in drei Phasen:

*a) Die Vorbereitungsphase:*Die Gruppe einigt sich auf die lehrende Person, auf Ort, Stunde, Fach/Projekt. Im gesamten Prozess von Beobachtung bis Auswertung ist ein förderliches Lernklima, basierend auf Vertrauen, Offenheit und gegenseitiger Achtung, besonders wichtig. Es geht nicht um Fehlersuche, sondern darum, die Beobachtungen auszutauschen und Entwicklungsmöglichkeiten auszuloten.

Es ist müßig, über einen »objektiv guten Unterricht« zu streiten; zu vielfältig sind die Ansichten, Parameter und didaktischen Kriterien. Vielmehr ist es sinnvoll, jedem Unterrichtenden (s)eine »subjektive Didaktik« zuzugestehen, die entsprechenden didaktisch-methodischen Schritte nach ihrer Wirksamkeit zu beleuchten und zu sehen, ob und wie die Gestaltung des Unterrichts gelungen ist. Dies setzt die Suche nach *didaktischen Gemeinsamkeiten* voraus, die durch Vereinbarungen zustande kommen. Ferner wird im Vorfeld entschieden, worauf sich der Blick richten soll, z. B. auf die Lehrperson, auf die Lehrer-Schüler-Interaktion, auf die Vermittlung des Stoffes/die Sache oder auf die Unterrichtsorganisation: Je präziser die Beobachtungsaufgaben gestellt werden (weniger ist mehr!), desto genauer und wirksamer gelingen Beobachtung und Auswertung.

b) Die Durchführungsphase: Die Unterrichtsbeobachtungen werden beschreibend und nicht bewertend notiert: Statt »*Es ist ziemlich viel Chaos in der Klasse.*« konkret: »*Einige hören zu; zwei reden miteinander, einer verlässt den Raum, zwei lesen in einem Buch ...*«

Ergänzend können bereits Vermutungen, Wirkungen, Zusammenhänge, Interpretationen. notiert werden, z. B.: »*Lehrer macht einen ruhigen Eindruck, weil er ... Die Schüler wirken desinteressiert, denn sie ... Ich empfinde ...*«– Es ist also zu unterscheiden zwischen subjektiver Wahrnehmung, Wirkung auf den Beobachter und dessen Interpretation.

c) Auswertungsphase: Ein Vorgehen in fünf Schritten hat sich als hilfreich erwiesen: In einem ersten Schritt äussert sich die Lehrkraft über ihren Unterricht (Eindrücke, Begründungen, Änderungsvorhaben) und bekommt Rückmeldungen der beobachtenden Personen: »Ich habe notiert ... mir fiel auf ...« In einem zweiten Schritt werden die Ausführungen aller reflektiert und auf dem Hintergrund der didaktischen Vereinbarungen, Ziele und Absichten eingeschätzt. In einem dritten Schritt überprüft die beobachtete Lehrperson alle Aussagen und zieht Schlüsse im Sinne einer Selbstbewertung (Lerngewinn, Erkenntnisse, Veränderungsabsichten). Im vierten Schritt teilen alle Gruppenmitglieder ihre Schlussfolgerungen mit und probieren – vor allem in Form von nachgespielten Unterrichtssequenzen – Alternativen aus. Im fünften Schritt begeben sich alle Teilnehmenden auf die Ebene der Metakommunikation und beleuchten ihre gemeinsame Auswertungsarbeit.

Einschätzung und Wirkung:

Die Lehrer/Lehrerinnen erleben sich nicht als Einzelkämpfer, sondern als lernende Gruppe, die durch den *gemeinsamen* Blick auf den Unterricht auch ihre Beziehungen zueinander fördern. Es erhöht sich die Wahrnehmungsfähigkeit, was sich wiederum auf die Selbstwahrnehmung im eigenen Unterricht positiv auswirkt. Die vielfältigen Rückmeldungen der Beobachtenden verhelfen zum Perspektivenwechsel und zu Einsichten und erleichtern Veränderungen von eingeschliffenen Verhaltensweisen. Es entsteht ein Klima des Vertrauens und der Solidarität – und anstelle von Konkurrenz – Kooperation.

»Anfangs erlebte ich die Unterrichtshospitation als Prüfungssituation; im Laufe der Zeit wurde ich immer lockerer und empfand die Rückmeldungen meiner Kollegen als sehr hilfreich.« (Lehrer, GHS)

3. Die Fallbesprechungsgruppe/Supervision

Die praxisbegleitende Klärungs- und Trainingsarbeit von Lehrerinnen/Lehrern in Gruppen wird im »klassischen Sinne« Supervision, in etwas abgewandelter Form auch Fallbesprechungsgruppe genannt. Auch wenn beide nicht identisch sind, so gibt es doch eine Reihe von Gemeinsamkeiten, die ich nachfolgend vorstelle. Ziel ist bei beiden die Sensibilisierung eigener Anteile in schwierigen, beruflichen Situationen und deren Klärung, die Stärkung der Person und der Gewinn von Sicherheit im beruflichen Handeln, um eine erfolgreiche und befriedigende Ausübung des Berufs zu erreichen.

Inhalt:

In der Supervisions-/Fallbesprechungsgruppe werden von den Teilnehmenden Anliegen und Fälle aus dem beruflichen Alltag zur Sprache gebracht, erörtert, reflektiert und gegebenenfalls durch »Probehandeln« nutzbar gemacht. Im Mittelpunkt steht jeweils der Protagonist mit seinen Schwierigkeiten, seinen Klärungswünschen und Veränderungsabsichten, wobei ihm die Gruppenmitglieder und die Gruppenleitung hilfreich zur Seite stehen. Der Lösungsprozess besteht also aus Klärung und Probehandeln (Training), die eigentliche »Veränderungsarbeit« jedoch geschieht »vor Ort« in der konkreten Schule.

Nach Gudjons (1977, S. 375) sind drei Komponenten für die Gruppe von Bedeutung:

a) Das Anliegen/Problem aus Sicht des Berichtenden: Es werden schulspezifische und berufsbezogene Probleme, Fälle, Schwierigkeiten unter dem Gesichtspunkt der Eigenanteile bearbeitet: Was haben die Probleme mit einem selbst zu tun? Es findet also ein *individueller Klärungsprozess* statt.

b) Das Anliegen/Problem im Spiegel der Gruppe: Die Darstellung aus der subjektiven Sicht des Betroffenen wird von den Teilnehmenden beleuchtet und gemeinsam in der Gruppe einer Analyse unterzogen, durch die der Protagonist für sich Lösungsmöglichkeiten gewinnt. Die *Gruppe als Ganzes* hat dabei einen grossen Anteil, wobei der Gruppenleiter sich als *Klärungshelfer und Gruppenprozess-Moderator* versteht.

c) Das Anliegen/Problem in seinen strukturellen und institutionellen Bedingungen: Die Schilderungen des Einzelnen und die Einschätzung der ganzen Gruppe werden unter dem Gesichtspunkt der Rahmenbedingungen betrachtet: *Der Fall im Kontext der Schule als Institution.*

Umsetzung:

Sie geschieht in verschiedenen Phasen (die lediglich als »Leitfaden« dienen und »locker« gehandhabt werden können):

Anfang:	Begrüßung, Kontaktaufnahme, sich zurechtfinden …
Problemdarstellung:	nach Vereinbarung Darstellung eines Anliegens/Problems durch ein Gruppenmitglied
Verständigung:	Informationsfragen der Teilnehmenden zur Klärung von Einzelheiten
Feed-back:	Rückmeldung der Zuhörenden: Wirkungen, Eindrücke, Assoziationen, Gefühle, Gedanken …
Analyse:	Erörterung von Modellen, Ideen, Betrachtungsweisen, Zusammenhängen; Erklärungen von Verhaltensweisen …
Bearbeitung:	Probehandeln durch Übungen, Interventionsalternativen, Simulations- und Rollenspiele
Reflexion:	Bewertung der Interaktionen; Überprüfung hinsichtlich der Umsetzung und Wirksamkeit im Schulalltag
Abschluss:	Rückblick; Feedback der Teilnehmenden.

Einschätzung und Wirkung:

Die Supervisionsgruppen zielen mit der »integrativen Verknüpfung kognitiver und emotional-affektiver Erfahrung auf eine differenzierte Wahrnehmung des eigenen Persönlichkeitsanteils in Problemsituationen, auf das Bewusstmachen von Hintergrunderwartungen und -urteilen, auf eine realitätsgerechtere Einschätzung des eigenen Verhaltens, auf ein umfangreicheres Verhaltensrepertoire bis hin zu konkreten Verhaltensmustern, auf größere Flexibilität im Problemlöseverhalten, auf das Erkennen von konfliktbedingenden Faktoren in der Kommunikation, in der Institution und in der Umwelt« (ebd. S. 376)

Die Lehrerinnen /Lehrer erfahren es als äusserst positiv, dass sie mit ihren Schwierigkeiten im beruflichen Alltag nicht alleine sind und dass sie sich durch ihre Teilnahme an Supervisons-/Fallbesprechungsgruppen persönlich weiterentwickeln, für die gegenseitigen Belange einfühlsamer werden, besser mit ihren Gefühlen umgehen lernen und handlungsicherer werden.

»Meine wichtigste Erfahrung: Ich fühle mich nicht mehr als Einzelkämpfer, seit ich in der Supervisionsgruppe bin. Dort habe ich Möglichkeiten, meine Probleme, die ich im Schulalltag habe, aufzuarbeiten.« (Lehrer, RS)

4. Der Pädagogische Tag

Pädagogische Tage sind im Rahmen der schulinternen Lehrerfortbildung neben der überregionalen und regionalen Fortbildung Mitte der siebziger Jahre entstanden und haben sich in der Zwischenzeit als »SCHILF-Königsweg« entwickelt. Kollegien nehmen sich ein bis zwei Tage Zeit, um an pädagogischen und fachlichen Themen miteinander zu arbeiten. Ziel ist die Erhaltung, Aktualisierung und Verbesserung der pädagogischen, fachlichen, didaktischen und methodischen Qualifikationen und Kompetenzen der Lehrerinnen und Lehrer.

Inhalt:

Jedes Kollegium bestimmt die Lerninhalte selbst, z. B. fachliche und überfachliche Themen, Lernen und Lehren im Unterricht, Erziehung und Erziehungsprobleme, Kommunikation, Interaktion, Kooperation, Konflikte, Schule, Schulleben, Kollegium.

Umsetzung:

Sie geschieht durch eine Reihe von Schritten:

1. Aus den Erfahrungen Einzelner, aus informellen Gesprächen, aus Hinweisen und Impulsen ergeben sich Fortbildungswünsche der Lehrerinnen/Lehrer. *(»Wir sollten, wir müssten, wir wollen …«)*
2. In einer Gesamtlehrerkonferenz werden die verschiedenen Wünsche angesprochen, diskutiert, geordnet und strukturiert, um ein Thema (oder mehrere Themen) für den PT zu finden
3. Ein Vorbereitungsteam erhält den Auftrag der Planung (Organisatorisches, Inhalte, Suche nach Experten, nach Gruppenleitern …), die wiederum in einer Gesamt-Lehrerkonferenz besprochen und vom Plenum bestätigt wird.
4. Gemäß der Planung erfolgt die Durchführung, die meist folgenden Verlauf aufweist:
   a) Einführung, Erstellung von Meinungsbildern, Impulsreferat.
   b) Arbeit in Gruppen zu arbeitsgleichen oder -verschiedenen Themen (unter Einsatz vielfältiger Methoden!)

c) Präsentation der Gruppenergebnisse
d) Aussprache, Schlussfolgerungen, Vereinbarungen.

5. Ein Team (meist die Vorbereitungsgruppe) wertet die Arbeit aus und teilt die Ergebnisse dem Kollegium mit: Erfolg/Misserfolg, Bewertung, Eindrücke, erwünschte Änderungen.
6. Dokumentation der Arbeit und der Gesamtergebnisse.
7. Nach einiger Zeit: Ein neuer Pädagogischer Tag kann geplant werden (siehe (1)...

Einschätzung und Wirkung:

Der Pädagogische Tag ist ein »Juwel« in der Lehrerfortbildung, weil diese nicht durch Belehrung, sondern durch Eigengestaltung geschieht und dadurch viele Eigenerfahrungen ermöglicht: Das Kollegium ist »Lehrer und Lerner« zugleich. Im Mittelpunkt stehen die Interessen der einzelnen Personen, die Beziehungen untereinander und die gemeinsame Arbeit an den verschiedenen Themen. Motivationsfördernd sind Erfahrungen wie

- Akzeptanz: Während der Arbeit tauchen viele Meinungen, Sichtweisen und Vorstellungen auf, die alle ihre Berechtigung haben. Es gibt nicht die Durchsetzung einer An-Sicht (Wahrheit), sondern die Akzeptanz vieler An-Sichten (Wahrheiten). Im Diskurs klären sich die Meinungen und können zu Vereinbarungen und Konsens führen.
- Vertrauen und Offenheit: Wer Akzeptanz erfährt, kann sich weiter öffnen und – entspannt – bei sich Lernprozesse in Gang setzen. Verkrampfung verhindert Lernen.
- Ressourcenentfaltung: Wer lernt, entdeckt eigene Potenziale, die er für sich und andere nutzbar machen kann.
- Stärkung: Aus dem Einzelkämpfertum wird Kooperation, aus dem »Einsam« wird »Gemeinsam«, aus der Vereinzelung Solidarität.

Aus der SCHILF-Arbeit mit zahlreichen Schulen ziehe ich folgendes Resümee: Die Fortbildung an Pädagogischen Tagen zeigt hohe Wirksamkeit in fachlich-sachlicher Hinsicht und für die zwischenmenschlichen Beziehungen der Beteiligten, vorausgesetzt, die am PT begonnene Arbeit wird gezielt und systematisch *fortgeführt*; sie verliert an Wirkung, wenn die Kontinuität ausbleibt und wenn sich der sog. »Muttertagseffekt« einstellt: einmal im Jahr – und sonst nichts!

»Ich halte den Pädagogischen Tag für einen wichtigen Fortbildungsbaustein: Zeit zum Innehalten und Reflektieren der eigenen Arbeit, Bestandsaufnahme, Klärung der Beziehungen im Kollegium und Bearbeitung bestimmter Probleme.« (Lehrer, Gym).

Fazit

Die Erfahrungen haben gezeigt, dass sich diese vier Beispiele aus der Lehrerfortbildung motivierend auf die Lehrerinnen und Lehrer auswirken. Aus meiner Sicht kommt allerdings noch ein weiterer Aspekt hinzu, der für die Lehrerinnen/Lehrer von Bedeutung ist, nämlich die Veränderung der Lehrerrolle. Es ist äusserst belastend und auf Dauer demotivierend, wenn sich Lehrerinnen/Lehrer – wie häufig bisher – nur als Belehrende und Trichterfüller (in die Köpfe der Schüler/Schülerinnen) verstehen:

Unterrichtsmitschau in einer 11. Klasse Gymnasium, Fach Geschichte (45 Min.): Der Lehrer stellte 125 Fragen an die Schüler/Schülerinnen mit einer Redezeit von insgesamt 23 Minuten, während die 22 Schülerinnen/Schüler 82 Antworten gaben bei einer Redezeit von insgesamt 6 Minuten, d. h. je ca 15 Sekunden für den Einzelnen. (Der Rest: Stillarbeit und Abschreibtätigkeit). Am Ende entstand ein Tafelbild nach den Vorstellungen des Lehrers, für das die Schülerinnen/Schüler Zulieferer waren. Eigenständiges Lernen fand nicht statt, jedoch Dozieren und Lehren des Lehrers. Er war »pausenlos im Einsatz«!

Diese Art von Unterricht macht auf Dauer Lehrerinnen/Lehrer und Schülerinnen/Schüler krank und demotiviert beide Seiten. Eine Veränderung der Lehr- und Lernmethoden ist deshalb dringend geboten, und zwar auf Lehrer-/Lehrerinnenseite durch folgende Akzentverschiebung:

- vom Lehren zum Lernfördern,
- vom Eintrichtern zum Selbstlernen,
- vom Eingreifen zum Entfaltenlassen,
- vom Vorgeben zum Bedingungen schaffen,
- vom Belehren zum Begegnen,
- von der Methodeneinfalt zur Methodenvielfalt.

... und auf Schüler-/Schülerinnen-Seite:

- vom Lernobjekt zum Lernsubjekt.

Diese Art von Unterrichten mag zwar in der Vorbereitung einiges mehr an Zeit kosten, ist aber für alle Beteiligten auf Dauer motivationsfördernd und -erhaltend.

Dr. Reinhold Miller; Philosophie-, Pädagogik- und Psychologiestudium in München, Tübingen und Heidelberg; Lehrer in einer Grund- und Hauptschule, anschließend Lehrbeauftragter in einem Studienseminar; Promotion zum Dr. paed.; seit 1989 hauptamtlich in der Lehrerfortbildung in Baden-Württemberg tätig. Arbeitsschwerpunkte: Pädagogische Psychologie, Kommunikation, Interaktion, Moderation, Beratung und Supervision in Gruppen und Kollegien. Verfasser mehrerer Bücher, z. B. »Lehrer lernen«, »Schilf-Wanderung«, »Das ist ja wieder typisch!«, »Beziehungsdidaktik«, »Schule selbst gestalten«, »Schul-Labyrinth«, »Sich in der Schule wohl fühlen« (alle Beltz Verlag).

Anschrift:
Spitzwegstr. 19, 69168 Wiesloch

Teamarbeit: Voraussetzung für Motivation und Mitarbeiterführung

Manfred Poppe

»Nur wer sich ändert, bleibt sich treu!« (Wolf Biermann)

Die klassisch geführte Schule achtet auf einen reibungslosen organisatorischen Ablauf, auf die korrekte Vermittlung von Inhalten, steht punktueller Fachkooperation einzelner Kolleginnen und Kollegen offen gegenüber, kann aber nicht verhindern, dass das Unterrichten der Kollegen im Prinzip »eine einsame Tätigkeit« (Rolff) bleibt, bei der jeder Lehrer für sich seinen Fachunterricht wissenschaftstheoretisch vertritt.

Die veränderten gesellschaftlichen Rahmenbedingungen für das Aufwachsen von Kindern und Jugendlichen stellen jedoch zunehmend »ein traditionelles Selbstverständnis von Schule als einer vorrangig Wissen vermittelnden Institution in Frage und verlangen Schulqualität im Sinne *sozialen Lernens, der Förderung von Identitätsentwicklung und der sozialen Integration.*«[1] Diese modifizierte Anforderung an Schule begründet sich u. a. mit der Pluralisierung der Lebensformen und den sozialen Beziehungen. Die Konsequenzen daraus sind einerseits mehr Chancen für selbstbestimmtes Leben, andererseits aber auch neue Anforderungen und Risiken, die durch die Erosion traditioneller Werte im Bereich von Arbeit und Leistung sowie einer spezifischen Prägung durch neue Technologien und Medien bedingt sind.

Für den Schulalltag muss daher der Anspruch bestehen, die oben erwähnten Chancen wie auch die neuen Anforderungen und Risiken für den heranwachsenden Jugendlichen durch eine gemeinschaftlich getragene Pädagogik befreiend und zugleich sinngebend-normativ zu kanalisieren. Eine Überprüfung des damit einhergehenden Selbstverständnisses sowie der Arbeitsformen von Schule macht deutlich, dass ein entsprechend revidierter respektive erweiterter Bildungsauftrag nicht mit einem individualistisch-fachlich ausgerichteten Schulbetrieb, sondern nur mit einer Schule als »pädagogischer Handlungseinheit« umgesetzt werden kann. Diese Erkenntnis verlangt nach einem Mehr an Handlungs- und Gestaltungsspielraum innerhalb der Schule.

Rollfs Stufen des Organisationslernens formulieren die Voraussetzungen und definieren die Zielmarge für Schulen als »pädagogische Handlungseinheit«. Dabei wird deutlich, dass sich eine »Fragmentierte Schule« über eine

1 Bericht an den Landtag des Landes Nordrhein-Westfalen zur »Entwicklung und Sicherung der Qualität schulischer Arbeit«; MSW NRW, März 98, Seite 7

»Projektschule« hin zu einer »Lernenden Schule« nur dann entwickeln kann, wenn sie sich als soziale Organisation begreift, die ihre Grundlagenarbeit in der Lehrerteamarbeit sieht.

Schulleitung, die sich auftragsgemäß Gedanken macht, wie der (lange) Weg hin zu einer »lernenden Schule« zu beschreiten ist, wird nicht umhinkommen, ihre Organisationsstruktur und, was damit einhergeht, ihre »Führungsstruktur«, sprich Schulmanagement-Politik, entscheidend zu verändern und auf eine dezentralisierte Schulorganisation, sprich Teamschule (POPPE 1993, S. 22 ff.), auszurichten.

Es gilt die Motivation zur Mitarbeit zu fördern, indem man ein hohes Maß an autonomer interner Eigensteuerung zulässt, ohne dabei die extern abgestimmte Leistungserbringung und die wechselseitige Interdependenzen zwischen den Subsystemen (Lehrerteams, Schulleitung, Elternschaft, Schülerschaft) außer acht zu lassen.

Sinnvoll erscheint mir ein klares Organisationsprinzip, das die Zusammenarbeit auf Jahrgangsteam-, Jahrgangsfachschafts- sowie Teamsprecher-Schulleitungsebene regelt und – damit sich ein entsprechendes Organisationsbewusstsein entwickelt – Arbeitsabläufe ritualisiert.

Während die oben erwähnte Dezentralisierung des Schulbetriebes den Handlungsrahmen für eine »integrierte Schulorganisation« liefert, ermöglicht erst ein zielgerichtetes Schulmanagement einen wirklichen Wandel von der desintegrierten hin zu einer integrierten Schulorganisation, bei dem gewährleistet wird, dass innerhalb und zwischen den verschiedenen Subsystemen

- eine fest institutionalisierte Kommunikationsstruktur besteht,
- die einzelnen Hierarchieebenen mit eindeutigen Kompetenzen ausgestattet sind,
- gemeinsam akzeptierte »Spiel«-Regeln und Rituale gefunden werden,
- wechselseitige Erfolgskontrolle durchgeführt wird und
- Sanktionsmöglichkeiten bei Regelverletzungen möglich sind.

Diese Schule ist visionsorientiert, hat Organisationsbewusstsein, betreibt Personalentwicklung, Synergie durch Teamwork sowie Evaluation und Feedback.

Für die Schulleitung, die die organisatorischen Grundlagen für Teamarbeit geschaffen hat und demgemäß die Teamarbeit als konstitutives Merkmal ihres Schulmanagements begreift, kommt bei den oben genannten Merkmalen einer lernenden Schule der Bereich der Personalentwicklung eine besondere Bedeutung zu. Diese Prioritätensetzung erklärt sich aus der Intention, die *Teamarbeit* innerhalb des Schulbetriebes *qualitativ so zu stärken*, dass die Schule – nicht nur in der Aufbauphase, sondern auch im ausgebauten Zustand – *pädagogisch, sozial und fachlich lebendig* (innovativ) bleibt bzw. wird.

Dabei hat sich die *Personalentwicklung* an *zwei Aspekten* zu orientieren:

a) an den Essentiells der Schule (wie zum Beispiel: rhythmisierter Ganztag, Wochenplan und Freiarbeit im Band; wöchentliche Klassenratsstunden; integrierter Unterricht, etc.) wie auch
b) an der besonderen Situation der einzelnen Jahrgänge (Jahrgangs-Teams).

In der konkreten Umsetzung heißt dies für die Schulleitung, dass sie ihr besonderes Augenmerk sowohl auf die Personalbewirtschaftung (Neueinstellungen) als auch auf die Personalpflege auszurichten hat.

Personalpflege als Motivationsquelle

a) Hausinterne Qualifizierung

Im Schulalltag begegnet uns der Typus des examinierten Fachlehrers, der – wenn er besonderes berufliches Engagement zeigt – über seine Referendarzeit hinaus an schulbegleitenden Fortbildungsmaßnahmen interessiert ist und teilnimmt. So sehr dieses Einzelengagement zu begrüßen ist, da es dem Einzelnen ein Mehr an zeitgemäßer fachlich-pädagogischer Qualifikation bringt, um so nachhaltiger muss angemerkt werden, dass diese Vorgehensweise erkenntnis-erhellende Prozesse bewirkt, die im Prinzip individualistisch bleiben und daher für die Wegbeschreitung hin zu einer lernenden Schule wenig hilfreich, wenn nicht sogar kontraproduktiv sind.

Hausinterne, auf Jahrgangsebene angebotene Fortbildungsveranstaltungen, an denen die Mitarbeiter des Jahrgangs komplett teilnehmen, bekommen dagegen über die Einzelqualifikation hinausgehende Signifikanz. Der weiter gehende Sinn der hausinternen Qualifizierungsmaßnahmen begründet sich wie folgt. Es geht um

- ein schulformspezifisches Abstimmen und Zusammenschweißen der sozialpädagogischen und fachlichen Arbeit des Jahrgangs sowie
- eine Förderung und Stärkung der Teamarbeit und des Teambewusstseins auf Jahrgangsebene.

Der Vorteil dieser jahrgangsbezogenen Fortbildungsveranstaltungen liegt in der Gruppengröße, die es überhaupt erst ermöglicht, dass gemeinsame Zielabsprachen wie auch Vereinbarungen formuliert, aber auch Differenzen offen genannt und thematisiert werden können. Die Gruppe hat sich im Laufe der Fortbildungsveranstaltung auf den »Minimal«-Konsens für die weitere Jahrgangsarbeit zu einigen.

Dabei handelt es sich um Themenkomplexe, die erfahrungsgemäß angefragt und zum anderen aufgrund spezifischer Bedarfsmeldung des Jahrgangs angeboten werden. Hierbei sollten jene Fortbildungsthemen besondere Berücksichtigung finden, die der Gruppendynamik des jeweiligen Jahrgangs dienlich wie auch auf eine stärkere Focusierung ritualisierten Handelns und schülerzentrierten Arbeitens ausgerichtet sind.

Vor diesem Hintergrund bietet sich beispielsweise für das Kollegium eines neuen 5. bzw. 6. Jahrgangs folgende Themenpalette an:

a) Regeln und Rituale,
b) Wochenplan und Freiarbeit,
c) Methoden- und Sozialkompetenzen,
d) Klassenrat,
e) pädagogische Maßnahmen und Möglichkeiten.

Bei den Fortbildungsveranstaltungen a) – c) geht es vorrangig darum, sich auf konkrete Vereinbarungen, Absprachen und Beschlüsse einzulassen, Abläufe zu besprechen und gegebenenfalls Zielvereinbarungen zu formulieren, die dann gemeinschaftlich mit den Schülerinnen und Schülern des Jahrgangs umgesetzt werden. Bei den Veranstaltungen d) – e) geht es darüber hinaus auch um ein Planungs- und Konfliktmanagement für Schüler und Lehrer, das es zu finden und zu entwickeln gilt.

Diese halb- bzw. ein- bis zweitägigen Fortbildungsveranstaltungen erfüllen allerdings nur dann ihre Funktion, wenn sie dem Einzelnen eine spürbare Entlastung bei der Bewältigung der Alltagsprobleme bringen und damit das Gefühl vermitteln, konstruktive Zusatzarbeit geleistet zu haben.

Schulmanagement, dessen Ziel es ist, eine produktive Fortbildungsatmosphäre sowie zufrieden stellende Grundlagen für eine langfristige Zusammenarbeiten auf Jahrgangsebene zu schaffen bzw. zu erhalten, muss dabei auf folgende Bereiche begleitend einwirken:

1. Es ist darauf zu achten, dass es sich bei dem Konsensfindungs-Prozess um wirkliche Konsensfindung und nicht um verbal-radikalistisch formulierte Thesen und Ansprüche handelt. Beschlüsse und Vereinbarungen, die zwar scheinbar gemeinsam gefasst, die aber realiter nicht von allen getragen werden, da sie Minderheiten-Meinungen ausgegrenzt oder unberücksichtigt gelassen haben, stellen auf Dauer jede gemeinsame Arbeit in Frage.
   Es gibt keine guten und schlechten Beiträge, keine falschen und richtigen Bedenken, keine progressive und überholte Pädagogik; es gibt generell ernst zu nehmende Meinungen, Wünsche und Ängste, bei denen es abzuklären gilt, inwieweit man nach Zwischenlösungen suchen oder aber inwieweit man sich trotz eingebrachter Bedenken für einen bestimmten Zeitraum auf bestimmte Dinge einlassen kann.

2. Die in der Gruppe aufgeführten Argumente und vereinbarten Beschlüsse sind zu protokollieren. Es stellt sich immer wieder heraus, dass
   - beim Vorlesen des Protokolls scheinbar semantisch eindeutig protokollierte Beschlüsse eine erneute – für den Gruppenprozess zwingende – Diskussion notwendig machen,

- aufgrund der Fülle der Alltagsinformation Beschlüsse in der konkreten Aussage vergessen werden und diese aufgrund des Protokolls für alle nachlesbar bleiben,
- man diese schriftlich festgehaltenen Punkte im Protokoll als Ist-Stand-Analyse für spätere Reflexionstermine heranziehen kann.

3. Es sind auf Jahrgangsebene Reflexions- und Überprüfungstermine (Soll-Ist-Vergleich) zu vereinbaren und im Jahresterminplaner, der jeweils zu Anfang eines Schuljahres zu erstellen ist, festzuhalten (POPPE 1997). Nur so kann erreicht werden, dass Besprochenes nicht in Vergessenheit gerät und der Erfolg oder das Scheitern eines Vorhabens mittelbar messbar und korrigierbar bleibt.
Die Reflexionstermine zwingen zur erneuten Offenbarung über das, was man beschlossen und als Zielmarge formuliert hat, und verhindern so, dass das Jahrgangsteam zu einem reinen Debattierclub ohne konkrete Folgen degradiert wird. Gelungene, aber auch gescheiterte oder nur unzulänglich umgesetzte Vorhaben werden erneut reflektiert und fördern dadurch, dass sie thematisch nicht versanden, sondern inhaltlich bewusst weitergeführt, aber auch gegebenenfalls korrigiert werden, das Gefühl der sozialen Kraft, verstärken das Einlassen auf innovatives Handeln und machen den Rückzug in die innere Emigration schwerer.

b) Förderung von Kooperations-, Innovations- und Reflexionsbereitschaft

Grundsätzlich sollte ein an der Teamarbeit ausgerichtetes Schulmanagement den einzelnen Jahrgängen ein möglichst großes Maß an organisatorischen und pädagogischer Eigenverantwortlichkeit gewähren. Die Grenzen der Handlungsfreiheit müssen dabei eindeutig bestimmt sein. Sie sind definiert durch die von der Schulgemeinde zuvor festgelegten schulischen Essentiells (z. B. tägliche Wochenplanarbeit; wöchentliche Klassenratsitzungen), die es nicht zu modifizieren gilt und durch die von der Schulleitung zu benennenden organisatorischen Rahmenvorgaben (z. B. Anzahl der WP I-Kurse, AG-Angebote sowie der Differenzierungskurse), die im Interesse eines reibungslosen organisatorischen Gesamtablaufes als Setzung zu beachten sind.

Die Angebotspalette zur eigenverantwortlichen Mitarbeit des Jahrgangs kann sich dabei auf folgende Bereiche beziehen. Das Jahrgangsteam bestimmt *innerhalb seines Jahrgangs* über:

- Unterrichtsverteilung,
- Stundenplansetzung für den Fachunterricht inklusive Nutzung des Ganztagsdeputats; Vorschläge zur jahrgangseigenen WP I-, WP II-Abdeckung,
- Festlegung von Wander- und Theatertagen, Lesewettbewerben etc.,
- Vertretungsregelungen bei langfristigen Unterrichtsausfällen,
- Bestimmung, Festlegung und Organisation von Projekttagen/-wochen,
- Koordination der Jahrgangsfachschaftsarbeit (z. B. methodische und didaktische Absprachen und Vernetzungen),

- jahrgangsinterne Fortbildungen,
- pädagogische und organisatorische Absprachen zu Regeln und Ritualen während des Unterrichts, im Ganztagsbereich und in den Pausen,
- Wahl des Jahrgangsteamsprechers,
- jeweilige Benennung eines Jahrgangsvertreters für die Schulkonferenz, den Lehrerrat und – sofern vorhanden – für den Bücherkontroll- und den Essensausschuss.

Wird diese dezentralisierte Arbeitsform konsequent angewandt, bewirkt sie in der Regel einen atmosphärischen Wandel innerhalb des Kollegiums und gestaltet den schulorganisatorischen Bereich wesentlicher effektiver.

Atmosphärisch

Die Kolleginnen und Kollegen fühlen sich ernst genommen; sie können mitbestimmen und mitgestalten, sind für das verantwortlich, was sie in der Gruppe setzen, beschließen und umsetzen. Formale und organisatorische Zwänge und Grenzen werden wesentlich besser erfahren und nicht als Willkürakt der Schulleitung empfunden.

Persönliche Bedürfnisse und Belange können reibungsloser mit den Gesamtinteressen des Jahrgangs abgestimmt werden. Die fachlichen, pädagogisch-sozialen Absprachen innerhalb des Jahrgangs sind aufgrund der Gruppengröße besser umsetzbar als auf Gesamtkollegiumsebene (kurze Kommunikationswege, hoher Grad an Einbringungsmöglichkeit) und schaffen Verbindlichkeit und Vertrautheit.

Die Möglichkeit, sich bei jahrgangsbezogenen Anliegen organisatorisch, fachlich wie auch methodisch abzustimmen, thematisch zu kooperieren respektive arbeitsteilig zu verfahren,

- schafft Arbeitserleichterungen sowohl bei der Vorbereitung, Durchführung und Reflexion von Unterrichts- und Projektvorhaben als auch für den Bereich der Ganztagsgestaltung,
- vermittelt eine Atmosphäre gegenseitigen Helfens und Einstehens,
- entlastet psychisch,
- fördert durch die Erfahrung, dass gemeinsame Aktivitäten ein Mehr an Konzeptionellem ermöglichen, ein Wir-Gefühl der Gruppe (»Wir und unser Jahrgang«),
- stärkt – damit einhergehend – den Mut zu unkonventionellen Wegbeschreitungen und
- fördert die Motivation.

Schulorganisatorisch

Jeder Jahrgang hat eine Vielzahl an Talenten, die bei einer klassisch hierarchisch strukturierten Schule brachlägen. Durch die dezentralisierte Arbeitsweise gelingt eine effektivere Abschöpfung der Ressourcen im Interesse der einzelnen Kolleginnen und Kollegen, der Teams und des Gesamtsystems. Immer wieder stellt sich heraus, dass Jahrgänge Mitarbeiter mit besonderen Fähigkeiten und Fertigkeiten haben, die durch dieses System an offener Mitbestimmung und Mitgestaltung gefordert und gefördert werden und sich konstruktiv in den Jahrgang einbringen können. Ebenso zeigt sich, dass bei anstehenden Problemen, einzelne Kollegen des Jahrgangs viel phantasievollere und praxisnähere Lösungsvorschläge entwickeln als es je »von oben« hätte angedacht werden können. Es gibt Kollegen, die mit ihrem feinen Gespür für Belange des Jahrgangsteams prädestiniert sind, bestimmte Aufgaben bzw. Vorhaben des Jahrgangs zu regeln bzw. zu koordinieren wie z. B. die Aufstellung des Vertretungsplans, die Epochalisierung des Gesellschafts- und Arbeitslehreunterrichts oder die Gestaltung eines Kunstprojektes auf Jahrgangsebene.

Um sicherzustellen, dass es bei dem relativ hohen Selbstbestimmungsrecht der Jahrgangsteams bei einem nachvollziehbaren Engagement sowie klaren innerschulischen Arbeitsabläufen bleibt, hat ein auf Teamarbeit ausgerichtetes Schulmanagement auf bestimmte Rückkoppelungsmomente zwischen Schulleitung und den Jahrgängen zu achten. Es sollten zu Beginn des Schuljahres feste verbindliche Sitzungs- respektive Gesprächstermine vereinbart und gemeinsam geplante Arbeitsvorhaben in Ablaufdiagrammen, die Auskunft geben über die Zeitabfolge und die Anzahl der beteiligten Personen, festgehalten werden. Aufgrund dessen sind folgende Sitzungstermine verbindlich im Wochen- bzw. Terminjahresplaner auszuweisen:

- monatliche *Teamsitzungen* als Ersatz für Jahrgangs- und Lehrerkonferenzen unter der Leitung der jeweiligen Jahrgangs-Teamsprecher. Die Abteilungsleitung begleitet die Sitzungen bei Bedarf oder nimmt als Teammitglied teil.
- wöchentliche *Teamsprecher-Abteilungsleitersitzungen*, die einstündig angesetzt und je nach Bedarf als Sitzungstermin wahrgenommen werden.
- monatliche *Teamsprecher-Schulleitungssitzungen* (horizontale Vernetzung der Schulstruktur), die unter Leitung des Schulleiters als Austauschbörse und Koordinationsinstanz zwischen den Jahrgängen dienen; bei Bedarf werden weitere Schulleitungsmitglieder oder Lehrer zur Sitzung miteingeladen.
- regelmäßige Sitzungen des *Didaktischen Ausschusses* (vertikale Vernetzung der Schulstruktur), der unter der Leitung des Didaktischen Leiters in Zusammenarbeit mit den Jahrgangsfachschaften bzw. Fachschaftsvorsitzenden für die jahrgangsübergreifende Vernetzung von Fachunterricht und Pädagogik (Erstellung einer curricularen Matrix) verantwortlich ist.

c) Transparenz der Arbeitsabläufe und Zuständigkeiten

Eine Schule, die dezentral organisiert ist, bindet im stärkeren Maße die Mitarbeit der einzelnen Kräfte, legt Entscheidungsprozesse auf breitere Basis, schafft damit aber auch wesentlich längere Arbeitsabläufe für die Entscheidungsfindung, so dass die jeweilige Ist-Stand-Analyse zum aktuellen Verfahrens- und Diskussionsstand einem nicht unmittelbar Beteiligten schwer fällt. Dabei kann der Eindruck entstehen, an dieser Schule werde vieles andiskutiert, letztendlich aber bewege sich nichts, da konkrete Ergebnisse einen langen Instanzenweg haben.

Aus diesem Grunde und da in einer dezentralisierten Schule die klassischen Konferenzen nicht mehr unmittelbar der Ort der Meinungsbildung sind, gilt es, die einzelnen Gesprächsforen und -etappen sowie die Arbeitsabläufe in Form von Ablaufdiagrammen transparent zu gestalten. Der, der mitarbeiten möchte, erfährt, zu welchem Zeitpunkt er präsent zu sein und sich beitragsmäßig einzubringen hat, und derjenige, der sich nicht aktiv einbringen, aber über den Prozess informiert sein will, kann nachlesen, welche Prozessetappe jeweils ansteht und wann er mit einer Entscheidungsvorlage rechnen kann.

Gehören Ablaufdiagramme zum Arbeitsstil der Schule, haben sie entlastende und arbeits-ökonomische Funktion. Dadurch dass

- jeder weiß, wann er arbeitsmäßig gefragt ist, kann man sich in Ruhe termingerecht vorbereiten oder zwischenzeitlich gedanklich pausieren,
- die jeweilige Arbeitsgruppe Kenntnis über das kommunikative Etappenziel hat, können die Tagesordnungspunkte zielgenau und themenzentriert abgearbeitet werden. Gegebenenfalls kann bei vorgreifenden Redebeiträgen auf spätere Terminsetzungen zu dieser Thematik verwiesen werden,
- feste Besprechungszeiten (Datum und Uhrzeit) angegeben sind, werden einsame und selbstherrliche Ad-hoc-Lösungen und Absprachen auf dem Flur vermieden. Wenn der angegebene Termin mit vorgegebenen Zeitrahmen ansteht, ermöglicht dieser allen Betroffenen, sich angemessen zu äußern und einzubringen und Vorschläge gemeinsam zu entwickeln.

d) Konfliktbewältigungs-Strategien

Teams, die über Jahre zusammenarbeiten, die in gleicher Besetzung regelmäßige Sitzungen abhalten und ihre fachlich-pädagogische Arbeit im Jahrgang besprechen und reflektieren, die einen Arbeitsstil gefunden haben, der sich an Zielvereinbarungen orientiert, gewinnen ohne Zweifel im Laufe der Jahre eine zunehmende Kraft für sozial-innovatives Handeln, aber auch zur Grenzsetzung, was – unter Berücksichtigung der eigenen körperlichen Leistungsfähigkeit, der eigenen Psyche – an Ideen umsetzbar und leistbar ist.

Dabei darf jedoch nicht übersehen werden, dass gruppendynamische Prozesse diese Entwicklung konterkarieren können. Es gilt sorgfältig zu beobachten, ob die Kommunikationsstrukturen im Jahrgang symmetrisch sind und bleiben und der »Gruppendruck« die fachlich-pädagogische Diskussionen nicht verfälscht.[2]

2 siehe dazu: »Im Brennpunkt: Die Gruppe – Teamarbeit«, Ratzki/Schulz-Wensky, in Team-Kleingruppenmodell Köln-Holweide, Europäischer Verlag der Wissenschaften, Hrsg. Wolfgang Keim, Seite 99 f.

So muss es im Interesse der Schulleitung liegen, zurückhaltenden und reservierten Teammitgliedern Mut zu machen, eigene Bedenken, Unzufriedenheiten, Ängste und Probleme offen und ehrlich in die Gruppe einzubringen; denn nur so kann die Gefahr gemindert werden, dass es zu Situationen kommt, in denen es scheinbar um Sachthemen geht, in Wirklichkeit aber vorrangig emotionale Gereizt- und Verletztheiten ausgetragen werden.

Schulmanagement ist hierbei so zu betreiben, dass es die Jahrgänge zur Wahrnehmung an kommunikativer Asymmetrie sensibilisiert, zur Selbstregulierung von Disharmonien animiert und nur dort begleitend eingreift, wo es eine verzerrte Wahrnehmung gibt. Gegebenenfalls fällt hierbei der Abteilungsleitung die Aufgabe zu, als Enfant terrible die Finger auf die Wunde zu legen.

Es gilt, eine kritische Feedback-Kultur der Teams zu fördern, und zwar auf der emotional-, wie auch auf der fachlich-interaktionellen Ebene. Damit ist zum einen das Feld der systematischen Zusammenarbeit auf Teamebene und zum anderen der Unterrichtsprozess mit der Lerngruppe gemeint. Als äußerst hilfreich hat sich dabei stets erwiesen, zunächst auf die Kraft der Eigenregulation innerhalb der Jahrgänge zu vertrauen. Innerhalb der Teams können »Gesprächsbeobachter« und »Zeitmesser« benannt werden, die keine andere Aufgaben haben, als darauf zu achten, dass während der Teamsitzungen zeitlich angemessen zur Sache gesprochen wird.

Stellt sich der Unterrichtsprozess als Problemfeld dar, bietet sich in Zusammenarbeit mit dem jeweiligen Beratungslehrer die »kollegiale Fallberatung« als ein Instrument an, Rollenambiguität und Empathie zu fördern und dabei Probleme gemeinschaftlich – ohne Bevormundung durch Dritte – aufzuarbeiten. Als ein weiteres Instrument zur Konfliktbewältigung sind Supervisions-Sitzungen anzusehen. Das Problem liegt allerdings darin, dass diese Sitzungen in der Regel nicht unentgeltlich zu haben sind.

Kolleginnen oder Kollegen, deren Pädagogik nicht schülergerecht greift oder deren Unterricht inhaltlich nicht immer stimmig ist, bedürfen der dezenten Betreuung durch den Beratungslehrer respektive der Abteilungsleitung. Aber auch hier sollte flankierend immer wieder beim Team nachgefragt werden, welche Hilfestellungen man sich von der Gruppe vorstellen könne. Die unterstützenden Maßnahmen können von Einzelbetreuung durch einen Kollegen oder einer Kollegin, gegenseitigen Unterrichtsbesuchen, umgemünzten Förderunterricht in Form von Doppelbesetzungen bis hin zu Unterrichts-Umverteilungen auf Teamebene reichen.

e) Qualitätssicherung und -überprüfung

Da die Teamarbeit in einer dezentralisierten Schule einen hohen Stellenwert besitzt, muss die Produktivität der Teamsitzungen gewährleistet sein und die Effektivität der Arbeit immer wieder erneut überprüft werden.

- *Produktivität der Teamsitzungen*
  - Die Teamsprecher sollten die Möglichkeit erhalten, sich im Bereich Gesprächsführung, Gesprächslenkung gezielt fortbilden zu können.
  - Zu Beginn des Schuljahres werden mit der Abteilungsleitung und dem Jahrgang Zielvereinbarungen zur Sicherung mittelfristiger bzw. langfristiger Vorhaben getroffen.
  - Die Vereinbarungen und Beschlüsse der Teamsitzungen während des Schuljahres sind zu protokollieren und als Gesprächsgrundlage für die spätere Evaluationsphase zu nutzen.
  - Gesprächsbeobachter und -zeitmesser für die Teamsitzungen sind vom Jahrgang zu benennen.
- *Effektivität der Arbeit*
  - Zu allen getroffenen Vereinbarungen und Zielabsprachen auf Teamsitzungen oder jahrgangsbezogene Fortbildungen sollten zeitgleich Reflexionstermine benannt werden, die im Jahresterminplaner miteinzutragen sind.
  - Pädagogische Schwerpunkte des Jahrgangs sollten jährlich einmal eine Selbstevaluation erfahren. Der jeweilige Jahrgang formuliert Arbeitsaufträge zur Selbstevaluation (z. B.: Sammlung empirischer Daten; Videoaufzeichnung von Unterrichtssituationen; Lärmpegelmessung während der Wochenplanstunden; Beobachtungsaufträge zu bestimmten Methodenkompetenzen etc.), die von namentlich benannten Mitgliedern des Jahrgangs oder Mitarbeitern aus der Zeitbudgetgruppe federführend vorbereitet und durchgeführt und dem Jahrgang als Reflexionsgrundlage seiner Arbeit vorgelegt werden. Bei der Auswertung der Daten bietet es sich an, u. U. Dritte als Fremdbeobachter mithinzuziehen.
  - Generell sollte ein jahrgangsübergreifender Erfahrungsaustausch über gelungene Unterrichtsprojekte ermöglicht werden, da der Erfahrungsbericht auch im Interesse der anderen Jahrgänge liegt.

Fazit:

Das Schulmanagement, das die beschriebenen Aspekte der Personalpflege im Interesse einer konstruktiven Teamarbeit berücksichtigt, muss wissen: Die Loslösung vom direktoralen Führungsstil hin zu einer dezentralen Arbeitsweise bedeutet nicht weniger, vielmehr anders gelagerte Arbeit, bei der man als Schulleitungsteam neue Wege beschreitet, die zur ständigen Reflexion der eigenen Verhaltensweisen und Arbeit zwingen. Eine integrierte Schulorganisation und eine lebendige und gemeinschaftlich getragene Pädagogik fördert und erhält das Engagement und die Motivation zur Mitarbeit innerhalb des Kollegiums. Diese Erkenntnis macht Mut zur Veränderung.

Dr. Manfred Poppe ist Leitender Gesamtschuldirektor an der Städtischen Gesamtschule Soest. Zuvor war er als Abteilungsleiter an der Friedensschule Hamm sowie als Didaktischer Leiter an der Käthe-Kollwitz-Gesamtschule in Lünen tätig.
Zu den Schwerpunkten seiner Arbeit zählt der Aufbau einer dezentralisierten Schulorganisation, die Förderung schülerzentrierten Arbeitens durch organisatorische Rahmenvorgaben, die Ritualisierung und regelmäßige Überprüfung pädagogisch/fachlicher Vorhaben auf Jahrgangsebene.

Anschrift:
Städt. Gesamtschule Soest, Canadischer Weg 16, 59494 Soest,
Tel.: 0 29 21/9 67 30

Didaktische Projekte als Motivation für Schulentwicklung

Sabine Schröder

»Statt Kinder mit Gewalt zu konfrontieren, sie dadurch in ihrer Entwicklung zu behindern, sollten wir ihre natürliche Befähigung zur Kreativität entfalten, ihre Freude an eigenem schöpferischen Entdecken in Schulen, Vereinen und Jugendhäusern fördern.«

Richard von Weizsäcker

Schule neu und anders

Wenn uns Lehrern der Regelschule »Am Frauenberg« im thüringischen Nordhausen vor ein paar Jahren jemand gesagt hätte, dass wir ein Schulprogramm brauchen, welches durch einen Schulentwicklungsplan entsteht, dann hätte wir diesen Menschen – vorsichtig ausgedrückt – wohl nicht einmal ernst genommen. Wir wussten nur: Wir wollen »unsere« Schule ganz neu und ganz anders. Aber wie?

Der damaligen Unschlüssigkeit und Ratlosigkeit begegnete ich als Kollegin und Schulleiterin mit Ideen für kleine Veränderungen in der Schule, die ich von zahlreichen Schulbesuchen innerhalb der Bundesrepublik und in den Niederlanden mitbrachte.

Ohne damals Kenntnisse zu haben von der möglichen Steuerung von Schulentwicklungs-Prozessen versuchte ich zunächst mit kleinen Schritten die Veränderungen zu schnell sichtbaren Erfolgen für Schüler und Lehrer werden zu lassen. Das war leicht möglich, weil unser erster Entwicklungsschwerpunkt die Veränderung der Schulkultur war. Klassenräume wurden von Schülern und Eltern individuell gestaltet, lange Flure mit großen Wandbildern bemalt, der Schulhof wurde gestaltet und begrünt, es gab die ersten Schulfeste, Elternbälle und Schülerdiscos, ein eigenes Schul-Logo entstand u.v.a.m. Immer legten wir großen Wert auf die gemeinsame Arbeit von Schülern, Eltern und Lehrern. Durch all diese Aktivitäten wuchs deutlich die Freude der Lehrer am Lehrer-Sein, die Freude der Schüler an »ihrer« Schule, die Zufriedenheit der Eltern mit der Schule ihrer Kinder und die Freude aller an der Arbeit miteinander.

Alle Abläufe waren mehr intuitiv als gesteuert, aber sie entstanden aus einer momentanen Notwendigkeit. Viele kleine und große Erfolge führten letztlich dazu, dass Innovationen nicht nur von der Schulleitung initiiert wurden, sondern auch aus dem Kollegium kamen. Man redete mehr miteinander und fand im Gespräch Lösungen für Vorhaben. Ganz nebenbei änderte sich so die Rolle der Schulleitung in eine Richtung, die ich mir heute nicht anders vorstellen kann und will und ohne die nach meiner Ansicht Schulentwicklung nicht möglich ist: Es ging jetzt darum, Raum zu lassen für Innovationen, die äußeren und organisatorischen Bedingungen für die Vorhaben zu schaffen, die Transparenz aller Prozesse im Kollegium über verschiedene Kommunikationsstrukturen zu gewährleisten, Lehrer in ihrer Arbeit zu begleiten, zu beraten oder Zögerliche zum Mittun anzuregen.

Irgendwann merkten wir, dass Schulkultur nicht alles sein kann und dass wir der Entwicklung des Unterrichts noch gar keine besondere Aufmerksamkeit geschenkt hatten. Die Notwendigkeit von Veränderungen in diesem Bereich ergab sich aus der Analyse der Schülersituation.

»Vision« von einer »guten« Schule

Alles begann mit den Visionen der Lehrerinnen und Lehrer, Eltern, Schülerinnen und Schüler von einer »guten« Schule, die Lebenswelt mit eigenem Wert ist. Den Kindern soll ermöglicht werden, Lernziele mit allen Sinnen anzustreben in einem inhaltlich, methodisch und didaktisch abwechslungsreichen Unterricht. Sie sollen ihre eigenen Möglichkeiten entdecken und soziale Verantwortung für die Gemeinschaft leben lernen. So entstand die Idee, ein Schulprogramm zu entwickeln – aus der Schulpraxis heraus. Die Menschen, die das tun, müssen das selbst wollen. Und da die Visionen von einer guten Schule aus der Sicht aller Beteiligten Gemeinsamkeiten und auch Unterschiede aufweisen, gibt es im Schulprogramm gemeinsame Grundpositionen, aber genügend Freiräume für den Einzelnen, was sich wiederum positiv auf die Motivation kleiner Teams oder einzelner Lehrer auswirkt. Das Schulprogramm vermittelt allen Beteiligten das Gefühl der Identifikation mit »ihrer« Schule. Es ist kein Papier, das am Schreibtisch entwickelt wird, sondern eine Arbeitsgrundlage, die durch gründliche Überlegungen aller Beteiligten direkt aus der Praxis entsteht. Auf diese Art und Weise schafft man »Tragfläche« im Kollegium für neue Vorhaben in der täglichen Arbeit. Den Lehrern, Eltern und Schülern wird deutlich, dass ihre Meinungen gefragt sind. Auf diesem Weg kann sich eine Schule zur lernenden Organisation entwickeln.

Der Aufbruch

1991 begann das gesamte Lehrerkollegium sich Gedanken zu machen über eine Neuorientierung der Schule. Das war notwendig, weil tief greifende gesellschaftliche Veränderungen schnell und deutlich zu einschneidenden Veränderungen in den Elternhäusern unserer Schüler und damit auch bei den Schülern selbst geführt hatten. Hinzu kam die Umstrukturierung des gesamten Schulwesens in Thüringen. Dadurch können nach der 4-jährigen Grundschule die Schüler – in Abhängigkeit von den Noten gesetzlich geregelt – zu Gymnasien oder an eine Regelschule gehen. An Regelschulen erfolgt ab Klassenstufe 7 eine leistungsabhängige Differenzierung entweder in Klassen oder in den Hauptfächern in Kursen, die auf den Realschulabschluss oder den Hauptschulabschluss vorbereiten.

Durch eine Analyse der Schülersituation fanden wir zu unserem didaktischen Projekt »Kreativer Tag«. Die Analyse zeigte uns folgendes: 30-40 % der Schüler wechseln nach Klasse 4 zu Gymnasien. Der Drang dorthin ist deshalb so groß, weil besonders die Eltern für ihre Kinder bessere berufliche Chancen mit dem Abitur sehen. Das Kind steht bei der Entscheidung oft nicht im Vordergrund. Die Kinder, die den Übergang aufgrund der Zensuren nur knapp verpassten, werden oft unter unverantwortlich hohen Erfolgsdruck gestellt, weil ihr Übergang zum Gymnasium nach der Klasse 5 oder 6 von den Eltern angestrebt wird. Unter diesem Druck und in Anbetracht ihres Leistungsvermögens, das meist genau dem eines Regelschülers entspricht, schaffen das viele nicht.

Eine andere Gruppe von Schülern sind jene, die von Gymnasien an Regelschulen zurückkommen. Sie sind oft psychisch angeschlagen, da sie ständig Misserfolge hinnehmen mussten. Die Ursachen dafür liegen nicht in jedem Fall im mangelnden Leistungsvermögen, sondern oft in gering entwickelter Selbst- und Sozialkompetenz.

Eine große Gruppe der Regelschüler sind Kinder mit schwachen Begabungen. Da sie dadurch oft auch verhaltensauffällig sind, benötigen sie die besondere Zuwendung durch Lehrerinnen und Lehrer. Es ist wichtig, ihre Stärken zu erkennen und pädagogisch geschickt in der Klasse zur Geltung zu bringen, damit diese Kinder nicht zu Außenseitern werden. Sie müssen erfahren, dass sie ernst genommen und geachtet werden, sonst leidet ihr Selbstwertgefühl oder es entsteht Schulangst oder Schulfrust. Nicht zu vergessen sind die vielen Schüler im so genannten Mittelfeld. Oft sind ihre Stärken teils im praktischen und teils im theoretischen Bereich zu finden. Da die Zensuren im mittleren Bereich liegen, ist es mitunter schwer, sie zu motivieren, damit sie sich höhere Ziele setzen und größeren Anforderungen stellen.

Diese knappe und sicher unscharfe Analyse zeigt, wie wichtig die grundsätzliche »Einstellung« des Lehrers ist, der auf schwache Begabungen eingehen muss ohne die Starken im Vorwärtsdrängen zu behindern, der Demotivation von natürlichen, aber hinausschiebbaren Grenzen unterscheiden muss, der nachempfinden sollte, wie es einem Schüler geht, der ausschließlich Dinge tun muss, die er nicht kann und dessen Selbstwertgefühl dadurch stark reduziert ist.

Guter Unterricht – darüber gab es Konsens im Kollegium – muss diese Vielschichtigkeit der Begabungen nicht nur im Blick haben, sondern eine optimale Förderung der unterschiedlichen Begabungen anstreben. Dazu ist eine gute Analyse der Schulsituation erforderlich, um Entwicklungsschwerpunkte daran auszurichten.

Eine weitere Analyse im Bereich der Kompetenzen, die Schüler erwerben sollen, machte uns deutlich, dass der bis dahin überwiegend übliche Frontalunterricht wenig Möglichkeiten individueller Weiterentwicklung bietet. So beobachteten wir mangelnde Kommunikations- und Kooperationsfähigkeiten, Ängste der Schüler sich selbst darzustellen, wenig Kreativität im schulischen Bereich und schwach entwickelte Fähigkeiten, um eigenverantwortlich zu lernen. Deutlich war auch, dass Schüler eher über »Schubladenwissen« in den einzelnen Fächern verfügen, das sie aber auf neue Zusammenhänge in anderen Fächern kaum anwenden konnten.

Diese Erfahrungen im Umgang mit den z. T. demotivierten und verhaltensschwierigen Schülerinnen und Schülern wirkten sich auch negativ auf die Motivation der Lehrerinnen und Lehrer aus, die wenig pädagogische und fachliche Erfolgserlebnisse verbuchen konnten und deshalb an ihren pädagogischen Fähigkeiten zweifelten.

Anderer Unterricht

Alle genannten Beobachtungen führten uns zu der Überzeugung, dass der Unterricht bessere Möglichkeiten bieten muss, um

- **Schüler individueller zu fördern und zu fordern,**
- **die unterschiedlichen Begabungen deutlich zu fördern und zu nutzen,**
- **Leistungen im Rahmen dieser Begabungen zu ermöglichen und dadurch Anerkennung durch Mitschüler zu erreichen,**
- **»Schubladenwissen« abzubauen zugunsten von fächerverbindenden Denkweisen und dem Herstellen von Zusammenhängen,**
- **auch für Lehrerinnen und Lehrer die Freude am Unterrichten zu stärken.**

Deshalb war wichtig zu überlegen, wie man diese Aspekte im Unterricht praktisch realisieren kann. Dafür muss offen gelegt werden, was in den Kindern schon vorhanden ist – und das ist sehr viel. Sie haben Alltagserfahrungen; zwar unterschiedliche, aber viele, die insgesamt ein buntes Bild ergeben. Sie haben unterschiedliche Interessen und sind von Natur aus neugierig. Und sie haben viele wache Fragen. Das alles wird oft vom Lehrer unterschätzt. Kinder dort abholen, wo sie gerade stehen, klingt banal. Es ist aber der einzig sinnvolle Weg, sie zum eigenen Tun zu führen. Nur so kann es gelingen, Spaß am Lernen aufrecht zu erhalten, wieder zu wecken oder ganz neu zu erzeugen. Wie viele kleine Erfolge zum weiteren Tun motivieren, wissen wir alle von uns selbst. Warum vergessen wir im Umgang mit den Kindern so oft, wie es uns selbst dabei geht?

»... Aber der Mensch soll nicht so sein; er hat ja weder Kopf noch Herz noch die Hände allein;
und wenn er wider seiner Natur nur eines allein übt und braucht, so wird aus einem Menschen eine verkünstelte Maschine ... Der Mensch ist nur dann recht in Ordnung, wenn er alle seine Kräfte so miteinander braucht, wie sie ja in ihm selber nebeneinander stehen.«

Pestalozzi

Auf dem Weg

Kopf, Herz, Hand – in diese Formel fasste der Schweizer Pädagoge Pestalozzi (1746-1827) seine Idee von einer elementaren Menschenbildung. Wollen, Kennen und Können gehören zusammen. Es geht also um die Verbindung geistigen und körperlichen Tuns in Form von Herstellen oder Einrichten, sozialem Handeln, künstlerischem Gestalten unter Berücksichtigung emotionaler Gegebenheiten.

Das didaktische Projekt »Kreativer Tag« gibt es an unserer Schule seit dem Schuljahr 1994/95. Die Verbindung von Wissen und Handeln soll den Schülern ermöglichen, die Arbeit als gesellschaftlichen Prozess zu erleben, über die Brauchbarkeit des Produkts die eigene Bedeutung für andere zu erfahren, die Bewältigung von Ernstsituationen zu erproben und die soziale Bestimmung menschlichen Tuns zu erfahren. Hiermit schaffen wir in der Schule Möglichkeiten, Zeit, Raum und Anreize für Eigentätigkeit, an der der Einzelne wachsen kann. Die Schüler sollen ihren Spaß und ihre Freude am Lernen entdecken. Dieses Projekt soll auch zur Öffnung der Schule nach außen beitragen und den veränderten Bedingungen des Lebens und Lernens Rechnung tragen.

Kreativer Tag

Welche Wesens- und Strukturmerkmale des projektorientierten Unterrichts berücksichtigen wir in unserem Projekt »Kreativer Tag« besonders?

1. Die Projekte entspringen einem natürlichen Anlass und befriedigen ein natürliches Bedürfnis der Schüler oder ihrer Umwelt.
2. Schüler bestimmen Inhalt und Form des Projektes weitgehend selbst.
3. Projekte sind eine gemeinsame Aktion der Lerngruppe, die auf das Erreichen eines nutzbringenden Ergebnisses abzielt (z. B. Präsentation).
4. Lebensnähe; Aufgreifen der Sitiationen aus dem Alltag der Kinder – Verbindung von schulischem und außerschulischem Lernen.
5. »Learning by doing« – Schüler lernen selbständig durch problemorientiertes Denken und praktisches Handeln.
6. Verbindung verschiedener Fächer.

Unser didaktisches Projekt beginnt jeweils in der Klasse 5 und wächst mit der Klassenstufe nach oben, wobei sich Inhalt und Gestaltung verändern. Regelmäßig an einem Tag in der Woche haben die Klassen ihren »Kreativen Tag«. Dieser realisiert die enge Verbindung der Fächer Deutsch, Musik, Werken, Ethik/Religion und Kunsterziehung. In Abhängigkeit von den Lehrern, die in der jeweiligen Klasse unterrichten und sich mit ihrem Fach einbringen möchten, wurden bisher noch Biologie oder Geografie einbezogen. Endprodukt längerer Arbeitsphasen ist ein Schattentheaterstück (ab Klasse 8 ein Theaterstück), an dem verschiedene Fächer Anteil haben. Zum Bereich Deutsch gehören die Textanalyse, die Regieanweisungen oder die Fassug der Sprechtexte sowie das Programmheft; Kunsterziehung und Werken sorgen für die gebauten oder gemalten Kulissen und fertigen Kostüme an; Musik erarbeitet passende Lieder oder wählt auf Inhalt und Stimmung der einzelnen Szenen zugeschnittene Werke aus. Anfangs bezog sich die Kooperation der Fächer und Lehrer auf die genannten Punkte; inzwischen sind die gewählten Themen Projekte, in denen sich mehrere Fächer finden und die im Jahresarbeitsplan aufgenommen werden.

Themen für die »Kreativen Tage« in Klassenstufe 5–8 waren bisher:

- König Midas in Klasse 5,
- Till Eulenspiegel in Klasse 6,
- Das Müllmonster in Klasse 5 (als Beitrag zum Schulprojekt »Umweltschule in Europa«),
- Sagen aus der Heimat in Klasse 6 (»Die Mordtat am Neuen Weg«; »Die Sage vom Gänseschnabel«),
- Europa (Europareise) in Klasse 7,
- Konflikte in der Familie in Klasse 8 (gemeinsame Arbeit mit Schülern der Partnerschule in Bochum; Präsentation der Arbeitsergebnisse in der jeweils anderen Schule, um Gemeinsamkeiten und Unterschiede in diesem Bereich zu entdecken; gefördert durch den Förderwettbewerb der Deutschen Kinder- und Jugendstiftung in Kooperation mit der Robert-Bosch-Stiftung »Gemeinsam Handeln – voneinander lernen – zusammenwachsen«),
- Magellan – Die Reise um die Welt.

Anfangs wurden die Themen meist von Lehrerinnen und Lehrern ausgewählt und orientierten sich an den Lehrplänen. Schnell wurde deutlich, dass nicht alle Kinder bei der Sache sind und das Interesse schwindet. Es fehlte die persönliche Betroffenheit, und die künstlich erzeugte Spannung im Kind ließ merklich nach. Wir machten die Erfahrung, dass die Themen aus den Kindern selbst kommen müssen. Zwei Beispiele sollen das verdeutlichen.

Beispiel 1: »Reise durch Europa«

Nach den Sommerferien erzählen die Kinder immer ihre Ferienerlebnisse. Mit Interesse und Neugier folgen sie den Berichten der Mitschüler. Manches Erlebte ist für die anderen schwer nachvollziehbar oder wird gar abgelehnt, weil Besonderheiten oft nur duch Kenntnisse von Geschichte, Kultur und Geografie des jeweiligen Landes verständlich werden. So können schnell Vorurteile entstehen, die sich in Begegnungen mit Kindern anderer Länder negativ auswirken können. Somit erwies sich das Ende der Sommerferien als idealer Ausgangspunkt für das Kennenlernen anderer Kulturen. Durch die Kinder entstand die Idee, ihr Urlaubsland oder das Land, in welches sie gerne einmal reisen möchten, auf einer »Reise durch Europa« vorzustellen. Die Gruppen fanden sich von allein durch Arbeit am gleichen Thema. Das Herangehen an die selbstgestellte Aufgabe war unterschiedlich. Eine Gruppe ging so systematisch vor, wie sie es aus dem Geografieunterricht gewohnt war: Lage, Hauptstadt, Klima, Sehenswürdigkeiten, Wirtschaft. Andere begannen, sich mit Bräuchen zu befassen; eine Gruppe kam dabei sogar auf die Idee, einen griechischen Tanz einzuüben und brachte die Musiklehrerin zum Schwitzen, weil sie keine passende Musik auf CD hatte. Fündig wurden die Schüler in einem griechischen Restaurant und liehen sich dort eine MC aus. Eine andere Gruppe, die Großbritanien ausgewählt hatte, kam nach dem Schreiben der Sprechrollen auf die Idee, den Text in Englisch zu sprechen, weil sie so die Sprache anwenden können. Jede Gruppe gestaltete ihre eigene »Kulisse« auf Folien, die durch den Projektor auf die Schattenwand projiziert wurden. Damit ein Eindruck von dem jeweiligen Land vermittelt wird, haben sich die Schüler auch z. B. mit typischen Bauweisen der Häuser oder landesüblichen Wohnungseinrichtungen beschäftigt.

Nachdem alle Schülerinnen und Schüler ihre Ideen gegenseitig vorgestellt hatten, kam es innerhalb der Klasse darauf an, alle Teile zu einem gemeinsamen Stück zusammenzufügen. Weitere Ideen und Vorschläge wurden gesammelt und die Idee, von der fast alle begeistert waren, wurde dann umgesetzt. So entstand ein Theaterstück, in dem eine Familie bei einem Preisausschreiben eine Europareise gewann. Es stellte dar, was die Eltern mit ihren Kindern in den verschiedenen Ländern erlebten. Erstaunlich war, dass die Kinder auch Situationen darstellten, in denen sie ihr eigenes Verhalten bewerteten, z. B. in einer Restaurant-Szene: das Kind will ein landestypisches Essen gar nicht erst probieren, weil es ihm unbekannt ist. Ohne das Eingreifen des Lehrers waren viele erzieherische Aspekte enthalten, die unbewusst von Kindern für Kinder gestaltet wurden. An Details arbeiteten die Kinder mit viel Phantasie. Als sie entdeckten, dass aufwendige Kostüme hinter der Schattenwand gar nicht zur Geltung kommen, sondern ganz einfache Dinge ausreichten, brachten die meisten Schüler Dinge von zu Hause mit, die für das Stück noch gut Verwendung fanden. Dadurch entstand fast nebenbei ein großer Fundus.

Beispiel 2: »Umweltschule«

Unsere Schule hat bereits zum dritten Mal den Titel »Umweltschule in Europa« erworben. Ein Arbeitsbereich ist die Mülltrennung und Müllreduzierung im Schulhaus. Nach anfänglichen Erfolgen ließ der Wille der Schüler zur Mülltrennung erheblich nach. Der Schülerrat kontrollierte zwar in Stichproben, aber die Schüler hatten das Problem nicht als »ihr« Problem angenommen. In einer 5. Klasse war die Mülltrennung Gesprächsthema im Klassenrat. Dort stellte sich heraus, dass die Kinder aus drei Gründen nicht einsehen, warum sie trennen sollen: Zu Hause wird das auch nicht gemacht; vielleicht wird alles auf der Deponie wieder zusammengekippt; warum überhaupt Mülltrennung – was wird mit dem getrennten Müll? An Antworten darauf waren die Schüler interessiert. So entstand die Idee, sich mit dem Thema zu beschäftigen.

Die Anfangsphase der eigentlichen Arbeit war hier mehr lehrergesteuert, weil die Kinder mit Projektarbeit noch nicht gut vertraut waren. Gemeinsam wurde überlegt, wo man sich informieren kann, um Antworten zum Verbleib des getrennten Mülls zu bekommen – ein Vertreter vom Umweltamt wurde eingeladen. An diesem Beispiel konnten die Schüler schon »Vorarbeiten« üben: wie stelle ich mich vor; wie erkläre ich, was ich wissen möchte; wie lade ich jemanden ein.

Durch das Umweltamt erfuhren sie, was aus dem getrennten Müll hergestellt wird und stellten fest, dass das Dinge sind, die in ihrem eigenen Alltag eine Rolle spielen. Damit bei der Verarbeitung keine Fremdstoffe enthalten sind oder Leute Müll noch aussortieren müssen (bei diesem Gedanken hatten die Schüler ein Gefühl von Ekel), ist die Trennung ganz wichtig. Die Verarbeitungsanlagen konnten die Kinder nicht sehen, aber sie stellten sich diese als riesige Maschinen vor, die den Müll »fressen« und neue Produkte »ausspucken«.

So entstand die Idee zur Geschichte »Das Müllmonster«. Darin geht es um Kinder, die beim Picknick im Wald den Müll achtlos wegwerfen. Eine andere Kindergruppe kommt auf einer Wanderung zufällig dazu und erklärt den Umweltsündern, warum sie dieses Handeln verurteilen. Auch hier wurde der erzieherische Aspekt dargestellt, ohne dass der Lehrer von sich aus Anlass dazu gab.

Methodisch laufen alle Schattentheaterstunden nach ähnlicher Konzeption ab. Den Einstieg bilden Entspannungsübungen oder Phantasiereisen mit Musik. Über Interaktionsspiele wird Konzentration, aber auch Spaß an der Sache »erzeugt«. Die Spielszenen werden in der Regel in Gruppen erarbeitet und den anderen Schülern vorgestellt, die dann als Zuschauer Tipps zur Gestaltung geben. Je nach Planung der Einzelgruppe werden Texte geschrieben, Kulissen gemalt, Kostüme gebastelt, Einladungen zur Vorführung und Programmhefte angefertigt usw. Jedes Kind bringt das ein, was es kann und traut sich im Verlauf der Arbeiten zunehmend mehr zu. Für den Erfolg der Aufführung sind alle gleichermaßen verantwortlich und damit wichtig.

»Es ist also nicht nötig, in den Menschen etwas von außen hineinzutragen. Man muss nur das, was in ihm beschlossen liegt, herausschälen, entfalten und im Einzelnen aufzeigen.«

Comenius

Die Folgen für die Motivation des Kollegiums

Die an diesen Beispielen geschilderten didaktischen Projekte haben sowohl für die Schülerinnen und Schüler wie auch für die Lehrerinnen und Lehrer und die Schulleitung vielfältige positive Auswirkungen:

1. Es hat sich gezeigt, dass die Kinder mit viel Freude an ihren Projekten arbeiten und sich damit identifizieren. Zu beobachten war, dass sie ein ganz anderes Zusammengehörigkeitsgefühl entwickeln, weil jeder für das gemeinsame Ergebnis verantwortlich ist. Somit entsteht untereinander eine positive gegenseitige Abhängigkeit, und durch das gemeinsame Erfolgserlebnis steigt das Selbstvertrauen des Einzelnen. Auch leistungsschwache Schüler fühlen sich in der Gemeinschaft wichtig und bestätigt, was sich auf deren Lernmotivation in anderen Fächern auswirkt. Sie gehen z. B. wesentlich offener an die Bewältigung von Aufgaben heran. Hemmungen, Angst und Unsicherheit in verschiedenen Unterrichtssituationen, besonders bei der Gruppenarbeit, treten weniger auf. Während der Arbeit haben wir gemerkt, dass die Schülerinnen und Schüler die veränderten Unterrichtsformen gut annehmen und auch auf andere Fächer übertragen.
2. Allen Lehrerinnen und Lehrern wurde deutlich, dass wir uns selbst mehr »Handwerkszeug« dafür zulegen müssen, um professionell Gruppenarbeitsformen und offene Lernformen zu realisieren. So entstand der Wunsch nach schulinternen Fortbildungen auf diesem Gebiet. Während der Umsetzung des dort Gelernten in der Unterrichtspraxis wurden dann im Laufe der Jahre immer neue Ideen geboren, die sich aus unserem Schulprogramm fast als logische Konsequenz ableiten, z. B. die selbst entwickelte Lernwerkstatt, das Umweltschulprojekt, die Vorhabenwochen, die Schülermitverwaltung, die besonderen Formen der Elternabende, das Methodentraining mit den Schülern.
3. Die Schulleitung konnte Schulentwicklungsprozesse initiieren, gemeinsam mit den ersten Mitstreitern steuern und Zögerliche zur Mitarbeit gewinnen. Im organisatorischen Bereich wurde der erforderliche Rahmen geschaffen (z. B. die Lage bestimmter Stunden am »Kreativen Tag«, der Lehrereinsatz und die nötigen Freiräume). All das muss die Schulleitung parallel leisten, damit das Schulprogramm lebendig ist. So entwickelte sich auch die Teamarbeit unter den Lehrern, die zu fächerverbindendem Unterricht führte. Unseren Visionen von einer guten Schule sind wir ein großes Stück näher gerückt.

Veränderte Lehrerrolle

Der »Kreative Tag« war das erste »Schwungrad« unserer Schulentwicklung, dass von einer kleinen Lehrergruppe in Gang gebracht und ständig »am Laufen gehalten« wurde. Diese offenere Arbeit mit Schülern erfordert eine veränderte Lehrerrolle. Inzwischen haben wir alle in didaktischen Trainings kooperative Lernformen selbst erlernt und können diese im Unterricht anwenden. Das Interesse der Lehrer, sich in Fortbildungen und Workshops neue Methoden anzueigenen, ist sehr groß. Der Transfer in das Kollegium wird realisiert durch die schulinternen »Ideenbörsen«, in denen monatlich Erfahrungsaustausche über Neues, Gelungenes oder Misslungenes im Unter-

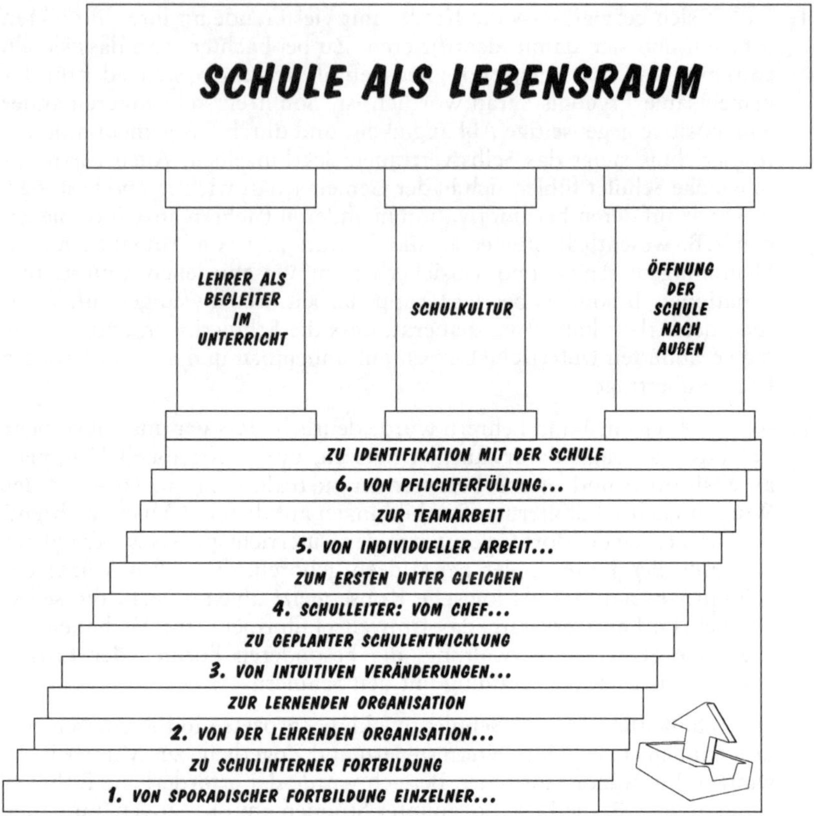

richt stattfinden. Hier ist eine Plattform, auf der einheitliches Handeln ebenso abgesprochen wird wie neue Vorhaben und die dafür erforderlichen Freiräume.

Im Ergebnis der aufgezeigten Entwicklung entstand auch – initiiert durch Lehrerinnen und Lehrer – die schuleigene Lernwerkstatt, die Idee des Methodentrainings für die Schüler mit dem Ziel, das Lernen zu lernen, und die Vorhabenwochen, in denen die jeweilige Klassenstufe fächerverbindend über ein Schwerpunktthema arbeitet.

Die Stufen unseres Entwicklungsprozesses sehe ich folgendermaßen:

1. Durch intuitive, kleinschrittige Veränderungen aus der Situation heraus entstand eine größere Identifikation mit der Schule. Sichtbare Erfolge motivierten alle Beteiligten.
2. Durch Erleben von Schulpraxis in anderen Schulen, Impulse aus Fortbildungen (insbesondere in der Pädagogischen Werkstatt in Jena) und

der Notwendigkeit von Veränderungen aufgrund der Schüleranalyse wurde das Kollegium für ein neues Arbeitskonzept offen.

3. Gleichzeitig veränderten sich die Rolle der Lehrer im Unterrichtsprozess, die Rolle der Schulleitung im Schulentwicklungsprozess, und es entwickelte sich die Teamarbeit.
4. Eine Steuergruppe – gebildet aus den innovativsten Lehrern und der Schulleitung – sorgte dafür, dass alle Schulentwicklungsschwerpunkte auch ineinander griffen, die notwendigen Voraussetzungen geschaffen wurden und im Kollegium alle Prozesse transparent waren.

Wenn man Lehrer auf diese Art und Weise am Prozess beteiligt ist das Schulprogramm ein Ergebnis der gemeinsamen Arbeit und wird von allen getragen. Über die gründliche Reflexion bzw. Evaluation wird es auch immer wieder notwendig sein, etwas zu verändern, zu verwerfen oder neu hinzuzufügen. Nur so ist Schulentwicklung lebendig, nur so kann die Motivation aller Beteiligten unterstützt und gefördert werden.

Sabine Schröder ist Schulleiterin der Staatlichen Regelschule »Am Frauenberg« in Nordhausen, Thüringen. Als Fachlehrerin unterichtet sie Chemie, Mathematik und Evangelische Religion. Sie engagiert sich auch als stellvertretende Vorsitzende im Verein Christliches Schulzentrum Nordhausen e. V.

Anschrift:
Staatlichen Regelschule »Am Frauenberg«, Marienweg 3, 99734 Nordhausen,
Tel.: 0 36 31/97 46 67

Motivation und Mitarbeiterführung in der Schule

Doris Flor und Reinhold S. Jäger

Schulautonomie als Schlüssel zur Weiterentwicklung der Schule

Motivation und Mitarbeiterführung ist ein wichtiges Thema innerhalb der Schule, das auch im Vordergrund der internen Schulentwicklung der nächsten Jahre stehen wird. Es ist zugleich als ein Qualitätsmerkmal von Schule aufzufassen. Dieser Beitrag verdeutlicht diesen Zusammenhang am Beispiel eines wissenschaftlich begleiteten Anti-Gewalt-Projektes an Schulen.

Schulen werden zunehmend als selbstständige und selbstverantwortliche Systeme verstanden. Ihnen wird eine immer größer werdende Autonomie zugestanden. Beispiele hierfür sind das Bestreben, über die so genannte Budgetierung die Selbstverantwortung der Schule zu stärken, oder entsprechende Regelungen über neue Schulgesetze einzuführen (vgl. Hessisches Schulgesetz). Diesen »neuen Freiheiten« steht eine zunehmende Angst der Ministerien gegenüber, das Leistungsniveau der Schulen laufe aus dem Ruder. Diese Angst entstand aus den Rückmeldungen der TIMSS Studie (*T*hird *I*nternational *M*athematics and *S*cience *S*tudy), die auch innerhalb der Bundesrepublik Deutschland und hier unter der Leitung des Max-Planck-Instituts für Bildungsforschung (Berlin) durchgeführt wurde. An dieser Studie nahmen 41 Staaten teil. In der Bundesrepublik Deutschland wurden ca. 7000 Schülerinnen und Schüler aller Schulformen und in allen Bundesländern untersucht. Dabei war unter anderem das Ergebnis bedeutsam, dass die Leistungsfortschritte vom Ende der 7. Klasse zum Ende der 8. Jahrgangsstufe in Deutschland im internationalen Vergleich eher gering sind (BAUMERT 1997).

Trotz dieser widerstrebenden Tendenzen ist deutlich erkennbar, dass die Schulautonomie als ein Schlüssel zur Weiterentwicklung der Schulkultur verstanden wird (vgl. HOLTAPPELS 1995).

Folgende drei Fragen erscheinen uns von besonderer Bedeutung für die Schulentwicklung und Motivation zu sein:

- **Wie schaffe ich Bedingungen für eine gute Schule? (Schulentwicklung).**
- **Wie führe ich Mitarbeiter und Mitarbeiterinnen? (Mitarbeiterführung).**
- **Wie motiviere ich mich selbst und andere? (Motivation).**

Die Arbeitsbedingungen an einer Schule setzen einen spezifischen Rahmen zur inhaltlichen Definition der drei genannten Bereiche.

- Schulentwicklung, insbesondere die *innere Schulentwicklung*, ist ein Gebiet, dessen entwicklungsgeschichtliche Wurzeln in die Zeit der siebziger Jahre zurückreichen. Intensive Bemühungen, das Schulklima (vgl. DRESMANN 1992) und das fachkompetente pädagogische Handeln der Lehrerschaft zu verbessern, fanden und finden im Rahmen der schulinternen Lehrerfortbildung (SCHILF) ihren Niederschlag. Staatliche Weiterbildungsinstitute liefern hier ebenfalls einen großen Beitrag. Heute wird diese Thematik auch unter dem Blickwinkel des Qualitätsmanagements in der Schule erörtert.

- *Mitarbeiterführung* als Begrifflichkeit wiederum entstammt dem Feld der Arbeits- und Organisationspsychologie. Diese Fachrichtung hat zunächst ihre Anbindung an den wirtschaftlichen Arbeitsbereich in mittelständischen und großen Industrieunternehmen. Ziel hierbei war und ist es, die Konkurrenzfähigkeit dieser Unternehmen auf dem europäischen Binnenmarkt oder auch auf dem Weltmarkt zu erhalten oder zu fördern. Personalmanagement, die Entwicklung von Schlüsselkompetenzen und Qualifizierung von Personal für bestimmte Aufgaben, sind die Hauptanliegen der *Organisationsentwicklung*. Organisationsentwicklung in Verbindung mit und in Schulen ist kein neues Thema, zumal sich mittlerweile auch Schulen immer mehr mit dem Gedanken vertraut machen müssen, konkurrenzfähig zu werden und teilweise auch die Mittel zur »Bewirtschaftung«, das Budget der Schule, durch Eigenleistungen und die Entwicklung entsprechender Ressourcen aufzubessern. Dass die Elternschaft die Institution Schule im Hinblick auf die von Schulen zu garantierenden Ausbildungsstandards zunehmend kritisch hinterfragt, ist angesichts des immer deutlicher werdenden Engpasses an Arbeitsplätzen nur verständlich.

- *Motivation* bzw. *Motivationsforschung:* Hier sollen diejenigen Dispositionen des Menschen bzw. entsprechende Rahmenbedingungen identifiziert werden, die für das Handeln verantwortlich zu machen sind und welche das Handeln unterstützen. Motivation ist im Bereich der schulischen Arbeit ein zentrales Thema, nicht nur für die Schüler sondern auch für Lehrerinnen und Lehrer. Besonders Lehrkräfte, natürlich auch Schulleitungen, sollten entsprechend »motiviert« sein, um die ihnen anvertrauten Menschen zu motivieren, individuell zu fördern und zu betreuen.

Aufgaben der Schulleitung

Die Größe der Schule, die Schulart, die Lage der Schule (Brennpunktschule oder gemütliche Landschule), Spezifika der Schülerklientel oder aber schlichtweg die baulichen Voraussetzungen der jeweiligen Schule schaffen jeweils sehr individuelle Ausgangssituationen für das professionelle Handeln der Schulleitung und der Kollegien. Folgende Basis-Komponenten beschreiben das Arbeitsfeld einer Schulleitung.

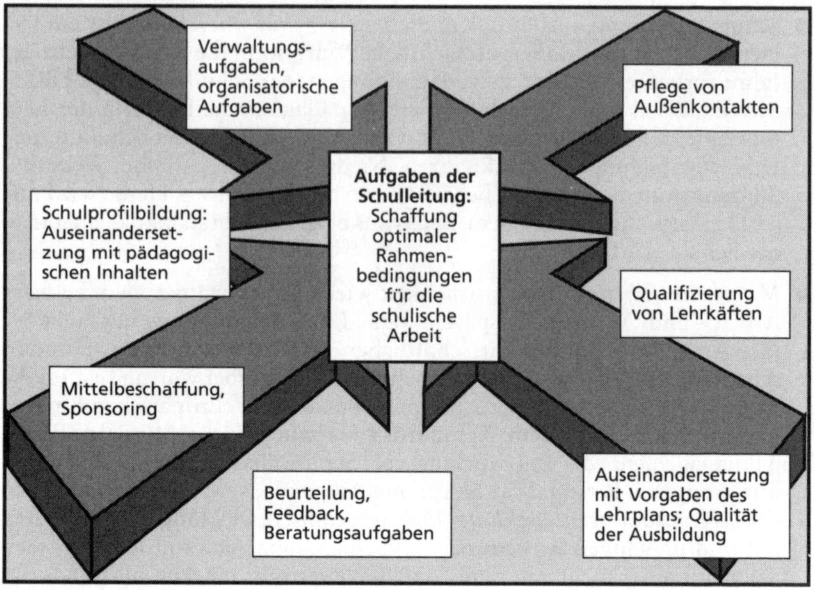

Sicherlich existieren noch eine Reihe anderer Aufgaben, denen sich die Schulleitung zuwenden muss, um den reibungslosen Schulbetrieb zu gewährleisten. Allein diese Fülle von Aufgaben kann, wie dies eine Schulleitung einer weiterführenden Schule ausdrückte, ein Gefühl vermitteln »*... als ob man versuche, mit einem Löffel einen See auszuschöpfen*«. Gleichzeitig soll die Qualität der fachlichen Ausbildung der Schüler garantiert werden. Gerade weil dies so ist, wird deutlich, dass die Bindung dieser vielfältigen Aufgabenbereiche an die Schulleitungsmitglieder nicht die einzige und schon gar nicht immer die beste Lösung sein muss. Die Übertragung von Teilbereichen in die Selbstverantwortung von Lehrerinnen und Lehrern ist deshalb sinnvoll und notwendig.

Identifikation und Motivation durch Teambildung und Übertragung von Verantwortung

In größeren Industrieunternehmen kommt der Firmenleitung vor allem die Initiierung von und Verantwortung für alle zu treffenden Entscheidungen zu, die das Wohl der Mitarbeiter und Mitarbeiterinnen und das Funktionieren des »Gesamtsystems« angehen. Diese Leitungsfunktion ist nicht ohne Delegation zu bewerkstelligen: Teilbereiche an Aufgaben werden an eigens dafür qualifizierte Mitarbeiter und Mitarbeiterinnen oder an spezielle *Teams* übertragen, die wiederum in Rechenschaftspflicht gegenüber dem/der jeweiligen Vorgesetzten und in Verantwortung gegenüber den ihnen unterstellten und anvertrauten »Zuarbeitern« stehen. Erfahrungen aus diesem Bereich belegen, dass der Anreiz zur Mitarbeit (Motivation) bei den Mitarbeitern und Mitarbeiterinnen umso größer sein wird, je stärker sich die einzelnen oder die einzelnen *Teams* als wichtiger Teil der Gesamtheit fühlen. Von großer Bedeutung ist auch die Identifikation jedes Einzelnen mit dem wirtschaftlichen Interesse und den Methoden, die eingesetzt werden, um dieses Interesse umzusetzen. Ein übergeordnetes, gemeinsames Ziel hilft, den Absatz zu sichern und die Wettbewerbsfähigkeit zu erhalten (im Wirtschaftsbereich könnte dies z. B. heißen: wir unterstützen uns gegenseitig in unserer Arbeit, wir setzen auf Qualität und wir sichern dadurch unsere Arbeitsplätze). Der oder den Person/en in Führungspositionen kommt dabei die Aufgabe der Steuerung zu ohne Macht auszuüben und gleichzeitig noch ein Teil des Ganzen zu bleiben.

Spielräume für innovative Ideen

Im Vergleich zu Wirtschaftsunternehmen hat *Schule* eine reduzierte Menge an Freiheiten. Rahmenvorgaben von Schulämtern, Bezirksregierungen und von den jeweiligen Kultus- oder Bildungsministerien bieten weit geringere Spielräume für innovative Ideen oder alternative Verfahrensweisen als auf dem freien Markt. Die Gebundenheit an diese durchaus strengen Vorgaben kann nicht grundsätzlich aufgehoben werden und bildet somit den Spielraum, innerhalb dessen wichtige und notwendige Schritte möglich sind. Ob aus diesen einzelnen Schritten größere Wanderungen werden können, auf denen sich die »Belegschaft« einer Schule zu neuen Zielen aufmacht, hängt viel vom Geschick der Schulleitung ab, wie Spielräume selbstverantwortlich genutzt werden können. Unter diesem Aspekt ist die Knappheit an finanziellen Ressourcen, die einer Schule noch aus Gemeinde-, Landes- oder Bundesmitteln zur Verfügung gestellt werden können, gleichzeitig Einschränkung *und* Chance. Die Zuteilung eines nicht an bestimmte »Titel« gebundenen Budgets für ein Schuljahr verpflichtet die Schulleitung zunächst zu Überlegungen über den Verwendungszweck: An welcher Stelle können Ausgaben und Kosten für den Betrieb der Schule gespart werden (z. B. Energiekosten), an welcher Stelle schafft man dafür Freiräume für andere Einsatzbereiche, für die Geld benötigt wird (wie zum Beispiel: Anschaffung von pädagogischen Arbeitsmaterialien, Einrichtung eines Aufenthaltsraums für die Schüler etc.). Allein bei dem Thema Budgetierung bieten sich – solange es als Herausforderung und nicht nur als Hemmnis betrachtet wird – viele Ansatzpunkte, die sich durch Einbezug aller Beteiligten durchaus belebend auf das Schulklima auswirken können.

Führungseigenschaften: Wie viel Leitung braucht die Schule?

Folgende »Führungseigenschaften« sind mit Leitungsaufgaben verbunden.

Erwartungen an Führungspersönlichkeiten

I. Anforderungen an die Verwaltungskompetenz
- Entscheidungsfähigkeit
- Planen
- Organisieren
- Kontrollieren
- Delegieren

II. Anforderungen an die zwischenpersönliche Kompetenz
- Kommunikationsvermögen
- Wettbewerbsfähigkeit
- Kooperation/Teamfähigkeit
- Verhandlungsgeschick/Sensibilität/Zuhören können
- Soziale Objektivität
- Visionäre Führungsfähigkeit
- Interkulturelles Verständnis

III. Anforderungen an die kognitive Kompetenz
- Lernfähigkeit/aus Fehlern lernen
- Kreativität
- Breite von Wissen und Interessen
- Systematisches und systemisches Denken und Handeln
- Sprachkenntnisse

IV. Anforderungen an die motivationale Kompetenz
- Bedürfnis, sich zu entwickeln
- Initiative
- Energie
- Leistungsehrgeiz
- Motivation zu führen/Wunsch nach Gestaltung
- Gewissenhaftigkeit/Arbeitsstandard
- Zielorientierung/Beharrlichkeit

V. Anforderungen an die Kompetenzen Stabilität und Coping (= mit Problemen umgehen)
- Aushalten von Widersprüchlichkeit
- Toleranz gegenüber Unsicherheit/Ungewissheit
- Anpassungsfähigkeit
- Emotionale Unabhängigkeit
- Starkes Selbstvertrauen

Vor diesem Hintergrund soll an einem Beispiel gezeigt werden, wie Mitarbeiterführung im Umfeld Schule aussehen kann und wie Lehrkräfte motiviert werden bzw. sich selbst motivieren können.

Beispiel für Motivation und Mitarbeiterführung: Projekt gegen Gewalt an Schulen

Wir können hierbei auf die praktische Arbeit mit Schulen zurückgreifen, die wir im Rahmen des Landauer Anti-Gewalt-Programms (LAPSuS1) gewonnen haben. Dieses Programm ist so konzipiert, dass es die Schulentwicklung zum Hauptziel hat und gleichzeitig Maßnahmen einleitet, um Gewalt an den Schulen zu reduzieren. Das Beispiel zeigt, wie durch Kommunikation, Transparenz und Teambildung gemeinsame Problemlösungsstrategien erarbeitet werden und wie dadurch die Motivation der Lehrerinnen und Lehrer erhöht wird.

Die Umsetzung des Anti-Gewalt-Programms erfolgt in mehreren Stufen:

- In der ***Kommunikationsphase*** werden Inhalte und Zielsetzungen des Programms vermittelt und diskutiert.
- Nach einem Votum der Beteiligten und der politischen Entscheidungsträger für die Durchführung des Programms erfolgt im Rahmen der ***Etablierungsphase*** die praktische Umsetzung des Konzepts. Ein *Schulteam*, das sich aus Schulleitung, Lehrern, Schülern und Elternvertretern der betreffenden Schulen zusammensetzt, koordiniert die schulinterne Arbeit. Strategien zur Organisation und Gestaltung der Vorgehensweisen der Schulteams werden Vertretern der Teams im Rahmen einer *Multiplikatorenschulung* vermittelt. Den Ausgangspunkt für eine zielgerichtete und schulspezifische Planung von Maßnahmen bilden die Ergebnisse einer *Schüler- und Lehrerbefragung,* die dem Schulteam zurückgemeldet werden. *Externe Fachleute* (z. B. vom schulpsychologischen Dienst, der Polizei, Beratungsstellen etc.) stehen als Ansprechpartner für die Schulteams zur Verfügung und können bei der Planung und Umsetzung von Projekten und Aktionen einbezogen werden. Den Schulteams wird außerdem ein *Info-Paket*, bestehend aus einem Material- und Literaturordner sowie einer Projektdatenbank, zur Verfügung gestellt, das einen ersten Überblick über das breite Spektrum an Präventions- und Interventionsmaßnahmen gibt und die gezielte Suche nach spezifischer Literatur erleichtern soll.
- In einem bestimmten zeitlichen Abstand zur Einleitung von Interventions- und Präventionsmaßnahmen wird in der *Kontrollphase* eine Untersuchung der Effektivität des Programms vorgenommen.
- Die gewonnenen Erkenntnisse werden in der *Optimierungsphase* zu einer Verbesserung der Maßnahmen herangezogen.
- Im Rahmen der *Konsolidierungsphase* werden erfolgreiche Maßnahmen fortgeschrieben.

Nicht jede Schule kann, will und muss sich jedoch eines solchen bereits ausgearbeiteten Programmes bedienen. Dann ist die Aufgabe einer Schulleitung auch darin zu sehen, zunächst die eigenen Kräfte, die eigenen Ressourcen an der Schule zur Bearbeitung und Lösung des Problems zu mobilisieren.

Dazu folgender schulpraktischer Erfahrungsbericht:

Ausgangspunkt

An einer Schule werden vermehrt tätliche Übergriffe von Schülern auf ihre Mitschüler beobachtet. Das zunehmende Potential an Aggression wird im Kollegium der Schule informell diskutiert.

Die Schulleitung möchte das Gewalt-Problem zusammen mit dem Kollegium lösen.

Der erste Schritt: Entwicklung einer Strategie

Der Begriff »Strategie« wird wie folgt verstanden: Ausarbeiten von Handlungsabfolgen, um das intendierte Ziel zu erreichen. Dabei ist das Ziel weiter zu differenzieren in

- Ziele, die sich an Individuen (einzelne Schüler, einzelne Lehrkräfte) orientieren,
- Ziele, die sich an Gruppen orientieren (Kollegium, Schülermitverwaltung, Elternschaft, Gruppe der Täter, Gruppe der Opfer) und
- Ziele, die sich auf die Institution (Schule) beziehen.

Was kann die Schulleitung zu dieser Weiterentwicklung beitragen?

Die Aufgabe der Schulleitung ist es

a) über den Ausgangspunkt zu informieren
b) einen Konsens über das methodische Vorgehen zu erzielen
c) die aus dem *Brainstorming* resultierenden Beiträge zu moderieren
d) den erarbeiteten Konsens festzuhalten und weitere Schritte einzuleiten.

Eine Konsensfindung innerhalb der Gruppe des Kollegiums kann über verschiedene Methoden (z.B. die Metaplan-Technik) erreicht werden. Hierbei werden in einem ersten Schritt die Mitglieder des Kollegiums aufgefordert, jeweils drei Gedanken zu positiven und negativen Aspekten der oben genannten Zielgruppen auf Kärtchen (grün für positiv, rot für negativ) zu schreiben. Danach folgt die Phase des *clustering*. Das bedeutet, dass an einer Wandtafel innerhalb der Kärtchen jeder Farbe eine Bündelung nach ähnlichen Aussagen erfolgt. Nachfolgend wird im Konsensbildungsprozess eine Entscheidung darüber getroffen, welcher Bereich (Individuum, Gruppe, Institution) durch geeignete Maßnahmen angegangen werden soll.

Im Idealfall gelingt der Schulleitung die Herbeiführung eines Konsenses innerhalb des Kollegiums bezüglich der weiteren gemeinsamen Vorgehensweisen. Die Mitglieder des Kollegiums sind aktiv an der Entscheidungsfindung beteiligt und können sich mit den Inhalten identifizieren.

Gemeinsame Ziele und Aufgaben

Lehrerkollegium und Schulleitung entscheiden gemeinsam, pädagogische und schulorganisatorische Maßnahmen gegen Gewalt einzuleiten, die sich zunächst auf die Gruppenebene beziehen, auf die Gruppe der Täter, der Opfer, die Gruppe derjenigen, die Täter *und* Opfer sind sowie die Gruppe der »Mitläufer«. Gemeinsame Planungsstrategien werden vereinbart.

- *Bestandsaufnahme der aktuellen Situation in der Schule* im Hinblick auf Gewalttätigkeiten. Hierzu hat sich das Kollegium auf eine anonyme Befragung aller Schülerinnen und Schüler sowie des gesamten Lehrerkollegiums geeinigt. Die Ergebnisse sollen anschließend innerhalb einer Konferenz vorgestellt und diskutiert werden.

- *Reduktion der empirisch (anhand der Befragung) gewonnenen Problembereiche* hinsichtlich Umsetzbarkeit und Dringlichkeit. Umsetzbarkeit betrifft hierbei vor allem die zeitlichen, personellen und finanziellen Ressourcen, die Dringlichkeit betrifft die Wichtigkeit der Lösung des spezifischen Problems.
- *Entwicklung von Maßnahmen:* Dabei kann entweder eine Umsetzung mit »Bordmitteln« realisiert werden oder unter Einbezug von Experten.
- *Durchführung und Kontrolle der Maßnahmen hinsichtlich ihrer Wirksamkeit:* Am Ende dieses Prozesses steht eine Bestandsaufnahme. Diese Bestandsaufnahme soll durch eine erneute anonyme Befragung geleistet werden. Dabei muss jedoch garantiert sein, dass die Daten der Erstbefragung mit den Daten aus der Kontrolle in Beziehung zueinander gesetzt werden können.

Delegation und Motivation

Nach der Festlegung der genannten Bereiche muss nunmehr beschlossen werden, wer aus dem Lehrerkollegium bereit ist, Verantwortung für je einen der Themenkomplexe zu übernehmen. Dabei soll jeder Bereich von annähernd der gleichen Anzahl von Personen bearbeitet werden. Die Aufgabe der Schulleitung besteht hier darin, diesen Prozess möglichst zeitökonomisch und unter Berücksichtigung auch individueller Bedürfnisse zu regeln.

Der Schulleitung obliegt es, die Termine für die nächsten Treffen der Projektgruppe festzulegen und rechtzeitig vor den Terminen eine Tagesordnung in Absprache mit den Verantwortlichen der Teilgruppen vorzugeben. Weiterhin legt sie in Rücksprache mit dem Kollegium die einzelnen Etappenziele fest und kontrolliert, ob die Etappenziele eingehalten wurden. Insbesondere aber muss sie dafür Sorge tragen, dass jedem Einzelnen verdeutlicht wird, welcher individuelle Vorteil, aber auch Vorteil für die Schule aus der Mitarbeit an dem gemeinsamen Projekt gezogen werden kann.

Fazit

Darstellung und Ablauf des vorgegebenen Szenarios machen deutlich, dass folgende Leitungs- und Moderations-Kompetenzen von der Schulleitung gefordert sind, die zusammen zugleich Garanten für eine positive Schulentwicklung sind.

- Anforderungen an die Verwaltungskompetenz, insoweit es um Entscheidungsfähigkeit, Planen, Organisieren, Kontrollieren und Delegieren geht.
- Anforderungen an die zwischenpersönliche Kompetenz: Sie wird reali-

siert durch Kommunikationsvermögen, Kooperation/Teamfähigkeit und Verhandlungsgeschick, Sensibilität, Zuhören können.

- Anforderungen an die kognitive Kompetenz, insoweit Kreativität sowie systematisches Denken und Handeln gefragt sind.
- Anforderungen an die motivationale Kompetenz: Sie betrifft Initiative, Energie, Leistungsehrgeiz, Motivation zu führen, Wunsch nach Gestaltung, Gewissenhaftigkeit, Arbeitsstandard sowie Zielorientierung, Beharrlichkeit.
- Anforderungen an die Kompetenzen Stabilität und Coping (= mit Problemen umgehen): Darunter werden in diesem Kontext das Aushalten von Widersprüchlichkeit, Toleranz gegenüber Unsicherheit und Ungewissheit, Anpassungsfähigkeit und Selbstvertrauen verstanden.

Doris Flor, Dipl.-Psych., Studium der Psychologie an der Universität Koblenz-Landau, Abt. Landau, Zusatzausbildung in Kognitiver Therapie, Mitarbeiterin des Zentrums für empirische pädagogische Forschung der Universität Landau seit 1991. Projektschwerpunkte: Pädagogische Diagnostik, Mitarbeit innerhalb der Wissenschaftlichen Begleitung des Modellversuchs »Lern- und Spielschule«, Kontinuität in der Lehrerausbildung, Schulentwicklungsplanung.

Prof. Dr. Reinhold S. Jäger, Professor für Psychologie an der Universität Koblenz-Landau, Abteilung Landau, sowie Leiter des Zentrums für empirische pädagogische Forschung. Forschungsschwerpunkte: Psychologische und Pädagogische Diagnostik, Schulentwicklung, Qualitätsmanagement.

Anschrift:
Universität Koblenz-Landau, Friedrich-Ebert-Str. 12, 76829 Landau,
Tel.: 0 63 41/9 06 -122, Fax: 0 63 41/9 06 - 2 00,
E-mail: jaeger@zepf.uni-landau.de

Selbst-Motivation

Das Kollegium motivieren – aber wie?

Peter Hartmann

1. Morgens gern in die Schule?

Wie schaffen wir eine Schule, in die Lehrer – und damit auch Schüler – morgens gern kommen?

In den 60er und 70er Jahren war dies kein so großes Problem, als relativ junge Kollegien versuchten, Schule zu verändern, neu zu gestalten. Es bestand weitgehend Konsens darüber, wie diese Schule auszusehen und was sie zu leisten habe. Das gemeinsame Ziel war gesteckt, Motivation von außen kaum erforderlich. In der damaligen Situation war es relativ leicht, durch gelegentliche Anstöße und Anregungen die Entwicklung der Schule voranzubringen. Nachdem jedoch der Schulalltag wieder eingekehrt war, sich die Rahmenbedingungen für Schulentwicklung zunehmend verschlechterten, die Ressourcen immer knapper wurden, da wurden auch Kollegien zunehmend demotiviert. Der Reformschwung reichte nicht mehr aus, die immer wieder neu auftretenden Hindernisse zu überwinden.

Wie ist es möglich, auch in solchen schwierigeren Situationen – den Normalsituationen der Schule – in und mit einem »motivierten« Kollegium zu arbeiten?

Ausgangssituationen, wie sie in den 60er und 70er Jahren vorgefunden wurden, künstlich zu schaffen, ist schwierig. Sie sind dazu auch kaum tragfähig. Das zeigt z. B. die Diskussion über die Beschreibung und Umsetzung von Schulprogrammen. Ein per Schulgesetz gegebener Auftrag an Lehrerinnen und Lehrer, sich gemeinsam über die Ziele ihrer Schule Gedanken machen zu müssen, reicht längst nicht aus, damit ein Kollegium für die Lösung dieser Aufgabe motiviert wird. Nur wenn Kollegen die Sache ihrer Schule zur eigenen Sache machen, wird eine fruchtbare Weiterentwicklung möglich sein, werden auch Schulprogramme geschrieben werden können. Dazu sind Kollegen erforderlich, die bereit sind, Verantwortung in ihrer Schule zu übernehmen und selbständig, engagiert und kreativ zu arbeiten. Sie müssen bestrebt sein, ihre Vorstellungen allein und in der Gruppe umzusetzen. Dies soll im folgenden an Hand einiger Beispiele aus der Praxis erörtert werden. (Vgl. HARTMANN, S. 2 ff.)

2. Motivation und Schulatmosphäre

Nur eine entspannte Schulatmosphäre wird Kolleginnen und Kollegen zu einer engagierten Mitarbeit motivieren. Dazu ist es notwendig, dass sowohl die sächlichen als auch die personellen Voraussetzungen gegeben sind oder geschaffen werden.

2.1 Sächliche Voraussetzungen schaffen

Die Atmosphäre einer Schule spiegeln häufig bereits das Schulgelände und Schulgebäude wider. Schon der Weg vom Parkplatz zum Schulgebäude ist für die richtige Einstimmung der Kollegen auf den Unterrichtstag wichtig. Jeden Morgen über eine triste Asphaltfläche auf den typischen Betonklotz – ob Raster- oder Plattenbau ist unerheblich – zugehen zu müssen, wirkt lähmend und demotiviert manchen Kollegen bereits am frühen Morgen. Die Klagen kann man täglich bei unterschiedlichsten Anlässen hören.

In solchen Situationen wäre es der einfachste Weg, gemeinsam mit dem Schulträger nach Lösungen zu suchen, wie das äußere Erscheinungsbild des Schulkomplexes verbessert werden könnte. Soll allerdings an der Schule eine Kultur der Selbstverantwortung entwickelt werden, dann sollte man in ein Kollegium hineinhören. Man wird erstaunt sein, welch kreative Vorschläge von Kolleginnen und Kollegen gemacht werden. An einem Beispiel aus unserer Schule sei dies verdeutlicht.

2.2 Schule gestalten

Nach Fertigstellung des Schulgebäudes (Rasterbau von 1973) wurde die »harmonische Einfügung des Gebäudes in die Landschaft« gelobt. Dies rief den lauten Protest ganzer Kollegengruppen hervor. Unter Federführung eines Kollegen wurde ein Konzept entwickelt, wie der abweisende Beton durch Eingrünung und Umgestaltung des Schulgeländes in eine Spiel-, Park- und Pausenlandschaft verändert werden könne. Die »fachkundigen« Kollegen wurden in die Verhandlungen mit den Sachbearbeitern der Schul- und Bauverwaltung eingebunden. Als Ergebnis trennt heute ein Arboretum heimischer Gehölze das Schulgelände von der offenen Landschaft, die Asphaltfläche wird durch »grüne Baum- und Buschinseln« unterbrochen, das Wiesengelände ist Spiel-, Sport- und Rasenfläche.

Wie tragfähig diese mit- und selbstverantwortliche Einbeziehung von Kollegen war, zeigt sich auch heute immer wieder. Eine Schülergruppe entwarf und baute Modelle für die Überdachung einer Sitzmulde, im Arbeitslehreunterricht wurden Sportgeräte gebaut, es wurde eine Baumwiese mit Bienenhaus und Teich angelegt. Pflege und Betreuung der geschaffenen Anlagen übernehmen selbstverständlich Lehrer mit ihren Schülern.

Die im Außengelände gesetzten Gestaltungsschwerpunkte finden sich im Schulgebäude wieder. Wände wurden und werden gestaltet, Kommunikationsräume und -ecken eingerichtet, mit Pflanzen Farbschwerpunkte gesetzt, und selbstverständlich gehört auch die Gestaltung der Klassenräume als ein wichtiger Komplex der sächlichen Voraussetzungen für die Entwicklung von Schulatmosphäre dazu. All diese Aktivitäten machten deutlich, dass viele Kollegen bereit sind, ihre Schule engagiert selbst mitzugestalten.

Was hat das alles nun aber konkret mit der »Motivation eines Kollegiums« zu tun? Ich denke, dass mit einer derartigen Einbindung von Kollegen, nämlich mit- und selbstverantwortlich Entwicklungsakzente in der Schule zu setzen, eine dauerhafte, lebendige und kreative Beziehung zur Schule – ihrer Schule! – geschaffen wird. Aus einer so gewonnenen Beziehung heraus werden immer wieder neue Ideen entwickelt und umgesetzt.

Die eigentliche Aufgabe eines Lehrers ist es, zu unterrichten; seine Aufgabe ist nicht die landschaftsgärtnerische oder künstlerische Ausgestaltung des Schulkomplexes, kann hier eingewandt werden. Unsere Erfahrungen haben gezeigt, dass all jene Kollegen, die selbstverantwortlich Schwerpunkte in der Schule setzen konnten, den damit verbundenen Motivationsschub auch mit in ihren Unterricht hineinnahmen.

Nun wäre es allerdings unredlich zu behaupten: Versuche zu erreichen, dass jeder Lehrer einen außerunterrichtlichen Aktionsschwerpunkt setzt oder setzen kann, dann hast du auch bereits ein motiviertes Kollegium. Jeder Kollege mit Praxiserfahrung weiß, dass so etwas Utopie ist. Doch jene Kollegen, die Selbstverantwortung in ihrer Schule übernehmen, binden immer zugleich auch eine größere Zahl weiterer Kollegen mit in ihre Aktivitäten ein. Und die Zusammenarbeit aller – Lehrer, Schüler und Eltern – bewirkt dann die Qualität von Schulatmosphäre. Je höher diese Qualität ist, desto größer wird auch die Motivation der Kollegen sein, sie zu erhalten.

2.3 Personelle Voraussetzungen

Bei der Entwicklung eines guten Schulklimas spielt die personelle Zusammensetzung des Kollegiums eine entscheidende Rolle. Je größer ein Kollegium ist, desto mehr Einfühlungsvermögen muss ein Schulleiter haben, um nicht durch falsche Personalentscheidungen Motivationshemmnisse bei Kollegen aufzubauen.

In den Dienstordnungen aller Bundesländer entscheidet der Schulleiter über den Unterrichtseinsatz der Lehrer. Wenn ein Schulleiter Lehrerteams für die Klassen oder Jahrgänge zusammenstellt, können ihm bereits entscheidende Fehler unterlaufen. Müssen etwa Kollegen, die nur schwer Zugang zueinander finden oder die sich in ihren Erziehungsstilen Wertehaltungen etc. so unterscheiden, dass sie nur schwer gemeinsame Erziehungsebenen finden können, um in einem »Team« zusammenzuarbeiten, dann wird es schnell zu erheblichen Störungen kommen, die selbstverantwortlichem Handeln entgegenstehen.

In vielen Schulen werden bereits mit gutem Erfolg Verfahren praktiziert, die dem Prinzip »Übernahme von Selbstverantwortung« weitgehend entgegenkommen. Hier entscheidet nicht mehr der Schulleiter allein oder mit dem Schulleitungsteam über den Unterrichtseinsatz der Kollegen, sondern die Kollegen selbst entscheiden gemeinsam mit der Schulleitung über die Zusammensetzung der Klassen- oder Jahrgangsteams. Wenn diesen Teams dann auch eine gewisse Autonomie und Entscheidungsfreiheit für ihre Arbeit (Unterricht und Organisationsabläufe in Jahrgangsteams) übertragen werden, dann werden sie auch bereit sein, stärker Selbstverantwortung bei ihrer Arbeit zu übernehmen »und Identifikationsmöglichkeiten für Schüler und Lehrer mit ihrem Arbeitsplatz zu finden«. (LOHMANN 1997, S. 58)

Allerdings wird auch hier dem Schulleiter eine verantwortungsvolle und nicht leichte Aufgabe bleiben. Denn was jeder Lehrer aus dem Unterricht kennt, wenn Schüler Mannschaften wählen sollen, das tritt auch bei der Zusammenstellung von Lehrerteams auf. Es bleiben immer bestimmte Schüler/Lehrer übrig, die eine »Mannschaft« nicht will. Hier fällt dem Schulleiter die sensible Aufgabe zu, in Gesprächen mit den Gruppen, mit den einzelnen Kollegen Integrationsmöglichkeiten für diese problematischen Kolleginnen und Kollegen zu finden.

3. Motivation und Unterrichtsbedingungen

3.1 Die sächlichen Voraussetzungen müssen erfüllt sein

Wenn ein Kollege bei der Vorbereitung seines Unterrichts nur unter Schwierigkeiten die Unterrichtsmaterialien finden und zusammenstellen kann, wird er nicht unbedingt motiviert in seinen Unterricht gehen. Hier gilt das Gleiche, was auch oben über die sächlichen Voraussetzungen für eine gute Schulatmosphäre gesagt wurde: Je vollständiger und übersichtlicher die Sammlungen der Unterrichtsmaterialien – Bücher, Texte, AV-Medien, Übungsgeräte und Demonstrationsgeräte – sind, desto größer ist auch die Motivation, sie im Unterricht einzusetzen und zu verwenden.

In vielen Schulen ist es zur Regel geworden, Sammlungsleiter zu benennen oder wählen zu lassen, die für ihre Tätigkeit, z. B. Betreuung einer Sammlung, eine Ermäßigung aus dem Deputat erhalten. An allen Schulen werden Kollegen gern bereit sein, eine solche »Ermäßigungsstunde« in Anspruch zu nehmen. Die Schulwirklichkeit zeigt allerdings wie unterschiedlich die übertragenen Aufgaben wahrgenommen werden. Häufig kann durch die Gewährung eines Stundennachlasses die Motivation der betroffenen Kollegen für die übernommene Aufgabe nicht unbedingt erhöht werden. Motivation ist nicht käuflich! Ich stimme R. K. Sprenger in gewisser Weise zu, wenn er sagt: »Vermeiden Sie Belohnung und Bestrafung.« (SPRENGER 1997, S. 202 ff.) Auch hier muss der bessere Weg gewählt werden: Alle Kollegen eines Fachbereichs sind bereit, Selbstverantwortung für reibungslose Arbeitsabläufe in ihrem Fachbereich zu übernehmen. Wie aber kann das erreicht werden?

An einem Beispiel aus dem Schulalltag soll dies verdeutlicht werden.

Nach den Sommerferien fanden die Physikkollegen einen aufgeräumten Sammlungsraum vor. Übungs- und Demonstrationsgeräte standen geordnet an ihrem Platz. Die Vorbereitung der Versuche war zügig und ohne Probleme gewährleistet. Nach vier Wochen waren sämtliche Vorbereitungstische mit

Versuchsaufbauten belegt. Oft war die Thematik des Versuchsaufbaus nicht mehr erkennbar, da z. B. neben dem Flaschenzug die optische Bank und eine Vielzahl von Linsen lagen. Die Geräteschränke waren weitgehend ausgeräumt. Bei der Vorbereitung der Versuche war es jetzt nötig, sich die verschiedenen Geräte für den Versuchsaufbau auf den einzelnen Tischen zusammenzusuchen, viele Kleinteile waren nicht auffindbar. Demotivation der Unterrichtsarbeit!

Verändert werden kann eine solche Situation nicht durch das Vorhandensein eines Sammlungsleiters. Dadurch würde die in jedem Kollegium zunächst latent vorhandene Haltung stärken: »Da ist ja jemand, der das für mich schon alles erledigen wird!«. Eine solche Grundhaltung passt nicht in ein Kollegium, in dem Selbstverantwortung einen hohen Stellenwert besitzt.

Wie wurde die Situation im Sammlungsraum geändert? Alle Fachkollegen hatten täglich erfahren, wie unerträglich im Grunde genommen die Vorbereitung ihres Unterrichts geworden war. Sie räumten deshalb gemeinsam den Sammlungsraum auf und vereinbarten die zukünftige Arbeitsweise:

- Nach Beendigung eines Versuchs oder einer Versuchsreihe werden alle Aufbauteile in die Sammlungsschränke und Wagen zurückgelegt.
- In einer aushängenden Liste werden Beschädigungen an Geräten und zur Neige gehendes oder fehlendes Verbrauchsmaterial eingetragen.
- Beschaffungswünsche für Geräte, Literatur und AV-Medien werden ebenfalls in einer aushängenden Liste erfasst.
- Auf regelmäßigen Fachkonferenzen findet ein Gedankenaustausch statt.

Mit dieser Regelung wurde der Fachleiter/Sammlungsleiter überflüssig. Jeder einzelne Fachkollege hatte für seine Arbeit Verantwortung übernommen.

Dieses Beispiel ist auf alle Bereiche übertragbar, in denen Arbeits- und Unterrichtsmaterialien eines Fachbereichs erstellt und gesammelt werden. Es trägt wesentlich zu einer guten Schulatmosphäre bei, wenn alle für eine ordnungsgemäße Unterrichtsarbeit erforderlichen Vorbereitungen von den betroffenen Fachkollegen selbstverantwortlich erledigt werden.

3.2 Von der Lerngruppe hängt viel ab

Jeder Lehrer unterrichtet gern in einer lernwilligen Klasse. Hier macht Unterricht Freude, der Lehrer bekommt regelmäßig positive Rückmeldungen von seinen Schülern. Sie motivieren ihn und tragen dadurch wesentlich zu einem guten Unterricht bei.

Zahlreiche Literatur gibt es inzwischen über die »veränderte Kindheit«, »die veränderte Jugend«. Jeder Lehrer erfährt es täglich, dass die Schüler »anders« geworden sind. Ob und inwieweit diese Feststellung berechtigt ist, soll hier nicht weiter verfolgt werden. Es soll lediglich festgestellt werden, dass viele Lehrer ihre Schüler als »schwierigere«, »lernunwilligere«, »nicht mehr motivierbare« Schüler empfinden. Sie leiden unter den veränderten Unterrichtsbedingungen und finden nur selten allein aus diesem Bedingungszirkel heraus. Sie fühlen sich zunehmend demotiviert für ihren Unterricht, führen ihn lustlos durch und verstärken damit unbewusst ihre Lage.

Auch hier müssen Lehrer erkennen, dass nur sie allein die Lernsituation korrigieren können, wenn die äußeren Rahmenbedingungen für den Unterricht ihnen die Möglichkeiten dazu bieten. So kann es hilfreich sein, schwierige Lerngruppen so klein wie möglich zu halten – auch auf Kosten von Unterrichtsabdeckung. Die Unterrichtseffektivität in der kleinen Gruppe gleicht mögliche Kürzungen des Stoffplans mit Sicherheit wieder aus.

Immer wieder berichten Kollegen während und nach Projekttagen, mit welcher Begeisterung Schüler Arbeiten ausführten, wozu sie im normalen Unterricht überhaupt nicht bereit waren. Deshalb sollte Kollegen die Möglichkeit gegeben werden, die positiven Erfahrungen – Methoden, Unterrichtsorganisation, Aufbereitung der Unterrichtsinhalte – auch auf den normalen Unterricht zu übertragen. Oft sind es unreflektierte Planvorgaben und Zeitdruck, die den Lehrer daran hindern, seinen Unterricht einmal anders zu gestalten. Weniger ist ganz oft auch mehr.

4. Motivation durch Anreize von außen

Lehrer, die versuchen, Schule von heute mit Rezepten von gestern zu gestalten, werden die im Unterricht auftretenden Schwierigkeiten nicht meistern können. Der »Burnout« ist vorprogrammiert. Wie kann diesen Entwicklungen entgegengewirkt werden?

4.1 Externe Lehrerfortbildung

Ziel der Lehrerfortbildung wird nicht immer in erster Linie die fachliche Weiterqualifikation sein, sondern Lehrerfortbildung bietet die Möglichkeit, dass Kollegen auch einmal über den eigenen Tellerrand schauen können. Auf solchen Veranstaltungen können sie mit Kollegen anderer Schulen ins Gespräch kommen und dabei erfahren, dass Probleme der eigenen Schule auch Probleme der anderen Schule sind. Sie erhalten Anregungen, wie man versucht, diese Probleme zu lösen. Vielleicht sind Berichte dabei, wie man durch Änderung seines Unterrichts, durch Übernahme von Ansätzen aus der gegenwärtigen Unterrichtsforschung oder durch Organisationsentwicklung gute Erfolge in der Unterrichtsarbeit erzielen konnte.

Nicht nur die Arbeit am gemeinsamen Tagungsthema, sondern vielmehr auch die Gespräche mit anderen Lehrern werden den Kollegen neue Impulse für ihren Unterricht geben und sie vielleicht für ihre Unterrichtsarbeit neu motivieren.

Die Teilnahme an außerschulischen Fortbildungsveranstaltungen kann nicht verordnet werden, Kollegen können aber ermutigt werden, solche Angebote wahrzunehmen. In den meisten Fällen wird jede dabei ausgefallene Unterrichtsstunde durch neue Anregungen für die Mitarbeit in der Schule um ein Vielfaches kompensiert.

4.2 Interne Lehrerfortbildung

Wenn Kollegen bereit sind, für ihren Unterricht und für das pädagogische Geschehen an ihrer Schule Verantwortung zu übernehmen, wird auch die schulinterne Lehrerfortbildung verstärkt genutzt. Der Vorteil dieser Veranstaltungen gegenüber der externen Lehrerfortbildung liegt darin, dass Kolleginnen und Kollegen Defizite an der eigenen Schule feststellen, die sie gemeinsam beheben wollen.

Ein Beispiel: An der Schule wurden zwei EDV-Räume eingerichtet und zunächst lediglich für den Informatikunterricht genutzt. Als die Fachgruppe Deutsch auf interessante Software für den Deutschunterricht stieß, wurden mit einem Experten aus der Lehrerfortbildung, Termine für einen Lehrgang »Einsatz des PC im Deutschunterricht« vereinbart. Der Lehrgang gab der Fachdiskussion neue Impulse und bestärkte die Kollegen darin, neue Wege im Deutschunterricht zu erproben.

Ausgangspunkte für die schulinterne Fortbildung können aber auch neue Unterrichtsansätze von Kollegen sein, wodurch andere Kollegen »neugierig« werden und ebenfalls Versuche in ihren Klassen beginnen. Ich denke hier an Beispiele unserer Schule, in dem ein Kollege konsequent Wochenplanarbeit in seinen Klassen durchführte. Durch die positiven Berichte der Schüler über diese ganz andere Art von Unterricht, folgten dann weitere Kollegen dem Beispiel. Auf einer gemeinsamen Sitzung tauschten sie ihre Erfahrungen über Wochenplanarbeit aus und entwickelten daraus ein Konzept für die Schule. Auch diese Formen der schulinternen Lehrerfortbildung werden wieder vor allem durch das Prinzip Selbstverantwortung getragen.

5. Motivation und die Rolle des Schulleiters

In Kürze wird voraussichtlich in allen Bundesländern der Schulleiter nicht nur Dienststellenleiter, sondern auch Dienstvorgesetzter sein. Damit wird der Schulleiter noch stärker in die Hierarchie der Bürokratie eingebunden und sein Bemühen, die Schule partizipatorisch und nicht bürokratisch zu führen, weiter erschwert. In dieser Hierarchie trägt der Schulleiter entsprechend der Dienstordnung Verantwortung für seine Schule und kann damit aber auch selbst zur Verantwortung gezogen werden. Hier ist der Schulleiter zu einem Spagat zwischen »Stärkung der Selbstverantwortung der Kollegen« und »Verantwortung gegenüber der Schulaufsicht« gezwungen. Zu einem solchen Spagat werden vor allem Schulleiter fähig sein, die davon überzeugt sind, dass ihre Schulen nur dann zu den »Hochleistungssystemen werden können, die einer modernen Wissensgesellschaft das Überleben im globalen Wettbewerb ermöglichen« (BESSOTH 1997, S. 54), wenn sie ihre Schulen gemeinsam mit ihren Kollegien gestalten können. Sie müssen stark genug sein, diese Überzeugungen auch gegen Widerstände aus der schulbürokratischen Hierarchie vertreten zu können.

Ein Kollegium wird nur dann Selbstverantwortung übernehmen, wenn der Schulleiter fähig ist, Freiräume zu geben. Dazu passt nicht mehr die alte Rolle des Schulleiters als Vorgesetzter. Denn: »Das Modell Vorgesetzter ist die Initiation in die Dummheit als Normalzustand« (SPRENGER 1997, S. 156). Ein Schulleiter der Schule von morgen – auch heute gibt es bereits viele Schulleiter die dieser Forderung entsprechen – wird folgende Fähigkeiten/Eigenschaften haben müssen, um in und mit einem »motivierten« Kollegium arbeiten zu können:

- Er ist Teil des Ganzen.
- Er schafft Freiräume, die von Kollegen in Selbstverantwortung gestaltet werden.
- Er ermöglicht die Schaffung eines sozial-emotionalen Klimas und damit die Voraussetzungen für eine gute Schul- und Unterrichtsatmosphäre.
- Er tut nichts, was seine Kollegen selbst tun können.
- Er fördert die Zusammenarbeit zwischen den Kollegen.

»Die Führungskraft kann lediglich die Bedingungen der Möglichkeit individueller Sinnfindung (und damit optimaler Leistungsentfaltung) schaffen. Alles andere wäre anmaßend und ein überbordender Führungsbegriff, der Verantwortung, auch für das nicht von ihr zu Verantwortende – z. B. Leistungsbereitschaft – übernimmt« (SPRENGER 1997, S. 231)

6. Es ist nicht alles Gold, was glänzt – oder motiviert

Gespräche mit jungen Kollegen/Referendaren machen das Problem immer wieder sehr deutlich: Wie kann das Kollegium für Fragen, Anregungen, und Wünsche sensibilisiert werden? Viele junge Kollegen ziehen sich enttäuscht zurück und versuchen, ihren Weg zu gehen. Das Kollegium als Gesprächspartner ist nicht vorhanden.

Gespräche können nur mit einzelnen Kollegen geführt werden. Diese Feststellung beschreibt im Grunde die Situation sehr genau, inwieweit Kollegien als Ganzes überhaupt bereit sind, Selbstverantwortung für ihre Schule, für ihr Tun in der Schule zu übernehmen. Ein Beispiel soll das verdeutlichen:

Auf mehreren Zusammenkünften haben sich Eltern über die Zukunft und Entwicklung der Schule ihrer Kinder Gedanken gemacht. Sie waren auf »Traumreisen«, entwickelten Visionen, wie die Schule ihrer Kinder, ihre Schule, einmal aussehen könnte. Die Visionen werden dann auf ihre realitätsbezogene »Machbarkeit« überprüft. Daraus wurden konkrete Vorstellungen über die Zukunft der Schule entwickelt.

Die Vorstellungen der Eltern wurden dem Kollegium auf einer Gesamtkonferenz vorgestellt. Nach wenigen Augenblicken bereits fühlten sich Kollegen angegriffen, andere sprachen von »unrealistischen Utopien«, von Nichtmachbarkeit. Die Elternvertreter reagierten erschrocken, zogen sich zurück.

Weshalb reagierten Kollegen so abweisend und scharf? Die Zusammensetzung der meisten der heutigen Kollegien ist über sehr viele Jahre hinweg weitgehend unverändert geblieben. Dabei haben sich Verhaltensmuster und Verhaltensweisen verfestigt, die nur schwer aufzubrechen sind. Anstöße von außen werden als Gefährdung »gewachsener« Strukturen gesehen und damit als direkter Angriff auf die gefundenen richtigen, oft auch vermeintlich richtigen Wege empfunden. Man fühlt sich in seiner »Ruhe« gestört und sieht Bewährtes gefährdet, denn neue, andere Wege erfordern neues und anderes Nachdenken über das eigene pädagogische Tun.

Fazit:

Sollen Kollegen dazu angeregt werden, Selbstverantwortung zu übernehmen, dann wird dies niemals über Appelle, Vorschläge oder Anträge an das gesamte Kollegium zu erzielen sein, sondern immer nur über Gespräche mit einzelnen Kollegen oder Kollegengruppen. Am tragfähigsten werden jedoch die Impulse sein, die direkt aus dem Kollegium kommen. Deshalb gilt: Ein Kollegium wird nur dann zu motivieren sein, wenn Freiräume geöffnet werden, die von den Kollegen selbstverantwortlich genutzt und gestaltet werden können.

Peter Hartmann ist Direktor der Dr. Georg-August-Zinn-Schule, Kooperative Gesamtschule, in Gudensberg. Zu seinen Arbeitsschwerpunkten zählen die Schulentwicklung, die Verwirklichung reformpädagogischer Ansätze im Unterricht und das Schulprogramm.

Anschrift:
Dr. Georg-August-Zinn-Schule, Kooperative Gesamtschule, Schwimmbadweg 30, 34281 Gudensberg, Tel.: 0 56 03/20 91, Fax: 0 56 03/44 56,
E-Mail: GAZ_GUD@t-online.de

Schulleitung und Kollegium (de-) motivieren sich gegenseitig

Ralf Kerstgens

Einleitung

Im Folgenden wird der Versuch unternommen, ausgehend von den Erfahrungen junger Lehrerinnen und Lehrer, eine idealtypische »Handlungsmatrix« für Schulleitung und Kollegium zu formulieren.

2. »Unheimliche Begegnung der ersten Art«

Jeder wird sich sicher noch an den ersten Kontakt mit der Schulleitung der Schule erinnern, an der er gerade Dienst tut. Wie so oft im Leben, ist auch hier der erste Eindruck sehr wichtig. Da ich das Glück/Pech (es kommt ganz auf die Sichtweise an…) hatte, noch nicht an einem Auswahlgespräch für eine schulscharfe Stelle teilnehmen zu müssen/dürfen, lernte ich meinen Chef wenige Tage vor Dienstantritt kennen.

Es wäre schön, wenn jede/r Schulleiter/in diese erste Zusammenkunft – für die er sich viel Zeit nehmen sollte – nutzte, um den neuen Kollegen/Kollegin nicht nur Allgemeinplätze über die Stadt und/oder die Schule zu unterbreiten; sondern hier könnte dem neuen Kollegen sowohl das Schul- als auch das Schülerprofil dargelegt werden. Die Schulleitung kann dem Junglehrer/der Junglehrerin u. a. erläutern, ob und wie die Unterrichtsziele und Leistungsstandards (Stichwort »Qualitätssicherung«) festgelegt bzw. wie sie vom Kollegium – und nicht nur von der Schulleitung – erarbeitet worden sind.

Ganz entscheidend ist meiner Ansicht nach auch, dass der Schulleiter/die Schulleiterin nicht nur als Verwaltungschef, sondern auch als an der Schüler- und Elternschaft interessierter Pädagoge in Erscheinung tritt. Das wird u. a. dadurch deutlich, wenn das pädagogische Verständnis, die Ziele der Schule und die didaktischen Ansätze erläutert werden. Gleichzeitig könnte sich der Schulleiter auch ein Bild über das (pädagogische) Selbst- und Berufsverständnis des neuen Kollegen machen. So gewinnt der »Neue« auch den Eindruck, dass er als Pädagoge und als Verstärker für das Lehrerteam und nicht nur als zu besetzende Fachlehrer-Planstelle willkommen ist. Es wäre wünschenswert, wenn der neue Kollege nicht den Eindruck gewinnt, dass sein neuer Chef eigentlich nur froh darüber ist, endlich gewisse Defizite in Bezug auf die Unterrichtsversorgung ausgleichen zu können.

Ein vom Gesamtkollegium entwickeltes »Merkblatt« mit »Selbstverpflichtungen« der Lehrer/Lehrerinnen könnte für die »Neuen« aufschlussreich sein. Dazu ein Beispiel.

»Der Sokratische Eid«

Als Lehrer und Erzieher verpflichte ich mich,

- die Eigenheiten eines jeden Kindes zu achten und gegen jedermann zu verteidigen,
- für seine körperliche und seelische Unversehrtheit einzustehen auf seine Regungen zu achten, ihm zuzuhören, es ernst zu nehmen,
- seine Anlagen herauszufordern und zu fördern seine Schwächen zu schützen,
- es den mündigen Verstandesgebrauch zu lehren und die Kunst der Verständigung und des Verstehens,
- es bereit zu machen, Verantwortung in der Gemeinschaft zu übernehmen.

Damit verpflichte ich mich, so gut ich kann,

- das vorzuleben, was ich lehre,
- dafür zu sorgen, dass die kommende Generation eine lebenswerte Welt vorfindet. (HENTIG, zit. nach GÜGEL 1997, S. 114)

Zu den Aspekten, die besprochen werden sollten, gehört sicherlich auch, wie die Zusammenarbeit mit dem Kollegium verwirklicht ist. Denn in dieser Kooperation liegt ein zentraler Aspekt des Schulklimas; ein positives Klima ist u.a durch Aufgeschlossenheit und Empathie auf Seiten der Leitungsperson gekennzeichnet (PHILIPP 1998, S. 75).

Der neue Kollege sollte sofort merken, dass er zu selbständiger Arbeit aufgerufen ist, was aber gerade nicht heißt, für sich alleine zu »wurschteln«. Der Pädagoge als Einzelkämper – dieses Bild ist leider immer noch ein weit verbreitetes Phänomen. Aber: Der Einzelkämpfer hat wegen der sich ändernden gesellschaftlichen (und damit auch schulischen) Verhältnisse und Rahmenbedingen ausgedient. Oder ist das Kollegium tatsächlich nur ein Haufen von zufällig am gleichen Ort arbeitender Einzelkämpern und Egoisten? Wenn die Schulleitung die Teamentwicklung unterstützt und in dieser Hinsicht »Maßstäbe setzt«, so hat das für die ganze Schule eine positive Wirkung.

Bereits in der ersten Begegnung wird oft deutlich, welches Amtsverständnis der Schulleiter hat. So sollte ein Schulleiter verdeutlichen, dass zum Beispiel Lehrerwünsche in Bezug auf die Unterrichtsverteilung tatsächlich so weit wie möglich Berücksichtigung finden, wenigstens aber als solche wahrgenommen werden – auch wenn es im Falle eines kurz vor Schuljahresbeginn zugewiesenen Lehrers oft nicht mehr (einfach) möglich ist. Ein »Junglehrer« ist in der Regel voller Elan und Enthusiasmus, und diese Kraft und Energie sollte ein Schulleiter nicht ungenutzt lassen. Junglehrer fühlen sich in ihrer Arbeit und ihrem Engagement bestärkt, wenn sie von erfahrenen Kolleginnen und Kollegen und von der Schulleitung in ihrer Arbeit unterstützt und bestärkt werden.

Gleich bei dieser ersten Begegnung kann man sich oft schon einen ersten Eindruck über das Maß an *Sozialkompetenz* (darunter ist u.a. die Fähigkeit zu verstehen, »sozial« mit dem Gegenüber bzw. mit anderen Menschen im Allgemeinen umzugehen) und *Sachkompetenz* des Schulleiters machen. Sachkompetenz bezieht sich in diesem Zusammenhang nicht auf die einzelnen Schulfächer, sondern auf pädagogisches und didaktisches Wissen bzw. das Vorhandensein einer »Vision« in Bezug auf die Zukunft der Schule mit konkreten kurz-, mittel- und langfristig ins Auge gefassten und tatsächlich realisierbaren Etappenzielen. Diese Faktoren zählen für mich zu den Schlüsselqualifikationen, d.h. sie stellen das Fundament dar, von dem aus bzw. auf das die Schule – als »Haus des Lernens« – gebaut wird.

2. Der ideale Schulleiter: Aspekte einer »Realutopie«

Aufgaben delegieren

Ein guter Schulleiter, der für die innerschulische Entwicklung sicher die »Schlüsselrolle« (STEFFENS 1993, S. 89) hat, zeichnet sich unter anderem auch dadurch aus, dass er delegieren kann und will. Denn gerade solche Schulleiter, die Verantwortungsbereiche an Lehrerinnen und Lehrer übertragen können, sind in der Praxis oft die wirksamsten (AURIN, S. 53). Mit dieser Fähigkeit wird ein Großteil der mit der Schulleitung drohenden Konflikte bereits im Vorfeld verhindert (BECKER 1997, S. 379f.). Wenn der Chef zu viele Dinge selbst entscheiden will, geht kostbare Zeit und Energie verloren, die für wichtigere Dinge gebraucht wird.

Beteiligung des Kollegiums an Entscheidungen

Damit meine ich aber nicht, dass sich der Chef ein paar »Getreue« herauspickt, die ihm sowieso nach dem Mund reden, sondern er sollte möglichst viele LehrerInnen dort einsetzen, wo sie ihre Stärken haben, wo sie mehr Fachkompetenz haben als er/sie, weshalb eine entsprechende Aufgabenteilung für alle von großem Nutzen sein kann. Auch für Entscheidungsfindungs-Prozesse jeglicher Art (in Bezug auf unterrichtliche und außerunterrichtliche Aspekte) scheint mir eine Rücksprache mit betroffenen und/oder besonders qualifizierten KollegInnen äußerst sinnvoll und fruchtbar. Wenn sich der einzelne Kollege ernst genommen fühlt und merkt, dass seine Meinung tatsächlich gehört und zur Entscheidung beiträgt, ist er sicher zufriedener, engagierter, wird vielleicht sogar weniger häufig fehlen und ist motivierter.

Ganz und gar kontraproduktiv ist es jedoch, wenn der Schulleiter über jede anstehende Entscheidung für sich alleine brütet, sie für sich in seinem Chefzimmer trifft und dann, entweder per Aushang oder per Mitteilung auf der Konferenz, quasi »ex cathedra«, mit autoritärem Schulleiter-Gebahren bekannt macht. Solches Verhalten führt nicht nur beim einzelnen Lehrer zu

Frust, sondern es hat auch auf das Kollegium als Ganzes einen sehr negativen Effekt. So führt mangelnde Kommunikation zwischen den Lehrerinnen und Lehrern bzw. zwischen Kollegium und Schulleitung unter anderem auch zu schlechteren Lehrern (vgl. SCHWARZ 1997, 219 ff.), zu einem ungünstigen Schulklima, zu geringer Motivation, mehr Resignation und insgesamt zu einer negativer Schulqualität.

Teamarbeit und Komunikation

Teamfähigkeit und -willigkeit sollten vom Schulleiter nicht nur vom Kollegium gefordert, sondern auch vorgelebt werden. Der Schulleiter sollte z. B. regelmäßig, nicht nur an Konferenztagen, im Lehrerzimmer präsent sein, um für die Lehrerinnen und Lehrer ansprechbar zu sein. Der regelmäßige Kontakt mit der »Basis« garantiert, dass die Schulleitung die Themen, die die Lehrerinnen und Lehrer bewegen (oder auch die vorherrschenden Meinungen darüber) mitbekommt, was z. B. für anstehende Konferenzbeschlüsse wichtig ist. Gleichzeitig macht der Schulleiter dadurch deutlich, dass er sich als »primus inter«, nicht als »primus prae pares« versteht.

Mit Kritik umgehen können

Zur Teamfähigkeit gehört auch die Fähigkeit, mit Kritik souverän umgehen zu können. Die Art und Weise, wie wir Kritik üben, weist auch auf die Einstellung hin, die wir Menschen gegenüber haben. Wenn Kritik richtig vorgebracht und dementsprechend auch richtig »ankommt«, ist sie unterstützend, wenn man eben das gleiche Ziel im Auge hat. Geht es jedoch eher darum, den anderen »niederzumachen«, so dient dies letztlich keinem. Nicht nur der Schulleiter, sondern jedes Mitglied des Kollegiums sollte in diesem Zusammenhang an BASS (nicht nur an die BASS) denken (SCHULZ VON THUN 1991, S. 63): Beziehungs-, Appell-, Selbstmitteilungs- u. Sachaspekt einer Äußerung.

	Aspekte der Kommunikation
B	Beziehung
A	Appell
S	Selbstmitteilung
S	Sache

Kompetente Gesprächsführung

Auf jeden Fall sollten die Mitglieder der Schulleitung in der Gesprächsführung kompetent sein, damit es bei Sachproblemen tatsächlich zu einer Klärung und/oder Lösung kommt. Auch sollten Kritikgesprächen nicht zum rhetorischen Gegenschlag genutzt oder wegen »Majestätsbeleidigung« abgebrochen werden.

Konflikte können vermieden werden, indem das Meinungsbild vom Kollegium zu anstehenden Entscheidungen erfragt und die Lehrerinnen und Lehrer am Entscheidungsfindungs-Prozess teilhaben können, vor allen Dingen, wenn es um schulische Belange geht, die die Lehrer betreffen und/oder in denen sich die Lehrer besser auskennen.

Wenn ich mir als Lehrer vornehme, dem Wunsch vieler Eltern (und meinem eigenen) zu folgen und die Schüler und Schülerinnen dazu erziehen möchte, Beziehungen zu anderen Menschen nach den Grundsätzen der Gerechtigkeit und Solidarität zu gestalten und Konflikte vernünftig zu lösen, dann ist es für mich als Lehrer, aber auch für die Schule als ganze sehr förderlich, wenn Schulleitungsmitglieder darin die Vorreiterrolle und Vorbildfunktion übernehmen. Ein autoritäres Schulleiterverhalten hat dagegen sehr negative Wirkungen auf das Kollegium und die Elternschaft.

Konferenzleitung

Ein guter Schulleiter müsste sich bemühen, in Bezug auf Konferenzen und Dienstbesprechungen folgende Kriterien zu erfüllen (PHILIPP 1998, S. 52 f.):

1. Rechtzeitige Planung und sorgfältige Vorbereitung (z. B. Konferenzvorlagen).
2. Klare Zielsetzungen zu Konferenzbeginn.
3. Konzentrierte Konferenzdurchführung.
4. Sensibilität für die Beteiligten.
5. Eindeutige Entscheidungen.
6. Gemeinsame Konferenzkritik.

Die Art und Weise der Konferenzvorbereitung, -durchführung und -evaluation ist ein guter Indikator für die Denk -und Handlungsweise eines Schulleiters. Redet er so, dass das Kollegium das Gefühl hat, ernst genommen zu werden? Nutzt der Schulleiter die Konferenz als »Variante kollegialer Teamentwicklung« (PHILIPP 1998, S. 47), redet er vom »wir«? Legt er bereits »vorentschiedene« Konzepte vor oder räumt er dem Kollegium tatsächlich die Möglichkeit der Mitbestimmung ein? Kann er Mehrheitsentscheidungen des Kollegiums akzeptieren – auch wenn er anderer Meinung ist?

Führungsfehler führen zu einem negativen Schulklima, einer resignativen Arbeitsmoral des Kollegiums und behindern auch die Motivation der engagierten Kolleginnen und Kollegen.

Beachtung und Anerkennung guter Leistungen

Beachtung und Anerkennung guter Einzel- und Teamleistungen sind wichtig und fördern die Motivation. Hier geht es nicht so sehr darum, einen oder mehrere Lehrer aus dem Kollegium hervorzuheben (das schürt oft nur Neid und Missgunst) sondern Lehrer müssen merken (z. B. in Form anerkennender Worte, durch Ermutigungen, Unterstützung), dass ihre Arbeit als solche durchaus wahrgenommen und für wichtig angesehen wird.

Transparenz bei Beförderungen

Der Schulleiter sollte beachten, dass die Beförderung die einzige – und leider viel zu seltene – offizielle Möglichkeit darstellt, Leistung finanziell anzuerkennen. Deswegen ist auch auf diesem Gebiet die Transparenz enorm wichtig, d. h. die Kolleginnen und Kollegen sollten die Entscheidungskriterien für Beförderungen kennen und in der Lage sein, die Wahl letztendlich nachvollziehen zu können. Die Bevorzugung bestimmter Fachrichtungen und Fachkollegen (»Vetternwirtschaft«) hat negative Auswirkungen auf das Kollegium.

Allerdings sind hier die »Machtbefugnisse« des Schulleiters begrenzt, wenn der Dezernent z. B. nach der Maxime »Dienstalter über alles« vorgeht, d. h. »um den Frieden zu wahren und niemanden vor den Kopf zu stoßen« gegen das Leistungsprinzip (und gegen ministerielle Vorgaben) verstößt.

Die Rolle der Schulleitung

Wichtig scheint mir, dass der Schulleiter auch in Zukunft vor allen Dingen Pädagoge und nicht nur Betriebswirt (wie zum Beispiel in England) sein sollte. Vor allem Management-Fähigkeiten und Personalführungs-Kompetenzen werden immer wichtiger. Pädagogen an der Spitze der Schule sind schon deswegen unverzichtbar, weil sie darüber entscheiden, ob bestimmte Innovationen überhaupt bis in die jeweilige Schule gelangen, denn wenn sich ein Schulleiter oder eine Schulleiterin »querstellt«, dann läuft nichts. Denn sie haben eine »Türöffner Funktion« (ROLFF 1998, S. 204), sind »Pförtner von Erneuerungen« (MILLER 1996, S. 83) und sind im Rahmen der Schulentwicklung auch Aktionsforscher, Sozialarchitekten, Personalentwickler und Visionäre.

Da dies eine Person alleine oft gar nicht leisten kann, ist Teamarbeit in vielen Arbeitsfeldern notwendig. Deswegen sollte der Schulleiter Wege suchen, arbeitsfähige und engagierte Teams einzurichten. »Die Vorzüge von Gruppenarbeit kommen nur dann zum Tragen, wenn es Spezialisierungen und Arbeitsteilung gibt« (ROLFF 1998, S. 209).

3. Handlungsdimensionen für Schulleitungen und Lehrerkollegien

Folgende Führungsdimensionen sollten Schulleitungen und Lehrerkollegien als eine Art Handlungsmatrix beachten (KOUZES und POSNER zit. nach ROLFF 1998, S. 212).

Empfehlungen – *»Hexalog«* – für Schulleitungen und Lehrerkollegien

1. Sei der Initiator von Schulentwicklungsprozessen.

- Suche nach Herausforderungen,
- erprobe Fertigkeiten und Können,

- experimentiere mit neuen Ansätzen,
- sei über die neuesten Entwicklungen auf dem Laufenden,
- hinterfrage immer wieder, wie die Schule arbeitet,
- suche innovativ nach Wegen, die Arbeit zu verbessern,
- lerne aus den Fehlern.

2. Schaffe gemeinsame Visionen.

- Verdeutliche, was die Zukunft bringt,
- motiviere Andere, die persönliche Vision zu teilen,
- schaue voraus und erkläre ein persönliches Zukunftsbild,
- wirke durch Enthusiasmus und Begeisterung motivierend.

3. Befähige andere, selbst zu handeln.

- Plane deine Vorhaben antizipativ,
- achte die Schüler, Eltern, Kollegen,
- gib den Kollegen und Mitarbeitern viel Entscheidungsspielraum,
- gestalte die Beziehung zu den Mitarbeitern kooperativ,
- schaffe eine Atmosphäre des Vertrauens.

4. Zeige und bereite Wege.

- Tritt für das Einhalten vereinbarter Werte ein,
- leg dein Verständnis von Organisationsführung offen,
- lebe eigene Wert und Leitbilder vor,
- vereinbare deutliche Ziele, plane Handlungen, strebe Zwischenerfolge an.

5. Fördere und Bestätige, auch auf der Gefühlsebene.

- Feiere Erfolge gemeinsam mit anderen,
- nimm gute Leistungen und gute Arbeit bewusst und aktiv wahr,
- gib Kollegen und Mitarbeitern Anerkennung,
- unterstütze Kollegen und Mitarbeiter in ihrer Mitarbeit.

6. Triff Entscheidungen.

- Beziehe andere in die Entscheidung mit ein,
- delegiere Verantwortung,
- sorge für umfassende Information, wenn wichtige Entscheidungen anstehen,
- bemühe dich bei Entscheidungsprozessen um ein gutes Klima,
- entscheide zügig,
- gehe konflikthaften Entscheidungen nicht aus dem Weg.

Ralf Kerstgens ist Studienrat am Maria-Sibylla-Merian Gymnasium in Telgte. Er vertritt die Fächer Englisch, Sport und Religionslehre. Seine Arbeitsschwerpunkte liegen im allgemeinpädagogischen/-didaktischen Bereich: Lehr- und Lernmethodik (Freiarbeit; Lernwerkstatt; Moderator für neue Lernformen), Mediation, Referendarausbildung (Ausbildungskoordinator).

Anschrift:
August Winkhaus Str. 4, 48291 Telgte, Tel: 0 25 04/73 42, Fax: 0 25 04/73 42 58, E-Mail: Kerstgens-Muenster@gmx.de

Schulmanagement und Mitarbeitermotivation für eine gute Schule

Rüdiger Schütz und Antje Schure

1. Eine gute Schule ist immer eine lernende Schule

Schule befindet sich seit geraumer Zeit wieder in der öffentlichen Kritik. Vor dem Hintergrund zahlreicher Untersuchungen und Studien, erinnert sei nur an die TIMSS-Studie, reagiert eine aufgeschreckte Öffentlichkeit mit einer nicht endenden Kette von kritischen Betrachtungen über das Bildungswesen und die Schulen, ihre inneren Strukturen, den Leistungsstand von Schülerinnen und Schülern und ihrem Beitrag zur gesamtgesellschaftlichen Entwicklung des Landes. Ein Problem dieser Debatte ist die Reaktion der Kultusministerkonferenz (KMK), die dieser Situation mit einer breiten Qualitätsdiskussion in der Öffentlichkeit und der Schule selbst begegnen will. PISA (Program on Information on School Assessment) heißt das »Zauberwort«, ein neuer Schulleistungstest, der Schülerleistungen, Unterrichtsqualität und Lernfortschritte statistisch untersuchen und die Qualität von Schule und Unterricht so sichern helfen soll.

Hatte schon die TIMSS-Studie eine wahre Flut von Einzeldaten geliefert, die nach ihrer Veröffentlichung von den verschiedenen bildungspolitischen Standpunkten aus die unterschiedlichsten Deutungen erfuhren, so werden wohl auch noch mehr und noch intensiver geführte nationale Vergleichsuntersuchungen kaum verlässliche Angaben über Schulqualität liefern können. Die Schule und die in ihr tätigen Pädagoginnen und Pädagogen waren und sind der Meinung, dass die realen Rahmenbedingungen von Schule schlecht sind und immer schlechter werden. An dieser Stelle soll nicht über zentrale Parameter wie geringe Haushaltsmittel, zu hohe Klassenfrequenzen u. ä. gesprochen werden. Offensichtlich ist nur, dass eine wirklich ernst gemeinte Reformpolitik verlässliche und auch einklagbare Zusagen über die Ausstattung von Schule machen muss. Sonst wird sie die Menschen, die sie zu Reformhandeln anregen will, kaum erreichen.

Schulautonomie, Evaluierung, Budgetierung, Entwicklung von Schulprogrammen u. a. ziehen als Schlagworte durch die Lehrerzimmer und sollen, meist ministeriell verordnet, den Ausweg aus der Misere zeigen. Kluge und zukunftsorientierte Industriemanager versuchen in Krisenzeiten ihre Mitarbeiter/Mitarbeiterinnen zu motivieren, die Kultusministerien schaffen jedoch Konfliktsituationen. So ist es nicht verwunderlich, dass selbst diejenigen Kollegen/Kolleginnen, die aktiv an der Umgestaltung ihrer Schule beteiligt sind, sich zuerst einmal solchen Ideen gegenüber reserviert verhalten. Kann man trotz dieser Unsicherheiten und Vorbehalte Qualität von Schule und deren Merkmale bestimmen?

Man kann es, wenn Schulqualität nicht nur über Leistungsvergleichs-Studien, die eine Effektivierung von Fachleistungen erreichen sollen, bestimmt wird, sondern Schule als Lern- und Lebensort verstanden wird. Dafür gibt es auch Kriterien, zu denen wir besonders einige von Helmut Fend aufgestellte Merkmale zählen:

- Gute Schulen sind solche, in denen sich Lehrer und Schüler über Jahre kennen, in denen gegenseitige Besonderheiten und Eigenheiten wahrgenommen und toleriert werden.
- Gute Schulen werden von Lehrergremien getragen, die nicht von unüberbrückbaren Fraktionen gekennzeichnet sind.
- Gute Schulen sind gestaltete Schulen, im sozialen wie im räumlichen Bereich; sie sind keine Wartesäle dritter Klasse, keine Notunterkünfte und Kasernen.
- In guten Schulen passiert etwas; es ist »viel los«, Feste werden gefeiert, Ausflüge organisiert, Ausstellungen arrangiert – wobei die jeweilige Vorbereitung wichtiger ist als die Durchführung.
- In guten Schulen herrscht keine miese Stimmung unter den Lehrern, Unzufriedenheit und Gereiztheit sind nicht chronisch.
- In guten Schulen haben Lehrer Zeit für die Schule. Freudlosigkeit, Langeweile und Konzeptionslosigkeit sind in schlechten Schulen zu finden.
- In guten Schulen fühlen sich Lehrer und Schüler angenommen und akzeptiert.
- »Ich bin da, und die anderen wissen das« – dies ist eine wichtige Grundstimmung.
  (vgl. FEND 1989, S. 14)

Die Schulkultur ist eine zentrale Gestaltungsaufgabe für eine gute Schule. Schulkultur kann und darf aber keine normative Forderung sein, die einer Schule einfach verordnet wird. Schulkultur ist eine Qualität, die erarbeitet werden muss – und dies von allen Mitgliedern eines Schulkollegiums, den Schülern/Schülerinnen, den Eltern, den Lehrern/Lehrerinnen und der Schulleitung. Dies gilt sowohl für die Entwicklung von Inhalten (Schulprogramm, Schulprofil o. ä.), für die Sicherstellung materiell-technischer Grundlagen (betriebswirtschaftliche Verfahren/Management) und die Kooperation mit dem Schulumfeld (Öffentlichkeit).

2. Selbständigkeit, Eigenverantwortlichkeit und Kreativität statt hierarchischer Leitungsstrukturen

Noch immer arbeitet eine Vielzahl (vielleicht sogar die Mehrheit) von Schulen in traditionellen hierarchischen Strukturen, deren Hauptmoment ein von zentraler Stelle (Schulleiter/Schulleiterin) gelenkter und straff geleiteter Prozess ist. Eine Veränderung solcher Strukturen ist oft nur schwer möglich, da das gesamte Schulwesen in seinem Aufbau seit Jahrzehnten nach gleichen Prinzipien aufgebaut ist. Neue Elemente der Lenkung und Steuerung, wie z. B. das Prinzip der »dialogischen Schulaufsicht« sind eher die Ausnahme. Es wird dabei immer deutlicher, dass solche Strukturen den Anforderungen an ein modernes Schulsystem nicht mehr genügen, ja meist einen Innovationsprozess in den Schulen selbst entscheidend behindern.

Schulen von heute benötigen dringender denn je denkende und eigenverantwortlich handelnde Pädagoginnen und Pädagogen, die den Anforderungen einer modernen Industrie- und Mediengesellschaft besser gerecht werden. Die Zeiten von »Patriarchen« am Ruder von Schulen, die meist mit antiquiertem Leitungsstil Schulen vorstehen, muss der Vergangenheit angehören. Tatsache ist aber, dass die Schulleitung eine wesentliche Rolle bei der inneren Schulreform spielt.

Schule als soziales System soll die Schüler/Schülerinnen als Persönlichkeiten weiterentwickeln, Kenntnisse, Fähigkeiten, Fertigkeiten und Wertevorstellungen vermitteln, aber auch Gestaltungs- und Erfahrungsfreiraum sein. Um einen solch komplexen und komplizierten Arbeitsprozess erfolgreich zu bewältigen, müssen die Bereiche der inhaltlich-pädagogischen Arbeit, der Verwaltungsaufgaben und der Gremien der Vertretungen der Eltern-, Lehrer- und Schülerschaft gut und fließend zusammenarbeiten. Das Schulleitungsteam hat dabei die Aufgabe, die Arbeit zu koordinieren, mit den Beteiligten kollegial zusammenzuarbeiten und sie zu beraten. Diese Koordinierung und Zusammenarbeit wird organisatorisch abgesichert. (Vgl. als Beispiel das Organisationsschema der Integrierten Gesamtschule »Grete Unrein« Jena.)

Besonderes Augenmerk sollte dabei darauf gelegt werden, dass möglichst alle Beteiligten einen annähernd gleichen Informationsstand besitzen und das klassische Informationsmonopol von Schulleitern/Schulleiterinnen abgebaut wird. Die Qualität von Schulen wird entscheidend durch das Engagement, den Veränderungswillen, die Kreativität und die Innovationskraft seiner Mitarbeiter/Mitarbeiterinnen bestimmt. Wie gut oder schlecht diese sind, hängt entscheidend von der Personalführung des Schulleitungsteams ab. Die Schulleitung muss darauf verzichten, alles selbst zu entscheiden. Aufgaben und Verantwortungsbereiche sollten, wo immer es möglich ist, auf Lehrerinnen und Lehrer delegiert werden. Ebenso wichtig ist es, die schulischen Arbeitskreise und Gremien bei der Erarbeitung von Konzepten und Zielsetzungen direkt zu beteiligen, ihnen dabei auch Befugnisse zu übertragen und mit ihnen gemeinsam die Ergebnisse zu analysieren. Das Schulleitungsteam gewinnt somit Zeit für die eigentlichen Aufgaben des Planens, Steuerns, Beratens und Evaluierens.

3. Corporate Identity – unverzichtbarer Bestandteil auf dem Weg zum Erfolg

Grundbaustein beim Aufbau eines Konzepts zur Verbesserung der Qualität von Schule ist das CORPORATE IDENTITY – Konzept (CI). Wesentliche Elemente einer solchen »Schulidentität« sind die Bereiche CORPORATE CULTURE (Schulkultur), CORPORATE DESIGN (Schulgestalt) und CORPORATE COMMUNICATION (Schulkommunikation).

CORPORATE IDENTITY

- Corporate Culture
- Corporate Design
- Corporate Communication

Als Corporate Identity (CI) versteht man die Aktivitäten, mit denen sich die Schule der Öffentlichkeit präsentiert. Die CI -Strategie erfordert eine Abstimmung der einzelnen Organisationsbereiche: die Darstellungsweise von Design, Kultur und Kommunikation. Die Verbindung dieser drei Bereiche soll Gegensätzlichkeiten ausschließen und Einzelwirkungen verstärken.

ZIELE sind

- die Verbesserung der Identität der Schule,
- das Wahrnehmen, Erkennen und Wiedererkennen der Schule anhand typischer Merkmale,
- die Innen- und Außenwirkung (Image) der Schule,
- die Identifizierung aller am Schulleben Beteiligten mit ihrer Schule.

3.1 Die Schulkultur (Corporate Culture)

Die Schulkultur wird entscheidend durch den »Führungsstil, das Wertesystem, die Normen und Sitten der Organisation der Schule« (REGENTHAL 1992, S. 126) geprägt. Von besonderer Bedeutung sind hierbei

- ein gutes Schulklima,
- eine kollegiale Mitarbeiterführung,

- die Zusammenarbeit mit Eltern und Schülern/Schülerinnen und
- die Durchführung von Modellversuchen und besonderen Projekten, die das Schulprofil konkretisieren.

Im Zusammenhang mit dem Begriff »Schulkultur« spielen Projekte, Modellversuche, feste Jahrestermine und Rituale eine bedeutende Rolle. Zu den traditionellen und festen Bestandteilen der Schulkultur gehören auch Feste und Veranstaltungen, wie das Fest Junger Künstler, das Fest der Sprachen, das Kulturpraktikum der 11. Klassen, die Lesenächte der 5. und 6. Klassen, das Schulfest der 8. Klassen, eine Theaterwoche, zu der eine Vielzahl von Klassen Theaterstücke aufführen, eine jährlich für alle Jahrgänge stattfindende Projektwoche, eine feste Schulpartnerschaft und vieles anderes mehr.

3.2 Die Schulgestalt (Corporate Design) und die Kommunikation (Corporate Communication)

Die Schulgestalt (Corporate Design) vermittelt einen Eindruck des spezifischen Schulbildes, die durch organisatorische und pädagogische Leitlinien und Präsentationsweisen erreicht werden kann. Corporate Communication ist »die strategisch orientierte Kommunikation, mit dem Ziel, die Einstellung der Öffentlichkeit gegenüber der Schule zu beeinflussen oder zu verändern. Mittel dabei sind Public Relations, Werbung, Mitarbeiterinformation und Öffentlichkeitsarbeit« (REGENTHAL, S. 126).

Oftmals wird heute noch der Aufgabe, für eine Schule zu werben, sie in der Öffentlichkeit positiv zu präsentieren, eine viel zu geringe Aufmerksamkeit geschenkt. Dabei kommt dem gesamten Erscheinungsbild einer Schule in einer medienbestimmten Umwelt eine nicht zu unterschätzende Rolle zu. Alle Schulen versuchen, einen guten Unterricht zu machen und ein breites Angebot an außerunterrichtlichen Angeboten anzubieten. Wenn dies an einer Schule Realität ist, hat diese Schule ein besonderes Profil. Durch eine überzeugende CI-Konzeption kann eine Schule ihre Leistungen und Angebote bekannt machen. Dabei kommt es darauf an, dass alle Elemente einen »Wiedererkennungseffekt« haben, d. h. unverwechselbar sind. Dabei sollen grafische und psychologische Gesichtspunkte berücksichtigt werden. Ein eigenes Schullogo und eine im alltäglichen Sprachgebrauch benutzte Abkürzung für den Schulnamen sind hierbei hilfreich. Dieses Logo sollte z. B. bei allen Drucksachen (Briefkopfbögen, Plakate, Aushänge u. ä.), auf Werbematerialien (Kugelschreiber, T-shirts u. a.) und allen anderen Schriften der Schule stets verwendet werden.

Öffentlichkeitsarbeit

Zu einer guten Darstellung der Schule nach außen gehört auch eine kontinuierliche Öffentlichkeitsarbeit. Regelmäßige Berichte in der Lokalpresse, Pressegespräche, zu denen Journalisten eingeladen werden und über aktuelle Projekte der Schule informiert werden, tragen dazu bei, die Leistungen und Angebote der Schule einem breiten Publikum vorzustellen und einen Einblick in die Arbeit der Schule zu geben.

An unserer Schule wird seit einigen Jahren von Schülern, Eltern und Lehrern eine gemeinsame Schulzeitung herausgegeben, in der ca. vier mal im Schuljahr neue Nachrichten, Informationen und Berichte über das Schulleben veröffentlicht werden. Träger dieser »IGS-Nachrichten« ist der Förderverein der Schule. Bewährt hat sich auch eine eigene Schriftenreihe der Schule, in der Lehrerinnen und Lehrer ihre pädagogischen Konzepte und besonderen schulischen und außerunterrichtlichen Projekte und Angebote einem breiten Leserkreis vorstellen. Innerhalb eines Multimedia-Projkets werden von Schülerinnen und Schülern ausgewählte Arbeitsergebnisse im Internet vorgestellt. Auf diesen Internetseiten und auf einer eigenen CD-ROM werden Arbeits- und Projektergebnisse sowie Informationen über die Schule vorgestellt. Basis solcher Elemente des Corporate Design sind ein gut geführtes Bildarchiv und eine laufend ergänzte Schulchronik.

Die Rolle, die eine Schule innerhalb einer Gemeinde spielt, wird auch dadurch geprägt, wie sie sich zur Gesellschaft öffnet und was sie für sie tut. Grundprinzip der Schule ist es, dabei für die Schule selbst ein reichhaltiges Angebot an Veranstaltungen anzubieten und selbst für die Öffentlichkeit Treffpunkt für Kommunikation zu sein. Konzerte, Ausstellungen, Theater- und Kabarettaufführungen, Workshops u.ä werden einem breiten Publikum vorgestellt. Wichtig ist aber auch, die Schule als Ort und Treffpunkt für ähnliche Veranstaltungen, die andere Träger oder Organisationen durchführen, anzubieten und so ein breites Publikum in die Schule zu holen.

In jedem Jahr erarbeitet das Musiktheater unserer Schule ein Musical, das den interessierten Bürgern der Stadt in einer Musicalwoche gezeigt wird. Das Ton- und Videostudio arbeiten an eigenen CD- und Video-Produktionen, die entweder im Unterricht und in Arbeitsgemeinschaften entstehen. Ähnliches geschieht durch das von der Schule organisierte Volleyball-Turnier, das zum festen Bestandteil des Jahressportkalenders aller Jenaer Schulen geworden ist. An diesem Turnier nimmt auch unsere Partnerschule, die IGS Gießen-Ost, regelmäßig teil.

Ein wichtiger Baustein dieser Konzeption ist das 1992 auf Initiative von Eltern und Lehrern/Lehrerinnen der Jenaplanschule und unserer Schule begonnene Projekt des Schülerhauses Bremsnitz. Das in Trägerschaft des Vereins »Schülerhaus Bremsnitz« e.V. errichtete Haus bietet allen Schülern/Schülerinnen beider Schulen praktisches und soziales Lernen außerhalb des »normalen« Schulalltages in einer reizvollen ländlichen Gegend. Viele Schüler/Schülerinnen, Eltern, Lehrer/Lehreinnen haben am Ausbau des Hauses über Jahre mitgewirkt. So arbeiten die 7. Klassen der Schule vor Ort zum Beispiel am Projekt Wasser. Die 11. Klassen führen zu Beginn des Schuljahres in Bremsnitz das einwöchige Kulturpraktikum durch. Diese Schüler/innen lernen sich so außerhalb des Schulgebäudes in ihren neu zusammengeführten Klassen der Sekundarstufe II kennen, gestalten ihre Freizeit gemeinsam und lernen das Schülerhaus entdecken. Im Mittelpunkt ihrer Tätigkeit steht die bildnerische und musische Tätigkeit innerhalb von Workshop-Gruppen.

Zu einem unverzichtbaren Bestandteil des Schullebens hat sich das Schülercafé (»Gretchens Kaffeestübchen«) entwickelt. Die Leitung des Schülercafés liegt in den Händen des Clubrates, der von den Mitgliedern des Schülerclubs gewählt wird. Die Gesamtverantwortung des Schülerclubs trägt ein ABM-Mitarbeiter.

Die Lesestube der Schule gehört ebenso zu den wichtigen Treffpunkten im täglichen Schulleben. Sie ist Bibliothek und Kommunikationszentrum zugleich und wird von einer ausgebildeten Sozialpädagogin betreut. Zu diesen Bereichen, in denen die Helferinnen und Helfer der Schule (z.B. ABM-Mitarbeiter/Mitarbeiterinnen) tätig sind, gehört auch die stadtoffene Lernwerkstatt. Sie beherbergt gleichzeitig eine Druckerei, in der von der Herstellung des Papieres über den Druck bis zum Buchbinden alle notwendigen Tätigkeiten gelernt und angewendet werden können. In der Druckerei wird Sprache erlebbar und erfahrbar, greifbar und begreifbar, wird mit »Kopf, Herz und Hand« gelernt. Diese Werkstatt wird von einem Kollegen der Schule geleitet, unterstützt von einer ABM-Mitarbeiterin.

Gerhard Regenthal bringt solche Aktivitäten in einer AIDA-Formel zusammenfassend zum Ausdruck:

A für **attention**: Aufmerksamkeit wecken, auf Schule hinweisen,
I für **interest**: Interesse auf die Schule lenken, über die Schule informieren,
D für **desire of possession**: Besitzwunsch anregen, also den Wunsch wecken, »dabei zu sein«, auf innere Bereitschaft vorbereiten, die Schule zu akzeptieren,
A für **action**: Zielgruppen (Eltern, Schüler, Mitarbeiter, Förderer, Politiker, Verwaltungsleute) zum Handeln, zur Teilhabe, zu positiven Entscheidungen bringen.

4. »Warum machen wir das eigentlich alles …?«

Bei einer solchen Fülle von Themen, Aufgaben und Projekten stellt sich sofort eine zentrale Frage:

- **Wie können sich Lehrerinnen und Lehrer trotz Arbeitsüberlastung und schwieriger Arbeitsbedingungen für die Gestaltung des Schullebens selbst motivieren bzw. motivieren lassen?**

Im Osten Deutschlands gewinnt eine solche Frage noch an Schärfe, wenn man bedenkt, dass die demografische Entwicklung in den neuen Bundesländern dramatische Konsequenzen aufzeigt und in wenigen Jahren auch in den Regelschulen, Gymnasien und Gesamtschulen die Schülerzahlen auf die Häfte zurückgehen. Um es gleich deutlich zu formulieren: Mit Motivation alleine wird dieser Berg von Aufgaben nicht zu bewältigen sein. Es braucht mehr denn je Verbündete und Helfer, die ein Interesse daran haben, die Qualität von Schule zu verbessern bzw. zu sichern. Und es braucht neue, effektive Leitungs- und Steuerungsstrukturen und Ideen, um die Arbeit gerecht und effizient auf viele Schultern zu verteilen.

Die Konzentration auf wesentliche Aufgaben und eine klare Zielstellung der Schule gehört ebenso zu den Aufgaben der Zukunft wie die materielle und finanzielle Sicherstellung des gesamten Komplexes. Verbündete und Helfer findet und gewinnt man aber nur, wenn die Schule gut arbeitet, wenn sich Eltern und Schüler/Schülerinnen und Lehrer/Lehrerinnen in ihrer Schule wohl fühlen. Helfer und Förderer muss man in aller erster Linie im engeren Umfeld der Schule suchen. Fördervereine sind ein unverzichtbarer Baustein von Schulen geworden, sie helfen nicht nur finanziell sondern auch mit Kompetenzen. Entscheidend aber sind die Menschen, die täglich vor Ort arbeiten, solche die sich oft weit über ihr eigentliches Pflichtmaß hinaus engagieren und mit ihrer Tätigkeit das Gesicht einer Schule prägen.

Bei der Arbeit an diesem Beitrag entschlossen wir uns, unsere Kolleginnen und Kollegen und uns selbst zu fragen, warum wir das alles tun.

Unsere Fragen lauteten:

- *Warum arbeitest Du (mit welcher Motivation arbeitest Du) an diesem Projekt, obwohl dies über deine normale Unterrichstverpflichtung weit hinausgeht?*
- *Welche Voraussetzungen sind deiner Meinung nach gegeben, die Dich motivieren, das Projekt über einen langen Zeitraum kontinuierlich zu verfolgen?*

Bei der Auswertung der Antworten und in zahlreichen Gesprächen kristallisierten sich folgende Gruppen von Motiven und Faktoren heraus:

Motive für die eigene Arbeit:

- **die eigene Auffassung vom Lehrerberuf (Berufsethos)**
- **der Wunsch, etwas zu verändern**
- **eigene Visionen von moderner Schule**
- **Spaß an der Arbeit**
- **das Recht, Fehler zu machen und mit anderen darüber reden zu können**
- **die Verbindung von Beruf und Hobby**
- **Neues hinzuzulernen.**

Faktoren für erfolgreiche Arbeit:

- **Die Möglichkeit, selbst gestaltend tätig zu werden,**
- **die Akzeptanz und Anerkennung, die die eigene Arbeit findet,**
- **die Unterstützung durch das Umfeld und die Schulleitung,**
- **das Gefühl mit Gleichgesinnten zusammenzuarbeiten,**

- **in einer Schule zu arbeiten, die gegenüber neuen Konzepten aufgeschlossen ist,**
- **weitgehende Entscheidungsfreiheit im organisatorischen und finanziellen Bereich**
- **Stolz auf das Erreichte.**

Die Antworten ergeben ein deutliches Bild darüber, was notwendige Voraussetzungen sind, um die Entwicklung einer Schule erfolgreich gestalten zu können. Eine der wesentlichen Grundvoraussetzung ist also, dass die Schule selbst mit den Mitarbeitern/Mitarbeiterinnen ein Arbeitsklima schafft, das Kreativität und Innovationskräfte freisetzt.

Folgender Zusammenhang ist zu beachten:

Z (Ziele) ➪ **A** (Aufgaben) ➪ **K** (Kompetenzen) ➪**M** (Mittel) =
➔ **Veränderungen!**

Zuerst müssen Ziele (Globalziele, Einzelziele) definiert werden. Diesen Zielen müssen Aufgaben zugeordnet werden, die in gemeinsamer Arbeit beschrieben werden. Für die Bearbeitung der Aufgaben ist es notwendig, die formalen und inhaltlichen Kompetenzen zu definieren. Dies führt dazu, bestimmten Personen und Gremien der Schule, bestimmten Ebenen und Organisationsbereichen Aufgaben zuzuweisen, so dass die vereinbarten Ziele (kurz-, mittel- und langfristig) erreicht werden können. Erst dann wird über die Mittel beraten, die für das Erreichen von Veränderungen notwendig sind.

Fazit

1. Berufsethos

Auf dem Weg zu einer guten Schule ist eine der ersten Grundvoraussetzungen ein Kollegium von Lehrerinnen und Lehrer, die ihren Beruf mit hohem Engagement und Verantwortungsbewusstsein ausüben – sie betrachten ihren Beruf als Berufung.

2. Motivierte Lehrerinnen und Lehrer

Eine wesentliche Voraussetzung für die Entwicklung zu einer guten Schule sind motivierte, gut ausgebildete, sich selbst weiterbildende und ideenreich arbeitende Pädagoginnen und Pädagogen.

3. Dezentrale Organisationsstrukturen und modernes Schulmanagement

Motivation und Leistungsfähigkeit von Lehrerinnen und Lehrern werden entscheidend durch dezentrale Führungs- und Organisationsstrukturen und modernes Schulmanagement bestimmt. Ein offenes, planmäßiges und langfristiges Vorgehen bei Veränderungen gehört zur Pflichtaufgabe der Schulleitungen.

4. Selbstverantwortung und Selbstorganisation

Mitarbeiter/innen arbeiten innovativ und engagiert, wenn sie Projekte und Ideen selbst entwerfen und gestalten können und die Qualität selbst verantworten. Die Aufgabe der Schulleitung ist es, Initiativkraft und Verantwortungsbewusstsein der Mitarbeiter/innen zu fördern und zur Wahrnehmung größerer Freiheit und Gestaltungsautonomie zu ermutigen.

5. Gemeinsam repräsentieren und verantworten

Die Schule beteiligt aktiv und regelmäßig Schüler/innen, Eltern und Lehrer/innen an der Planung des Schullebens. Die Beteiligten repräsentieren ihre Schule auf verschiedenste Art und Weise nach außen.

Rüdiger Schütz ist Pädagogischer Leiter und stellvertretender Schulleiter der Integrierten Gesamtschule mit gymnasialer Oberstufe »Grete Unrein« in Jena. Seine Arbeitsschwerpunkte sind alle schulorganisatorischen Dinge (Projekte, Projektwochen, Terminplanungen u. a.), das Schulmanagement (auch Baumaßnahmen und Sponsoring u. ä.), die Öffentlichkeitsarbeit der Schule und die Koordinierung der Teamarbeit der Schule.

Antje Schure ist Fachlehrerin für Geschichte, Französisch und Russisch und Mitglied der Konzeptgruppe an der Gesamtschule«Grete Unrein« in Jena.
Die Konzeptgruppe der Schule begleitet den pädagogischen Lernprozess und arbeitet kontinuierlich am pädagogischen und organisatorischen Konzept der Schule.

Anschrift:
Integrierten Gesamtschule mit gymnasialer Oberstufe »Grete Unrein« Jena;
August-Bebel-Straße 1, 07743 Jena

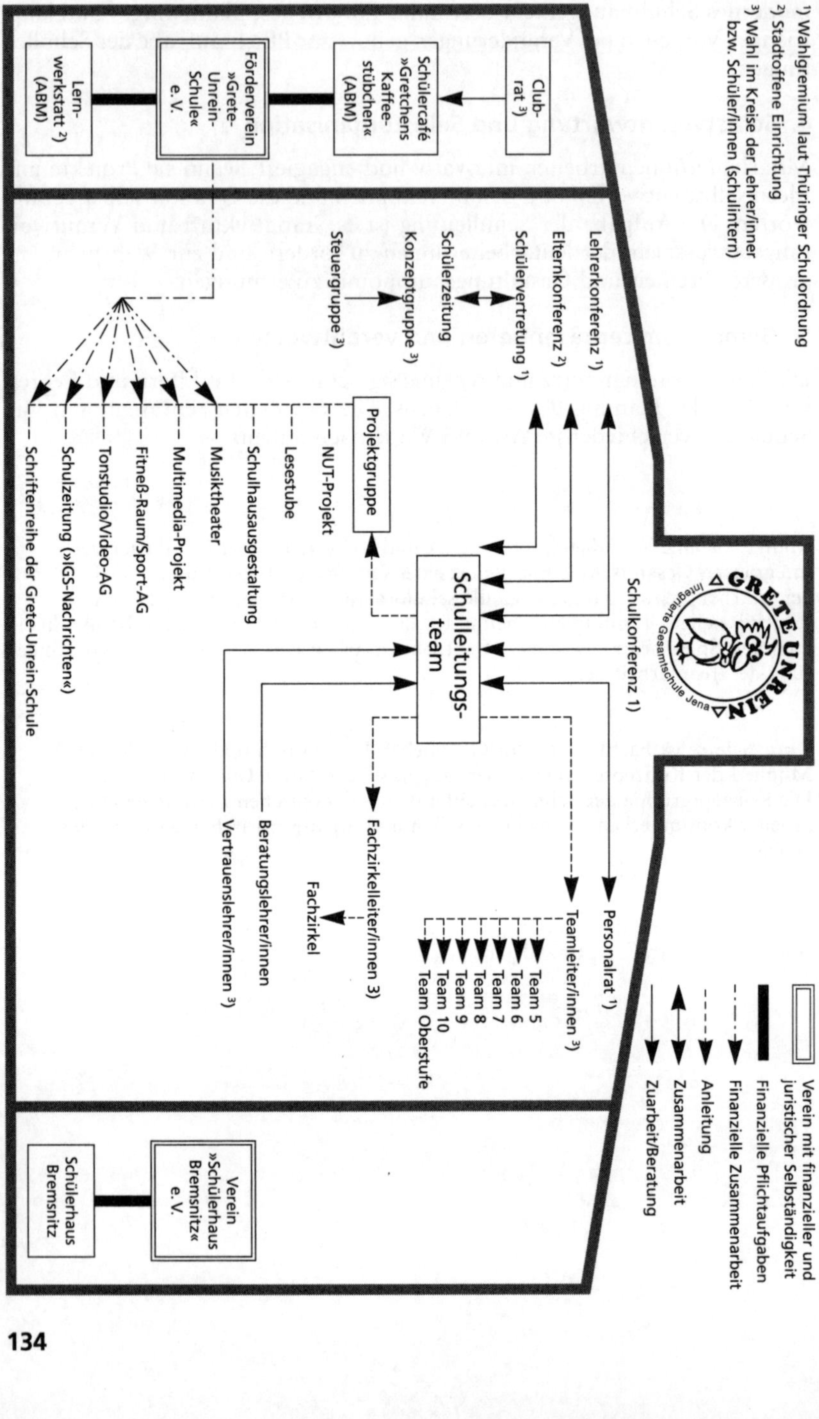
1) Wahlgremium laut Thüringer Schulordnung
2) Stadtoffene Einrichtung
3) Wahl im Kreise der Lehrer/innen bzw. Schüler/innen (schulintern)
Club-rat 3)
Schülercafé »Gretchens Kaffee-stübchen« (ABM)
Förderverein »Grete-Unrein-Schule« e.V.
Lern-werkstatt 2) (ABM)
Lehrerkonferenz 1)
Elternkonferenz 2)
Schülervertretung 1)
Schülerzeitung
Konzeptgruppe 3)
Steuergruppe 3)
Projektgruppe
NUT-Projekt
Lesestube
Schulhausausgestaltung
Musiktheater
Multimedia-Projekt
Fitneß-Raum/Sport-AG
Tonstudio/Video-AG
Schulzeitung (»IGS-Nachrichten«)
Schriftenreihe der Grete-Unrein-Schule
Schulkonferenz 1)
GRETE UNREIN
Integrierte Gesamtschule Jena
Schulleitungs-team
Personalrat 1)
Teamleiter/innen 3)
Team 5
Team 6
Team 7
Team 8
Team 9
Team 10
Team Oberstufe
Fachzirkelleiter/innen 3)
Fachzirkel
Beratungslehrer/innen
Vertrauenslehrer/innen 3)
Verein mit finanzieller und juristischer Selbständigkeit
Finanzielle Pflichtaufgaben
Finanzielle Zusammenarbeit
Anleitung
Zusammenarbeit
Zuarbeit/Beratung
Verein »Schülerhaus Bremsnitz« e.V.
Schülerhaus Bremsnitz

Lehrer und Motivation – (Wie) geht das?

Andreas Kuhlmann

Die Klagen, die aus so manchem Lehrerzimmer quer durch die Republik zu hören sind, häufen und ähneln sich: vergreiste Kollegien, lernunmotivierte und/oder unkonzentrierte, nur oberflächlich arbeitende Kinder und Jugendliche, überforderte bzw. unfähige Schulleitungen, Burnout-Syndrom, innere Immigration der Kolleginnen/Kollegen, realitätsferne Ausbildung des unterrichtenden Nachwuchses, überholte Lehrpläne, verrottende Ausstattung der Schulen, Ignoranz der politisch Verantwortlichen, Kahlschlagpolitik. Die Liste könnte verlängert werden.

Gegenstand dieses Artikels soll die Beantwortung der Frage sein, was dringend notwendig ist, um eine bessere und nachhaltige Motivation der Lehrerinnen und Lehrer zu ermöglichen. Um eine Motivation auf breiter Basis erreichen und festigen zu können, bedarf es m. E. nach Veränderungen auf drei Gebieten:

1. **eine praxisorientierte Ausbildung** – in der schon frühzeitig praktische pädagogische Erfahrungen gesammelt werden können;
2. **mehr Selbstverantwortung für Lehrer/Lehrerinnen,** auch mehr Verwaltungsverantwortung, ohne jedoch der gänzlichen Abschaffung von Schulaufsicht das Wort zu reden;
3. **veränderte Unterrichtsbedingungen:** Vermittlung von Schlüsselqualifikationen (z. B. Lernen lernen; Neugierde auf Neues wecken und festigen, Fertigkeiten im Umgang mit neuen Medien – speziell Informationsbeschaffung im Internet; individuelle Lernpläne), damit die Schüler/Schülerinnen Wissenswertes selbst herausfinden können.

1. Die Lehrer-Ausbildung muss praxisorientiert sein

Wahrscheinlich gibt es nicht viele Berufe, an die die Gesellschaft so widersprüchliche Anforderungen stellt: »Gerecht soll er sein, der Lehrer, und zugleich menschlich und nachsichtig, straff soll er führen, doch taktvoll auf jedes Kind eingehen, Begabungen wecken, pädagogische Defizite ausgleichen, Suchtprophylaxe und Aids-Aufklärung betreiben, auf jeden Fall den Lehrplan einhalten, wobei hoch begabte Schüler gleichermaßen zu berücksichtigen sind wie begriffsstutzige. Mit einem Wort: Der Lehrer hat die Aufgabe, eine Wandergruppe mit Spitzensportlern und Behinderten bei Nebel durch unwegsames Gelände in nordsüdlicher Richtung zu führen, und zwar so, dass alle bei bester Laune und möglichst gleichzeitig an drei verschiedenen Zielorten ankommen.« (MÜLLER-LIMMROTH 1983, S. 27)

Diese amüsante Zusammenfassung macht den Kern des Problems deutlich: An Lehrer/Lehrerinnen werden vielfältigste Anforderungen gestellt, nicht nur die »Bringschuld reiner Bildungsarbeit«.

Aber sind bzw. werden Pädagogen/Pädagoginnen dafür adäquat ausgebildet? Ich meine, dass diese Frage zurzeit mit einem eindeutigen »Nein« beantwortet werden muss. Denn das Gefühl des Überfordert-Seins, das Burnout-Syndrom, die innere Immigration und mentale Frühpensionierung geht durch die Kollegien. Dafür gibt es vielerlei Gründe und Ursachen. Dazu zählen unzureichende Vorbereitung auf die pädagogischen Aufgaben sowohl im Studium als auch im Referendariat; Überalterung der Kollegien; Verschlechterungen der Unterrichtsbedingungen durch Erhöhung von Klassenfrequenzen und der Lehrerarbeitszeit, Abbau künstlerischer Fächer, eine bisweilen geringe Wertschätzung der Arbeit von Lehrern/Lehrerinnen in der Öffentlichkeit usw. usf.

Praxisferne Ausbildung verhindert Motivation

Beispiel: Bis Ende der 80er Jahre wurden in Berlin – im damaligen Westteil der Stadt – Lehramtsstudenten mit dem Abschlussziel »Studienrat« ausgebildet, ohne dass sie jemals eine einzige Stunde unterrichten. Lediglich Hospitations-, mitnichten aber Unterrichtspraktika, waren vorgeschrieben. Weder fachdidaktische Studien noch psychologische, erzieherische und sozialpädagogische Fragestellungen gehörten zum Pflichtprogramm der Lehrerausbildung. Das Erste Staatsexamen beinhaltete lediglich fachwissenschaftliche Studien in isolierten Fächern.

Daraus folgt eine gewisse Betriebsblindheit: Viele Lehrerinnen und Lehrer beschränken sich auf die reine Wissensvermittlung und erwecken den Eindruck, dass sie wie »Drogensüchtige« handeln: Sie haben nur ihren »Stoff« im Sinn. Deshalb kann es nicht verwundern, dass es unter uns Kollegen/Kolleginnen gibt, die sich überfordert fühlen und sich ihren persönlichen Dispositionen gemäß zurückziehen.

Viele Pädagogen fordern deshalb zu Recht, die Ausbildung von Lehrer/Lehrerinnen praxisorientierter zu gestalten. Der Vorschläge sind viele unterbreitet worden – über die zeitliche Ausweitung der Unterrichtspraktika, deren frühzeitige Terminierung während des Studiums, deren genaue Inhalte. Die Vorschläge für eine praxisnahe Lehrerausbildung sind sinnvoll und notwendig. Dennoch fehlt bisher eine entscheidende Komponente, auf die ich im folgenden Abschnitt hinweisen möchte.

Die bisherigen Vorschläge für mehr Praxisorientierung in der Lehrerausbildung beinhalten das Festhalten an der traditionellen Trennung von *unterrichtlicher* und *außerunterrichtlicher* Pädagogik. Hierin sehe ich die Schwachstelle der zurzeit bestehenden Lehrerausbildung. Lehrerinnen und Lehrer werden nur auf den unterrichtlichen Bereich vorbereitet und dies auch oft genug in zweifelhafter Qualität (KUHLMANN 1998, S. 119).

Erfahrungen in der Jugendfreizeitpädagogik

Vielmehr sollte es zum Ausbildungsstandard gehören, dass Lehrer/Lehrerinnen Erfahrungen in der »Jugendfreizeitpädagogik« sammeln können. Dafür wäre es hilfreich, wenn die universitären Lehrpläne entrümpelt werden sowie das Erlernen überflüssiger Fachspezifika den ausgewiesenen Fachwissenschaftlern, für die diese von Nutzen und Interesse sind, überlassen wird. Die damit frei werdenden Zeitressourcen können so genutzt werden, dass angehende Lehrer/Lehrerinnen in langfristigen, semesterbegleitenden Praktika, in Projekten der Freizeitgestaltung von Kindern und Jugendlichen (Kindergärten, Jugenfreizeitzentren, Jugendvereinen, Gemeinden, Ferienfahrten etc.) den altersgemäßen Umgang mit ihrer Klientel in schulischer und außerschulischer Umgebung erlernen.

Hier kann geübt, getestet, ausprobiert und theoretisch Erlerntes praktisch umgesetzt werden. Das Urteil über die erbrachte »Leistung« fällt kein von außen bestellter Gutachter (z. B. Seminarleiter). Ob wir gut waren, ob unsere Ideen gut waren, doch die Umsetzung mangelhaft gelang, ob unser Umgang mit Kindern und Jugendlichen angemessen war: Das alles bekommen wir als direktes Feedback von Kindern und Jugendlichen schnell und (zumeist) eindeutig signalisiert. Natürlich sollten diese Versuche von älteren »Profis« kritisch-solidarisch begleitet und auf die Aufarbeitung der gemachten Erfahrungen sollte auch im universitären Rahmen keinesfalls verzichtet werden.

Aufgrund meiner eigenen längjährigen Tätigkeit in der Kinder- und Jugendfreizeitpädagogik bin ich davon überzeugt, dass ich viele wertvolle Erfahrungen für meine jetzige Lehrertätigkeit habe nutzen kann. Deshalb betone ich diesen sozialpädagogischen und außerschulischen Praxisanteil der Lehrerausbildung ganz besonders.

Sozialpädagogische Praktika

Sozialpädagogische Praktika in der Lehrerausbildung haben noch weitere Vorteile: Diese Praktika könnten helfen, die bestehende Kluft zwischen unterrichtendem und nicht unterrichtendem pädagogischen Personal, also Lehrer/Lehrerinnen auf der einen, Erzieher/Erzieherinnen und Sozialarbeiter/Sozialarbeiterinnen auf der anderen Seite, abzubauen. Lehrer/Lehrerinnen erhalten einen wertvollen und praxisnahen Einblick in diese anstrengende aber lohnende Arbeit.

Solange aber sozialpädagogischen Elemente aus dem Programm der Lehrerausbildung herausgehalten werden, kann ich nur allen, die diesen anstrengenden, nervigen, wunderbaren, dankbaren und kreativen Beruf ergreifen wollen, dringend empfehlen, sich auch in der Freizeitpädagogik zu engagieren, um bereits ein Gespür für Kinder und Jugendliche zu bekommen und um selbst zu erlernen, was alles möglich und sinnvoll ist – in der Lehrerausbildung aber vernachlässigt wird.

Aus mehreren Gründen wäre es äußerst sinnvoll, an den Schulen selbst Sozialarbeit anzubieten:

- Den Schülern und Schülerinnen wird ein ergänzendes, sinnstiftendes Freizeitangebot (KUHLMANN 1998, S. 118 f.) angeboten, das zu ihrer umfassenden Persönlichkeitsentwicklung beiträgt.
- Lehrer/Lehrerinnen können einen Teil ihres Stundendeputats einsetzen, um die Kinder und Jugendlichen auch außerhalb des Unterrichts zu erleben und – zusammen mit einer begleitenden Fortbildungsveranstaltung – neuere Tendenzen, Methoden und Ansätze einer übergreifenden Pädagogik kennen zu lernen und stressfrei(er) zu erproben.

Dieser Vorschlag ist im Übrigen nicht realitätsfern, sondern wird in Ansätzen an der Schule, an der ich arbeitet, praktiziert.

2. Autonomie der Schulen – aber richtig verstanden

Die derzeitige Diskussion um die (Teil-)Autonomie der einzelnen Schulen hat innovative Ansätze, kreative Vorschläge und zukunftsweisende Ideen hervorgerufen. Die Debatte krankt sicher nicht an Einfallslosigkeit, aber auch hier sind gravierende Probleme festzustellen:

1. Die Debatte (und die zaghafte Einführung kleiner autonomer Bereiche mancherorts) wird unter dem massiven Zwang des Sparens geführt. Wer die Verwaltung von nicht vorhandenen finanziellen Mitteln einfach nach unten weiter durchreicht, kann nicht darauf hoffen, dass die »unteren Chargen« dann hochmotiviert auch ihre übrigen Arbeiten erledigen. »Wahre Autonomie sieht (…) nämlich Entscheidungsfreiheit bei der Gestaltung von Unterricht, bei der Organisation der Schule, bei der Einteilung der Stundentafel, bei der Einstellung neuer KollegInnen, (…) bei den Unterrichtsinhalten …« vor. (KUHLMANN 1998, S. 99) Wer Menschen zunächst durch angemessene Ausbildung dazu befähigt, ihnen anschließend am Arbeitsplatz die Möglichkeit zu einem weitgehend selbstbestimmten Handeln einräumt, der darf viel eher annehmen oder gar erwarten, dass sich diese Menschen kompetent und motiviert zugleich den ihnen anvertrauten Aufgaben stellen werden.
2. Es wird jedoch häufig übersehen, dass es weiterhin einer übergeordneten Schulaufsicht bedarf, um möglichen negativen Folgen entgegenzutreten, z. B. auch aus Gründen der Vergleichbarkeit von Schulausbildung und Schulabschlüssen, aber auch aus dem Grund, dass Schüler/Schülerinnen bisweilen ihren Schulplatz wechseln müssen.

»Weil der Mensch ein Mensch ist« (BRECHT), ist er sehr verschieden in seinem Verhalten. Wir alle kennen jene Kollegen/Kolleginnen, die sich allen Motivierungskünsten zum Trotz einer konstruktiven Arbeitshaltung entziehen, ja dagegen resistent sind. Vielerlei gruppendynamische Prozesse und internalisierte – zumeist nicht verbalisierte Strukturen in manchem Lehrerzimmer – verhindern Sanktionen gegen Motivationsresistente. Hier ist eine Instanz, die auf einer Metaebene handelt, erforderlich. Allerdings sollte diese Metaebene erst dann handeln (müssen), wenn zuvor alle anderen Maßnahmen auf den verschiedensten Ebenen nicht zum gewünschten Erfolg geführt haben. So können gut eingespielte Teams eine positive Sozialkontrolle dergestalt ausüben, dass sie versuchen, durch solidarische und wohlmeinende Kritik die betreffenden Kollegen/Kolleginnen immer wieder zur gedeihlichen Arbeit zu animieren. Schulleitungen können auf der nächsten Ebene zunächst ihre Beratungsaufgaben verantwortungsvoll wahrnehmen, indem sie unterstützend intervenieren, das bedeutet, eigene, kleinschrittige und niedrigschwellige Vorschläge unterbreiten, die es den betreffenden Personen möglich macht, ihr Arbeitsverhalten zu ändern. Dazu gehört auch, dass Schulleitungen sich die Kompetenz aneignen, Gespräche mit den Kollegen/Kolleginnen in einer vertraulichen Atmosphäre zu führen, um Motivationshindernissen, die eventuell außerhalb des Arbeitsfeldes zu finden sind, adäquat anzusprechen. Sollten alle diese unterstützenden Schritte nicht von Erfolg gekrönt sein, so kann es aber auch notwendig sein, dass nun begonnen werden muss, disziplinarisch begleitende Maßnahmen einzuleiten. Aber auch hier gilt, dass immer erst mit den niedrigschwelligen Sanktionen begonnen werden soll. Wenn auch diese nicht fruchten, dann allerdings muss eine aufmerksame Schulaufsicht ihres Amtes walten und letztlich auch nicht davor zurückschrecken, unliebsame Maßnahmen durchzuführen.

Ich möchte dafür plädieren, dass unsere Kinder und Jugendlichen vor unfähigen und/oder unwilligen Kollegen/Kolleginnen effektiv geschützt werden. Manchmal hängt *unwillig* eng mit *unfähig* zusammen. Bevor es aber soweit kommt, sollten alle anderen Möglichkeiten der Einbindung unengagierter Kollegen/Kolleginnen auf den anderen Ebenen vorgeschlagen und praktiziert werden: sei es durch Bildung von Kleingruppenmodellen innerhalb des Kollegiums; sei es durch ein obligatorisches Maß an Fort- und Weiterbildung; sei es durch Übernahme von Verantwortung bei der Planung und Durchführung von Projekten, Schulpartnerschaften, Schulfesten etc. Auch hier gilt, was für Jugendliche gilt: das Einbinden, mitgestalten und mitbestimmen lassen an dem, was wir manchmal so lapidar mit »Schulleben« bezeichnen, ist auch für Erwachsene motivierend, weil Erfolg ja nicht nur verwöhnt *(den hier Erfolgreichen sei Verwöhnen von Herzen gegönnt!)*, sondern zum Weitermachen und Weiterentwickeln der eigenen Arbeit nachhaltig anspornt.

Gerade auch deshalb möchte ich an dieser Stelle für eine weit gehende Selbstverantwortung im Sinne autonomer Entscheidungen der Einzelschule eintreten, die aber auch so gelebt und gestaltet wird, dass sie einer übergeordneten Stelle plausibel und einsichtig vermittelt werden kann. Ich denke auch, dass dies realisierbar ist, denn Lehrer/Lehrerinnen werden ihre Eigenverantwortung dann menschen-, sach- und fachgerecht gestalten, wenn sie einerseits Freiraum erhalten, in dem sie selbstbestimmt agieren können, andererseits aber auch auf eine kompetente, sachlich begleitende und beratende, bisweilen aber auch einschreitende Schulleitung treffen, die versucht, das Wechselspiel zwischen Freiraum und notwendiger Kontrolle konstruktiv auszubalancieren.

3. Was den Lernenden gut tut, tut auch den Unterrichtenden gut

Was den Schülern gut tut und was sie motiviert, tut auch den Unterrichtenden gut und motiviert auch diese. Dazu ein Beispiel eines Schulversuchs, dessen Zielsetzung es ist, Schülern/Schülerinnen, die Probleme mit kognitivem Lernen haben, dennoch zu einem Schulabschluss zu verhelfen. Beim Schulversuch »Produktives Lernen«(BÖHME/SCHNEIDER 1996) wird davon ausgegangen, dass die Lernenden dann effektiver und anhaltender zu motivieren sind, wenn sie am Produkt selbst erkennen, welches Wissen sie sich aneignen müssen, um dieses herzustellen, zu verändern, zu reparieren oder zu verkaufen.

Organisatorisch wird dies dergestalt umgesetzt, dass die Schüler/Schülerinnen an zwei Tagen in der Woche Unterricht in der Schule haben, die übrigen drei Tage befinden sie sich an betrieblichen »Praxisplätzen«. Das Schuljahr wird – bei Beibehaltung der Ferienordnung – in Trimester untergliedert; in jedem Trimester muss ein neuer Praxisplatz gesucht und eingenommen werden. Am Ende jedes Abschnitts erhalten die Schüler/Schülerinnen einen schriftlichen Bericht über ihren Leistungszuwachs, am Ende des gesamten Schuljahres ein Zeugnis mit dem jeweils erreichten Schulabschluss.

Innerhalb ihrer Praktika sollen sich die Schüler/Schülerinnen nach einer kurzen Eingewöhnungszeit eine Aufgabe aus ihrem aktuellen Arbeitsbereich wählen, die sie in Zusammenarbeit mit den Betreuern/Betreuerinnen am Arbeitsplatz und den Lehrern/Lehrerinnen des Projekts lösen. So hat z. B. ein Schüler, der bei einer KFZ-Werkstatt arbeitete, einen alten, nahezu schrottreifen PKW wieder soweit hergestellt, dass er als Gebrauchter zum Verkauf angeboten werden konnte.

Innerhalb der Schule lernen die Teilnehmenden durch Eigentätigkeit viel über Sozialverhalten, Gruppenarbeit und selbst gesteuertes Lernen[1]. Der Unterricht findet nicht frontal in kompletter Klassenstärke, sondern an einzelnen Lern- bzw. Arbeitsplätzen individualisiert statt. Dazu wird der Klassenraum in Form einer Lernwerkstatt organisiert und eingerichtet, d. h.

1 Ein Programm, dass 10-16jährigen Schülern/SchülerInnen helfen soll, dieses und vieles mehr (z. B. Gewalt- und Suchtprävention) in verschiedensten Sozial- und Arbeitsformen zu erlernen, nennt sich »Erwachsen werden« und wird von der Organisation »Lions-Quest« angeboten. Weitere Auskünfte zu diesem geeigneten Programm über den Autor.

neben einer gemütlichen Sitzecke zum bequemen Lesen finden sich Computerarbeitsplätze inklusive Internetzugang und Scanner, Bücherregale, ein »Konferenz«-tisch sowie ein Werktisch und natürlich auch audio-visuelle Medien wie TV, Video, Diaprojektor etc. Im Wahlpflichtunterricht, in den Lernbereichen sowie im Rahmen der Kommunikationsgruppe, aber nach Möglichkeit auch im Rahmen des zu erteilenden Mathematik- und Englischunterrichts soll in Form von Projekten gearbeitet werden, bei welchem die Schüler/Schülerinnen in Kleingruppen ihren Anteil am Ganzen selbsttätig erarbeiten und einbringen.

Die Lehrer/Lehrerinnen definieren ihre Rolle als Ratgeber und treten zunehmend in den Hintergrund; sie sind als lebenserfahrene Erwachsene, die Rat und Tat geben können, für die Schüler/Schülerinnen jederzeit ansprechbar. So ist die individuelle Bildungsberatung fester Bestandteil des wöchentlichen Plans, sie findet während der Praxistage in Form von Einzelgesprächen statt, in welchen die Schüler/Schülerinnen befähigt werden, ihre eigene Situation adäquat zu erkennen und zu beschreiben (BÖHME/SCHNEIDER 1996).

Wie profitieren die Pädagogen?

Wie korrespondiert dieser Schulversuch mit dem Thema ›Motivation‹ für Lehrkräfte? Erstens entspricht die hier erwünschte Lehrer-/Lehrerinnenrolle der auch heute noch überzeugenden und plausiblen Forderung Comenius', nach welcher sich der Lehrer immer weiter selbst überflüssig machen – und nur als Ratgeber fungieren – sollte. Zweitens holt diese Art des Lernens die Realität direkt in die Schule, und dies auf mehreren Ebenen: die Schüler/Schülerinnen lernen am Produkt im Betrieb – also in der gesellschaftlichen Realität (erinnere: »Nicht für die Schule lernst du, sondern für das Leben!«) – und erweitern mit Hilfe der Lehrern/Lehrerinnen das hierzu notwendige Basis-, Hintergrund- und zum Teil auch notwendige Spezialwissen. Die Lehrer/Lehrerinnen können gar nicht all den Stoff beherrschen, den die Schüler/Schülerinnen nun lernen wollen und/oder (aus der Sache heraus) müssen. Wir sind deshalb aufgefordert, unseren Schülern jene Schlüsselqualifikationen zu vermitteln, die sie befähigen, auftretende Probleme selbständig, konstruktiv und eigenverantwortlich zu lösen.

Damit ändert sich die Rolle der Lehrer/Lehrerinnen im positiven Sinne: Sie werden neben der Tätigkeit als Wissensvermittler auch als Sozialarbeiter/Sozialarbeiterin gefragt, denn viele Probleme des Lernens sind ganz individuell gelagert und müssen im intensiven Einzelgespräch geklärt und einer positiven Weiterentwicklung zugeführt werden. Der Unterricht selbst orientiert sich an der gesellschaftlichen, insbesondere beruflichen Realität, gekoppelt mit den spezifischen Interessen und Voraussetzungen des einzelnen Jugendlichen. Individualisierung ist notwendig und wird nach Wochen-(stunden-) plan ermöglicht. Dies bringt Freiräume jenseits bürokratisch einengender Vorschriften, mitnichten aber Beliebigkeit. Hier vereinigen sich also unterrichtliche und außerunterrichtliche Pädagogik zu einem gemeinsamen Handlungsfeld. Nahezu ausnahmslos alle neuen Lehrer/Lehrerinnen, die an diesem Schulversuch an innovativen Schulen (z. B. in Berlin) teilnahmen, kamen begeistert und dadurch hochmotiviert von ihren Besuchen an den Praxisplätzen der Schüler/Schülerinnen in die Schule zurück. In diesem Praxisfeld müssen Lehrerinnen und Lehrer mit jedem einzelnen Schüler über den sinnvollsten Werdegang kritisch reflektieren, hier müssen sich die Pädagogen auch einmal von Menschen aus dem Wirtschaftsleben eines Besseren belehren lassen. Von den betrieblichen Ausbildungsleitern wurden die Schülerinnen und Schüler oft als lernbegierig, wissensdurstig, fleißig, geschickt und hochmotiviert bezeichnet. Und diese Motivation geht auf die Lehrer/Lehrerinnen über.

Wenn Schule sich wieder auf allen Ebenen der gesellschaftlichen Realität annähert und diese konstruktiv aufnimmt, wenn Lehrer/Lehrerinnen in die Lage versetzt werden, sich selbstbewusst und selbst gesteuert all denen von ihnen zu bewältigenden pädagogischen – den *unterrichtlichen* wie den *außerunterrichtlichen* – Aufgaben verantwortungsvoll zu widmen, dann wird ›Motivation‹ nicht länger ein Fremd- oder gar Zauberwort in den Lehrerzimmern sein.

Andreas Kuhlmann ist Konrektor an einer Hauptschule in Berlin-Wedding.
Er ist Lehrer und Gewaltbeauftragter in Berlin-Brandenburg. Seine Erfahrungen in der Beratung von Eltern, Kollegen/Kolleginnen sowie Schülern/Schülerinnen liegen veröffentlicht vor (»Faustrecht. Gewalt in Schule und Freizeit«). Zurzeit leitet er den Schulversuch »Produktives Lernen«. Während der Ausbildung zum Lehrer sammelte er zahlreiche Erfahrungen in verschiedenen Bereichen und Projekten der Jugendfreizeitpädagogik.

Anschrift:
Theodor-Plievier-Oberschule, – Hauptschule – III. 3. OH, Ravenèstr. 12,
13347 Berlin, Tel.: 0 30/4 61 50 26

Motivation in der Schule

Astrid Schmied und Irmela Specht

Zwei Lehrerinnen berichten über ihren Berufsalltag und warum ihnen Schule (immer noch!) Spaß macht.

Der Weg zu mehr Motivation

Irmela Specht: Der Weg zu mehr Motivation in der Schule ist ein sehr individueller und persönlicher Weg. Ob er übertragbar ist auf andere Schulen, mögen die Leserinnen und Leser für sich entscheiden. Wir haben uns in unserer großen Schule eine Insellösung geschaffen, weil große Systeme in der Regel sehr schwerfällig und unbeweglich sind und weil man bei dem Versuch, ein großes System umzukrempeln, viel Energie braucht.

Astrid Schmied: Wir arbeiten experimentell in unserem eigenen, direkten Arbeitsbereich, zum Beispiel in unserem Jahrgangsstufenteam oder in Arbeitskreisen, und kommen so in produktiven und kooperativen Kontakt mit anderen »Inseln« in der Schule.

Irmela Specht: Innovative Prozesse in der Schule sollten aber nach Möglichkeit keine Insellösungen bleiben, sondern sollten sich gegenseitig verstärken. An dieser gegenseitigen Verstärkung arbeiten wir an unserer Schule mit Erfolg.

Erschwerende allgemeine Rahmenbedingungen

Astrid Schmied: Schule wird immer schwieriger, hat weniger Finanzmittel, hat weniger Möglichkeiten, hat schärfere und erschwerende bildungspolitische Rahmenbedingungen. Wir stecken viel Zeit und Arbeitskraft in unsere schulische Arbeit.

Motivation durch Autonomie der Schule?

Irmela Specht: Selbstgestaltung und Autonomie sind sicher positiv zu werten, da sie mehr Eigenverantwortung und Selbständigkeit implizieren. Die wohlklingenden Begriffe »Selbstgestaltung, Autonomie, Budgetierung« heißen aber in der Praxis leider auch, dass kein Geld da ist und wir in den letzten Jahren kontinuierlich verschärfte Arbeitsbedingungen hinnehmen mussten …

Astrid Schmied: … zum Beispiel Erhöhung der Lehrerwochenstunden, Mehrarbeit durch die Vorgriffsstunde, größere Klassen, schwierigere Schüler, überforderte Elternhäuser, fehlende Elternmitarbeit, die vielfältigen pädagogischen und psychologischen Aufgaben, die insbesondere auch auf die Klassenlehrer zukommen. Das schlägt zu Buche und bringt viele Probleme mit sich.

Irmela Specht: Die wachsenden Anforderungen, mit denen Lehrerinnen und Lehrer in der täglichen Schulpraxis konfrontiert werden, sind auch die wachsenden Anforderungen der Kultusbürokratie. Zum Beispiel entspricht die Erstellung eines Schulprofils und Schulprogramms nicht immer unbedingt dem Bedürfnis des Kollegiums, sondern – so hat es den Anschein – wird von oben als Zusatzaufgabe des Kollegiums erwartet.

Astrid Schmied: Der Prozess der Erarbeitung des Schulprofils sollte nicht abgekoppelt von der pädagogischen Alltagswirklichkeit der Schule sein. Wenn es der Schule gelingt den engen Bezug deutlich zu machen, dann kann auch über die – ja zum Teil sehr arbeitsintensive – Entwicklung des Schulprogramms neue Motivation entstehen! Voraussetzung ist allerdings,

- dass die Schule sich auf ein Profil einigt,
- mit dem sich fast alle identifizieren können,
- das an Realitäten ausgerichtet,
- und umsetzbar ist und
- dass der Prozess der Schulprogramm-Entwicklung möglichst lustvoll verläuft.

Anforderungen von oben

Irmela Specht: Eine Anforderung des Schulministeriums sind zum Beispiel auch angeordnete Vergleichsarbeiten in Jahrgangsstufen, die Verschärfung der Leistungsmessung und Leistungsüberprüfung, die zunehmenden Reglementierungen in der gymnasialen Oberstufe. Schule »gut machen« wird immer schwieriger.

Astrid Schmied: Die Rotstift-Politik der Bildungspolitik hat ebenfalls dazu beigetragen, dass die fachliche und pädagogische Arbeit der Schule erschwert wird.

Irmela Specht: Die Schlagworte der Qualitätssicherung, des Qualitätsmanagements, Qualitätsvergleiche, der Budgetierung bedeuten für die tägliche pädagogische und fachliche Arbeit der Lehrerinnen und Lehrer mehr Reglementierung und höhere Arbeitsbelastungen. Schulleben und Unterricht werden dadurch eher mehr belastet als entlastet. Viele Regelungen und Vorschriften der Kultusbürokratie sind im Vergleich zu dem, was wir uns für unsere Arbeit an der Schule wünschen, eher kontraproduktiv.

Astrid Schmied: Unter dem wachsenden finanziellen Druck in der Bildungspolitik wirkt Schulprofil oft als Profilierung in Konkurrenz zu anderen Schulen. Wünschenswert ist doch, dass Schulen kooperieren und voneinander lernen.

Irmela Specht: Ich hoffe zum Beispiel, dass wir ein Oberstufenprofil selbständig entwickeln können. Durch die vielen Reglementierungen sind allerdings eigenständige und selbstverantwortlich Wege gerade bei der Ausgestaltung der eigenen gymnasialen Oberstufe nur bedingt möglich. Ich würde mir zum Beispiel für die ganze Schule, einen künstlerischen, bewegungsorientierten Schwerpunkt wünschen. Durch die Betonung des kognitiven Lernens wird der kreative Spielraum stark eingeengt. Auch dadurch leidet die Motivation nicht nur der Schülerinnen und Schüler, sondern auch die der Lehrerinnen und Lehrer. Dennoch werden wir den noch möglichen kreativen Spielraum nutzen.

Astrid Schmied: Ein Beispiel von zusätzlicher erheblicher Mehrarbeit ist das bürokratisierte Verfahren bei der schulscharfen Stellenausschreibung. Grundsätzlich ist zwar die Idee, dass sich eine Schule ihre neuen Lehrerinnen und Lehrer zu einem gewissen Teil selbst aussuchen kann, positiv. Das überaus komplizierte Verfahren allerdings, bedeutet in der Praxis viele zusätzliche Arbeitsbelastungen, wenn man zum Beispiel in dem Auswahlgremium mitarbeitet.

Irmela Specht: Wenn man dann noch seinen Unterricht gut vorbereiten will, mit Kolleginnen und Kollegen im Team zusammenarbeiten will, die eigene Klasse gut leiten, auf persönliche Probleme seiner Schüler eingehen, auch pädagogische Konferenzen machen, in Arbeitskreisen und am Schulprogramm mitarbeiten und an Supervisionen teilnehmen will, dann ist das alles nur schwer zeitlich machbar. Da muss man schon viel Selbstmotivation mitbringen, um alles gut managen zu können. Wegen der vielen anderen und zusätzlichen Aufgaben kommt dann der eigene Unterricht gelegentlich zu kurz.

Persönliche Motivation

Astrid Schmied: Noch frisch, munter, fit und motiviert zu sein, ist oftmals bei den schwierigen allgemeinen schulpolitischen Rahmenbedingungen nicht einfach. Unterricht auch mal anders zu machen, adressatenbezogener, schülerorientierter, erfordert oft erhebliche Arbeitsvorbereitung, zum Beispiel für Projekte. Dennoch ist es wichtig, sich Freiräume zu schaffen, sich für bestimmte Bereiche in der Schule zu engagieren. Das erhöht die eigene Motivation. Ich habe viele Interessen auch außerhalb der Schule, die ich versuche mit meinen schulischen Aufgaben zu integrieren. Ich bin beispielsweise sehr theater- und filmbegeistert und mein Bestreben ist deshalb auch im Fach Deutsch, Kunst und Darstellen und Gestalten diese Erfahrungen einzubringen.

Motivation durch Öffnung der Schule

Irmela Specht: Auch die Öffnung der Schule nach außen ist sehr wichtig. Theaterleute, Künstler, Experten aus allen gesellschaftlichen Bereichen können in die Schule kommen, ihre Arbeit den Schülern darstellen und ihre Erfahrungen vermitteln. Das ist für Schüler und Lehrer gleichermaßen spannend. Oder die Schülerinnen und Schüler erkunden gesellschaftliche Wirklichkeit vor Ort. Dieses gemeinsame Lernen motiviert auch mich als Lehrerin. Viele Anregungen von außen kann ich als Lehrerin aufgreifen und in meinem Unterricht umsetzen. Ich versuche an meiner Schule, eigene kreative Interessen mit meinem Unterricht zu verknüpfen. Wenn ich motiviert bin, dann merken das auch meine Schüler. Und ich glaube, dass diese Motivation auch ansteckend ist.

Astrid Schmied: Im Übrigen glaube ich, dass nicht nur Schüler die Lernenden sind, sondern auch Lehrer. Das kann sehr positiv für den Unterricht und für mein Verhältnis zu meinen Schülern sein. Auch ich erfahre gern viel Neues, ich übernehme zum Beispiel auch bewusst fachfremden Unterricht, bei dem ich selber dazulernen kann und auch mehr über die Lernprobleme der Schülerinnen und Schüler erfahre. Dadurch bin ich motiviert und interessiert an den Dingen.

Interesse an der gesellschaftlichen Entwicklung

Irmela Specht: Ich denke, dass Motivation weniger aus Schule selbst kommen kann. Bei mir kommt Motivation für meinen Beruf mehr aus dem gesellschaftlichen Hintergrund, dass gerade vielen unserer Schülerinnen und Schüler gesellschaftliche Chancen verwehrt werden. Sie sind im Nachteil, wenn es um Bildungsmöglichkeiten oder um eine gute Berufsausbildung geht. Ich engagiere mich gern dafür, ihnen Lebens- und Lernerfahrungen zu ermöglichen, die ihnen sonst verwehrt werden. Das kann die Schülerinnen und Schüler ermutigen, stark machen und ihren Blick für die gesellschaftliche Realität öffnen. Wenn ich ihnen viele Möglichkeiten eröffne, die sie auch aufgreifen, dann macht Schule auch für mich Spaß. Ein Maßstab für meine Motivation ist: Projekte und Lerninhalte müssen mir selber auch Freude machen. Dann bin ich motiviert. Das merken meine Schüler.

Motivation durch Teamarbeit

Astrid Schmied: Schule muss Spaß machen. Das ist ganz wichtig. Was uns auch lebendig hält und motiviert, ist unsere gute Zusammenarbeit. Wegen der guten Teamarbeit nennen wir uns aus Jux manchmal auch die »Spaßguerilla«. Wir planen oft gemeinsam, tauschen Ideen und Eindrücke aus, werten Ergebnisse zusammen aus. Ideen für Unterricht und Projekte entstehen selten am Schreibtisch, sondern durch Gespräche und im Austausch mit vielen Menschen, durch Besuche von Veranstaltungen, indem ich einfach mit offenen Augen und Ohren durchs Leben gehe. Die Freude an der Arbeit, die Selbstmotivation, die Freude über große aber auch über kleine positive Ereignisse im Schulleben ist enorm wichtig. Dann können auch Misserfolge besser bewältigt werden. Wir wollen uns in der eigenen Schule wohl fühlen und zu einem guten Arbeitsklima und guten Lernergebnissen beitragen.

Irmela Specht: Wir wollen gemeinsam pädagogische Konzepte erarbeiten, die unserer Schule entsprechen, wir wollen diese Konzepte und Programme nicht entwickeln, um uns in Konkurrenz mit anderen Schulen in der Öffentlichkeit zu profilieren. Zur Motivation der Lehrerinnen und Lehrer gehört auch das eigene Lerninteresse: Ich möchte etwas neues entdecken, etwas neues lernen. Bei fächerübergreifenden Projekten sowie in Zusammenarbeit mit Institutionen außerhalb der Schule mache ich neue Lernerfahrungen, die mich in meiner pädagogischen und fachlichen Arbeit selbst motivieren. Wir gehen ganz realistisch und konkret von den Lernerfahrungen und Fähigkeiten unserer Schülerinnen und Schüler aus und stärken das fachliche Lernen möglichst anschaulich und konkret.

Ideale Schulleitung?

Astrid Schmied: Die Schulleitung kann verbesserte Rahmenbedingungen an der Schule schaffen, zum Beispiel durch Transparenz der Entscheidungen, gute und offene Kommunikation miteinander, Einbeziehung möglichst vieler Kolleginnen und Kollegen an wichtigen Entscheidungen.

Irmela Specht: Auch sollte man daran denken, viele positive gemeinsame Lernerfahrungen an der Schule zu machen, gemeinsame Projekte, Problemlösungen, auch gemeinsame Feiern. So können wir uns – im Team – gegenseitig beflügeln, uns gegenseitig positiv verstärken. Wenn man andererseits nur gegen Widerstände und Entscheidungen »von oben« anrennen würde, dann wäre die Motivation nach einiger Zeit sicher sehr gering.

Astrid Schmied: Die Schulleitung kann dazu beitragen, dass mehr Lernen vor Ort, zum Beispiel während des Betriebspraktikums im 9. und 10. Jahrgang, möglich ist. Dass die Trennung von Theorie und Praxis verringert wird. Dass der 45-Minuten-Takt auch mal aufgehoben werden kann. Dass fächerübergreifendes Lernen möglich ist und institutionalisiert wird. Dass Kollegen, die engagiert und initiativ sind, unterstützt werden.

Pädagogische Vielfalt

Irmela Specht: Eine Vielfalt von pädagogischen Optionen sollte durch die Schulleitung ermöglicht werden. Es wäre schlecht, wenn bei neuen kreativen Ideen, die vom Standard abweichen, der Eindruck des Exotentums vermittelt wird und diese Ideen von Bedenkenträgern abgebügelt werden. Die Vielfalt sollte an der Schule nicht verhindert, sondern gefördert und unterstützt werden.

Motivation der Schulleitung

Astrid Schmied: Und ganz wichtig: Ich wünsche mir auch von den Schulleitungsmitgliedern hohe Motivation. Das ist für mich auch ein ganz wichtiger Aspekt in der Schule. Schulleitungsmitglieder, die selber viel Motivation zeigen, können auch das Kollegium motivieren.

Irmela Specht: Kolleginnen und Kollegen haben unglaublich viel Potential. Jeder hat – über den eigenen Unterricht hinaus – viele Stärken, die im Schulleben zur Geltung kommen sollten.

Astrid Schmied: Diese Potentiale zu wecken, ist für jede Schule ein Gewinn. Auch dadurch kann neue Motivation geweckt werden.

Irmela Specht: Darauf sollte die Schulleitung achten. Auch die Kolleginnen und Kollegen sollten gegenseitig ihre Potentiale positiv verstärken. Das schafft Teamgeist, Wir-Gefühl und eine neue Schulqualität. Wenn dagegen jeder das Gefühl hat, er steht mit seinen Bemühungen auf einsamem Posten, dann kann nicht mehr viel erreicht werden. Motivation ist möglich in einer Teamschule, in der das Wir-Gefühl gestärkt wird, in der Probleme gemeinsam gelöst werden, in der über zukünftige Perspektiven gemeinsam beraten und gemeinsam entschieden wird.

Astrid Schmied und *Irmela Specht* sind Lehrerinnen an der Städtischen Gesamtschule Kikweg in Düsseldorf. Sie sind Klassenlehrerinnen und Fachlehrerinnen für Deutsch, Kunst, Sozialwissenschaften, Pädagogik und Wirtschaftslehre und maßgeblich an dem Konzept der »Öffnung der Schule nach außen« sowie an der Schulprogramm-Entwicklung beteiligt.

Anschrift:
Städt. Gesamtschule Kikweg Sekundarstufe I und II, Heidelberger Str. 75, 40229 Düsseldorf, Tel. 0211/8 99 9611, Fax: 0211/8 99 9612

Selbsterfahrung, Persönlichkeitsreifung, pädagogische Qualifikation

Hermann Schlee

In einer Gesellschaft der Erfolgreichen spricht man nicht gern über beruflichen Einsatz, Bemühung oder sogar Misserfolg. Obwohl diese Seite der beruflichen Praxis Insidern vertraut ist, bleibt jeder Berufsanfänger im Lehrerberuf sich weitgehend selbst überlassen. Ratschläge und Hinweise gibt es wohl zu Hauf, letztlich muss jeder jedoch lernen, mit sich selbst und den eigenen Möglichkeiten zurechtzukommen.

Hinzu kommt, dass sich das Arbeitsfeld des Pädagogen längst nicht mehr nur auf den Unterricht und die Arbeit im Klassenzimmer beschränkt. Weitere Qualifikationen für den Lehrberuf sind erforderlich, die über eine Wissens- und Fachvermittlung hinausgehen.

Alle gesellschaftlichen Veränderungen fordern auch in der Schule eine permanente Aufarbeitung gerade auch durch Lehrerinnen und Lehrer. Wachsende Gewaltbereitschaft, offene und versteckte Aggression, die Weigerung Jugendlicher, in gesellschaftliche Verantwortung hineinzuwachsen, die Angst zu versagen, im Beruf später zu scheitern – Konfliktstoff, der oft genug Unterricht in Frage stellt. Nicht selten wird der Lernfortschritt der Kinder durch gesellschaftliche Rahmenbedingungen, zum Beispiel die Jugendarbeitslosigkeit sowie durch die Lebensumstände der mangelnden häuslichen Erziehung verzögert.

Förderung, soziale Einbindung, Betreuung und Begleitung sind von Nöten. Sich dieser erzieherischen Arbeit täglich neu zu stellen, fordert von den Lehrerinnen und Lehrern ein Höchstmaß an Selbstsicherheit und Einsatzwillen, Engagement und Motivation.

Das Geschehen im Klassenzimmer eröffnet täglich neue Erfahrungen. Der Lehrer findet hier eine Arbeit, die wie kaum eine andere Tätigkeit Zufriedenheit schaffen, die aber auch die eigene Persönlichkeit völlig in Frage stellen kann. Ein Beruf mitten im Leben. Es gibt kein Rezept für den Erfolg.

1. Selbsterfahrung

Wir stehen einer lauten von Sinneserfahrungen überfließenden Wahrnehmungswelt gegenüber, die sich für unser Bewusstsein in zwei Beobachtungsfelder gliedert.

1.1 Den Mittelpunkt in sich finden

Zum einen erleben wir das Chaos der äußeren Sinneseindrücke, dem wir mit unserem Denken ordnend begegnen. Gleichzeitig antwortet uns eine innere seelische Welt mit einer Fülle von individualisierten Erfahrungen. Äußere und innere Bilder bestürmen uns und fordern die sichere Plattform des Denkens, von der aus wir Ordnung und Übersicht gewinnen und auf der wir uns selbst, zum Beispiel in unserem pädagogischen Konzept, wieder finden.

Ein erhöhtes Bewusstsein allein reicht nicht. Jeder hat seinen eigenen innersten Mittelpunkt, zu dem er immer zurückkehren kann, jener Ort, an dem nur wir uns selbst finden.

1.2 Die Individualisierung der Erfahrungen

Wir erfassen einen Raum, in dem die verinnerlichte Welterfahrung individualisiert, von uns erst ihrer Qualitäten nach angenommen werden kann. Dies geschieht jedoch nicht von selbst, ein initiatives Vorstellen ist erforderlich, das gezielt auswählt und die erlebten Qualitäten befragen kann. Die Verlegenheit oder (gespielte) Selbstsicherheit eines Schülers nach einem bestimmten Ereignis erinnert mich an eigene, ähnliche Erlebnisse in der Jugend. Wie anders sich die Individualität des Kindes verhält, erlebe ich daran, dass ich beide Eindrücke gemeinsam anschaue. Die dabei wahrgenommene Andersartigkeit des Kindes weckt meine Aufmerksamkeit für das Besondere im Kind. Jetzt erst können individualisierte Einschätzungen gewonnen werden, die sich später im eigenen Vollzug realisieren lassen. Ein scheinbar aufwendiger und umständlicher Weg, der aber mit eigenen Fähigkeiten und Fertigkeiten rechnet und der zur ernsthaften Arbeit an sich selbst auffordert.

1.3 Die Bereitschaft sich zu verändern

Die einfache, äußere Wahrnehmung bietet auf diese Weise nur den Anlass für einen sublimen Entwicklungsvorgang, der nicht nur Aufschluss über ein bestimmtes Geschehen geben kann, sondern der auch eine neue Selbsterfahrung ermöglicht. Dadurch werden wir zu Veränderung und Aufgabe von Gewohnheiten des Denkens veranlasst. Wir erkennen, dass die eigenen inneren Verhältnisse die äußere Qualifikation, auf die eigene (wachsende) pädagogische Kompetenz zu vertrauen, bestimmen. Die Überzeugung stellt sich ein, dass ich nicht umhin komme, eigene Antworten auf das aktuelle Geschehen zu finden. Keine andere Instanz außer mir selbst ist in das vorliegende Geschehen involviert.

Erfahrungen erhalten eine neue und starke Erlebnisqualität. Unsere Erinnerung (von dem Kind links hinten in der vorletzten Reihe) bleibt nicht nur »Bild«, sondern wächst zu einem befragbaren Erlebnis an.

1.4 Stärkung eigener pädagogischer Fähigkeiten

Sich diesen Zugang erschließen heißt: Dialogfähig werden gegenüber der freigelegten inneren Sphäre: Mit den eigenen pädagogischen Fähigkeiten ist zu rechnen. Was *mir* in der pädagogischen Praxis, im Blick des Kindes, in seinem Verhalten begegnet, hat auch mit mir und meinem pädagogischen Selbstbild zu tun.

2 Persönlichkeitsreifung

2.1 Persönlichkeitsbildung durch Erfahrungen

Kein Mensch gleicht dem anderen in der Äußerung seiner Fähigkeiten. Je weiter wir auf dem Weg der biographischen Entwicklung fortschreiten, umso mehr unterscheiden wir uns in der Art wie wir Vorstellungen bilden, mit welchen Emotionen wir umgehen und schließlich, mit welchen Willensäußerungen wir in unsere Lebensverhältnisse eingreifen.

Dies führt zu der Erkenntnis: Entwicklung setzt Veränderungen und Lernen voraus. Fähigkeiten zu entwickeln, ist deshalb kein Anhäufen von Kenntnissen, nicht die Addition des Vergangenen, sondern fortwährende Umwandlung und Neukonstituierung. Dieser Prozess vollzieht sich nicht nach dem Ursache–Wirkung–Prinzip, er folgt eigenen Gesetzen; Reihenfolge, Aufbau, Steigerung sind Kategorien, die diese Zusammenhänge nicht mehr erklären. Deutlich wird: Wer sich den Anforderungen umfassend stellt und sich die Erfahrungen der Schule zur Herzensangelegenheit macht, findet die Wege zu einer neu verstandenen »Selbstverwirklichung«.

2.2 Selbstwertgefühl des Lehrers

Solange sich aber mein Selbstwertgefühl, meine Existenz an fremden Maßstäben orientiert, muss ich von mir absehen, ich übernehme (zunächst) mir fremde Ansichten, Verhaltensweisen, Ansprüche, Techniken. Es bedeutet eine weitaus umfassendere Veränderung, seine Erlebnisfähigkeit auf dem Weg durch eigene Seelenprovinzen hindurch neu zu erwerben.

Wodurch wird nun das Erinnerungsbild von einem bestimmten Schüler in einer bestimmten Situation, das wir nur flüchtig erfassen können, aussagekräftig?

Es lässt sich nur aufschließen, wenn wir es nicht nur anschauen als »zweidimensionale Momentaufnahme«. Wir verwandeln das »Schwarz-Weiß-Bild« hin zu unserem eigenen seelischen Erlebnis, indem wir es (auch gefühlsmäßig) befragen und uns diesem »Eindruck« aussetzen Das wird das erste Mal noch nicht gelingen. Der Versuch und ein geduldiges Verweilen und Erleben dieser Eindrücke verhilft uns zu einem besseren Verstehen und Annehmen dessen, was zu Beginn der »Übung« noch recht undeutlich war. Was also zuerst wie ein Lächeln des Kindes aussah, wird differenzierter erfasst werden können. Qualitäten wie Scheu, Zaghaftigkeit, Zurückhaltung oder Unentschlossenheit waren vielleicht mit im Spiel, wir haben es nur nicht gleich »gesehen«.

Mit solchen Erfahrungen im Hintergrund begegne ich den Schülerinnen und Schülern nicht nur immer wieder neu, ich gewinne ein Vertrauen in mein aktives Vorstellungsleben und in meine pädagogische Professionalität als Lehrer.

2.3 Erfahrungen und pädagogische Aufgaben

Was ich heute, trotz der reichen Erlebnisse und Erfahrungen des Schulalltags noch nicht überschauen kann, wird mir morgen in verwandelter Form wieder begegnen. Es handelt sich hier jedoch nicht um ein »Fotografie-Bewusstsein«, das durch Gedächtnis erschlossen werden kann.

Dies öffnet uns eine Tür, zum einen auf zurückliegende Eindrücke zu schauen, diese aber an der pädagogischen Aufgabe von heute zu modifizieren. Wie ich mich als Lehrer in verschiedenen Klassensituationen verhalte, ist deshalb kein mechanischer Vorgang, sondern das Vertiefen und erneute Verstehen des Vergangenen und ein Befragen und Abwägen meiner heute zu treffenden Entscheidungen.

2.4 Auflösung der Selbstzweifel

Zweifel und Unsicherheiten sind – gerade bei Berufsanfängern, aber auch bei erfahreneren Kolleginnen und Kollegen – treue Weggefährten und es kostet wohl etliche schlaflose Nächte bis Selbstvertrauen und Mut neu anwachsen. Auf diesem Weg der Prüfungen und der ernsthaften Arbeit an sich verändert sich die eigene seelische Befindlichkeit. Es fällt allmählich leichter, sich auf das Wesentliche zu konzentrieren, neue Gewichtungen zu setzen, die sich darin ausdrücken, dass man sein Selbstverständnis immer wieder neu befragt. Sind meine Fähigkeiten genügend weit gestreut, umfassend genug, um auf Fragen, Vorgänge, Ereignisse adäquat reagieren zu können?

2.5 Neue Maßstäbe

Neue, eigene Maßstäbe sich selbst zu setzen, ist der Anfang. Ziele werden besser erreicht, weil man nur jene ins Auge fasst, die man »am Horizont« sehen kann. Hier könnte man sich zum Beispiel folgende, ganz praktische Tagesziele setzen:

- Kinder aussprechen lassen, sie dabei anschauen,
- Beschreibungen, Erläuterungen in Wortwahl und Bildhaftigkeit differenziert darstellen,
- Dinge charakterisieren und nicht definieren, Begriffe entstehen lassen.

2.6 Wandlung durch Initiative

Die ganze Palette der inneren Konflikte, das Gefühl der Ohnmacht gegenüber der Gleichzeitigkeit der zu bewältigenden Aufgaben sind Indikatoren einer Persönlichkeitsreifung. Indessen wächst die Überzeugung, dass sich auf diesem Weg Misserfolge durch Initiative zum Positiven hin verändern lassen. Je früher man lernt, eigene Defizite anzunehmen und sie nicht als unangenehmen Makel immer wieder zu umgehen, desto eher können sich auf diesem Boden neue Talente und Potentiale bilden. Jede Krise und die Augenblicke der Schwachheit führen uns zu der Erkenntnis, dass wir selbst der Initiator unserer Entwicklung als Pädagoge sind.

3. Pädagogische Qualifikation

3.1 Erfolg und Misserfolg in der pädagogischen Praxis

Erfolg und Misserfolg in der pädagogischen Praxis als gleichberechtigte und gleichwertige Erfahrungen anzunehmen heißt, sich selbst anzunehmen Das schärft den Blick für das eigene »Handwerkszeug« und die eigenen pädagogischen Möglichkeiten.

Erreicht meine Sprache die Schüler? Sind meine Erklärungen, Beschreibungen schlüssig und klar? Habe ich eine Vorstellung von dem, was ich vermitteln will? Und: Was fehlt mir bei der Arbeit mit den Schülern? Kann ich Defizite beschreiben? Kann ich auch unkonventionelle Wege gehen?

3.2 Voraussetzungen für die Arbeit im Klassenzimmer

Wer es sich zur Aufgabe macht, die Voraussetzungen für den Unterricht bei sich und den Schülern täglich neu zu schaffen, wird seine Unterrichtsvorbereitung möglicherweise zeitlich nicht ganz umsetzen können. Es könnten sich aber Fragen und Antworten ergeben, die durch Planung nicht erreicht werden können. Forschendes Lernen?

Die Schüler werden den Lehrer als einen suchenden, um Aufbau und Reihenfolge bemühten »Mitarbeiter« erleben. Dieser positive pädagogische Effekt ist nicht zu unterschätzen, weil die Welt der Schule im Erleben der Schülerinnen und Schüler in der Analyse verschwindet. Die Schüler fordern zu Recht ein neues, über die Wissensvermittlung hinausgehendes Erleben des Ganzen durch Eigenaktivität und Phantasietätigkeit.

3.3 Die fachliche Arbeit mit den Schülern

Insofern ist es von Bedeutung, wahrnehmungsfähig zu werden, zum Beispiel für das naturwissenschaftliche Erfassen der Welt. Über das Befragen der Phänomene hinaus zu einem Verstehen des Ganzen zu kommen, darf im Unterricht allerdings nicht versäumt werden. Der Lehrer ist deshalb der

»Katalysator« der in der Zusammenarbeit mit den Schülern geschaffenen ganzheitlichen Vorstellungen.

Schule wird zu einem Ort der Selbstfindung für den Schüler werden, wenn er erlebt, dass sich die Welt der Erfahrungen in der Schule nicht nur erkennen und verstehen lässt, sondern dass es Zufriedenheit schafft, sie in sich und auf der Grundlage der eigenen Bemühungen neu erstehen zu lassen. Kreativität und Leistung lassen sich hier neu definieren.

3.4 Unmittelbarkeit der Begegnung mit dem Schüler

Durch das pädagogische Geschehen rückt die Schule in den Mittelpunkt der Betrachtung dieser krisengeschüttelten Gesellschaft. Eltern sind in der Wahrnehmung ihrer erzieherischen Aufgaben oft überfordert und müssen sich beruflichen Anforderungen mit Entschiedenheit stellen. Lehrerinnen und Lehrer werden unter diesen Vorzeichen erzieherische Bezugspersonen; sie sind – durch die Rahmenbedingungen, in denen Schule in unserer Gesellschaft stattfindet – oft besser erreichbar und rücken in eine deutlichere pädagogische Nähe zu den Kindern. Die Schüler tragen ihre Befindlichkeiten, Freuden und Kümmernisse in dem Maße ins Klassenzimmer, wie es ihnen woanders nicht mehr möglich ist, diese im Dialog zu kompensieren.

3.5 Mehrfachqualifikation des Pädagogen

Sich gegenüber diesen vielfältigen Anforderungen behaupten zu können, fordert ein Höchstmaß an erzieherischer Kompetenz und Lebenserfahrung. Mehrfachqualifikation bedeutet hier, einerseits Klassenlehrer und Fachlehrer, andererseits aber auch Anwalt des Kindes, Weggefährte, Krisenberater, Sozialpädagoge zu sein oder es zu werden.

3.6 Individuelle Begegnung

Es gibt keine Privilegien, keine Konvention. Begegnung heißt: umfassend und rückhaltlos Verbindlichkeit leben. Ein erhöhtes Bewusstsein zeigt: Das laute Kind sucht die leise Zuwendung, das aggressive Kind trägt die Verletzung bereits in sich, ehe es andere verletzt usw..

Die fruchtbare Tätigkeit des Lehrers setzt einen Freiraum voraus, in dem pädagogische Qualifikation den Entwicklungsweg suchen darf zwischen Leistung durch Wissensvermittlung und individueller Persönlichkeitsbildung.

Es gibt die Möglichkeit, den Augenblick der Begegnung mit dem Kind zu einem geschützten und persönlichen Erlebnis werden zu lassen, eindeutig, unmissverständlich. Es gibt den Weg zum beruflichen Erfolg. Er mag auf sich warten lassen und erst nach vielen Stunden der Selbstzweifel und Frustration zuerst nur für Augenblicke erreichbar werden. Es gehört jedoch zu den beglückenden, begeisternden und motivierenden Erlebnissen eines Pädagogen, Kinder auf dem Weg in die Zukunft zu fördern. Wenn wir das

Kind in seiner seelischen Entwicklung erreicht haben und es sich der Schule mit seinen Anforderungen öffnet, haben wir uns selbst als Lehrerin oder Lehrer bereits weiterentwickelt und neu qualifiziert.

Die gesellschaftliche Krise, die Überbeanspruchung bewirken ein Auseinanderfallen unserer seelischen und geistigen Ordnung. Aus dem Chaos der Erfahrungen sich täglich neu zu konstituieren ist Leistung der Individualität. Ohne die Regenerierung aus unserem innersten Quell müssten wir uns selber aufgeben.

Hermann Schlee ist Klassenlehrer, Handwerkslehrer, Goldschmiedemeister, Gründungslehrer der Freien Waldorfschule Haan. Er ist in der Lehrerfortbildung tätig und ist erfahren in der Schulprogramm-Entwicklung.

Anschrift:
Freie Waldorfschule Haan-Gruiten, Prälat-Marschall-Str. 34, 42781 Haan,
Tel.: 0 21 04/64 66, Fax: 0 21 04/6 10 21

Motivationskiller Mobbing

Horst Kasper

Mobbing in der Schule

Mobbing in der Schule hat viele Gesichter, die eines gemeinsam haben: Mobbing bedroht zuallererst die Motivation, dann die Gesundheit und schließlich die Arbeitsfähigkeit der Betroffenen. Es handelt sich dabei um eine konfliktbeladene Kommunikation, bei der die eine Seite der anderen überlegen ist. Kommt es nicht zu einer frühzeitigen Intervention gegen die sich über längere Zeit wiederholenden, sich zumeist sogar steigernden Angriffe auf das einzelne Opfer, so verselbständigt sich dieser Prozess und nimmt einen immer wieder gleichen Verlauf. Er endet in der Regel mit dem Ausschluss des Betroffenen von seinem Arbeitsplatz, falls das Geschehen nicht doch noch auf irgendeine Weise rechtzeitig gestoppt werden kann. Dies ist oft die Versetzung, aber auch die Entlassung, Frühpensionierung wegen Dienstunfähigkeit oder Einweisung in die Psychiatrie, manchmal sogar der Suizid.

In der Schule gibt es noch eine Gemeinsamkeit fast aller Fälle: Auf der überlegenen Seite steht die Schulleitung, oft in Koalition mit einigen Lehrern oder auch Eltern, auf der angegriffenen ein einzelner Lehrer/eine einzelne Lehrerin, wobei Männer und Frauen in etwa gleich häufig betroffen sind. In 95 Prozent der dem Autor bekannten Fälle geht das Mobbing von der Schulleitung aus, wird zumindest von dieser geduldet bis gefördert. Sehr selten passiert das Umgekehrte: Eine Koalition von Gegnern bringt den Schulleiter oder die Schulleiterin mit systematischen Angriffen an den Rand der Verzweiflung. Selten auch betreibt dies eine Gruppe von Kolleginnen und Kollegen gegen eine Lehrerin oder einen Lehrer. Schon aus diesen Tatsachen geht der Zusammenhang mit dem Thema dieses Buches deutlich hervor: Wo Mobbing vorkommt, liegt die Mitarbeiterführung im Argen. Wo Sündenböcke gebraucht, Opfer stigmatisiert werden, herrscht Schuldzuweisung, statt gegenseitige Unterstützung und Problemlösung. Die rund 30 exemplarischen Fälle, die im Buch »Mobbing in der Schule« fast durchweg von den Betroffenen selbst dargestellt sind, belegen dies klar (KASPER 1998).

Ein typischer Fall

Darunter ist der der jungen Realschullehrerin Sonja Ebersberg (Name geändert), die Mobbing an ihrer ersten Stelle erlebte (KASPER 1998, S. 77). Ihre Ausbildung hatte sie im benachbarten Bundesland absolviert und mit sehr guten Examina abgeschlossen. Insbesondere an ihre Ausbildungsschule im Referendariat hat sie eine überaus positive Erinnerung, fand sie doch dort so engagierte wie mitmenschliche Mentoren und einen Schulleiter, der die gute Arbeit der jungen Kollegin schätzte und förderte. Dementsprechend hatte sie in ihrem eigenverantwortlichen Unterricht in Mathematik und Physik nicht nur gute Ergebnisse, ihre Schülerinnen und Schüler besuchten begeistert ihren Unterricht. Sie trat daher ihre erste Stelle mit großem Schwung und viel Optimismus an. Das 25 köpfige Kollegium war jedoch ganz anders als das gewohnte. Ihre Mathematikkollegen waren fast ausnahmslos Raucher, die sich in den Pausen in einem besonderen Zimmer versammelten, wo sich auch der ebenfalls rauchende Schulleiter hinzugesellte. Das Tabak-Kollegium hatte sich zu einer Art Exklusiv-Club entwickelt. Wer nicht dazugehörte, klopfte an dieser Zimmertür an, ehe er eintrat, wann immer er etwas mit einem der rauchenden Kollegen zu besprechen hatte. Beim Eintritt verstummten stets alle Gespräche.

Wenige Tage nach Schuljahrbeginn fand eine Mathematik-Fachkonferenz statt, bei der die bisherige langjährige Vorsitzende zurücktrat. Die anderen bearbeiteten nach einer langen und quälenden Suche um eine Nachfolgeregelung die junge Lehrerin und setzten sie unter Druck, den Konferenzvorsitz zu übernehmen. Schließlich müsse das jede/r einmal machen! Sonja E. ließ sich breitschlagen und übernahm die Funktion. Natürlich sagten ihr die anderen jede Unterstützung zu, versäumten jedoch, sie über die sehr speziellen Regeln dieses Faches an dieser Schule zu informieren. Stattdessen wurde sie in der darauf folgenden Zeit systematisch auf ihre Ahnungslosigkeit »aufmerksam gemacht«. Da gab es zum Beispiel die Regel, wonach der Mathematikunterricht in allen Klassenstufen nach einem einheitlichen Stoffverteilungsplan unterrichtet wurde. Parallelklassen arbeiteten also »im Gleich Takt«. Zu vorher festgelegten Terminen wurden die ebenfalls einheitlichen Klassenarbeiten geschrieben, was regelmäßig einer aufwendigen Organisation bedurfte. Dazu hatte jeweils einer der Lehrer die Aufgaben zusammenzustellen und den anderen Fachkollegen der Klassenstufe zur Verfügung zu stellen. Außerdem »musste« dann auch durch entsprechende Aufsichtsregelungen sichergestellt werden, dass die Schüler der Parallelklassen nicht von denen der anderen »abschreiben« konnten. Als Sonja ihre erste Klassenarbeit entworfen hatte, erschien sie dem Kollegen der Parallelklasse viel zu leicht. Er machte einen eigenen Entwurf und zwang sie praktisch zu dessen Übernahme. Als sie zu Beginn der kleinen Pause ihren Achtklässlern vor der Stunde die Aufgaben (verdeckt) austeilte, um pünktlich beginnen zu können, betrat der Nachbarkollege die Klasse und verlangte barsch die Einhaltung der Zeit. Schüler der Parallelklasse beklagten sich beim Schulleiter, die Schüler von Frau Ebersberg hätten drei Minuten mehr Arbeitszeit gehabt. Sie »durften« die Klassenarbeit noch einmal schreiben. Für jede der dem Schulleiter gemeldeten Beobachtungen – und es gab ständig solche »Meldungen« – von Kollegen und Schülern musste sich Sonja vor diesem rechtfertigen. Ließ sie einmal aus Versehen eine Vorlage auf dem Kopierer liegen, so konnte sie diese – mit Rotstift korrigiert – aus der Hand des Schulleiters in Empfang nehmen. Sie stellte bereitwillig ihre Arbeitsmaterialien den Kollegen der jeweiligen Klassenstufen zur Verfügung, erhielt aber von den Kolleginnen und Kollegen keinerlei Gegenleistung, obgleich auch dies zu den »Regeln« gehörte. Vielmehr wurden ihr auch diese Schriftstücke, die sie den Kollegen in die Postfächer gelegt hatte, durch den Schulleiter mit Rotstift korrigiert zurückgegeben. Um die Zeit der Herbstferien, also nach wenigen Wochen, drohte ihr der Schulleiter, er werde sie so (schlecht) beurteilen, dass sie ihre Probezeit nicht überstehe, wenn sie »so weitermache«.

Die Junglehrerin sah keine Chance, an dieser Schule ihren Dienst zu leisten. In Einzelgesprächen wurde sie zwar von der Konrektorin verständnisvoll unterstützt, aber diese wagte es nicht, ihrerseits beim Schulleiter oder bei den Fachkollegen zu intervenieren. Ihr begegnete ansonsten ein Klima der Kälte, unter dem auch einige andere jüngere Lehrerinnen und Lehrer litten. Gegen den Schulleiter und die ihm ergebene Clique schien kein Kraut gewachsen.

Nach einigen Wochen stellten sich erste Krankheitssymptome ein, die sich bis zu den Weihnachtsferien steigerten und immer wieder zu kurzen Fehlzeiten führten, etwas, das Sonja E. bisher nie erlebt hatte. Die ständigen Schikanen, in einem Tagebuch genau festgehalten (KASPER 1998, S. 80 ff.), gingen zunehmend an die gesundheitliche Substanz. Als sich auch im neuen Jahr die spannungsgeladene Situation fortsetzte, beantragte sie ihre Versetzung an eine andere Schule. Nun kam auch die Schulaufsicht ins Spiel. Eine Versetzung während der Probezeit kommt üblicherweise nicht in Frage. Hier aber hatte die Behörde ein Einsehen. Einem Hinweis des zuständigen Beamten in der Bezirksregierung konnte die Lehrerin entnehmen, dass man dort sehr wohl den (unzeitgemäßen) Führungsstil des Schulleiters kannte. Offenbar war sie nicht der erste »Fall« von schikanösem Umgang mit dem Personal.

Macht und Ohnmacht

Zwar liegt jeder Fall anders. Betroffen sind ganz junge wie ältere Lehrerinnen und Lehrer an großen und kleinen Schulen aller Arten. Immer aber richten sich Schikanen gegen Schwache, sei es vom Status (ungesicherte Stellung, neu, untergeordnete Stellung in der Hierarchie) oder von den vorhandenen Kräften her. So werden sehr häufig gerade ältere Lehrerinnen und Lehrer Opfer »gesundheitsgefährdender Führer«, auch wenn sie bis dahin 25, 30 und mehr Jahre ohne jede Beanstandung und mit viel Erfolg ihre Arbeit geleistet hatten. »Die Würde des Menschen ist antastbar,« könnte man die trüben Erfahrungen der Mobbing-Opfer zusammenfassen. Willkür, Machtmissbrauch, Unterdrückung der Schwachen und Schwachgemachten sind die Zutaten in Dauerkonflikten, die sich immer neue Opfer schaffen. Wehrt sich ein Angegriffener mit mutigem Einspruch oder gar mit Beschwerden, so läuft er Gefahr, erst recht in die Bredouille zu geraten, alleingelassen von seinen Kolleginnen und Kollegen und von der leider allzu oft verständnis-

bis ratlosen Behörde, die ihr Heil in der bedingungslosen Unterstützung ihres »verlängerten Armes« Schulleitung sucht, ja dem Opfer die erlittenen Schikanen in aller Regel nicht glaubt. Mobbing-Opfer begegnen einer demotivierenden »Deutungsmacht«, haben allein meist keine Chance.

Innere Kündigung oder Rechthaberei

Sonja Ebersberg hat Glück gehabt. Sie fand Gehör und kann heute, versetzt nach einem Jahr, wieder mit Freude und gewohntem Engagement dem Beruf nachgehen. Sie konnte anknüpfen an ihre erfolgreiche Zeit im Referendariat und hat ihre gesundheitlichen Schäden überwunden, die sie im Teufelskreis des Mobbing erlitten hatte. Leider gilt das allzu oft nicht. Die erste Folge scheint der Verlust der Motivation für eine engagierte Berufstätigkeit zu sein. Das Unrecht, welches das Mobbing-Opfer erleidet, lässt dieses zuerst an sich und dann an der Umgebung verzweifeln. Die unmittelbare Auswirkung ist die Flucht in den Zustand eines »Dienstes nach Vorschrift« oder einer sich steigernden mehr oder weniger aggressiven Gegenwehr. Beide Wege haben für den Lehrer verhängnisvolle Folgen. Die gegenwärtigen Klagen über die Null-Bock-Haltung ganzer Schulklassen korrespondieren mit der (oft kunstvoll kaschierten) Gleichgültigkeit der zuständigen Lehrerinnen und Lehrer, die – frustriert über eine demotivierende Personalführung – permanent überfordert und um »Entlastung« bemüht sind. Wie viele Lehrer sind durch ähnlich kränkende Prozesse wie Sonja Ebersberg gegangen! Andere beschäftigen Dienstaufsicht und Gerichte mit immer neuen Klagen. Sie wählen die offensive, aber fast immer erfolglose gerichtliche Auseinandersetzung.

Die Mobbingfalle

Mobbing ist daher wie eine Falle. Es etabliert sich nach einiger Zeit als Teufelskreis, aus dem es nur schwer wieder herauszukommen ist und zwar für beide Seiten. Wie das Beispiel von Sonja E. zeigt, ist das Auftreten von Mobbing außerdem nie nur eine Sache von wenigen Beteiligten. Durch Untätigkeit der Kollegen (»Da halt ich mich raus!«) wie durch aktive Förderung (Denunziation, Gerüchte usw.) kann sich der Prozess überhaupt erst entwickeln, und wenn es nicht gelingt, die Schulaufsicht zu einem Ausgleich des Ungleichgewichtes der Kräfte zu gewinnen, wird auch diese Teil des Systems. Dieses zieht vergleichbar dem »Schwarzen Loch« der Astronomen alle Energien an und verschlingt sie. Dabei ändert auch die Vernichtung eines einzelnen Sündenbocks nichts an den Strukturen und falschen Denkweisen der Mächtigen, die den Schaden herbeigeführt haben. Es wird sich ein neues Opfer alsbald finden, wie die Erfahrung lehrt. Wo mehr oder weniger systematische Schikanen gegen ein oder mehrere Mitglieder eines Kollegiums gerichtet sind, kann sich keine gedeihliche pädagogische Arbeit entwickeln. Mobbing zerstört im Gegenteil gute Motivation weit über die unmittelbar Beteiligten hinaus.

Mobbing ist unethisches Verhalten, das durch stillschweigende Duldung oder durch Unterstützung der überlegenen Seite bestätigt wird. Dahinter steckt oft die falsche Meinung, Betroffene seien »irgendwie selbst schuld«. Dies ist ein Fehlurteil. Ursächlich sind eher Strukturen, die das Entstehen von Mobbing fördern (LEYMANN 1993 S. 129 ff.) und mit repressivem oder von Gleichgültigkeit beherrschtem Führungsverhalten korrespondieren. Wenn die Angriffe auf das unterlegene Opfer aufhören, hat dieses keinen Anlass mehr, sich dagegen zu wehren. Mit dem Ende der Angriffe, endet auch der Mobbingprozess. Die grundgesetzliche Verpflichtung zur Achtung der Menschenwürde ist im Übrigen nicht an persönliche Kriterien gebunden, sie gilt ohne Einschränkung für jedermann. Die Fürsorgepflicht der Schulleiterinnen und Schulleiter gegenüber den Lehrerinnen und Lehrern stellt diese in dieser Hinsicht vor besondere Anforderungen, die sie bei der Beteiligung an Mobbinghandlungen grob verletzen.

Mangel an Handlungsalternativen

Viele der von Mobbing betroffenen Lehrerinnen und Lehrer empfanden als groben Machtmissbrauch, was ihnen an Unrecht geschehen war. Dennoch ist in aller Regel nicht die Lust am Herrschen oder gar die sadistische Lust, Untergebene zu quälen, der Antrieb, sondern es sind fehlendes Unrechtsbewusstsein und vor allem der Mangel an Handlungsalternativen. So rutschen manche Schulleiter/Schulleiterinnen in solche Dauerkonflikte hinein mit der Folge, dass diese alsbald ihre Eigendynamik entfalten und zu regelrechtem Mobbing entgleisen. Der Ausstieg aus einem solchen Prozess ist aber schwierig, wie immer er auch begonnen haben mag. Bald steht für beide Seiten viel auf dem Spiel: Für die Unterlegenen Gesundheit und Amtsautorität als Lehrerin oder Lehrer, für die Seite der Macht (meist eben die Schulleitung) die Aufrechterhaltung der innerdienstlichen Ordnung, die Abwehr von Beschwerden und letztlich ebenfalls die Autorität der Führungskraft.

Was tun gegen Mobbing?

1. Zunächst gilt es zu akzeptieren, dass **Mobbing geschieht** und dass es nicht von alleine vergeht. Wo ein Dauerkonflikt mit all seinen entwürdigenden Facetten im Gange ist, muss er durch ernsthafte Anstrengung beendet werden. Ohne falsche Scham der überlegenen wie der unterlegenen Personen sollte das Problem als solches angenommen werden. Dann kann man auch nach Lösungen suchen.
2. **Nicht untätig zusehen**, ist der zweite Grundsatz. Wo unethisches Verhalten – und das ist es, was zu Mobbing führt – vorkommt, sollte es sofort

als solches benannt werden. Das kann eine Personalrätin, ein Kollege, der die Sache beobachtet, kann eine Lehrerin oder ein Lehrer des Vertrauens der/des Betroffenen, aber auch ein Schulaufsichtsbeamter sein. Zivilcourage in der Umgebung beendet Mobbing in der Frühphase nach aller Erfahrung schnell. Wer seine Macht missbraucht, tut das ja aus innerer Unsicherheit und weil er um diese fürchtet. Wenn er so mutig wie höflich darauf angesprochen wird, dass man als Kollege des Angegriffenen solches Verhalten nicht akzeptiert und zwar immer aufs Neue, so lange es passiert, der bewirkt in aller Regel durch diese Art Beistand den Beginn der Veränderung zum Besseren hin. Das Geheimnis dieser Wirkung scheint der Machtausgleich für den Unterlegenen zu sein. Wer zu ihm auf die Waagschale hinaufsteigt, hilft diese zu senken und für »Gleichstand« zu sorgen. Je größer das Ungleichgewicht für das Opfer der Angriffe, desto breiter muss die Unterstützung sein. Das stärkt das Selbstvertrauen und damit die Motivation aller Beteiligten, vor allem die des Opfers, aber auch die der Helfer. Wenn einmal an einer Schule ein solcher Fall durchgestanden wird, dann dürfte hier auch Mobbing generell künftig zum wirklichen Fremdwort werden.

3. **Mediation**, ein Schlichtungsverfahren, ist eine Möglichkeit, falls der Prozess sich bereits etabliert hat. Sobald einmal die Spirale des Mobbing entstanden ist, wird es mit fortschreitender Zeit immer schwieriger, diese zu durchbrechen und das Mobbing zu beenden. So früh als möglich sollte daher nach Mitteln und Wegen einer Lösung des Konfliktes gesucht werden, die die Würde beider Seiten in gleicher Weise achtet. Mediation (FALLER 1998) ist eine solche Methode, die sich inzwischen in vielen Ländern und vielen Lebensbereichen bewährt hat, auch in Mobbingfällen. Dabei begleitet ein(e) strikt neutrale(r) Mediator(in) die beiden Seiten bis hin zu einer Vereinbarung über die künftige Zusammenarbeit.

4. **Mobbing-Prävention** fördert die Motivation. Will man Mobbing wirkungsvoll bekämpfen, gilt es, an der einzelnen Schule wie im ganzen System Schule Strategien zu entwickeln, die diesem den Nährboden entziehen. Daher der Vorschlag, an der einzelnen Schule zur Verbesserung des ethisch fundierten menschlichen Miteinanders ein Regelwerk zu erarbeiten, das nicht nur auf der Lehrer-, sondern auch auf der Schüler- und Elternebene wirken kann. Hat man sich erst einmal in den schulischen Gremien über die Achtung gewisser an der Menschenwürde orientierter Grundregeln geeinigt, entsteht eine geistige Struktur, die in der Hitze des Alltagsbetriebes entgleisendem Verhalten Schranken setzt. Ich nenne diese Vorschläge die »Anti-Mobbing-Konvention« (KASPER 1998, S. 185). Einige Beispiele:

1. Wir achten in Wort und Tat die Würde unserer Mitmenschen.
2. Wir lassen Angefeindete nicht allein.
3. Wir begegnen fremden Fehlern ebenso nachsichtig wie unseren eigenen.

Selbst wenn es nicht auf Anhieb gelingen sollte, die schulischen Gremien wie Schulkonferenz, Gesamtlehrerkonferenz, Elternbeirat und Schülerrat für eine solche Konvention zu erwärmen, können einige Personen durch ihre eigene, an solchen Regeln orientierte Haltung für eine gewisse präventive Wirkung sorgen. Auch das ABC der »mobbingfreien Schule« (a.a.O S. 183) soll der individuellen Orientierung im Sinne einer ethisch einwandfreien und die menschliche Würde achtenden pädagogischen Arbeit dienen. Zwei Beispiele:

D Wo **Druck** und **Disziplin** allgegenwärtig sind, ist Mobbing nicht weit.

H **Humor** ist ein guter Schutzmantel in allen Lebenslagen.

Wiedergewinnung von Würde und Vertrauen

Die schwere Störung der beruflichen und persönlichen Motivation, die mit dem Erleiden von Mobbing einhergeht, ist vor allem durch die Verletzung der Menschenwürde der dauernd Angegriffenen zu erklären. Dazu kommt der Verlust jeglichen Vertrauens in die korrekte und kompetente Amtsführung von Vorgesetzten bis zur Personalverwaltungsebene. Eine Rehabilitation muss daher vor allem auf dies bedacht sein: Der Betroffene muss spüren, dass er wieder wie ein Mensch behandelt und geachtet wird. Er muss Gelegenheit haben, erneut zu lernen, dass er Vertrauen in seine Kolleginnen und Kollegen wie in seine Vorgesetzten haben kann. Das verlangt beispielsweise mitunter Konsequenzen bis hin zur Bereinigung der Personalakten, in denen sich oft im Verlauf eines Mobbingfalles Schriftstücke ansammeln, die der Betroffene nicht zur Kenntnis erhalten hat (Beschwerden, Eingaben, negative Wertungen usw.). Der für Betroffene erkennbar wirkende gute Geist der Bereinigung bis in die oberste in einem solchen Fall involvierte Ebene hinein, kann sehr viel zur Wiedergewinnung des Vertrauens und sogar zur Überwindung gesundheitlicher Folgen führen. Gerade dort, wo sich infolge Mobbing ein gesundheitlicher Langzeitschaden entwickelt hat, muss das Entgegenkommen der Vorgesetzten eingefordert werden. Das ist nicht nur für eine gesundheitliche Rehabilitation wichtig, auf die das Opfer einen Anspruch hat, es hilft auch die enormen Kosten zu senken, die Mobbing derzeit unseren leeren Staatskassen aufbürdet (KASPER 1998, S. 36), von der Chance der Wiedergewinnung einer guten beruflichen Motivation ganz zu schweigen.

Frühzeitige entschlossene Intervention und Unterstützung durch Kollegen und Personalräte, erforderlichenfalls auch durch höhere Vorgesetzte kann Mobbing in jedem Fall stoppen, das Vertrauen der Angegriffenen wiederherstellen und damit die Voraussetzung dafür schaffen, dass die durch fortgesetzte Schikanen in der Regel schwer angegriffene positive Motivation wiedergewonnen werden kann.

Horst Kasper ist Realschulrektor i. R. Er war über vierzig Jahre an der Schule tätig, davon 25 Jahre Leiter einer großen Realschule. Er war in der Gewerkschafts- und Personalratsarbeit engagiert. Er referiert bei Lehrer-Fortbildungsveranstaltungen und publiziert Veröffentlichungen zu den Themen Schulentwicklung, neues Lernen und Mobbing.

Anschrift:
Senfbodenweg 25, 79379 Mülheim/Bd., Tel. und Fax: 0 76 31/30 77

Dabeisein – Bewegen – Begeistern

Karl-Oswald Bauer

In der pädagogischen Interaktion ist der Körpereinsatz von größter Bedeutung. Kaum etwas ist wirksamer als Blicke, Gesten, Tonfall und Stimmlage, wenn es darum geht, Menschen zu beeinflussen und die Beziehung zu ihnen herzustellen und zu definieren. Aber auch für Lehrkräfte in Führungspositionen, für Schulleitungsmitglieder, für Lehrerfortbildner und Schulaufsichtsbeamte gilt, dass sie immer wieder in der direkten Interaktion mit ihren Mitarbeitern ihr Gesicht und ihren Körper zeigen und einsetzen müssen. Dieser Aspekt der pädagogischen Arbeit wird in Forschung und Ausbildung vernachlässigt. Ich bin sicher, dass sich dies ändern wird. Es hat schon angefangen, sich zu ändern.

Körperwahrnehmung und Körperarbeit sind wichtig, weil unser Selbst Rückmeldungen über die Außenwelt nur vermittelt über Sinneswahnehmungen und Körperreize empfängt. Auch die Darstellung des Selbst in der pädagogischen Interaktionssituation erfolgt vor allem durch Mimik, Gestik, Tonfall, Bewegung. Wir entwickeln unser Selbst, indem wir uns aus der Perspektive der anderen betrachten. Und was wir da wahrnehmen, ist kein Katalog von Eigenschaften, sondern das ganzheitliche Bild eines Menschen aus Fleisch und Blut. Der Körper, die Kleidung, Stimme und Bewegung sind Träger von Informationen über soziale Zugehörigkeiten, Positionen in der Gesellschaft, im biografischen Ablauf, über unser Verständnis von Geschlechtsrollen, aber auch von Jugend und Alter, von Kindsein und Erwachsensein. Jede körperliche Beeinträchtigung führt auch zu einer Veränderung der kommunikativen Möglichkeiten und erfordert, wenn sie auf Dauer besteht, eine Neustrukturierung des Selbst. Denken Sie nur an die enorme Wirkung, die kleine Beschwerden wie Heiserkeit, Kopfschmerzen oder Sehbehinderungen haben, wenn es darum geht, in blitzschneller Folge mit zwanzig anderen Menschen zu kommunizieren.

Schon die schiere Anwesenheit eines Leitungsmitglieds kann Veränderungen im Verhalten von Mitarbeitern einer Organisation bewirken. Stellen Sie sich Schulleiter und Kollegium als Tänzer in einem Ballett vor, die durch die Bewegungen ihrer Körper aussagen, wie sie miteinander arbeiten. Schulleiter können dem Kollegium im Weg stehen, sie können hinter ihm stehen, sie können auf das Kollegium zugehen oder sich von ihm entfernen, sie können es auf Trab oder in Fahrt bringen oder auch hemmen, bremsen…

Körperwahrnehmung und Körperarbeit sind insbesondere aus folgenden Gründen wichtig:

- Kommunikation in pädagogischen Live-Situationen erfolgt über den Körper, über Stimme, Mimik, Gestik, Bewegung im Raum.

- Wenn die Schule zum Lebens- und Erfahrungsraum wird, zu einer gestalteten Lernumgebung, müssen auch körperliche Bedürfnisse und Entwicklungsmöglichkeiten der Kinder und Jugendlichen stärker berücksichtigt werden.
- Bedeutsame persönliche Lernprozesse werden auch körperlich intensiv erlebt.
- Aufmerksamkeit und Lernbereitschaft sind an körperliche Voraussetzungen gebunden, die sich mit einfachen Mitteln positiv beeinflussen lassen.
- An die Stelle autoritärer und bürokratischer Formen der Führung treten »sanfte« Formen der Leitung, die für die motivationsstützende und Vertrauen schaffende Körpersprache von großer Bedeutung ist.
- Das hohe Durchschnittsalter vieler Lehrerkollegien lenkt die Aufmerksamkeit auf Arbeitsbedingungen, die Gesundheit und Wohlbefinden fördern.
- Das Arbeitsklima in Konferenzen und Teamsitzungen hängt in starkem Maße davon ab, ob die Teilnehmer sich körperlich wohl fühlen und genügend Bewegungsmöglichkeiten bestehen.

Konferenz-Situationen

In einer Konferenz sitzen Sie wie auf heißen Kohlen. Sie möchten unbedingt etwas sagen oder tun, aber Sie sind noch lange nicht an der Reihe. Beim übernächsten Tagesordnungspunkt dösen Sie vor sich hin und überlegen, was Sie jetzt vielleicht Sinnvolles einigermaßen unauffällig tun könnten. Und dann reißen Sie die Augen auf. Haben Sie richtig gehört? Diese Ungerechtigkeit! Vor Zorn schlägt Ihnen das Herz bis zum Hals. Zwei Stunden später ist die Konferenz endlich vorbei; sie möchten befreit aufatmen und alles vergessen, aber stattdessen haben Sie schreckliche Kopfschmerzen und versuchen sich irgendwie abzulenken.

Dann ist da eine Woche später diese Fortbildung zum Thema »Kollegiale Beratung«. Vierzehn Kolleginnen und Kollegen sind da. Zu Beginn bittet der Referent, so ein mittelalter Typ von der Uni, die Tische beiseite zu räumen. Einige fangen an zu maulen »Muss das sein?«. Der Referent: »Ja, das muss sein«. Sie bewegen sich durch den Raum. Dann sollen Sie sich vorstellen, Sie müssten ein dickes Schaumstoffkissen, das vor Ihnen auf dem Boden liegt, zusammendrücken und wieder loslassen. So ein Quatsch. Na, gut, wenn er das unbedingt so haben will, bitte. Sie machen die Übung verdrossen mit. Einige grinsen, jemand kichert. »So und jetzt etwas schattenboxen.« Sie ballen die Fäuste und schlagen in die Luft. Sie kommen dabei richtig in Fahrt. Es fängt an, Spaß zu machen. Und dann wieder. »So, und jetzt bitte einfach gleiten, mit den Handflächen so etwa vierzig Zentimeter über dem Boden durch die Luft gleiten …« Sie tun es einfach, ohne nachzudenken. Und dann setzen Sie sich hin, und sie spüren seit Tagen zum ersten Mal so ein Gefühl des Gelöstseins, der Leichtigkeit, Sie sind ein bisschen außer

Atem, ziehen tief die Luft ein und genießen es einfach, hier zu sein und sich im Augenblick um nichts weiter kümmern zu müssen. Sie sind neugierig, wie es weitergehen wird; Sie fangen an, sich auf den Tag zu freuen.

Die kollegiale Beratung läuft weiter. Sie haben vereinbart, sich etwa alle sechs Wochen für einen halben Tag wiederzutreffen. Und Sie haben sich Hausaufgaben verordnet. Sie gehen auf Entdeckungsreise; und zwar haben Sie die Aufgabe, einmal zu beobachten, wie Sie Ihren körperlichen Zustand und Ihr Körpererleben beeinflussen und sollen den Kollegen darüber berichten. Sie sind ausdrücklich aufgefordert zu experimentieren. Das Ganze ist zum Teil Ihre Idee gewesen, weil Sie dauernd diese körperlichen Symptome spüren und sich schon seit einiger Zeit Sorgen um Ihre Gesundheit machen. Die ärztlichen Untersuchungen haben nichts zutage gefördert, trotzdem ist da dieses Unbehagen. In den letzten Tagen ist Ihnen etwas aufgefallen. Sie haben etwas Überraschendes erlebt. Wenn Sie nachmittags müde und ruhebedürftig nach Hause kommen, tun Sie versuchsweise mal etwas anders als bisher. Statt sich hinzulegen, gehen Sie eine Runde schwimmen oder laufen. Und Sie haben festgestellt, dass Ihre Müdigkeit davon nicht stärker wird, sondern weggeht. Merkwürdig … Und anschließend setzen Sie sich an den PC und arbeiten an den Unterrichtsmaterialien für übernächste Woche. Und können sich dabei gut konzentrieren. Sie bauen sich allmählich einen Fundus auf und haben viele Ideen für die Gestaltung von Unterrichtsstunden, die Sie auf Skizzenblättern festhalten und abspeichern. Das gibt Ihnen ein Gefühl der Sicherheit. Gut zu wissen, dass Sie sich auch schnell auf eine Stunde vorbereiten können, indem Sie sich aus Ihrem persönlichen Vorrat bedienen.

Nachdem Sie einige Zeit Erfahrungen mit Ihrem Körpererleben am Nachmittag gesammelt haben, fangen Sie an, hin und wieder auch im Unterricht darauf zu achten. Und nach dem Unterricht gehen Ihnen bestimmte Szenen durch den Kopf. Was mache ich im Unterricht? Wo stehe und sitze ich? Was sehe und höre ich da? Wie sehen *sie* mich? Sehen sie mich überhaupt?

Da Sie die Dinge fachlich gut im Griff haben, können Sie es sich leisten, auch im Unterricht gezielt bestimmte Handlungen zu variieren. Da ist die Sache mit dem Blickkontakt … Sie bewegen sich im vorderen Drittel des Raums langsam vor und zurück und suchen Blickkontakt zu Ihrer Lerngruppe. Sie verschieben Ihre feste Position ein bisschen nach vorn, das Pult lassen Sie hinter sich und benutzen es hin und wieder als Stütze.

In einer Pädagogischen Konferenz geht Ihnen durch den Kopf: »Warum tun wir so wenig von dem, worüber wir reden? Handlungsorientierter Unterricht, Projektarbeiten, Visualisieren, Stimme und Bewegung, Wechsel der Sozialformen … Wäre doch gut, einiges davon hier direkt mal zu machen. Na ja, ich weiß schon, was manche sagen werden: Kindergeburtstag. Besonders die Kollegen aus der Oberstufe. Dabei hätten die es am nötigsten.«

Pädagogik ist Körperarbeit

Für mich sind körperliche Vorgänge, die ich an mir selbst und anderen wahrnehme, seit etwa zehn Jahren wichtige Hinweisgeber. Ich ziehe daraus Rückschlüsse, ob Prozesse richtig oder falsch laufen und wohin die Reise gehen sollte. Und ich verbinde meine Arbeit mit dem Anspruch auf körperliches Wohlbefinden aller Beteiligten. Das steht nicht im Mittelpunkt, sollte aber Nebeneffekt sein. Wo ich mich stundenlang unwohl fühle, ist etwas faul, sei das nun in einer Konferenz, der Teamsitzung eines Forschungsprojektes oder in einer Unterrichtsveranstaltung oder Fortbildung. Und für mich ist das Wohlbefinden der Lernenden in von mir arrangierten Situationen ein wichtiges Kriterium für die Qualität einer Veranstaltung. Diese Aussagen stützen sich auf Erfahrung und nur zum Teil auf systematische Beobachtungen und kleinere Feedback-Erhebungen. Sie haben also nicht die Qualität wissenschaftlich überprüfter Hypothesen. Wenn ich es dennoch wage, hier darüber zu schreiben, dann tue ich dies, weil ich davon überzeugt bin, dass die körperliche Seite der pädagogischen Arbeit mehr Aufmerksamkeit verdient und dass sich Investitionen in diesen Bereich für eine Bildungseinrichtung sehr wohl auszahlen. Die empirische Absicherung des hier verfolgten Konzeptes kann zum Teil durch Praxisforschung in den Schulen und durch schulinterne Selbstevaluation erfolgen. Und sie stellt eine wichtige Aufgabe für die empirische Erziehungswissenschaft dar.

Körperarbeit ist in Grundschulen gewiss weiter verbreitet als in Sekundarschulen und findet – Achtung: Hypothese! – mehr Akzeptanz bei Grundschullehrerinnen und Grundschullehrern als bei Gymnasial- oder Hochschullehrern. Dessen ungeachtet ist sie für Jugendliche und Erwachsene genau so wichtig wie für Kinder; und vor allem ältere Menschen können enorm von einem bewussten Körpereinsatz bei ihrer pädagogischen Arbeit profitieren.

Bei der Ausbildung von Schulentwicklungsberatern (Alter: 35 bis 55 Jahre) lege ich deswegen großen Wert auf die körperliche Seite des Trainings; und die Teilnehmer sind nach anfänglicher Skepsis durchweg dankbar dafür, wie ich feststelle.

Körpersprache ist ...

- **unvermeidbar**
- **hochwirksam**
- **von autonomen (nicht willkürlich steuerbaren) Vorgängen begleitet**
- **aufregend**
- **trainierbar**

Eine Absolventenbefragung einer Gruppe von 22 Lehrgangsteilnehmern an einer anderthalbjährigen Ausbildung zum Schulentwicklungsberater zeigte:

- Warm-up-Übungen und körperbezogene Auflockerungen während der Lehrgänge werden von 90 % der Teilnehmer positiv bewertet und im Sinne des Transfers in das eigene Handlungsrepertoire übernommen.

Empirische Untersuchungen

Im Rahmen einer empirischen Untersuchung zur pädagogischen Qualität von Schule konnten wir einige Indikatoren für die Qualität der schulischen Arbeitsumgebung zum Syndrom der chronischen Erschöpfung von Lehrerinnen und Lehrern (Burnout) in Beziehung setzen.

Eine Befragung von (N = 1080) Lehrpersonen ergab:

- 27 % der innerlich erschöpften Lehrer (Burnout-Werte hoch) stimmten der Aussage zu: »Für die Räumlichkeiten unserer Schule scheint sich niemand verantwortlich zu fühlen.«
- Nur 8 % der Lehrer mit hoher Energie stimmten dieser Aussage zu.
- Der Aussage »Vieles an unserer Schule ist seit langem schmutzig oder kaputt« stimmten 30 % der innerlich erschöpften Lehrerinnen und Lehrer zu gegenüber nur 14 % der Befragten mit hoher Energie.
- Die Aussage »Unsere Klassenräume sind überwiegend gemütlich und einladend gestaltet« verneinten 51 % der innerlich erschöpften Lehrer, nur 22 % stimmten zu, 26 % waren unentschieden. Von den Lehrpersonen mit hoher Energie verneinten diese Aussage nur 30 %, 36 % antworteten unentschieden und immerhin 33 % stimmten zu.

Ergebnis:

- Die hohe Korrelation zwischen dem Zustand der inneren Erschöpfung bzw. der hohen Energie und dem desolaten oder gepflegten Zustand der Schulräume ist ein interessantes Phänomen. Umso interessanter, als dieser Zusammenhang stabil ist und sich auch zeigt, wenn weitere Variablen in die Auswertung einbezogen werden. (BAUER/KANDERS 1998)

Eine Fallstudie an einer hessischen Sekundarschule, der Steinwaldschule, ergab:

- 90 % der Mitglieder des Kollegiums stimmen der Aussage zu, dass ihre Schule auf die Gestaltung des Schulhauses und der Klassenräume besonderen Wert legt. Und die Arbeitszufriedenheit ist in diesem Kollegium mit 96 % Berufszufriedenen ungewöhnlich hoch. (DÖBRICH/LOHMANN 1998, S. 32 f.).

Was Sie tun können – Anlässe zu mehr Bewegung und Motivation

Ich habe in der folgenden Tabelle eine Übersicht über Maßnahmen zusammengestellt, die Sie durchführen können, um Ihren Körper gezielt einzusetzen und für körperliches Wohlergehen bei Ihren Schülerinnen und Schülern, Kolleginnen und Kollegen zu sorgen. Einige Möglichkeiten möchte ich Ihnen hier vorstellen. (vgl. BAUER 1997, S. 59–67).

Maßnahmen zur Körperarbeit in pädagogischen Interaktionen

Kleine Maßnahmen/ Individualebene	Große Maßnahmen/ Gruppen und Kollegien
■ Unterricht: Übungen zur Körpersprache ■ Körperbetonte Eröffnungsrituale ■ Bewusster Körpereinsatz in angstauslösenden Situationen ■ Körperfreundliche Lebensführung ■ Erlernen von Meditations- und Entspannungsmethoden ■ Regelmäßig Sport treiben ■ Körperfreundliches Zeitmanagement ■ Die Stimme spielen lassen ■ Entspannungsübungen, Phantasiereisen ■ Elemente aus der Animationspädagogik übernehmen ■ Die Magie des Wortes erfahren (Spüren, wie Worte wirken)	■ Pädagogische Konferenz zum Thema Körper, Stimme, Bewegung ■ Selbstevaluation hierzu ■ Schulprogramm, Entwicklungsschwerpunkt Arbeitsumgebung: Schulhaus- und Klassenraumgestaltung, ■ ökologische Schulhofgestaltung ■ »Bauchphase« einführen ■ Eröffnungs- und Abschlussrituale in Sitzungen, Teambesprechungen, Fachkonferenzen

Übergänge von einer Situation zur anderen oder von einer Arbeitsphase zur nächsten eignen sich gut für körperbezogene Übungen. Eine Möglichkeit hierfür bietet das folgende Bewegungsspiel.

Bewegungsspiel

Atome und Moleküle – Bewegungsspiel als Übergang zur Kleingruppenarbeit

Zur Bildung von Kleingruppen im Unterricht, auf Pädagogischen Konferenzen, in Fortbildungen, auf Schulfesten und Exkursionen können Sie ein kleines Bewegungsspiel einsetzen: Atome und Moleküle. Sie lassen Tische und Stühle beiseite räumen. Dann teilen Sie den Mitgliedern der Gruppe (Schüler, Kollegen auf einer Pädagogischen Konferenz) mit, dass jeder von ihnen ein Atom sei. Die Atome bewegen sich in Abhängigkeit von der Temperatur, die Sie verkünden, durch den Raum. Wenn Sie »vierzig!« rufen, entspricht das vierzig Grad, also einer noch langsamen Bewegung. »Null Grad!« bedeutet Erstarrung und Einfrieren der Bewegung, achtzig Grad schnelle Bewegung. Wenn Sie eine Zahl in Verbindung mit dem Wort »Molekül« rufen, also etwa »Molekül acht!«, haben sich die Mitglieder der Gruppe zu Kleingruppen zusammenzufinden, die Moleküle heißen. Bei »Molekül vier!« bilden sie Vierer-Gruppen usw. Sie können mit diesem Spiel innerhalb weniger Minuten Schwung in eine Gruppe bringen und außerdem den Übergang zur Kleingruppen-Arbeitsphase gestalten.

Das im Folgenden beschriebene Ritual gehört ebenfalls in die Kategorie »Unterbrecher« und ist zugleich ein Eröffnungs- und Abschlussritual mit einer positiven Wirkung auf das subjektive Körpererleben und das Arbeitsklima.

Eröffnungs- und Abschlussritual als Feedback

Ritual »Bauchphase«

Das Ritual »Bauchphase« eignet sich für kleine Gruppen von Menschen, die häufig zusammenarbeiten, also für Leitungsteams, Steuergruppen, kleine Fachkonferenzen oder Projektgruppen. Das Ritual besteht darin, dass zu Beginn und am Ende jedes Treffens an alle reihum eine Frage gerichtet wird. Die Frage zu Beginn lautet: Was bewegt dich heute? Mit welchem Gefühl gehst du in diese Sitzung? Wie ist dein körperliches Befinden? Jedes Mitglied antwortet darauf mit wenigen kurzen Sätzen oder mit der Floskel: »Ich möchte dazu jetzt nichts sagen.« Es ist dabei wichtig, dass niemand gezwungen oder unter Druck gesetzt wird, sich zu offenbaren. Die Frage am Ende des Treffens lautet: Mit welchem Gefühl verlässt du diese Sitzung? Wie geht es dir körperlich jetzt? Alle Äußerungen bleiben unkommentiert. Niemand hat dabei etwas zu bewerten, niemand hat sich zu rechtfertigen. Nachfragen zur Klärung sind dabei erlaubt. Der Akzent liegt also auf der Selbstoffenbarungs- und Beziehungsseite der Kommunikation. Hier steht das Selbst im Mittelpunkt.

Ich habe wiederholt beobachtet, dass dieses kleine Ritual erheblich zur Verbesserung des Arbeitsklimas in Gruppen beiträgt, in denen häufig Spannungen aufkommen oder in die sich die Gruppenmitglieder regelrecht schleppen müssen. Besonders in Verbindung mit Methoden des Zeitmanagements und der Moderation kann diese Übung viel Gutes bewirken. Risiken und Nebenwirkungen sind gering, solange die Beteiligten – und vor allem die Leitungsmitglieder in der Gruppe – sich an die Spielregeln halten und interessiert zuhören, ohne zu kommentieren. Natürlich ist es erlaubt, Nachfragen zur Klärung zu stellen.

Umgang mit Angst und Unsicherheit

Angst und Unsicherheit äußern sich sehr deutlich in autonomen Reaktionen des Körpers, die von einer bestimmten Intensität an von innen und auch von außen wahrgenommen werden. Zu diesen autonomen Reaktionen gehören Herzklopfen, Zittern, flaues Gefühl im Magen, weiche Knie und ein Ersterben der Stimme. Unsicherheiten werden in pädagogischen Situationen vom Gegenüber oft wahrgenommen und mit analogen Gefühlen beantwortet. Das wiederum verstärkt noch die Unsicherheit des Protagonisten. Sie haben nun die Möglichkeit, durch Mimik und Gestik eine vorhandene eigene Unsicherheit und aufkommende Ängste innerhalb gewisser Grenzen zu beeinflussen. Vor angstauslösenden Situationen fragen Sie sich bitte: Wovor genau habe ich Angst? Und dann treffen Sie Vorkehrungen, dass das Befürchtete nicht eintritt.

Flucht oder Angriff?
Stehen oder Gehen?
Vor oder zurück?
Pendeln …

Empfehlungen

Gehen Sie mit Selbstbewusstsein und Humor in angstauslösende Situationen. Nehmen Sie Hilfsmittel wie didaktisches Material, Folien, interessante Objekte mit, die Sie in der Situation verwenden können. Überlegen Sie sich ein gutes Ende, wie Sie die Situation konstruktiv abschließen können. Essen Sie vorher eine Kleinigkeit, damit Ihr Blutzuckerspiegel nicht zu sehr absinkt. Legen Sie, wenn möglich, eine Pause unmittelbar vor Ihrem »Auftritt« ein, in der Sie sich mit gar nichts oder etwas anderem beschäftigen. Oder: Formulieren Sie eine positive und möglichst konkrete Vorsatzformel, die Sie mit einer Kurzübung aus dem Autogenen Training oder der Progressiven Muskelentspannung kombinieren können.

Stellen Sie sich aufrecht, mit ganz leicht gespreizten Beinen hin. Sprechen Sie laut und deutlich und heben Sie Ihre Unterarme in Bauch- oder Brusthöhe. Halten Sie Blickkontakt mit Ihren Interaktionspartnern. Auf diese Weise wirken Sie nicht nur sicherer, Sie fühlen sich auch sicherer. Und Ihr Gegenüber wird Ihnen dies nonverbal bestätigen. Kleine Unsicherheiten verzeihen Ihnen die Interaktionspartner gern. (Vgl. HEIDEMANN 1996)

Die Stimme pflegen

Betrachten Sie Ihre Stimme als Instrument, auf dem Sie spielen können. Setzen Sie Ihre Stimme gezielt ein. Reden Sie weniger. Es gibt Anlässe, einige Sekunden zu schweigen: Sie haben etwas Bedeutsames gesagt; ein anderer, ein Schüler oder Mitarbeiter, stellt eine Frage; ihr Interaktionspartner äußert etwas Interessantes. Stellen Sie kurze Fragen. Spüren Sie die Magie des Wortes. Sie können das leicht feststellen, indem Sie beobachten, wie Wörter, Fragen und Aufforderungen auf Ihr körperliches Befinden wirken.

Magie des Wortes

Denken Sie daran: Ihre Worte haben eine besondere Wirkung auf Ihre Mitarbeiter und Kollegen. Sie können Gefühle wie Akzeptanz, Stolz, Freude und die entsprechenden Körperreaktionen auslösen. Wenn Sie Kooperationspartner suchen, dann reden und handeln Sie kongruent. Sagen Sie Menschen, mit denen Sie zusammenarbeiten wollen, warum Sie sie schätzen, was Sie an Ihnen gut finden. Erleben Sie, wie die Augen Ihres Gegenübers einen Moment aufleuchten und wie Sympathie als ein angenehmes Körpergefühl spürbar wird.

Wenn Sie sich beim Lesen dieses Beitrages etwas vorgenommen haben, sprechen Sie es laut und deutlich aus. Formulieren Sie einen kurzen Satz ohne Verneinung, zum Beispiel: »Ich halte Blickkontakt zu meinen Schülern.« Oder: »Ich spreche jedes Mitglied meines Kollegiums persönlich an.«

Zusammenfassung

Körper, Stimme, Bewegung und gezielte Raumgestaltung sind ausgezeichnete Mittel bei der Wahrnehmung von Führungsaufgaben. Körperarbeit trägt zur Mitarbeitermotivierung bei und knüpft an vorhandene Motive an, z. B. Bewegung oder das Bedürfnis nach Selbstdarstellung. Schulleiterinnen und -leiter, Lehrerinnen und Lehrer haben vor allem folgende Möglichkeiten, Körperarbeit einzusetzen:

- Körperarbeit im Unterricht fördern, durch neue Lernformen,
- Körperarbeit und Körperwahrnehmung in der direkten Interaktion mit Kollegen und Mitarbeitern einsetzen,
- Körperarbeit als Teil des Selbstmanagements praktizieren (regelmäßiger Sport, Fasten, Autogenes Training, Meditation, Tanzen usw.),
- Körperarbeit als Bestandteil von Konferenzen und Teamsitzungen einsetzen, um Effektivität und Wohlbefinden zu verbessern,

- Berücksichtigung körperlicher Motive und Lernprozesse in Schulentwicklungsprojekten, bei der Schulhaus- und Schulumfeldgestaltung.

Die Dinge mal von der körperlichen Seite angehen heißt, nicht dem Körper Vorrang vor dem Geist oder der Seele einräumen, sondern ganz einfach Vertrauen zu sich selbst haben.

Dr. Karl-Oswald Bauer, Professur für Schulpädagogik und Allgemeine Didaktik im Fachbereich 2 Erziehungswissenschaft und Psychologie der Universität Duisburg, Dozent am Institut für Schulentwicklungsforschung (Fachbereich Erziehungswissenschaft und Biologie) der Universität Dortmund, Autor und Herausgeber mehrerer Bücher für Pädagogen zu den Themen *Professionelles Handeln, Erziehungswirkung der Schule, Schulentwicklung, Lehrerarbeit, Mediennutzung durch Jugendliche.*

Anschrift:
Institut für Schulentwicklungsforschung (IFS), Universität Dortmund,
44221 Dortmund, Tel.: 02 31/7 55 - 55 11, Fax: 02 31/7 55 - 55 17

Zur Kunst der Mitarbeiterführung

Helene Peniuk

Vorbemerkung

Lehrerinnen und Lehrer so zu motivieren, dass sie mit ihren spezifischen Qualitäten zur Verwirklichung der Ziele der Schule beitragen, sie mitgestalten und weiterentwickeln: Das ist die Kunst der Mitarbeiterführung. Es kommt darauf an, dass die Schulleitungen unterschiedliche Qualitäten und Arbeitsstile der Lehrer erkennen und fördern, dass sie geeignete Aufgaben an sie delegieren – also solche, die an ihren Stärken anknüpfen. Wenn dies gelingt, wird die Schule davon ebenso profitieren wie die einzelnen Lehrerinnen und Lehrer.

Dieser Text hilft Ihnen dabei herauszufinden, über welche besonderen Schwerpunkte, Fähigkeiten und Interessen die unterschiedlichen Menschen Ihres Kollegiums verfügen und wie Sie als Schulleitungsmitglied die KollegInnen gezielt und systematisch unterstützen können. Wenn Sie die Arbeit und den Arbeitsstil der einzelnen Mitarbeiter anerkennen und achten und dies auch zu zeigen, werden Sie sie zur engagierten Mitarbeit motivieren können.

Ich möchte Ihnen eine Typologie vorstellen, die ich auf der Grundlage von Kategorien von Edgar Schein (SCHEIN 1992) für den Bereich der Schulen bearbeitet habe. Die Typologie wurde in Fortbildungsseminaren für LehrerInnen, die sich für Leitungsaufgaben interessieren, erprobt und weiterentwickelt. Sie ermöglicht, die besonderen und individuellen Fähigkeiten der KollegInnen besser zu erkennen. Wenn Sie sich Klarheit über diese Fähigkeiten und Schwerpunkte verschaffen und sie in ihr Handeln einbeziehen, werden Sie die Leherinnen und Lehrer zu einer engagierten Mitarbeit motivieren und ein konstruktives Arbeitsklima schaffen (vgl. PENIUK 1999).

1. Fachlich-pädagogisches Engagement

Einige KollegInnen entfalten ein besonderes Talent und eine hohe Motivation, wenn sie die Möglichkeit erhalten, ein bestimmtes Arbeitsfeld in der Schule zu übernehmen. Das kann z. B. die fachlich-pädagogische Leitung eines Projektes sein, die Stundenplanarbeit betreffen, die Haushaltsverwaltung, die Leitung einer Fachkonferenz. In diesem Bereich, den sie übernommen haben, sind (oder werden) sie Experten – gerade darin liegt ihre besondere Fähigkeit, die auch von anderen hoch geschätzt wird. Diese KollegInnen verfügen über ein besonderes Talent und über eine Motivation der Experten-Kompetenz. Eine solche Aufgabe stellt für sie eine fachliche oder pädagogische Herausforderung dar; an Aufgaben, in denen sie sich nicht kompetent fühlen, haben sie dagegen wenig Freude.

Arbeitsstil, Anerkennung und Motivation

Diese KollegInnen legen gern Ihre Ziele gemeinsam mit anderen fest, die z. B. im Team mitarbeiten. Sie benötigen nach der Zielklärung die freie Gestaltung ihrer Arbeit, das mag auch den Haushalt, Material, Ressourcen, Berichtsgestaltung etc. betreffen – so wie Gestaltungsraum für das jeweilige Tätigkeitsfeld erforderlich ist. Wenn Schulleitungen ein starkes Kontrollbedürfnis haben, könnten hier Konflikte entstehen. Verwaltungsarbeit interessiert die KollegInnen weniger. Beförderung ist für sie nur erstrebenswert, wenn die Aufgabe ihrer besonderen Begabung entspricht.

Entlastungsstunden für ihre Aufgaben sind diesen KollegInnen oft lieber als Beförderungen. Beförderungen könnten sie verpflichten, ungeliebte Aufgaben zu übernehmen. Entlastungsstunden erhalten hingegen die Freiheit der Entscheidung. Die Anerkennung durch die KollegInnen ist wichtig. Freistellung, um sich für die übernommene Aufgabe weiterhin qualifizieren zu können, kann für diese Menschen eine wichtige Form der Anerkennung sein. Formale Anerkennung dagegen bedeutet ihnen gar nichts: Z. B. ein Schulleiter bedankt sich in einer Konferenz für die geleistete Arbeit, ohne sie inhaltlich verstanden zu haben. Darauf legen sie gar keinen Wert.

Für Schulleitungen ist es wichtig, geeignete Aufgaben für diese Personen zu finden, denn die Schule kann in hohem Maße von ihren Fähigkeiten profitieren.

2. Leitungskompetenz

Nur wenige Lehrerinnen und Lehrer haben Interesse an der Leitung einer Schule und verfügen gleichzeitig über die Eigenschaften, die sie dazu befähigen. Sie haben den Ehrgeiz, in die Hierarchie der Schule vorzudringen und wünschen, Verantwortung für das System der Schule als Ganzes und für wichtige Entscheidungen zu tragen. Sie möchten die Arbeit ihres Kollegiums in unterschiedlichen Bereichen stützen und koordinieren, Verantwortung für die Organisation Schule übernehmen, Einfluss auf die Entwicklung der gesamten Schule haben und den Gestaltungsspielraum für die Schule nutzen. Spezialisierung engt diese KollegInnen ein, sie möchten alle Bereiche von Schule kennen. Ihre Motivation kann der Aufstieg in höhere Ebenen von Verantwortung sein, das Vorankommen in der Karriere, Beiträge zum Erfolg von Schule. Eine starke Motivation allein genügt jedoch nicht, um ein guter Schulleiter bzw. eine gute Schulleiterin zu werden. Dennoch haben nur wenige Menschen eine Vorstellung davon, welche Fähigkeiten, Talente, Werte und Motive benötigt werden. Nicht viele Menschen verfügen über die persönlichen Voraussetzungen dafür; noch weniger achten darauf, ihre Fähigkeiten in diesen Bereichen systematisch weiterzuentwickeln.

Für die Leitung einer Schule werden Fähigkeiten in drei Bereichen benötigt:

1. **Analytische Fähigkeiten**

   Die geforderte Kompetenz von Schulleitern ist nicht, Entscheidungen allein zu treffen, sondern die Fähigkeit, Probleme zu erkennen und sie (wenn nötig schnell) einer Lösung und damit einem Entscheidungsfindungsprozess zuzuführen. Dazu gehört, Probleme zu erkennen und Lösungen herbeiführen zu können. Menschliche, dienstrechtliche, technische, verwaltungsrechtliche und evtl. finanzielle (haushaltstechnische) Aspekte müssen in die Problemlösungsansätze eingebunden sein.

2. **Soziale Kompetenzen**

   Das bedeutet vor allem, die zwischenmenschlichen Beziehungen und die Gruppenbeziehungen in der Schule fruchtbar gestalten zu können.
   Von zentraler Bedeutung ist dabei die Fähigkeit, Lehrerinnen und Lehrer zu motivieren, mit ihren Kenntnissen und Fähigkeiten zur Problemlösung beizutragen. Die Fähigkeit, Aufgaben an Mitarbeiter delegieren zu können, ist für die Leitung einer Schule von besonderer Bedeutung. Schulleitungen sollten in der Lage sein, die richtigen MitarbeiterInnen zur Problemlösung auszuwählen. Sie können ein Arbeitsklima schaffen, das einen guten Informationsfluss fördert und ein großes Engagement der KollegInnen hervorruft.
   Da der Umgang mit den schulischen MitarbeiterInnen die zentrale Schulleitungsaufgabe ist, sollten die eigenen Fähigkeiten zur Führungsarbeit gefördert werden. Interessierte Lehrkräfte sollten Möglichkeiten suchen, ihr Talent im Bereich der Mitarbeiterführung zu erproben und Erfahrungen zu sammeln. Wenn sie feststellen, dass ihre besonderen Talente nicht in diesem Bereich liegen, können sie eine andere Perspektive für sich suchen.

3. **Emotionale Kompetenzen**

   Diese Kompetenzen beinhalten, mit den eigenen Gefühlen und unvermeidbaren Verletztheiten fruchtbar umgehen zu können, so dass die Gelegenheit zur Weiterentwicklung entsteht. Zur emotionale Kompetenz gehört auch, Verantwortung zu tragen, ohne sich von ihr lähmen bzw. auslaugen zu lassen, psychologisches Feingefühl, der konstruktive Umgang mit den eigenen Krisen und psychologisches Feingefühl im Umgang mit anderen.
   Sich der Kritik und dem Feedback eines Kollegiums oder einiger Kollegen nicht nur zu stellen, sondern sie zu suchen, ist ebenso wichtig wie die Fähigkeit, Konflikte und Kritik angemessen auszutragen.

Die Leitungsrolle erfordert gelegentlich auch Entscheidungen umzusetzen, die man selbst nicht trägt oder teilt, z. B. ministerielle Vorgaben. Hier geht es darum, wie weit die Bereitschaft geht, einen Konflikt mit den eigenen Vorgesetzten (Dienstaufsicht, Ministerium) zu führen bzw. welche Grenzen Leitungspersonen für sich selbst definieren. Hierzu gehören auch schwierige

Entscheidungen, z. B. Personalentscheidungen (Versetzung, Abordnung), dienstrechtliche Entscheidungen, die Zuweisung von ungeliebten Klassen an ein bestimmtes Team. Eine wesentliche Leitungsaufgabe ist, Belastungen durch Ungewissheit, zwischenmenschliche Konflikte und Verantwortung verkraften zu können. Eine Kombination dieser Fähigkeiten ist eine Grundvoraussetzung, die Aufgaben einer Schulleiterin bzw. eines Schulleiters zu übernehmen.

Arbeitsstil, Anerkennung und Motivation

Diese KollegInnen identifizieren sich mit der Schule und haben eine Vision von pädagogischer Arbeit. Erfolg und Misserfolg der Schule ist für sie der Maßstab der Bewertung der eigenen Arbeit. Ihre eigene Identität hängt damit zusammen, eine Schule weiterentwickeln zu können. Sie suchen eine Chance, sich als Führungskraft zu qualifizieren. Dabei haben auch äußere Formen der Anerkennung wie Gehaltserhöhung, Titel und Statussymbole durchaus häufig eine Bedeutung für diese Gruppe.

Bestätigung ihrer Arbeit finden sie jedoch vorrangig durch die Anerkennung der Vorgesetzten oder der Öffentlichkeit. Die Anerkennung und Wertschätzung von Vorgesetzten ist wichtig – aber auch die öffentliche Anerkennung der Arbeit der Schule, z. B. durch die Medien, die Gemeinde, die Eltern. Sie wünschen sich auch, von ihrem Kollegium anerkannt zu werden.

3. Verantwortung und Autonomie

Diese Menschen erledigen so weit wie möglich ihre Arbeit in ihrem eigenen Rhythmus, auf ihre eigene Art. Sie können auf sich selbst gestellt und eigenverantwortlich handeln und erzielen dabei gute Resultate. In dem ihnen eigenen Weg kommt ihre besondere Ausstrahlung – auch pädagogisch – erst richtig zur Geltung. Diese KollegInnen werden durch Reglementierungen, Vorschriften und Formalia in besonderem Maße in ihrer Arbeit eingeschränkt. Sie lösen besondere Aufgaben auf ihre eigene Weise: phantasievoll und mit guten Ergebnissen können sie besonders gemeinsam mit denjenigen arbeiten, die ihr Autonomiebedürfnis teilen.

Diese Menschen können im kulturellen Bereich besondere Aufgaben suchen, in der Fortbildungstätigkeit, möglicherweise ein Europaprojekt in der Schule leiten. Sie werden aber keinesfalls Aufgaben übernehmen, die sie in dieser Freiheit einschränken, daher sind sie beispielsweise nicht an Schulleitungsaufgaben oder eher formalen Aufgaben interessiert.

Arbeitsstil, Anerkennung und Motivation

Diese Menschen übernehmen solche Aufgaben, die in ihrem Interessengebiet liegen. Sie mögen einen klaren Rahmen der Aufgaben ebenso wie zeitliche Begrenzungen. Vorgesetzte, die ihnen bei der Arbeit über die Schulter schauen oder gar kontrollieren wollen, vertragen sie nicht. Dann würden sie die Arbeit eher abgeben. Sie akzeptieren klare Zielvorgaben, für den Weg dahin jedoch benötigen sie die Freiheit der Gestaltung. Funktionsstellen oder Beförderungen streben sie nicht von sich aus an: die mit ihnen verbundenen Verbindlichkeiten könnten ihren Freiheitsdrang einschränken. Die Art der Aufgaben, die sie übernehmen möchten, müssen Möglichkeiten der Selbstständigkeit bieten (das gilt auch für Beförderungsstellen).

Sämtliche Formen der Anerkennung sind für diesen Personenkreis bedeutungsvoll: das kann die Wertschätzung der Vorgesetzten ebenso sein wie die der KollegInnen, der Spaß der SchülerInnen wie die entsprechende Rückmeldung durch die Eltern, es kann die Schülerzeitung sein, ein Artikel in der Presse, eine Ausstellung, eine Aufführung. Wenn die Arbeit dieser KollegInnen allerdings nicht akzeptiert und geschätzt wird und keine Anerkennung erhält, dann kann es zu Verbitterung und Enttäuschung kommen, möglicherweise reduzieren die KollegInnen in der Folge sogar ihr schulisches Engagement.

Wenn es einer Schulleitung gelingt, die für diese Menschen notwendigen Freiräume zur Verfügung zu stellen und geeignete Aufgaben an solche Personen zu delegieren, wird die Schule davon profitieren.

4. Kontinuität und Kooperation

Für diese Gruppe von LehrerInnen hat Kontinuität eine besondere Bedeutung. Sie arbeiten gern in langfristigen Arbeitszusammenhängen. Sie gewinnen dadurch Sicherheit zu wissen, worauf sie in der Zusammenarbeit fußen können. Sie bauen Kooperationsformen (im Stadtteil, im Kollegium) auf. Die Möglichkeit zuverlässig einschätzen zu können, von wem mit welcher Unterstützung zu rechnen (oder nicht zu rechnen) ist, macht ihnen die Arbeit leichter. Auf dieser Basis arbeiten sie gerne und engagiert. Diese Gruppe von KollegInnen schätzt eine lange Schulzugehörigkeit ebenso wie auf den durch lange Jahre entstandenen Kontakt im Stadtteil oder in der Gemeinde aufbauen zu können. Die KollegInnen sind gern verwurzelt und »geschichtlich verankert« in und mit ihrer Arbeit. Personen dieser Gruppe identifizieren sich mit »ihrer« Schule, dabei ist es nicht wichtig für sie, ob sie eine Leitungsposition inne haben oder nicht.

Hoch qualifizierte KollegInnen in dieser Gruppe übernehmen auch Leitungsaufgaben, sie ziehen es jedoch vor, solche Aufgaben in ihrem Kollegium und auf der Basis des Wissens einer Zusammenarbeit zu übernehmen – wenn das Kollegium unterstützt, dass sie eine Leitungsaufgabe übernehmen. Um einer Leitungsaufgabe willen würden diese KollegInnen die Schule nicht wechseln.

Arbeitsstil, Anerkennung und Motivation

Für Personen dieser Gruppe hat die Arbeitsumgebung – wie etwas getan wird und mit wem die Zusammenarbeit möglich ist und der pädagogische Zugang – eine hohe Bedeutung, weit höher als z. B. die Beförderungsmöglichkeiten. Die Personen, für die Sicherheit und Kontinuität ein wesentliches Merkmal ihrer Orientierung darstellen, möchten für ihre Loyalität, ihr Engagement und ihre Leistung anerkannt werden. Ihre Anerkennung erhalten sie in hohem Maße von den SchülerInnen, auch die kollegiale Anerkennung ist ihnen so wichtig wie die der Schulleitung.

KollegInnen aus dieser Gruppe arbeiten über Jahre kontinuierlich, motiviert und zuverlässig. Sie fragen nicht danach, ob ihre Freizeit tangiert ist, wenn es z. B. um pädagogische Vorhaben geht, um Gemeinsamkeiten mit SchülerInnen. Oft von Leitungspersonen (leider) unbemerkt tragen sie zum Wohlbefinden und Ernst-Nehmen der SchülerInnen in hohem Maße bei – es ist für sie auch nicht an erster Stelle relevant, ob Personen der höheren Hierarchieebene ihre Arbeit angemessen würdigen. Für unwichtig halten sie es jedoch auch nicht. Die Rückmeldungen der SchülerInnen selbst haben für sie die größte Bedeutung.

Wenn SchulleiterInnen die Arbeit dieser KollegInnen anerkennen und achten, wird die pädagogische Arbeit dieser KollegInnen für die Schule als Ganzes ebenso wie für die Beteiligten Gruppen der Schule (SchülerInnen, LehrerInnen, Eltern) Weiterentwicklungsmöglichkeiten bieten.

5. Gestalterische Kreativität

Diese KollegInnen haben Lust und Fähigkeiten, etwas Eigenes aufzubauen. Sie sind künstlerische oder gestalterische Menschen oder auch solche, die ein interessantes Projekt entwickeln und umsetzen. Sie könnten die Gründung und den Aufbau einer neuen Schule begleiten oder leiten. Die (neue) Schule hätte ein ganz eigenes und sicher ungewöhnliches Profil. Auch andere eigenständige größere Aktivitäten liegen diesen Menschen, wenn sie ihr Projekt auf den Weg bringen. In ihre Aktivität beziehen sie die Schule als Ganzes ein. Sie haben Talent und eine äußerst hohe Motivation.

Mit ihrer Begeisterung für ihre Idee inspirieren diese Menschen andere. Sie nehmen auch Risiken auf sich. Wenn sich ein Projekt oder eine Idee als undurchführbar erweist, werden diese Personen sich nicht daran hindern lassen, ein neues Projekt oder eine neue Idee aufzugreifen und erneut mit viel Engagement an der Umsetzung zu arbeiten. Sie verbringen einen Teil ihrer beruflichen Aktivitäten damit, kreative Lösungen zu suchen. Wird ihnen in der Schule der Weg, diese Talente zu verwirklichen, versperrt, so suchen und finden diese Personen außerhalb der Schule Möglichkeiten, ihre Fähigkeiten einzusetzten – nicht selten auch als Nebentätigkeit und meistens mit Erfolg

Arbeitsstil, Anerkennung und Motivation.

Diese KollegInnen möchten etwas selbstverantwortlich gestalten. Sie brauchen immer wieder neue Ideen, neue Ziele und neue Herausforderungen. Sie verlieren manchmal die Lust an einer Sache, wenn sie Routine zu werden scheint. Wenn in der Schule keine neuen Projekte und Entwicklungen möglich sind, suchen sie sich außerschulische Betätigungsfelder (neben dem »Ableisten« der schulischen »Geschäfte«).

Ein eigenes Projekt bzw. ein eigenes Arbeitsfeld zu haben ist die wichtigste Anerkennung für diese Menschen, das geistige Eigentum an ihrem Produkt hat für sie einige Bedeutung. Sie würden auch Beförderung wünschen, wenn sie in einer Stelle die Möglichkeit sähen, *ihre* Aufgabe zu übernehmen. Sie stehen gern im Mittelpunkt der Aufmerksamkeit und nutzen diese auch inspirierend. Sie mögen öffentliche Anerkennung, die in unterschiedlichster Art auftauchen kann: durch Presseartikel, eine Theateraufführung unter ihrer Leitung, ein überzeugender Bericht in einer Konferenz über das Projekt. Sie haben einen gewissen Hang zur Selbstdarstellung, was sie sehr wohl wissen und mit etwas Selbstironie auch zugeben.

Schulleitungen sollten das geistige Eigentum dieser Menschen würdigen (gern auch z. B. in einer Konferenz). Wenn es der Schulleitungen nicht gelingt, Raum für die Fähigkeiten dieser Menschen herzustellen, verliert die Schule dieses Potential, das sie dringend braucht.

6. Engagement für Wertvorstellungen

Die LehrerInnen engagieren sich in ihrer beruflichen Tätigkeit für ihre Wertvorstellungen, sie möchten zur Verbesserung der Gesellschaft beitragen. Dies war auch die Motivation für die Berufswahl. Ihre Werte sind ihnen wichtiger als die Tätigkeit in einem Funktionsbereich. Dazu kann gehören, sich für Minderheiten einzusetzen, für die Durchsetzung gewerkschaftlicher Interessen, für Umweltfragen oder andere Aspekte des gesellschaftlichen Lebens. Werte, wie die Arbeit mit anderen oder das soziale Miteinander, sind für diese Menschen wichtig. Ihre Zielvorstellungen können religiös motiviert, politisch oder sozial sein. Mit großem Einsatz werden sie sich für ihre Wertvorstellungen engagieren und – wenn erforderlich – auch Freizeit in ihr berufliches Engagement einbringen. Mit vielen Menschen in pflegenden und sozialen Berufen teilen diese LehrerInnen die Motivation für ihren Beruf, wie z. B. Menschen, die in der Medizin, der Psychotherapie, als Sozialarbeiter etc. tätig sind.

Sie möchten ihre berufliche Arbeit und ihre persönlichen Werte in Einklang bringen. Das können die unterschiedlichsten Aufgabenfelder sein, sie können im Bereich der fachlich-pädagogischen Tätigkeiten liegen, in Leitungstätigkeit ebenso realisierbar sein. Diese KollegInnen arbeiten mit einer hohen Motivation. Mit Menschen, die ihre Wertvorstellungen teilen, arbeiten sie gerne in gleichberechtigten Gruppen, sie können auch eine leitende Rolle übernehmen und andere zur Mitarbeit motivieren – was ihnen gelingt, wenn sie auch in der Schulleitung Unterstützung finden. Für die Entwicklung einer Schule können sie eine große Bedeutung haben.

Arbeitsstil, Anerkennung und Motivation

Für diese LehrerInnen ist es von Bedeutung, ihre persönlichen Werte zu verwirklichen. Sie werden sich daher gern Aufgaben suchen, die das ermöglichen. In diesen Aufgaben – die ihre persönlichen Werte und Normen mit den dienstlichen Belangen vereinbaren – bringen sie ein großes Engagement ein.

Anerkennung und Unterstützung für ihr Engagement wünschen diese LehrerInnen sich von ihren KollegInnen und von ihren Vorgesetzten. Sie wünschen, dass ihre persönlichen Werte auch von der Leitungsebene anerkannt und geteilt werden. Fehlt diese Art der Anerkennung, so kann das einen moralischen Konflikt in der Einschätzung der Menschen auslösen, die ihnen die Anerkennung ihrer Werte »verweigern«.

Wenn die Schulleitung diesen KollegInnen Möglichkeiten gibt, ihr Engagement für ihre Wertvorstellungen auch schulisch einzubringen, dann werden die KollegInnen diese Aufgaben nicht nur mit großer Begeisterung und Zuverlässigkeit übernehmen, sie werden auch andere motivieren können. Für die Schule ist es daher unbedingt fruchtbar, diese KollegInnen zu unterstützen.

7. Neue Herausforderungen

Diese Menschen suchen neue Herausforderungen, die sie mit Engagement und Motivation angehen, sie wenden sich gern schwierigen Aufgaben zu. Das mögen die schwierigsten Klassen der Schule sein, große Projekte. Herausforderung ist die zentrale berufliche Motivation. Für diese Menschen sind Erfolge am ehesten spürbar, wenn sie große Hindernisse überwinden, wenn sie fast unlösbare Probleme lösen. Ist etwas »leicht« oder »normal«, so empfinden sie ihre Arbeit oft nicht als erfolgreich, sondern allenfalls als »normal« und wenig befriedigend.

Sie vergleichen sich leicht mit anderen – nicht, weil sie andere abwerten wollen. Vielmehr wollen sie selbst etwas am besten machen. Manchmal sehen sie andere KollegInnen als »Gegner« oder »Meckerer« – eine Folge ihres Anspruchs an sich selbst, den sie auf andere übertragen. In Zeiten großer Herausforderung haben sie jedoch ausgesprochen kollegiale Fähigkeiten, da diese zur Lösung großer Aufgaben erforderlich sind. Leitungsaufgaben können für diese KollegInnen interessant sein, denn sie bringen täglich neue Herausforderungen mit sich. Akzeptieren sie als Leitungsaufgabe das soziale Miteinander konstruktiv zu gestalten, so werden sie auch hier höchste Anforderungen an sich selbst stellen.

Arbeitsstil, Anerkennung und Motivation

Diese KollegInnen brauchen die Möglichkeit sich zu beweisen und zu bestätigen. Erhalten sie diese, sind sie der Schule gegenüber loyal. Fehlt sie, reizt diese KollegInnen ein höheres Gehalt so wenig wie Entlastungsstunden. Beförderung interessiert einen Teil dieser Menschen dann, wenn die Beförderung mit einer herausfordernden Aufgabe verbunden ist. Ihre hauptsächliche Anerkennung erhalten die KollegInnen durch die erfolgreiche Bewältigung ihrer schwierigen Aufgaben. Die Motivation liegt in der Aufgabe, die Anerkennung in ihrer Lösung. Sie legen Wert darauf, dass KollegInnen und Vorgesetzte ihre besondere Leistung anerkennen.

Wenn diese KollegInnen herausfordernde und schwierige Aufgaben für die Schule erhalten werden sie diese selbstverständlich lösen. Wird diese Leistung anerkannt, so werden das Kollegium und die SchülerInnen davon langfristig profitieren können – besonders, wenn neue und ungewohnte Aufgaben auf die Schule zukommen.

8. Ganzheitliches Interesse

Diese Gruppe möchte die Bedürfnisse, Möglichkeiten und Zielperspektiven des privaten Lebens und des beruflichen Lebens sinnvoll koordinieren und die privaten und dienstlichen Vorstellungen und Perspektiven in Einklang bringen. Dies kann z. B. ein tief ethisches ökologisches Bewusstsein und Handeln sein, das beruflich und privat für diese Menschen von großer Bedeutung ist. Den KollegInnen liegt an ihrer Authentizität, für sie wäre ein ökologisches Interesse unglaubwürdig, wenn sie z. B. das Auto benutzten, wo öffentliche Verkehrsmittel zur Verfügung stehen. Sie bringen daher ihr Engagement auch gern in konkrete schulische Projekte ein. Ihr humanitäres Engagement mag sich für die Schule z. B. durch eine Patenschaft für eine Schule in Afrika äußern. Dieser Austausch lässt für die SchülerInnen die ethischen Vorstellung der LehrerIn lebendig werden.

Da der Lebensentwurf oder das Lebenskonzept der KollegInnen private wie dienstliche Interessen und Lebensziele umfasst, möchten sie ihre persönliche Haltung auch im beruflichen Bereich bewahren und ausdrücken, das bedeutet für die Menschen dieser Gruppe Authentizität, und um diese glaubwürdig vertreten zu können, wünschen sie sich von ihrer Schule bzw. ihren Vorgesetzten Verständnis für die Einbeziehung solcher Fragen. Gern bringen die KollegInnen ihr Engagement dienstlich ein, sie begeistern die SchülerInnen, sie stellen auch ihre Freizeit für entsprechende Projekte zur Verfügung. Sie legen aber ebenso großen Wert darauf, die Rahmenbedingungen der Arbeitszeit verändern zu können, wenn dies erforderlich und sinnvoll ist (z. B. Teilzeit wegen der Versorgung von Kindern, ein Sabbatjahr).

Arbeitsstil, Anerkennung und Motivation

Diesen KollegInnen geht es um den Einklang von Persönlichkeit und Beruf, daher kann die Art der Arbeit sehr unterschiedlich und vielfältig sein. Beförderung ist kein vorrangiges Ziel für sie, in erster Linie geht es ihnen um die Inhalte, die mit ihrer Lebenskonzeption im Einklang stehen sollen. Auf dieser Basis wünschen sie auch, die Anerkennung für die von ihnen geleistete Arbeit zu erhalten – und ebenso Akzeptanz für ihren Lebensentwurf. Sie achten sorgsam auf den Umgang der Vorgesetzten mit den MitarbeiterInnen – mit anderen ebenso wie mit ihnen selbst. Lassen es Vorgesetzte im Umgang mit den MitarbeiterInnen an Respekt und Akzeptanz fehlen, so empfinden sie dieses auch als persönliche Enttäuschung.

Wenn Schulleiter die Glaubwürdigkeit und Moral dieser KollegInnen achten und ihnen die Möglichkeit geben, sich für ihre Werte zu engagieren, so werden sie sich gern in der Schule aktiv einbringen. Sie werden ihre Grenzen klar deutlich machen und sich ebenso klar in der Schule engagieren. Es wäre schade für die SchülerInnen, wenn diese KollegInnen nicht die Gelegenheit erhielten, *ihr* Projekt einzubringen.

Fazit:

Meist gehen wir davon aus: Was uns motiviert, motiviert auch Andere. Die Art der Anerkennung, die wir uns wünschen, wünschen auch die Anderen, der Arbeitsstil, den wir haben, haben auch die Anderen. Doch das ist nicht so. Wollen wir anderen etwas Gutes tun, tun wir gern das, was für uns gut wäre. Doch das ist nicht immer gut für Andere. So entstehen (bei bester Absicht) Missverständnisse, manchmal auch Verletzungen, im günstigsten Fall das Ignorieren des ›Anders-Sein‹ des Anderen. Dann sind wir überrascht über die Wirkung unseres Handelns: ›ich habe es doch *gut* gemeint, ich habe es nicht *so* gemeint.‹ Bewusstheit für das ›Anders-Sein‹ der Anderen in einem Kollegium ist die Voraussetzung für die Kunst der Mitarbeiterführung: Die Verschiedenheit und die besonderen Qualitäten und Bedürfnisse achten und fördern zu können. Dazu kann die Typologie einen Beitrag leisten.

Helene Peniuk, Studium an den Universitäten in Gießen und York, ist Lehrerin am Gymnasium Obervieland und in der LehrerInnenfortbildung tätig. Ihre Schwerpunkte: Entwicklung von Schulkultur, Gewaltprävention, Konfliktbearbeitung und Personalqualifizierung im Bereich der Vorbereitung für Leitungsaufgaben. Arbeitsmaterialien und Seminare für ein gezieltes und systematisches Training zur Weiterentwicklung Ihrer Qualitäten der Mitarbeiterführung sind auf Anfrage bei der Autorin erhältlich.

Anschrift:
Rembrandtstr. 11, 28209 Bremen, Tel. 04 21/34 80 73
Landesinstitut für Schulen, Am Weidedamm 20, 28215 Bremen,
Tel. 04 21/3 61 - 1 44 65

Motivations-Psychologie

Psychische Gesundheit und Motivation bei Lehrerinnen und Lehrern

Uwe Schaarschmidt

Seit einigen Jahren führen wir am Institut für Psychologie der Universität Potsdam Untersuchungen zur psychischen Gesundheit in verschiedenen Berufen, darunter im Lehrerberuf, durch. Ein wichtiges Anliegen dieser Untersuchungen besteht darin, berufsspezifische Gesundheitsrisiken aufzuklären und Zugänge zu ihrer Früherkennung und Vorbeugung zu finden. Im Folgenden werden einige auf die Lehrerschaft bezogene Ergebnisse und Schlussfolgerungen bezüglich der Motivation dargestellt.

Zwei Fallbeschreibungen

Im Rahmen unserer Untersuchungen lernten wir viele Einzelfälle kennen. Zwei solcher Fälle sollen einleitend dargestellt werden, da sie repräsentativ für die beiden Formen von Gesundheitsrisiken sind, mit denen wir uns näher befassen:

Frau A ist über 50 Jahre alt und kann auf mehr als 30 Berufsjahre als Grundschullehrerin verweisen. (Aus Gründen der Anonymität werden keine präziseren Angaben gemacht.) Frau A bat uns, ihr bei der Veränderung ihrer Arbeits- und Lebenssituation behilflich zu sein. Es könne so nicht mehr weitergehen, denn die Schule »fresse« sie auf.

Nachdem ihre Kinder aus dem Haus waren, hatte sich Frau A immer stärker auf ihre schulischen Belange konzentriert und den privaten Bereich (Freunde, Hobbys, gemeinsame Unternehmungen mit ihrem Mann) zunehmend vernachlässigt. Es trat schließlich die Situation ein, wo sie nur noch Lehrerin war, zu Hause ebenso wie in der Schule. Nicht nur in der Schule ließen ihr »die Kleinen« keine freie Minute mehr, inzwischen war es auch üblich geworden, dass sie von Kindern und Eltern regelmäßig zu Hause aufgesucht wurde. Das Mindeste, das mache einen »ruhigen Feierabend« aus, seien zwei bis drei Telefonate mit Eltern ihrer Schützlinge. Sie könne sich eben, so Frau A, ihrer Verantwortung gegenüber den Kindern nicht entziehen, schon gar nicht in einer Zeit, in der sich die Eltern um ihren Arbeitsplatz und andere Existenzfragen sorgen müssten und oft wenig Aufmerksamkeit für ihre Kinder aufbrächten. Sie fühle sich häufig als Mutter- und Vaterersatz.

Bei den Eltern und Kindern ist Frau A sehr beliebt, unter den Kolleginnen und Kollegen ihrer engagierten und gewissenhaften Arbeit wegen außerordentlich geschätzt. Häufiger als alle anderen nimmt sie die Verantwortung für die Erstklässler wahr. Oft wird sie in pädagogischen Fragen um Rat gebeten. Jahr für Jahr werden ihr die Aufgaben einer Mentorin bei der Betreuung von Praktikanten und Absolventen übertragen.

Seit über 10 Jahren hat Frau A nicht einen Arbeitstag wegen Krankheit versäumt. Andererseits aber wiesen unsere Untersuchungsbefunde intensiv erlebte Beeinträchtigungen in Form von allgemeiner Abgespanntheit, Nervosität und Kreislaufbeschwerden aus.

Anders der Fall von Herrn B:

Herr B ist knapp 30 Jahre alt und hat noch keine 5 Arbeitsjahre als Berufsschullehrer hinter sich. Auch Herr B wandte sich in der Hoffnung an uns, Rat und Hilfe bei der Bewältigung seiner Situation zu erhalten. Diese sei durch Ratlosigkeit, Resignation, Verzweiflung und tiefen Widerwillen der Schule gegenüber gekennzeichnet.

Aus seiner Darstellung wurde zunächst deutlich, dass Herr B den Beruf eines Lehrers nie angestrebt hatte. Das Lehramtsstudium war eine Notlösung. Eigentlich hatte er sich ein Soziologie- oder Psychologiestudium gewünscht, war aber abgelehnt worden. Dennoch habe er am Studium selbst Gefallen gefunden. Er sei schließlich mit viel Idealismus und hohen Ansprüchen in den Beruf eingetreten. Doch schon die erste Begegnung mit dem Schulalltag sei ein Schock gewesen. Er habe vom ersten Tag an eine massive Ablehnung durch einen größeren Teil der Schüler erlebt, die ihm unbegreiflich war. Bis heute habe er trotz anfänglich großer Bemühungen nicht die Mittel gefunden, sich im Unterricht zu behaupten und die gesetzten Ziele zu erreichen. Er stoße überwiegend auf Desinteresse und Disziplinlosigkeit. Der Lehrerberuf sei für ihn nur mit schlimmen Erlebnissen verbunden und zum einzigen Alptraum geworden.

Über diese Schilderung hinaus ließen unsere Untersuchungsbefunde massive Beeinträchtigungen im psychischen und körperlich-funktionellen Bereich deutlich werden, so u. a. starke Depressivität, ein allgemeines, über den Beruf hinausreichendes Leistungsinsuffizienz-Erleben sowie chronische Appetitlosigkeit und Verdauungsstörungen.

Risiken frühzeitig erfassen

Es steht außer Frage, dass es sich bei Fällen wie den geschilderten um nicht hinzunehmende Beeinträchtigungen von Lebensqualität handelt. Eine Korrektur ist dringend erforderlich, oft aber nur noch in Grenzen möglich. Zu wünschen wäre, dass es gar nicht erst zu solch problematischen Bildern kommt. Entscheidend muss die Vorbeugung sein. Und Vorbeugung setzt Früherkennung voraus. Es gilt also, solche Risiken bereits im Vorfeld, anhand erster Auffälligkeiten im Verhalten und Erleben der Arbeit gegenüber festzustellen. In diesem Stadium sind dann noch die wirksamsten Eingriffsmöglichkeiten gegeben.

Ausgehend von diesem präventiven Anliegen machen wir die persönliche Art und Weise der Auseinandersetzung mit den Anforderungen des Berufs zum Ausgangspunkt unseres diagnostischen Vorgehens. Uns interessieren die Verhaltens- und Erlebensmerkmale, in denen sich ausdrückt, wie der betreffende Mensch den arbeitsbezogenen Anforderungen begegnet und wie er auf diese Weise seine eigenen Beanspruchungsverhältnisse zu seinen Gunsten oder Ungunsten mitgestaltet. Wir tragen also dem Umstand Rechnung, dass Beanspruchung nicht allein aus den objektiv gegebenen Anforderungen resultiert, sondern dass die individuelle Verarbeitung, d. h. die in die Arbeitstätigkeit eingebrachten und natürlich auch durch diese geformten Erwartungen, Einstellungen und Gefühle mit darüber entscheiden, in welchem Maße eine Arbeit gesund erhaltend oder krankmachend wirkt. Somit stellt die Diagnostik des arbeitsbezogenen Verhaltens und Erlebens für uns den Zugang zur Erfassung von psychischer Gesundheit, aber auch zur Identifizierung von gesundheitlichen Risiken dar.

Muster arbeitsbezogenen Verhaltens und Erlebens

Mit der oben genannten Zielstellung haben wir (Schaarschmidt & Fischer 1996) in den zurückliegenden Jahren das diagnostische Instrument AVEM (»Arbeitsbezogenes Verhaltens- und Erlebensmuster«) entwickelt und an verschiedenen Berufspopulationen, darunter der Lehrerpopulation, eingesetzt.

AVEM bildet in 11 Dimensionen relativ konstante und übergreifende Verhaltens- und Erlebensmerkmale mit Bezug auf Arbeit und Beruf ab. Diese Merkmale sind einerseits Folgen und andererseits Voraussetzungen für die Bewältigung der beruflichen Aufgaben. Vorrangiges Anliegen der Diagnostik mittels AVEM ist die Identifizierung unterschiedlicher Verhaltens- und Erlebensmuster, die zum einen Gesundheit, zum anderen aber Risiken i. S. psychischer und psychosomatischer Gefährdung anzeigen. Konkret gestattet es das Verfahren, 4 Muster von Verhaltens- und Erlebensweisen gegenüber der Arbeit zu unterscheiden (vgl. dazu die Profile in der folgenden Abbildung[1]):

1 Zu näheren Ausführungen über die inhaltlichen und statistischen Grundlagen des Verfahrens vgl. Schaarschmidt & Fischer 1996, 1997.

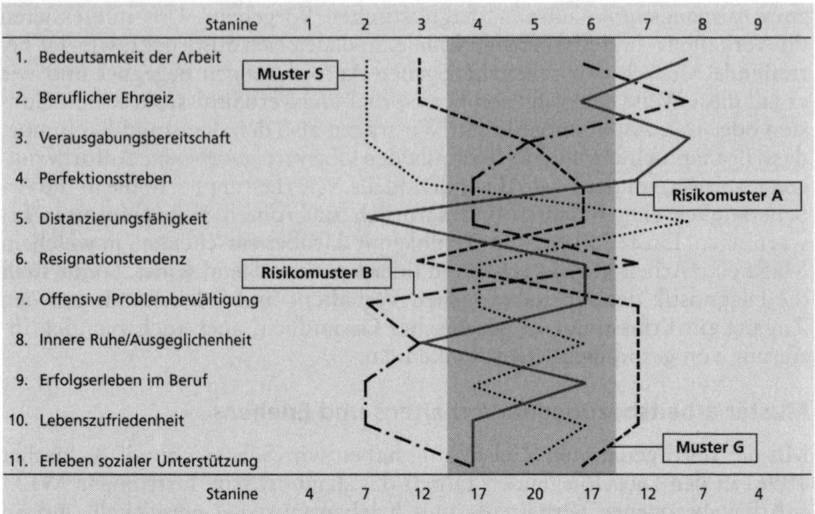

Abbildung: Unterscheidung nach 4 Mustern arbeitsbezogenen Verhaltens und Erlebens (Risikomuster B: Strich-Punkt-Linie, Muster S: gepunktete Linie, Risikomuster A: durchgezogene Linie, Muster G: gestrichelte Linie)

Muster G (Gesundheit): Dieses Muster entspricht in all seinen Merkmalsausprägungen der Vorstellung von Gesundheit, wie sie heutige gesundheitspsychologische Konzepte beinhalten.

Wir finden höhere, aber nicht exzessive Ausprägungen in den Dimensionen, die das Engagement gegenüber der Arbeit anzeigen. Am stärksten ausgeprägt ist der berufliche Ehrgeiz, während in der Verausgabungsbereitschaft die Werte eher zur Mitte tendieren. Wesentlich ist weiterhin, dass auch in einem deutlicheren Maße Distanzierungsfähigkeit vorliegt.

Für psychische Gesundheit sprechen im weiteren die Werte in den Dimensionen, die die Widerstandsfähigkeit und das Bewältigungsverhalten gegenüber Belastungen beschreiben. Ein offensives, problemzugewandtes, durch Zuversicht und Vertrauen in die eigenen Möglichkeiten gekennzeichnetes Verhalten ist als Ausdruck von und Voraussetzung für Gesundheit anzusehen. In diesem Sinne ist sowohl die geringste Ausprägung in der Resignationstendenz als auch die stärkste in der offensiven Problembewältigung sowie der inneren Ruhe und Ausgeglichenheit hervorzuheben.

Das Bild vervollständigt sich schließlich durch die ausnahmslos höchsten Werte in den Dimensionen, die positive Aspekte des Lebensgefühls zum Ausdruck bringen, d. h. im beruflichen Erfolgserleben, der Lebenszufriedenheit und dem Erleben sozialer Unterstützung. Gestützt wird die durchweg positive Bewertung auch dadurch, dass wir in Bezug auf vielfältige Gesundheitsindikatoren, inkl. Krankentage, für die Vertreter dieses Musters die jeweils günstigsten Ausprägungen auffinden konnten.

Muster S (Schonung): Hier wird das Verhältnis gegenüber der Arbeit vor allem durch Zurückhaltung und Schonung charakterisiert.

Es finden sich die geringsten Ausprägungen in der Bedeutsamkeit der Arbeit, dem beruflichen Ehrgeiz, der Verausgabungsbereitschaft und dem Perfektionsstreben. Von besonderem Gewicht für die Charakterisierung dieses Musters ist die am stärksten ausgeprägte Distanzierungsfähigkeit. Hervorzuheben ist im weiteren die niedrige Resignationstendenz, die darauf hinweist, dass das verringerte oder fehlende Engagement nicht als Ausdruck einer resignativen Einstellung verstanden werden darf. Die weiteren Werte, insbesondere die relativ hohen Ausprägungen in der inneren Ruhe und Ausgeglichenheit, der Lebenszufriedenheit und dem Erleben sozialer Unterstützung, zeigen ein insgesamt positives Lebensgefühl an.

Generell ist dieses Muster wohl weniger unter dem Aspekt der Gesundheit von Interesse. Er dürfte eher auf Probleme bezüglich der Identifikation mit dem Beruf und der Motivation für die tagtäglichen Arbeitsaufgaben hinweisen.

Risikomuster A: Dieses Muster ist vor allem durch überhöhtes Engagement im Sinne von Selbstüberforderung gekennzeichnet.

Im Vergleich mit allen anderen Mustern liegen hier die stärksten Ausprägungen in der Bedeutsamkeit der Arbeit, der Verausgabungsbereitschaft und dem Perfektionsstreben vor. Von besonderer Relevanz ist der eindeutig niedrigste Wert in der Distanzierungsfähigkeit gegenüber den Problemen von Arbeit und Beruf. Hervorhebenswert ist weiterhin, dass das außerordentlich starke Engagement mit verminderter Widerstandsfähigkeit gegenüber Belastungen einhergeht, worauf die geringe Ausprägung in der inneren Ruhe und Ausgeglichenheit sowie der relativ hohe Wert in der Resignationstendenz verweisen.

Darüber hinaus ist ein eher eingeschränktes Lebensgefühl zu verzeichnen. Es wird durch die relativ geringen Werte in der Lebenszufriedenheit und im Erleben sozialer Unterstützung angezeigt. Insgesamt ist das Bild also dadurch charakterisiert, dass hohe Anstrengung keine positive emotionale Entsprechung findet. Wir sehen hier einen gewissen Bezug zum Typ-A-Verhaltenskonzept (Friedman & Rosenman, 1974), das ähnliche Merkmale wie die hier genannten mit der Entstehung koronarer Herzerkrankungen in Zusammenhang bringt. Mit der Bezeichnung als Risikomuster A soll diese Beziehung deutlich gemacht werden.

Risikomuster B: Zum Bild des Risikomusters B gehören zunächst geringe Ausprägungen in den Dimensionen des Arbeitsengagements, insbesondere in der subjektiven Bedeutsamkeit der Arbeit und im beruflichen Ehrgeiz. In dieser Hinsicht bestehen Gemeinsamkeiten mit dem Muster S. Im Unterschied zu S geht das verminderte Engagement jedoch nicht mit erhöhter, sondern mit eingeschränkter Distanzierungsfähigkeit einher. Auch alle weiteren Merkmale zeigen im Vergleich mit Muster S überwiegend gegensätzliche Ausprägungen.

In den Dimensionen, die die Widerstandsfähigkeit und das Bewältigungsverhalten gegenüber belastenden Situationen anzeigen, finden wir mit der höchsten Resignationstendenz sowie der geringsten Ausprägung in der offensiven Problembewältigung und der inneren Ruhe und Ausgeglichenheit besonders kritische Werte vor.

Als ebenso problematisch sind die durchweg geringsten Ausprägungen in all den Dimensionen zu sehen, die das Ausmaß von Zufriedenheit und Wohlbefinden wiedergeben, d. h. im beruflichen Erfolgserleben, der Lebenszufriedenheit und dem Erleben sozialer Unterstützung.

Insgesamt also ist dieses Bild durch vorherrschende Resignation, Motivationseinschränkung, herabgesetzte Widerstandsfähigkeit gegenüber Belastungen und Unzufriedenheit gekennzeichnet. Solche Erscheinungen zählen Maslach (1982), Burisch (1989) u. a. zum Kern des Burnout-Syndroms. Wir sprechen von Risikomuster B, um diese Beziehung deutlich zu machen.

Sowohl für A als auch für B lassen sich zahlreiche Befunde sichern, die eindeutig belegen, dass beide Muster mit einer Vielzahl von psychischen und körperlichen Beschwerden und Beeinträchtigungen in Zusammenhang stehen und dass dieser Zusammenhang umso stärker wird, je mehr die Muster im Sinne eines solch »reinen Typs« ausgeprägt sind.

Es dürfte nicht schwer sein, in den beiden Risikomustern A und B die Verhaltens- und Erlebensmerkmale wieder zu erkennen, wie sie auch für die obigen Falldarstellungen der Frau A und des Herrn B zutrafen. Nicht alle Personen, die bei unserem Vorgehen diesen Mustern zugeordnet werden, zeigen (glücklicherweise) so ausgeprägte Beeinträchtigungen wie diese zwei Fallbeispiele. Häufiger treffen wir die schwächere, aber doch schon deutliche Tendenz im Sinne von A oder B an, die wir über die Zuordnungs-Wahrscheinlichkeiten in ihrer Ausprägung bestimmen können. Gerade diese Tendenzen interessieren uns, erlauben sie doch die Frühdiagnostik der sich anbahnenden Risiken.

Lehrerberuf = Risikopopulation?

Wenn wir die o. g. Mustereinteilung zugrunde legen, so lässt sich zunächst erkennen, dass in der Lehrerschaft, wie in allen anderen Berufen auch, deutliche Differenzierungen in der psychischen Gesundheit bestehen. Es ist nicht so, wie das manch dramatischer Bericht über die Situation der Lehrer nahe legen mag, dass die gesamte Population als eine Risikopopulation gelten muss. Allerdings ergibt sich insgesamt doch ein ungünstigeres Bild als in anderen, zum Vergleich herangezogenen Berufsgruppen (u. a. Führungskräfte aus Wirtschaft und Verwaltung sowie Pflegekräfte aus dem Krankenhausbereich).

Es ist festzuhalten, dass die Anteile des (günstigsten) Musters G mit 10–15 % durchgängig gering sind, während die beiden Risikomuster zusammen zwischen 50–70 % ausmachen[2]. Dabei sind die Relationen zwischen diesen beiden Mustern nicht gleich. Das Vorkommen des Risikomusters A weist starke Abhängigkeiten von den untersuchten Regionen auf. So zeigten bei den Untersuchungen, die wir in den Jahren 1996/97 durchführten, die ostdeutschen Lehrerinnen und Lehrer dieses Muster etwa doppelt so häufig wie ihre Kolleginnen und Kollegen in den westdeutschen Ländern.

Bezüglich der Auftretenshäufigkeit des Risikomusters B lassen sich keine so deutlichen Unterschiede finden. Dieses ohne Frage problematischste Muster lässt sich durchgängig, über die verschiedenen Regionen hinweg, bei etwa 25 – 30 % der Lehrerinnen und Lehrer nachweisen. Es liegt nahe, in diesem Anteil von B ein für die Lehrerpopulation verallgemeinerbares Ergebnis zu sehen, während im überproportionalen Vorkommen von A eine ostdeutsche Spezifik vorliegen dürfte. Für diesen letztgenannten Befund gibt es mehrere mögliche Gründe. So dürften zum einen die Unterschiede in den gesellschaftlich-kulturellen Wertesystemen und der Berufssozialisation eine Rolle spielen. Es liegt aber auch nahe, das Muster A als eine (nicht-optimale Bewältigungs-) Reaktion auf die für die Lehrerschaft in vielerlei Hinsicht besonders kritische, die individuellen Ressourcen z. T. extrem beanspruchende Anforderungssituation der Nachwendejahre zu verstehen.

Es sind aber keineswegs nur gesellschaftlich-kulturelle Bedingungen, die die zum Teil beträchtlichen Verhaltens- und Erlebensunterschiede innerhalb der Lehrerschaft bedingen. Unsere Untersuchungen weisen auf eine Reihe weiterer wesentlicher Faktoren hin. So finden wir z. B. recht klare Abhängigkeiten vom Schultyp, hinter dem sich ja wiederum ein Bündel tätigkeitsspezifischer Anforderungen verbirgt. So ließ sich u. a. wiederholt bestätigen, dass in der Grundschule und im Gymnasium häufiger das Risikomuster A auftritt, in der Hauptschule und der Berufsschule hingegen das Risikomuster B. Aber auch beim Vergleich von Schulen innerhalb der gleichen Schulform lassen sich statistische Unterschiede sichern, was insbesondere für den Einfluss des jeweiligen Arbeitsklimas spricht und Gestaltungsmöglichkeiten aufzeigt, die primär im zwischenmenschlichen Bereich liegen müssen. (Zu näheren Ausführungen über den Zusammenhang mit schulspezifischen Bedingungen vgl. auch Schaarschmidt & Fischer, 1998.)

---

2 Die Prozentangaben beziehen sich auf den Anteil der Personen mit der jeweils vorherrschenden Zuordnungswahrscheinlichkeit. Grundsätzlich wurden alle einem der Muster zugeordnet.

Lehrerstress ist nicht gleich Lehrerstress

Mit der Differenzierung und diagnostischen Erfassung der beiden Risikomuster A und B gelingt es, das globale, wenig fassbare Phänomen »Lehrerstress« zu konkretisieren und zu untersetzen.

- Es ist bemerkenswert, dass sich die Personen beider Risikomuster nicht unterschieden, wenn pauschal das Ausmaß erlebter Belastung im Schulalltag anzugeben war. Beide Mustervertreter schildern ihr generelles Belastungserleben, ausgedrückt in Klagen über Nervosität, Abgespanntheit und verschiedene körperlich-funktionelle Beschwerden, als sehr hoch und heben sich damit gleichermaßen von den Personen der anderen zwei Muster, insbesondere denen des Musters G, ab.
- Die differenziertere Erfassung ließ jedoch deutlich werden, dass hinter dem als gleich hoch angegebenen Belastungsgrad sehr unterschiedliche Qualitäten von Verhaltens- und Erlebensbesonderheiten stehen. Gemeinsam ist beiden Risikomustern das Überforderungserleben.
- Doch im Falle von A handelt es sich um Selbstüberforderung, die bei allem Belastungserleben auch noch Aspekte positiver Emotionen den Berufs- und generellen Lebensanforderungen gegenüber enthält.
- Im Erleben von B lassen sich solch positive Elemente nicht mehr auffinden. Hier liegt eine resignativ-leidende Haltung in Bezug auf die Berufs- und darüber hinausgehenden Lebensanforderungen vor. Sie drückt sich auch – in Abgrenzung zu A – im Erleben von Kompetenz- und Motivationsdefiziten aus. Folgerichtig zeigen sich für B auch noch gravierendere Beeinträchtigungen, wenn nach spezifischen Bereichen des psychischen Befindens gefragt wird (wie z. B. Ängste, gestörtes Selbstwerterleben und Depressionen). Insgesamt ist für B das gesundheitliche Risiko sicherlich am höchsten zu veranschlagen. Damit in Übereinstimmung weist diese Gruppe auch die durchschnittlich meisten Krankentage auf. Im Unterschied zu A kann bei B weitaus weniger mit der eigenen Kraft für Veränderungen gerechnet werden.
- Es liegt somit auf der Hand, dass die Herangehensweisen an die Gesundheitsförderung in Bezug auf die beiden Risikomuster bei mancher Gemeinsamkeit auch deutliche Unterschiede aufweisen müssen.

Risikobezogene, differenzierte Gesundheitsförderung

Eine übergreifende, beiden Risiken gleichermaßen vorbeugende Maßnahme muss zweifellos die Förderung der Entspannungs- und Kompensationsmöglichkeiten sein. Hier werden von A und B übereinstimmend die größten Defizite erlebt. Eine wirksame Einflussnahme in diesem Bereich dürfte demzufolge den Entwicklungen in beiden Richtungen gesundheitsgefährdenden Verhaltens vorbeugen. Es ist dabei ein breites Spektrum möglicher Maßnahmen zu berücksichtigen, von der Gewährleistung störungsfreier Unterrichtspausen bis hin zur Einflussnahme auf solche Formen und Inhalte des

Freizeitverhaltens, die der Erholung vor allem im Sinne der emotionalen Distanzierung vom Schulalltag förderlich sein können.

Darüber hinaus muss zwischen den beiden Risikomustern jedoch klar unterschieden werden. Wenden wir uns zuerst dem Risikomuster B zu: Aus den verstärkten psychischen Beeinträchtigungen, die dieses Verhaltens- und Erlebensmuster kennzeichnen, leitet sich zunächst ab, dass hier der Gestaltung der sozialen Beziehungen eine sehr wichtige präventive Funktion zukommt. Als protektiver Faktor dient insbesondere ein Klima vertrauensvoller Beziehungen zu Kolleginnen und Kollegen, das den offenen und entlastenden Austausch über die Probleme, Schwierigkeiten und Belastungen des Schulalltags ermöglicht. Zu weiterreichenden Überlegungen muss aber auch der Befund Anlass geben, dass die Vertreter des Risikomusters B ihre fachlichen wie auch sozial-kommunikativen Kompetenzen deutlich niedriger als alle anderen einschätzen und dass für sie auch die geringste Ausprägung einer intrinsischen Berufswahl-Motivation vorliegt (Interesse am Unterrichten, Freude am Umgang mit Kindern). So gesehen müssen zu den präventiven Maßnahmen schon die gründliche und realistische Orientierung von Bewerbern für das Lehramtsstudium, die qualifizierte, den realen Anforderungen der Schule entsprechende Berufsvorbereitung der Lehramtsstudenten und schließlich auch die praxiswirksame, auf die ständige Erneuerung der pädagogischen und fachlichen Kompetenz gerichtete Fortbildung gehören. Denn letztlich dürfte eine wesentliche Komponente der Gesundheitsgefährdung im Sinne von B die erlebte Überforderung der Leistungsfähigkeiten und Leistungsbereitschaften sein. Ausdruck solcher Überforderung ist auch, dass sich Lehrerinnen und Lehrer des Risikomusters B durch schwierige, d. h. demotivierte und störende Schüler noch sehr viel stärker belastet fühlen, als das für die Personen des Risikomusters A zutrifft. Es ist damit erklärlich, dass sich in der Hauptschule und auch in der (vor allem ostdeutschen) Berufsschule, wo es häufiger eine Konzentration derartiger Schüler gibt, das Risikomuster B am stärksten manifestiert. Grundsätzlich muss für die Personen des Risikomusters B festgehalten werden, dass sie am wenigsten in der Lage sein werden, die prinzipiell breiten Handlungsspielräume ihrer Tätigkeit zu nutzen, in denen Scheuch u. a. (1995) eine wichtige gesundheits- und persönlichkeitsfördernde Potenz des Lehrerberufs sehen.

Bei einem voll ausgeprägten B-Muster ist kaum noch damit zu rechnen, dass vom Betroffenen selbst eine spürbare Veränderung der Situation eingeleitet werden kann. Er bedarf einer weit reichenden Hilfe von außen, die darauf gerichtet sein muss, den Willen und die Kraft zur eigenaktiven Gestaltung zu stärken, so daß neue Erfahrung, Sinnfindung und Zielsetzung erwachsen können.

Auch für die Herausbildung des Risikomusters A muss als wesentliche Quelle das Erleben der Überforderung gelten. Doch handelt es sich hier um eine Überforderung anderer Art. Im Unterschied zu B liegen für A in der erlebten Berufskompetenz und der Berufswahlmotivation sehr viel günstigere Voraussetzungen vor. Die Überforderung ist hier vor allem bedingt durch die exzessive Verausgabungsbereitschaft und die Unfähigkeit, sich distanzieren und abschirmen zu können. Und es ist nicht zufällig, dass es die Grundschule und das Gymnasium sind, die dieses Muster verstärkt hervorbringen. Beide Schulformen sind eher dazu angetan, Engagement und damit eben auch (bei entsprechender Disponiertheit) Überengagement zu produzieren, erstere vor allem wegen der mehrheitlich noch aufnahmebereiten und dankbaren Schüler, letztere vor allem wegen der höheren fachlichen Herausforderungen. Es versteht sich, dass sich die gesundheitsfördernden Maßnahmen in wesentlichen Punkten von den für B in Frage kommenden unterscheiden müssen. Sie müssen vorrangig auf eine Veränderung des arbeitsbezogenen Verhaltens und Erlebens im Sinne einer Relativierung des Stellenwertes der Schule gegenüber den anderen Bereichen des Lebens und eine angemessene Proportionierung von Arbeitsengagement und Erholung gerichtet sein. Dabei kann in der Regel nicht nur auf die Einsicht der Betroffenen, sondern auch auf ihre Fähigkeit gesetzt werden, eine (freilich unterstützte und begleitete) Veränderung aus eigener Kraft herbeizuführen. So war es auch im Falle der oben vorgestellten Frau A. Im Ergebnis der weitgehend eigenaktiv geführten Auseinandersetzung mit ihrer Situation fasste sie eine Reihe von – inzwischen auch realisierten – Vorsätzen, die auf eine entlastende Organisation des Arbeitstages, die deutlichere Trennung von schulischem und außerschulischem Bereich, die Reaktivierung von freudvollen und entspannenden Freizeittätigkeiten und den pfleglicheren Umgang mit sich selbst gerichtet waren. Es ist fast müßig zu erwähnen, dass sie noch immer zu den engagiertesten Kolleginnen ihrer Schule zählt. Mit dem jetzt eingeschlagenen Weg wird wohl auch die Chance bestehen, dieses Engagement zur eigenen Befriedigung und zum Nutzen ihrer Schüler über die weiteren Jahre fortzuführen.

Fazit

Es besteht ein unlöslicher Zusammenhang zwischen psychischer Gesundheit und Motivation. Letztere ist Voraussetzung wie Folge psychischen Wohlbefindens. Die von uns unterschiedenen Muster arbeitsbezogenen Verhaltens und Erlebens bringen dies deutlich zum Ausdruck. Das Muster G ist ein Beleg dafür, dass hohe Motivation und psychische Gesundheit nicht nur vereinbar sind, sondern dass sie sich gegenseitig bedingen. Andererseits lässt das Muster B deutlich werden, in welch massiver Weise motivationale und emotionale Beeinträchtigungen miteinander einhergehen können. Dabei bildet unseren Erfahrungen zufolge das Motivation-Defizit oft den Ausgangspunkt für beeinträchtigte Emotionen. Also auch das S-Muster macht in der Regel auf Dauer nicht glücklich. Das A-Muster wiederum führt uns vor Augen, dass gesundheitsförderliche Motivation auch heißt, Schwerpunkte zu setzen und beim Einsatz der persönlichen Kräfte die Kosten-Nutzen-Relation zu wahren.

Prof. Dr. Uwe Schaarschmidt lehrt am Institut für Psychologie der Universität Potsdam. Zu seinen Arbeitsgebieten gehören die Persönlichkeits- und Differentielle Psychologie sowie die Psychologische Diagnostik. Seine gegenwärtigen Forschungen konzentrieren sich auf angewandte persönlichkeitspsychologische Fragestellungen. Einen Schwerpunktbereich bildet der Zusammenhang von Persönlichkeit, Arbeit und Gesundheit.

Anschrift:
Institut für Psychologie, Universität Potsdam, Postfach 601553, 14415 Potsdam, Tel.: 03 31/9 77 28 74, Fax: 03 31/9 77 27 94

Kann die Schule lernen?
Ein Plädoyer für die intrinsische Motivation

Klaus W. Vopel

Vorbemerkung

Der Gedanke, dass Schüler lernen sollen, ist allen vertraut; der Gedanke, dass auch die Lehrer permanent lernen, ist schon ungewohnter – auch wenn es die ehrwürdige Einrichtung der Lehrerfortbildung gibt. Die Hoffnung, dass die Schulverwaltung ebenfalls permanent lernen möge, ist extrem selten zu hören. Die Schule wird aber erst dann eine lernende Organisation sein können, wenn alle drei Parteien die Bereitschaft entwickeln, ständig dazuzulernen. Und wir können diesen Gedanken weiter ausdehnen: Auch die anderen Interessengruppen müssen ständig dazulernen – die Eltern, die Unternehmen, die sich intelligente und selbständige Arbeitnehmer wünschen, und nicht zuletzt der Staat, der der Schule zur Zeit zu wenig Aufmerksamkeit und finanzielle Mittel zur Verfügung stellt.

In diesem Artikel betrachte ich die Schule aus einer systemischen Perspektive.

- Im ersten Abschnitt, »Kann die Schule lernen?«, erläutere ich, warum die Schule uns, die wir sie von außen betrachten, so statisch erscheint. Ich werbe gleichzeitig um Verständnis für die Schule, die als Institution viele Jahrhunderte überlebt hat und dabei in der Tat mit einer schwierigen Aufgabe kämpft.
- Im zweiten Abschnitt, »Verbesserungen, die schaden«, möchte ich an einem konkreten Beispiel die Problematik von Reformen aufweisen. Die systemische Sichtweise erscheint mir dabei für eine sinnvolle Einschätzung der Probleme unverzichtbar; ohne systemisches Problembewusstsein werden alle Reformen scheitern und ohne eine lernende Schulverwaltung wird auch die Schule als lernende Organisation eine Utopie bleiben.
- Im dritten Abschnitt, »Neun Schritte zu einer lernenden Organisation«, skizziere ich die systemischen Grundsätze, die nicht ignoriert werden dürfen, wenn nachhaltige Veränderungen im Schulsystem realisiert werden sollen. Ich schlage konkrete Schritte vor, die eine einzelne Schule (und ein ganzes Schulsystem) gehen kann, um sich in eine lernende Organisation zu verwandeln.

1. Kann die Schule lernen?

Kompetenz-Fetischismus schafft Motivations-Krisen

Die Schule gehört zu den hierarchisch aufgebauten Institutionen, die am erfolgreichsten dem Wandel der Zeiten Widerstand geleistet haben. Sie funktioniert wie die katholische Kirche und die öffentliche Verwaltung: Die wesentlichen Entscheidungen werden an der Spitze getroffen, und die nachgeordneten Gremien müssen die Anordnungen umsetzen. Viele Bürger fragen sich vielleicht, warum es nicht möglich ist, dass sich diese institutionellen Dinosaurier verändern. Warum sind sie nicht ein bisschen mehr wie SAP, wie der VW-Konzern oder wie die Hoechst AG? Warum gibt es dort so wenig Experimente? Warum keine flacheren Hierarchien? Warum werden die Wünsche der »Stakeholder« so wenig berücksichtigt? Warum werden Anregungen der eigenen Mitarbeiter so wenig gehört?

Die Unzufriedenheit mit der Kirche können wir verhältnismäßig leicht ausdrücken, indem wir unsere Mitgliedschaft kündigen. Dem Zugriff der öffentlichen Verwaltung und der Schule können wir nicht ausweichen. Diesen Institutionen gegenüber fühlen wir uns ohnmächtig, und wir rächen uns, indem wir sie gering schätzen. Die Mitarbeiter der Verwaltung halten wir für Bürokraten und die Lehrer für inkompetent. Aber während niemand bezweifelt, dass die Verwaltung wichtige Funktionen wahrnimmt, ist die Kritik an der Schule radikaler. Man könnte sie auf den Nenner bringen: Das Ziel der Schule ist nicht das Lernen. Eine Kritik, die sogar aus den Reihen der Lehrer selbst kommt. John Taylor Gatto, ein prominenter amerikanischer Pädagoge und »Lehrer des Jahres 1991« für den Staat New York, sagte in seiner Ansprache anlässlich der Preisverleihung:

> »Schule und Schulpflicht werden immer irrelevanter für die großen Aufgaben auf diesem Planeten. Niemand glaubt mehr daran, dass Naturwissenschaftler im naturwissenschaftlichen Unterricht geformt werden, dass der Gemeinschaftskunde-Unterricht künftige Politiker ausbildet oder dass Dichter aus dem muttersprachlichen Unterricht hervorgehen. Die Wahrheit ist, dass in den Schulen nicht im eigentlichen Sinne gelernt wird; gelernt wird lediglich, wie man Anordnungen befolgt.«

Und ein deutscher Schüler der Mittelstufe drückte seine Skepsis gegenüber schulischem Lernen in folgender ironischer Definition aus: »Was ist der Unterschied zwischen einem Schüler der zweiten Klasse und der dritten Klasse? Ein durchschnittlicher Zweitklässler ist ein bisschen intelligenter als ein Drittklässler, weil er ein Jahr weniger zur Schule gegangen ist.«

Zweifel an der Schule

Wenn wir in den Biographien von überdurchschnittlich erfolgreichen und schöpferischen Menschen lesen, dann stoßen wir bei vielen auf wenig Dankbarkeit für die Institution Schule – bei Albert Einstein, bei Bertrand Russel, bei George B. Shaw und vielen mehr. Natürlich gibt es auch andere Stimmen, Menschen, die durchaus der Meinung sind, dass sie ihrer Schule viel verdanken. Und wenn man die Schüler befragt, die heute im Unterricht stören oder zurückgezogen dasitzen, dann hört man überraschenderweise, dass viele von ihnen immer noch lieber in der Schule sind als zu Hause. Dort wäre es noch langweiliger.

Wie sind die Zweifel vieler Schüler und auch vieler Lehrer an der Schule zu erklären? Die Schule ist ein komplexes System, das zwei wichtige, oberflächlich betrachtet einander widersprechende, Aufgaben zu erfüllen hat: Die Schule muss konservativ und revolutionär zugleich sein. Zur konservativen Aufgabe der Schule gehört es, traditionelles Wissen und wohlbekannte Skills zu vermitteln, all die Dinge, die in den offiziellen Curricula enthalten sind. Diese konservativen Aufgaben der Schule lassen sich als Kanon beschreiben, und wir können im Ansatz auch überprüfen, ob sie erfolgreich bewältigt wurden. Sie sind antwortzentriert und der Beurteilung von richtig und falsch unterworfen.

Konservative und revolutionäre Aufgabe der Schule

Die revolutionäre Aufgabe der Schule ist es, ihre Schüler auf die Zukunft vorzubereiten und das Potential des einzelnen Schülers zu fördern. Damit sind Lernziele verbunden, die beschreibbar, aber kaum überprüfbar sind, wie z.B. Selbstwertgefühl, Kreativität, Verantwortungsbereitschaft, Problemlösungsfähigkeit, Selbstkontrolle, Neugier, Bereitschaft zu lebenslangem Lernen. Es liegt auf der Hand, dass diese Aufgaben ein ganz anderes Vorgehen der Lehrer erfordern. Hier kommt es mehr auf Fragen als auf Antworten an, hier gibt es kein Richtig und Falsch; das letzte Wort bei der Evaluation können nur die Lernenden selbst haben; wir müssen eine ganz andere Motivation ansprechen, die nicht mehr mit extrinsischen Faktoren, wie Zensuren, Versetzungen, Lob und Tadel usw., arbeitet.

Was bedeuten diese beiden widersprüchlichen Aufgaben für die Schule als System? Wenn die Schule vor allem ihre konservative Seite betont, dann gibt es Stillstand, und Stillstand bedeutet in der Natur den Tod eines Systems. In sozialen Systemen bedeutet Stillstand Stress, Aggression oder Krankheit.

Wenn die Schule dagegen nur ihre revolutionäre Seite betont, dann wird sie so viel Chaos erzeugen, dass das System selbst explodiert und zerstört wird. Als komplexes System hat die Schule die schwierige Aufgabe, ständig zu balancieren, sich selbst immer wieder in ein Ungleichgewicht zu bringen, um nicht stehen zu bleiben, ohne allerdings dabei zu stürzen. Das ist eine delikate Aufgabe und ein großes Geheimnis. Es gibt keine Rezepte, keine wissenschaftlich abgesicherten Prozeduren, Checklisten oder Trainingsprogramme, um diese Balance herbeizuführen.

Die zuvor erwähnte Unzufriedenheit mit der Schule hängt damit zusammen, dass in der Vergangenheit Schulbürokratie, Schulleiter, Lehrer wie Eltern die konservative Seite der Schule stärker betont haben als ihre revolutionäre. Es wurde auf Ordnung und bekanntes Wissen mehr Wert gelegt als auf Kreativität und die Möglichkeit der Lernenden, selbst zu entscheiden, was und wie sie denn lernen wollen. Auffällig ist die konservative Haltung der Eltern, die als Schüler gegen Langeweile und Vorschriften der Schule rebellierten, aber sobald sie selbst Kinder haben, von der Schule hauptsächlich Vermittlung von Lernstoff verlangen.

In den westlichen Ländern hat die Schule immer die Tendenz gehabt, Wissen zu vermitteln, das vor allem für Wirtschaft und Industrie brauchbar war. Sie hat Anpassung trainiert und die Lernenden darauf vorbereitet, sich später in den Arbeitsmarkt, in bestehende Unternehmen, Betriebe und Institutionen einzufügen. Ziel der Schule ist es nie gewesen, auf berufliche Selbständigkeit vorzubereiten oder auf die Existenz als Wissenschaftler, Erfinder oder Künstler. Von Zeit zu Zeit gab es dann Reformbewegungen, die die Unzufriedenheit mit dem System Schule artikulierten und den revolutionären Charakter der Schule betonten. Diese pädagogischen Reformen haben jedoch nie das bewirken können, was sie eigentlich wollten. In ihrer Folge gab es eine Zeit lang kreative Unruhe, aber dann kehrte das System wieder zu seiner konservativen Tendenz zurück. Der Elan der Lehrer welkte dahin, die Begeisterung der Eltern erlosch, und die Schüler litten wieder unter den altbekannten Symptomen des institutionellen Lernens: Langeweile, Unruhe, Lernwiderstände.

Der heilige Gral der konservativen Schule ist das Zeugnis. Für Eltern und Kinder haben Zensuren in Zeiten hoher Arbeitslosigkeit geradezu hypnotische Kraft, geht es doch um die Qualifikation für weitere Ausbildungen und Jobs. Andererseits wird alles, was nicht vom Zeugnis »gemessen« wird, die komplexeren Lernziele, indirekt als pädagogischer Luxus deklariert. Diese »weichen« Lernziele erscheinen dann bestenfalls im Kopf des Zeugnisses.

In den Prüfungsbestimmungen des Schulwesens konzentriert sich die Macht des Systems. Hier wird die entscheidende Kontrolle ausgeübt, die jedem Lehrer und jeder Schule zeigt, wie weit ihre Experimente gehen dürfen. Die neuen Freiheiten der Schulen im Blick auf betriebswirtschaftliche Selbständigkeit und Schulprofile stoßen hier an ihre Grenze, auf die große pädagogische Mauer. Erst jenseits dieser uralten und schwer überwindbaren Mauer liegt das Reich der intrinsischen Motivation, wo Schüler und Lehrer den köstlichen »Flow« (Mihaly Csikszentmihalyi) erleben könnten.

2. Verbesserungen, die schaden

Ich beziehe mich hier auf Vorgänge im Hamburger Schulsystem, weil ich dicht an der Grenze des Hamburger Stadtstaates lebe und vielfältige Verbindungen zu Hamburger Lehrern habe. Ich bin jedoch überzeugt, dass es viele ähnliche Beispiele in anderen Bundesländern gibt.

Eine der großen Schwierigkeiten in der Hamburger Schulbehörde besteht zur Zeit wie anderswo auch darin, dass die Finanzmittel knapp sind und dass nicht genügend neue Lehrer eingestellt werden können. Stellenmangel und ein erhöhter Krankenstand führen dazu, dass Unterricht ausfällt und dass z. B. naturwissenschaftliche und musische Fächer nicht im vorgesehenen Umfang erteilt werden können. Die Stundenzuweisung für die gymnasiale Oberstufe ist um 10 % gekürzt worden, die Belegungsverpflichtung der Schüler dagegen erhöht. Im Gymnasium können die Fremdsprachen Französisch, Italienisch, Spanisch, Latein und Russisch kaum noch unterrichtet werden. An vielen Oberstufen gibt es zurzeit auch Englisch nur als Beifach von Geschichts- und Erdkundekursen, die dann euphemistisch »Kompetenzkurse« genannt werden. Gegen diese Ausfälle gab es größere Proteste der Schüler und der Eltern.

Trotz dieser Schwierigkeiten bemüht sich die Behörde um Innovation:

- 96 % der Hamburger Schulen sind bereits jetzt an das Internet angeschlossen, und bis zum Jahre 2003 sollen 30 Millionen DM in zusätzliche EDV-Ausstattung investiert werden.
- Die Schulbehörde bemüht sich um »Kundenfreundlichkeit«: Sie hat das Konzept der »verlässlichen Grundschule« eingeführt, das den Eltern verspricht, die Schüler der ersten beiden Schuljahre bis 13 Uhr in der Schule zu betreuen.
- Die Behörde bemüht sich um Qualitätssicherung bzw. kontinuierliche Verbesserung des Unterrichts. So wurden z. B. so genannte Vergleichsarbeiten in den Klassenstufen 3, 6, 8 und 10 vorgeschrieben, um den Lernstand der Schüler an verschiedenen Schulen vergleichen zu können. Ziel der Behörde ist es, das Gespräch über Lernziele, Anforderungen und Methodik des Unterrichts anzuregen. Zusätzlich sind auch mündliche Prüfungen Ende der Klasse 10 in den Fächern Deutsch, Mathematik und Englisch eingerichtet worden. Im Bereich der Haupt- und Realschule sind ebenfalls für Klasse 9 zusätzliche mündliche Prüfungen in diesen Fächern eingerichtet worden.
- Hamburger Grundschüler werden von der dritten Klasse an in Englisch unterrichtet. Der Leiter der Unterabteilung der Hamburger Schulbehörde für Gestaltung, Entwicklung, Erziehung und Unterricht legt Wert darauf, dass die Hamburger Schule »mit der Entwicklung in Gesellschaft und Wirtschaft mitgehen« müsse.
- 1996 wurde eine »Lernausgangslage-Untersuchung« begonnen. Sie soll festhalten, über welches Wissen die Schüler aller Schulen in der Klasse 5 verfügen, und wie sich dieses Wissen innerhalb von zwei Jahren vermehrt hat. Ein abschließendes Ergebnis liegt noch nicht vor. Die Schulbehörde beschreibt ihr Ziel wie folgt: Wir setzen auf Qualitätssicherung und Vergleichbarkeit der schulischen Arbeit. (Die Einführung eines Rankings, einer »Hitliste« der Hamburger Schulen nach Lernerfolg der Schüler, lehnte die Behörde allerdings ab, obgleich sie davon überzeugt ist, dass dort, wo Wettbewerb unter den Lehrinstitutionen herrsche, der Wissensstand des Nachwuchses gedeihe und das Renommee einer Nation steige.)

Das Scheitern der »Top-Bottom« Reformen

Wenn man diese einzelnen Reformvorhaben kritisch prüft, bemerkt man schnell eine gewisse konservative Tendenz: Betont wird die Menge an Wissen, gefordert wird Evaluation, und das Bedürfnis wird deutlich, es einigen Interessengruppen recht zu machen – den Eltern und der Wirtschaft. Die

Wünsche und Ziele von Schülern und Lehrern finden in diesen Reformvorhaben keine Stimme. Das erstaunt nicht, denn sie sind »top-bottom« entwickelt worden, im kleinen Kreise von Experten unter Federführung der Behörde. Die Reaktion der Lehrer auf diese Vorhaben war demgemäß überwiegend kritisch und ablehnend. Die Lehrerschaft begriff sofort, dass ihre Umsetzung Mehrarbeit und damit mehr Stress bedeuten würden. Die Lehrer fühlten sich übergangen, teils hilflos, teils zornig.

Der mangelnde Kontakt zwischen Behörde und Lehrerschaft wurde dann in einem Interview der Schulsenatorin, das im Hamburger Abendblatt abgedruckt wurde, ganz offenkundig: Die Lernerfolge der Hamburger Schüler seien schlecht bis mittelmäßig und die Hamburger Lehrer und Lehrerinnen leisteten ihre Arbeit nicht ordentlich, darum sollten die Dienstaufsichtskontrollen verstärkt werden. Unfähige und unwillige Lehrer müssten damit rechnen, zur Teilnahme an Fortbildungsveranstaltungen gezwungen zu werden.

Diese Vorgehensweise der Schulbehörde löste zornige Proteste aus; die Lehrerverbände und die GEW riefen zu Dienst nach Vorschrift auf; es gab einen Brief an den Bürgermeister, und die Stimmung an den Schulen näherte sich dem Nullpunkt.

Wahrscheinlich handelt es sich bei den Mitarbeitern der Behörde und bei der Schulsenatorin um Personen, die wohlmeinend und engagiert sind. Wahrscheinlich haben sie sich alle lange den Kopf zerbrochen, wie die Schule besser werden kann, welche Veränderungen den Schülern später bessere Chancen für den Berufseinstieg geben, oder wie sie die berufstätigen Mütter entlasten können. Aus ihrer Sicht hat die Behörde wohl ihr Bestes gegeben, aber das eingetretene Desaster zeigt, dass alle Beteiligten dort einen komplizierten Job haben, für den sie offensichtlich nicht genügend vorbereitet sind. Sie scheinen zu wenig von Mitarbeiterführung, von Ressourcenverteilung, von Motivation, von Öffentlichkeitsarbeit, von gehirngerechtem Lernen und vom konkreten Alltag der Lehrer und Schüler zu verstehen.

Und es scheint nicht möglich zu sein, dass Mitglieder der Behörde einmal Fehler eingestehen und sagen: »Wir haben uns in diesem und jenem geirrt. Wir entschuldigen uns. Wir wollen dazulernen.« Auf diese Weise geben die führenden Repräsentanten der Behörde ein negatives Beispiel für etwas, was sich heute keine Führungskraft in der freien Wirtschaft leisten kann: für rechthaberisches Verhalten, die Suche nach Sündenböcken, mangelnde Flexibilität und im Kern wohlwollende Verantwortungslosigkeit. Ich wähle diese Formulierung bewusst, weil die erwähnten Reformen die bestehenden Probleme an den Schulen enorm verschärfen. Die Vorgehensweise der Behörde scheint der Devise des Lean-Management zu folgen: 20 % weniger Mitarbeiter, 20 % mehr Produktion. Aber die gesteigerte Produktivität der Unternehmen wurde nicht nur durch konzentriertere Arbeitsleistung der Mitarbeiter erreicht, sondern auch durch verbesserte Abläufe, verbesserte Logistik und gesteigerten Einsatz von Mikroelektronik. Solche Rationalisierungshilfen sind in der Schule nicht zu erkennen. In den meisten Schulen können die Computer nicht zum selbst gesteuerten Lernen ohne Lehrer benutzt werden. Statt dessen korrigieren die Lehrer umständlich viel zuviele Stunden lang Schülerarbeiten wie vor hundert Jahren. Diese Zeit fehlt ihnen zur Vorbereitung eines verbesserten Unterrichts. Diese alten, teuren und weitgehend wirkungslosen Prozeduren könnten durch zeitgemäße Methoden der Selbstevaluation der Schüler oder des Gruppen-Feedbacks usw. ersetzt werden. Vielleicht gibt es an der Schule echte Einsparpotentiale. Aber dann müssen die pädagogischen Prozeduren und didaktischen Strategien entsprechend geändert werden. Wenn wir alles beim Alten lassen und nur neue Aufgaben draufsatteln, dann erhöhen wir den Druck im System und machen die Lehrer krank, wie das folgende Beispiel zeigt.

Resignation der Betroffenen

Ich möchte dazu den Blick auf eine einzelne Haupt- und Realschule richten, die ich persönlich relativ gut kenne. Ich besuche dort Theater- und Musikaufführungen und unterhalte mich in Abständen mit einigen Lehrern. Ich habe den Eindruck, dass an dieser Schule ein hohes Maß an Stress herrscht, der bedrückend ist. Es gibt einen Krankenstand von zeitweilig 20 % der Lehrer. Im letzten Jahr hatten die Lehrer keine Energie für ihre Kollegiums-Weihnachtsfeier. Sie sollte im Frühjahr nachgeholt werden! Niemand hat mehr Lust, die Woche im Kreis der Kollegen mit einem Glas Saft oder einem Glas Sekt ausklingen zu lassen. Die Lehrer sprechen von zunehmendem Druck, der sie hilflos macht. Auch jüngere Lehrer legen sich zunächst ein paar Stunden schlafen, wenn sie nachmittags nach Hause kommen. In der Schule verbringen sie die Pausen damit, Unterrichtsmaterialien für die Schüler zu kopieren, weil, wie sie sagen, die Arbeit mit den Schulbüchern nicht mehr funktioniert. Die Lehrer fühlen sich überlastet, und sie klagen darüber, dass der Druck von der Behörde durch die Schulleitung an sie weitergegeben wird. Wenn Behördenvertreter in der Schule erscheinen, sprechen sie nicht mit den Lehrern. Gleichwohl haben die Kollegen Mitleid mit ihrer Schulleitung, die ihnen wie ein heiß gelaufener Motor vorkommt, ein guter Organisator, aber ohne Freiraum, um auf die Gefühle der Kollegen eingehen zu können. Niemand traut sich, der ebenfalls völlig überlasteten Schulleitung die eigenen Gefühle der Hilflosigkeit und der Erschöpfung mitzuteilen. Ein Seminar, bei dem die Lehrer Entspannungsmethoden lernten, wirkte in dieser Situation wie ein Witz. Die Kollegen helfen sich lieber mit dem Drei-Affen-Modell: Nichts sehen, nichts hören, nichts sagen. Eine Fülle von Vertretungsstunden und die tägliche »Aufbewahrung« der jüngsten SchülerInnen bis 13 Uhr sorgen für zusätzliche Unruhe. Die Lehrer fühlen sich ausgebrannt und von der Behörde ausgebeutet.

Dysfunktionales System

Unter diesen Bedingungen können wir nicht erwarten, dass die Lehrer für ihre schwierigen Schüler ein gutes Modell dafür geben, dass Lernen Spaß macht und eine wunderbare Herausforderung sein kann. Dementsprechend zeigen auch die Schüler alle Symptome, die wir in einem dysfunktionalen System erwarten dürfen. Sie schreiben voneinander ab, sie haben keine Selbstkontrolle und geben sich keine Mühe. Zu Beginn der Stunden sind sie unruhig, essen und trinken noch und machen Lärm. Sie zeigen für ihre Lehrer wenig Respekt, sie hören nicht zu, sie neigen zum ständigen Unterbrechen und begleiten den Unterricht mit abfälligen Kommentaren an die Adresse des Lehrers oder der Mitschüler. Es fällt ihnen schwer, gut über sich und andere zu sprechen. Die harten Brocken sind die Jungen, die aggressiv handeln und reden. Aber immer wieder wird auch ihr Wunsch deutlich, Aufmerksamkeit zu finden und Zuwendung von den Lehrern zu bekommen. Von den Eltern bekommen die Kinder Druck, gute Zensuren mit nach Hause zu bringen. Interessanterweise bessern sich diese Verhaltensprobleme in Fächern, wo die Kinder mehr Selbstverantwortung haben, wo sie kreativ sein können, wo sie sich selber Feedback geben können: im praktischen Kunst- und Musikunterricht. Hier können sie experimentieren und sich profilieren. Hier haben sie Erfolgserlebnisse. Allerdings sind die Gruppen hier auch kleiner, 14 bis 15 Schüler.

Stress und Frustration der Schüler werden zum Teil von zu Hause mitgebracht, zu einem großen Teil sind sie eine Folge des ungünstigen Lernklimas. Viele Schüler sehen keine Chance, in den akademischen Fächern (vor allem Deutsch, Mathematik, Englisch) erfolgreich zu werden; sie rechnen mit Misserfolgen in der Berufswelt; sie können ihre eigenen Themen und Interessen in der Schule kaum bearbeiten; sie fühlen sich nicht respektiert und verhalten sich dementsprechend respektlos.

In dieser Situation ist es für die erschöpften Lehrer fast unmöglich, im Unterricht dieser frustrierten Kinder Erfolgserlebnisse zu haben. Das ist bitter in einer Gesellschaft, zu deren höchsten Werten der Erfolg gehört. Jüngere Lehrer helfen sich mit Fluchtgedanken. Für manche bleibt nur der Ausweg in psychosomatische Krankheiten oder in ernste körperliche Symptome. Das Beispiel dieser Haupt- und Realschule zeigt deutlich, dass die Behörde zu vieles zu schnell will. Die Lehrer erleben die Ziele der Behörde als widersprüchlich. Sie sollen ihre Schule attraktiv machen für Schüler und Eltern. Sie sollen ihrer Schule ein pädagogisches, individuelles Profil geben. Sie sollen mit anderen Schulen in einen pädagogischen Wettbewerb eintreten. Sie sollen betriebswirtschaftlich selbständiger agieren. Das sind durchaus gute Akzente. Aber um das zu realisieren, brauchen wir in den Schule etwas, was man in den Unternehmen »Empowerment« nennt.

Empowerment

Die einzelne Schule muss mehr entscheiden können. Nur sie kennt den Bildungsmarkt, wo sie um Schüler wirbt. Nur die jeweilige Schule kennt die Bedürfnisse und Möglichkeiten ihrer Klienten. Um einen guten Service zu bieten, muss die einzelne Schule darüber entscheiden können, was sie anbietet und zu welchem Preis. Mit anderen Worten, sie muss bei Inhalten, beim Fächerkanon und bei Fragen der Evaluation mitbestimmen können. Nur ein solches »Empowerment« kann dazu führen, dass für die Lehrer der »Wohlfühlfaktor« in die Schule zurückkehrt. Zurzeit leiden die Lehrer an Stress und an einem tiefen Gefühl von Hilflosigkeit und Wirkungslosigkeit. Was sie brauchen ist das Vertrauen der Behörde, Inspiration und Begleitung bei Experimenten und eine ganz neue Toleranz dafür, dass bei der Veränderung der Schule Fehler gemacht werden dürfen. Und vor allem: Die Lehrer brauchen für die Erneuerung ihrer Schule viel, viel mehr Zeit. Die Aufgabe der Behörde ist es, das der Politik und der Öffentlichkeit klar zu machen.

3. Schritte zu einer lernenden Organisation

Die Renaissance der intrinsischen Motivation

Die meisten Reformvorschläge für eine grundlegende Verbesserung der Schulen sind zum Scheitern verurteilt. Das ist besonders dann der Fall,

- wenn Reformvorschläge »top-bottom« erfolgen, d. h. wenn sie nicht auf Konsens mit den Lehrern gegründet sind, die diese Reformvorschläge umsetzen sollen.
- wenn sie ein zu hohes Tempo verlangen. Sie erzeugen dann Widerstand im System; weil sie Stress erzeugen, werden sie emotional abgelehnt.
- wenn sie zu massiv und weit reichend sind. Kleinere Veränderungen sind erfolgreicher und können emotional im System leichter aufgegriffen werden.
- wenn die Spitze des Systems Sündenböcke benennt, die angeblich für die Misere des Ganzen verantwortlich sind, z. B. Lehrer, die zu bequem, und Schüler, die nicht lernmotiviert seien.
- wenn zu viel Wert auf Homogenität gelegt wird, mit anderen Worten, wenn die einzelne Schule nicht individuell handeln darf. Reformen müssen die Heterogenität der Schulen berücksichtigen. Dann kann jede einzelne Schule durch tausend kleine Minirevolutionen ihre Lebendigkeit entfalten. Vielfalt fördert das Überleben und die Leistungsfähigkeit jedes Systems.
- wenn die einzelne Schule nicht als unabhängige Einheit respektiert wird. Autonomie und Selbstbestimmung sind die Voraussetzung für bedeutungsvolles Lernen. Auf eine autonome Schule können Schüler und Lehrer stolz sein. Der autonome Status ihrer Schule ist die Voraussetzung für die eigene Autonomie.
- wenn der Versuch gemacht wird, ein hochkomplexes System auf einen Schlag zu verändern. Das Gesetz »Grow by chunking« ist auch aus der Didaktik bekannt. Im Rahmen einer einzelnen Schule müssen die Lehrer mehr Freiheit haben, ihr didaktisches Vorgehen mit den Schülern abzustimmen. Eine solche Freiheit führt nach einer Zeit des Testens allmählich zu Kooperation und später zu Synergie innerhalb der einzelnen Schule.

- wenn Fehler um jeden Preis vermieden werden müssen. Die gegenwärtige Schule hat mit ihrer Didaktik des zwanghaften Perfektionismus die Kreativität aus Lehrern und Schülern vertrieben. Eine lernende Organisation ist per definitionem ein System, das durch Versuch und Irrtum lernt. Es gibt keine fehlerfreie Theorie der Organisationsentwicklung oder des Lernens. Wie schon William Blake gesagt hat: »Gottes Design von der Welt sieht vor, dass wir aus dem Paradies vertrieben sind und Fehler machen.« Die Schule als lernende Organisation muss den Grundsatz verfolgen: »Ehre deine Fehler«. Genauso ist die Evolution vorgegangen – als »systematisches Fehlermanagement«.
- wenn das Überleben einer Schule durch ein einziges Ziel und durch einen einzigen Masterplan oder durch eine einzige didaktische Methode gesichert werden soll. Die lernende Organisation braucht multiple Ziele. Wer Optimierung verspricht, geht vor wie der Rattenfänger von Hameln. Ein Schulsystem ist so komplex, dass es nur überleben kann, wenn viele Funktionen »gut genug« erfüllt werden. Bekannte Wege zum Erfolg (die konservative Seite der Schule) müssen ebenso respektiert werden, wie neue und risikoreiche Wege (die revolutionäre Seite der Schule). Es gibt kein elegantes Design für die Entwicklung der Schule; es gibt nur vielfältige und zum Teil widersprüchliche Ziele. Die Diskussion um die Ziele muss ohne Rechthaberei geführt werden, dann hören wir statt »Ja, aber ...« immer öfter »Ja, und ...«
- wenn es nicht gelingt, die Abneigung der Schüler gegen die Schule aufzulösen. Dazu wird es notwendig sein, sehr viel stärkere Akzente auf autonomes und erfreuliches Lernen zu setzen.
- wenn die Lehrer weiterhin von allen Seiten unter Druck gesetzt werden, von unzufriedenen Eltern, Schülern und der Behörde. Dann droht immer mehr Kollegen der Burnout. Die Schule muss so funktionieren, dass die Lehrer selbst wieder Lust bekommen zu lernen. Die wesentliche Ursache für die Belastung der Lehrer ist der systembedingte Widerstand der Schüler, schlechte Beziehungen der Kollegen untereinander, zur Schulleitung und zur Schulverwaltung, sowie ihre Machtlosigkeit.
- wenn es nicht gelingt, das bereits verfügbare Wissen über Systeme, lernende Organisationen, gehirngerechtes Lernen und die Bedingungen für Kreativität und Autonomie allmählich bei allen Beteiligten des Schulsystems bekannt zu machen.

Bottom-Up Entwicklungsprozesse

Wenn Lehrer und Schüler unter anderen Bedingungen zusammenarbeiten, dann kann sich ihr Verhalten ändern. Die wesentlichste Veränderung, die Lehrer und Schüler neu motivieren kann, wird darin bestehen, dass die Schule weniger künstlich ist. Alle lernen am besten, wenn es in der Schule viele Situationen, Probleme und Lösungen gibt, die mit dem wirklichen Leben verbunden sind. All das, was uns im wirklichen Leben motiviert zu lernen, muss auch in der Schule berücksichtigt werden. Dann haben wir plötzlich sympathische, neugierige Menschen, die gern lernen; das gilt für Lehrer wie für Schüler. Der Entwicklungsprozess kann nur »bottom-up« verlaufen, d. h. Lehrer und Schüler sollen erleben, dass ihre Anschauungen, Ziele und Werte in die Arbeit der Schule integriert werden. Wirkliche Entwicklung ist nur möglich, wenn die Lehrer einander unterstützen und voneinander lernen können. Die zentralen Werte der Schüler müssen Beachtung finden, z. B. Autonomie, Verantwortlichkeit für die eigenen Ziele, Zustimmung und Wertschätzung durch ihre Mitschüler. Die Lernprozesse müssen die Gefühle der Schüler berücksichtigen, sowie ihre Energie und ihren Enthusiasmus. Existentielle Ziele von Lehrern und Schülern müssen in das Lernen einfließen. Alle Aufgaben und Aktivitäten sollten immer wieder kooperative Arbeitsformen berücksichtigen (Team- und Partnerarbeit), und zwar bei Schülern und Lehrern. Alle Beteiligten – Schüler und Lehrer – müssen den Veränderungsprozess beeinflussen können.

Es ist durchaus denkbar, dass in einem Schulsystem an verschiedenen Schulen gleichzeitig Veränderungsprozesse eingeleitet werden.

Diese Veränderungsprozesse sollten allerdings für jede Schule individuell stattfinden. Dabei können die folgenden Schritte hilfreich sein:

1. Etablieren Sie Entwicklungsgruppen

In ihnen können die Lehrer in einer vertrauensvollen Atmosphäre über ihre persönlichen Meinungen, Überzeugungen und Grundsätze sprechen.

Das Ziel solcher Gruppen besteht vor allem darin, dass die Teilnehmer lernen, einander ohne Beurteilung zuzuhören, und dass jeder einzelne Gelegenheit hat, seine eigenen persönlichen Überzeugungen und Motive sowie die der anderen zu erforschen. (Die Gruppen sind nicht als Forum für intellektuelle Diskussion gedacht; Kritik ist tabu.) Dadurch, dass verschiedene Auffassungen in einem Klima des Vertrauens nebeneinander gestellt werden, können sich handlungsrelevante Anschauungen leichter verändern. Eine solche »sanfte Evolution« des Denkens ist in den letzten Jahren von verschiedenen Pionieren praktiziert worden, besonders von Sam Crowell, Renate N. Caine, Geoffrey Caine. Sie berichten darüber in ihren Büchern »The Re-Enchantment of Learning« und »Mind Shifts«. Eine ähnliche Gruppenpraxis beschreibt Lee Glickstein in seinem Buch »Be Heard NOW! – Tap Into Your Inner Speaker and Communicate with Ease«. Die zentrale Bedeutung von Überzeugungen und Einstellungen für kleine Systeme und Möglichkeiten der Veränderung beschreiben die drei Autoren Loraine M. Wright, Wendy L. Watson, Janice M. Bell in ihrem Buch »Beliefs – The Heart of Healing in Families and Illness«. Ganz einfach gesagt: In dieser wichtigen Anfangsphase können sich die Herzen ein klein wenig öffnen, ein emotionales Fundament kann entstehen.

2. Untersuchen Sie die vorhandene Lernkultur der Schule

Gehen Sie individuell und kollektiv vor. Achten Sie darauf, dass jeder sanktionsfrei seine Meinung über die Schule sagen kann. Im offenen Dialog können die didaktischen Modelle untersucht werden, die die täglichen Entscheidungen prägen. Außerdem wird untersucht, wie die Schule als System funktioniert, welche Lernarrangements benutzt werden. Dieser Schritt mag eine gewisse Enttäuschung und vielleicht sogar eine Erschütterung hervorrufen, weil vieles bisher verdeckt war, weil Angst vor der Reaktion der anderen ehrliche Äußerungen verhinderte. Aber danach kann der Veränderungsprozess weitergehen.

3. Entwickeln Sie eine gemeinsame Vision für Ihre Schule

Durch Diskussion, Reflexion, durch Dialoge zwischen einzelnen Lehrern kann ein gemeinsames Bild einer erfolgreichen Schule entwickelt werden. Am besten ist es, wenn am Ende dieses Prozesses nach der Methode des Mindmapping ein großes Bild entstanden ist, das in der Schule aufgehängt wird. Dieses Bild soll riesengroß, lebendig und interessant sein für Lehrer Schüler und Eltern. Entwickeln Sie Werte und Prinzipien, die die Schule und die Arbeit von Lehrern und Schülern in der nächsten Zeit inspirieren können. Legen Sie zu diesem Zeitpunkt noch keine Umsetzungsstrategien fest.

4. Versuchen Sie ein neues Lernklima zu etablieren

Ermutigen Sie eine positive und gute Praxis, die der Schule hilft, diese Visionen umzusetzen. Testen Sie, was funktioniert, was nicht funktioniert und organisieren Sie einen lebendigen Erfahrungsaustausch darüber. Drücken Sie Wertschätzung für Risikoverhalten aus, gestatten und ermutigen Sie, dass auch Fehler gemacht werden. Lehrer und Schüler sollen sich immer wieder fragen: Teste ich meine Erfahrungen? Lerne ich wichtige Dinge? Funktioniert die Schule jetzt so, wie ich mir das wünsche?

5. Ermutigen Sie persönliche Autonomie

Jedes Mitglied der Schule, ob Lehrer oder Schüler, muss Gelegenheit haben, die Ideale der Schule umzusetzen, oder wie die Amerikaner sagen »To walk the talk«. Alle Schulmitglieder unterstützen sich gegenseitig dabei, auch eine persönliche Vision zu entwickeln, kurz- und langfristige eigene Ziele aufzustellen und zu verfolgen. Stellen Sie inspirierende Bücher und Videos zur Verfügung, und lassen Sie die Lehrer berichten, was sie selbst neu herausgefunden haben. Wenn die Lehrer ein gutes Rollenmodell sind für aktives Lernen, dann werden die Schüler ihnen auf diesem Weg folgen.

6. Nutzen Sie die Chancen kooperativen Lernens

Fördern Sie Partner- bzw. Teamlernen zwischen den Lehrern und zwischen den Schülern. Vermeiden Sie Konkurrenz und Rivalität. Gemeinsames Lernen stärkt das menschliche Grundbedürfnis nach Zugehörigkeit, Wertschätzung und Feedback. Auf diese Weise kann die Schule allmählich ein partizipatorisches System bzw. eine horizontale Organisation werden. In puncto Neugier und Hilfsbereitschaft gibt es wichtige Gemeinsamkeiten zwischen Lehrern und Schülern. Die Hauptfrage, die sich alle Beteiligten immer wieder stellen sollten, lautet: »Teile ich all das, was ich gelernt habe, mit anderen?«

7. Die Kunst des systemischen Denkens lernen

Lehrer und Schüler erforschen die Schule als System und untersuchen, welche Praktiken, welche Aufgaben, welche Strukturen der Umsetzung der kollektiven Vision dienen und welche nicht. Welche Verbindungen, welche Beziehungen sichern den Erfolg der Schule? Was kann vereinfacht werden? Was ist überflüssig? Sinnvoll ist es, immer wieder nach dem Warum zu fragen, um festzustellen, ob die praktizierten Prozeduren und Strategien wirklich nützlich sind.

8. Den Traum am Leben halten

Alle Planungen und Aktivitäten nützen wenig, wenn sie nicht den Traum, die kollektive Vision der Schule unterstützen. Finden Sie eine attraktive Metapher für die Veränderungen. Finden Sie Mittel und Wege, Fortschritte zu beschreiben oder einzuschätzen. Auch kleine, kontinuierliche Verbesserungen sind wichtig. Suchen Sie nach Indikatoren für eine erfolgreiche Entwicklung. Geben Sie sich einen Zeitplan, der weit genug ist, 10 oder 20 Jahre. Ein neues Pkw-Modell zu entwickeln, dauert 2 bis 5 Jahre, aber das ist verhältnismäßig einfach. Eine Schule zu verbessern ist möglicherweise die Aufgabe einer Generation. Für den Prozess kontinuierlicher Verbesserung haben die Japaner das Wort »Kaizen«. Verankern Sie diesen Begriff in der Kultur der Schule. Sorgen Sie dafür, dass die kleinen Erfolge, die überall erzielt werden, in der ganzen Schule bekannt werden!

9. Überprüfen Sie, ob die Schule auf dem Weg zur lernenden Organisation geblieben ist

Dabei können Sie folgende Fragen benutzen: Können Lehrer und Schüler neue Dinge ausprobieren, ohne Angst vor Sanktionen zu haben? Gehen Lehrer und Schüler gern zur Schule? Sprechen die Lehrer über ihre Experimente oder klagen sie hauptsächlich? Sind die Schüler stolz auf ihre Schule? Sind die Eltern stolz auf die Schule, die ihre Kinder besuchen? Wird mehr gelacht, gefeiert und ausprobiert? Interessieren sich die lokalen Politiker für die Schule? Die Betriebe?

Wenn die Schule zu einer lernenden Organisation geworden ist, wird sie auch im 21. Jahrhundert florieren, und zwar nicht, weil sie in die Zukunft sehen kann, sondern weil sie Lehrer und Schüler hat, die selbständig handeln und ihr Potential benutzen, um sich auf immer neue Herausforderungen einzustellen.

Klaus W. Vopel studierte Germanistik und Theologie in Hamburg, unterrichtete am Gymnasium, dann Forschungs- und Entwicklungsarbeiten in der Hochschuldidaktik. Ausbildung u. a. bei Ruth Cohn, John Brinley, Ruth Ronall in Themenzentrierter Interaktion, Transaktionsanalyse und Gestaltmethoden. Umfassende Seminartätigkeit für verschiedene Wirtschaftsunternehmen, in der Lehrerfortbildung, der öffentlichen Verwaltung und in kirchlichen Organisationen. Arbeitsschwerpunkte: Teamentwicklung und ganzheitliches Lernen, Gründer des Verlages iskopress.

Anschrift:
iskopress Verlag, Postfach 1263, 21373 Salzhausen,
Tel.: 0 41 72/76 53, Fax: 0 41 72/63 55, E-Mail: iskopress@iskopress.de

Berufszufriedenheit und Professionalisierung durch Steigerung der Selbstwirksamkeit

Helmut Heyse, Hansjürgen Kunigkeit, Heiner Wichterich

Zu den Aufgaben von Schulleiterinnen und Schulleitern gehören die Mitarbeiterführung, Personalentwicklung, Motivation der Lehrerinnen und Lehrer an der Schule. Welcher Methoden und Modelle sie sich dazu bedienen, hängt zum einen von ihrem subjektiven Bild von Schule ab, aber auch von eigenen Erfahrungen als Lehrerin oder Lehrer, als Schulleiterin und Schulleiter, von Informationen aus der öffentlichen Diskussion und von Fortbildungen.

Welche spezifische Hilfe können Schulpsychologinnen und Schulpsychologen dazu anbieten? Welche Hilfen können den Lehrerinnen und Lehrern angeboten werden? In diesem Beitrag werden konkrete Erfahrungen aus der schulpsychologischen Arbeit dargestellt, es wird auf Rahmenbedingungen hingewiesen, die für eine erfolgreiche, motivierte und motivierende Arbeit an der Schule erforderlich sind.

1. Bilder von Schule: Selbstverantwortung und Verschärfung der Arbeitsbedingungen

Auf dem Kongress für angewandte Psychologie 1997 in Würzburg eröffnete Helmut Heyse die Diskussion mit einem Scenario von Schule, in dem Schulleiterinnen und Schulleiter, Lehrerinnen und Lehrer bekannte und vertraute Aspekte wieder finden:

- Zunehmende curriculare, finanzielle, personelle Selbständigkeit der Schulen, verbunden mit der Chance der schülerorientierten Profilierung und wachsendem Bewusstsein der Kollegien, für das Gesicht der eigenen Schule Verantwortung zu tragen bei gleichzeitigem Rückzug des Staates aus der Kontrolle und Koordination der Schulen (Schulaufsicht).
- Verschärfung der Arbeitsbedingungen von Lehrerinnen und Lehrern: Zeitverträge, Dreiviertel-Verträge, Heraufsetzung des Pensionsalters, Erhöhung der Arbeitszeit, Vergrößerung der Klassen, Einschränkungen von Entlastungen, Reduzierung der Freiräume für pädagogische Arbeit und Förderung (z. B. AGs, Fahrten); steigender Altersdurchschnitt der Lehrerinnen und Lehrer bei ausbleibenden Neueinstellungen.
- Überforderung der pädagogisch engagierten und interessierten Lehrerinnen und Lehrer und Erschweren ihrer Bereitschaft, sich für Schule als Institution mitverantwortlich zu fühlen.

- Zunehmende Zahl von physisch und psychisch erschöpften Lehrerinnen und Lehrern mit geringer gesellschaftlicher Akzeptanz und mit wenig motivierender Unterstützung durch den Dienstherrn.
- Zielkonflikte der Bildungspolitik: Forderung nach guten Rangplätzen im internationalen Leistungsvergleich in bestimmten Fächern (vgl. OECD-Studie) und gleichzeitig Erwartung an Schule, gesellschaftliche Probleme (z. B. Sucht, Gewalt, soziale Distanz) erzieherisch zu bearbeiten (bei abnehmenden Ressourcen).
- Geringe Bereitschaft der Gesellschaft, in Jugend (Schule, Jugendarbeit, Freizeitpädagogik) zu investieren, insbesondere in die schulische und berufliche Ausbildung von Kindern und Jugendlichen, die in und von den Regelschulen nicht erreicht werden können (z. B. so genannte Werkstattschulen).
- Immer mehr schulmüde Schülerinnen und Schüler, deren Schulpflicht nicht eingefordert wird; Fragwürdigwerden und mangelnde Durchsetzbarkeit der Schulpflicht (vgl. analoge Entwicklungen im Kinder- und Jugendhilfe-Gesetz, Sozialgesetzbuch [SGB] VIII).
- Sinnkrise von Schulbildung, wenn Leistung in der Schule nicht mehr mit beruflicher Ausbildungschance bzw. beruflicher Perspektive einhergeht.
- Zunahme von privaten Nachhilfeorganisationen und Verlagerung von schulischen Pflichtaufgaben an außerschulische Instanzen (vgl. SGB VIII, § 35a).
- Wachsende Zahl von Kindern und Jugendlichen, die mit sozialen Defiziten in die Schule kommen (gemessen am Maßstab schulischer Anforderungen an Verhalten und Leistungsbereitschaft).
- Motivations- und Leistungskrise der Schülerinnen und Schüler angesichts lebensferner Curricula und eingeschränkter gesellschaftlicher Akzeptanz von Jugendlichen.
- Hoher Stand der Arbeitslosigkeit in den Familien mit den bekannten Folgen für die soziale und persönliche Entwicklung der Kinder und Jugendlichen.
- Zunehmende Mitwirkungsforderung von Eltern mit hohem Bildungsinteresse; Distanzierung von Eltern mit Kindern ohne schulischen Ehrgeiz, ohne Erfolgserwartung und mit negativer beruflicher Perspektive (HEYSE 1998).

Welche systemischen und individuellen Konsequenzen diese Entwicklungen haben werden – selbst wenn sie nur z. T. eintreten – ist heute nicht absehbar. Es bedarf auf jeden Fall einer konzentrierten, interdisziplinären Unterstützung und Qualitätssicherung der Schulen durch Erweiterung der fachlichen, methodischen, sozialen und personalen Kompetenzen der einzelnen Lehrerinnen, Lehrer und Schulleitungen sowie der Organisations-Entwicklungsberatung der Schulen und der Einführung von kontinuierlichen Maßnahmen zur Qualitätserhaltung und Qualitätssteigerung.

2. Spezifische Beiträge der Schulpsychologie

Worauf verzichtet eine Schule, wenn sie die spezifischen Beiträge der Schulpsychologinnen und Schulpsychologen nicht nutzt – ganz abgesehen von den Wirkungen schulpsychologischer Arbeit auf das Bildungssystem insgesamt und die einzelnen Personen?

Ein öffentlicher Schulpsychologischer Dienst gewährleistet hierbei u. a.:

- Mitwirkung bei der Identifikation und Bearbeitung von System- bzw. Organisationsproblemen aus psychologischer Sicht,
- Funktion des Katalysators, Impulsgebers zur Weiterentwicklung von Schule durch (schulinterne) Lehrerfortbildung, Feedback aus der Einzelfallhilfe, Reflexion des schulischen Alltags mit Lehrerinnen und Lehrern, Schulleitungen sowie Kollegien,
- schulnahe Entwicklungs- und Klärungshilfe für zwischenmenschliche Beziehungen, für inner- und außerschulische Kooperation, Kommunikation, Konfliktbearbeitung,
- fachpsychologische Mitarbeit bei der Qualitätssicherung von Lehrerinnen und Lehrern, Schulleitungen und der Schulaufsicht durch Fortbildung und Beratung,
- Förderung der psychischen Gesundheit von Lehrerinnen und Lehrern, Schulleiterinnen und Schulleitern, z. B. durch Supervision,
- Entlastung/Unterstützung der Lehrerinnen und Lehrer z. B. bei
  - der Bearbeitung gesellschaftlich relevanter Themen (Sucht, Gewalt, Integration),
  - Problemlagen mit Schülerinnen und Schülern,
  - Konflikten zwischen Eltern und Schule (»Schlichter«),
- bildungspolitischen Diskussionen, z. B. LRS, Gewalt in der Schule, Lehrerstress. (HEYSE 1998, S. 15)

Angebote der Schulpsychologie

Diese eher programmatischen Aussagen konkretisieren sich in den Angeboten einer Regionalen Schulberatungsstelle bzw. eines Schulpsychologischen Dienstes beispielsweise so:

- Reflexion von Führungs- und Leitungsfragen mit Schulleitungen,
- Supervision von Steuergruppen in Schulentwicklungsprozessen,
- Supervision von Lehrkräften, ggf. unter Einbeziehung der Schulleitungen,
- Teamentwickung für Kollegien, Teilkollegien und Klassenteams,
- Belastungsreduktion und Bearbeitung unbearbeiteter Konflikte.

Ebenso gibt es Angebote zur Förderung der Motivation in der Schule durch

- Erleben eigener Wirksamkeit (Selbstwirksamkeit),
- Erfolgsorientierung in schulischer Arbeit,

- gelingende Kooperation und produktive Kollegialität,
- Klärung von Rollen und Rollenkonzepten in Kollegium und Leitung,
- Anerkennungsoption für erfolgreiche Arbeit im Kollegium,
- fachlichen Austausch,
- kollegiale Auseinandersetzung bei auftretenden Schwierigkeiten.

2.1 Selbstwirksamkeit als Ziel schulpsychologischer Beratungstätigkeit

In der Zeitschrift »Pädagogische Führung« (Mai 1998, Heft 2) mit dem Schwerpunktthema »Selbstwirksame Schulen« wird mit der Theorie der Wirksamkeitsüberzeugungen (»Self-efficiency-belief« nach BANDURA) ein psychologischer Theoriebezug im Kontext von Schulreform und -entwicklung hergestellt, der für schulpsychologische Beratungsarbeit die Chance bietet, so genannte einzelfallbezogene und einzelfallübergreifende Aktivitäten auf ein gemeinsames Ziel zu beziehen: Erfolg schulpsychologischer Beratung besteht damit in der Herstellung bzw. Intensivierung individueller und institutioneller Selbstwirksamkeits-Überzeugungen in der Schule.

Wenn es in der Arbeit mit einer Schülerin/einem Schüler gelingt, dass er/sie nach großen Misserfolgen wieder Zutrauen in die eigene Leistungsfähigkeit gewinnt, dabei von Eltern, Lehrerinnen und Lehrern sowie Freunden angemessen unterstützt wird, ein motiviertes, eigenständiges und selbstverantwortetes Lern- und Arbeitsverhalten entwickelt und die selbstgesetzten Lebensziele in sozialer Verantwortung wieder hoffnungsvoll anstrebt, so stellt dies einen Erfolg auf der individuellen Ebene der Selbstwirksamkeits-Überzeugung dar.

Wenn sich in der schulpsychologischen Arbeit mit einem Kollegium die Überzeugung der Lehrkräfte einstellt, trotz zunehmend belastender Arbeitsbedingungen immer noch oder wieder erfolgreich Einfluss auf das soziale Klima in Klassen und den Lernerfolg der Schülerinnen und Schüler (damit auch auf deren Selbstwirksamkeits-Überzeugungen) nehmen zu können, und dabei gemeinsam und in guter Kooperation mit den Kolleginnen, Kollegen und der Schulleitung zu handeln, so stellt dies einen institutionellen Erfolg im Sinne höherer Selbstwirksamkeits-Überzeugung der Schule dar.

Demotivation verstärkt Demotivation

Individuelle und institutionelle Wirksamkeitsüberzeugungen von Menschen in der Schule sind aufs Engste verknüpft: Demotivierte Lehrer und Lehrerinnen, die sich selbst hilflos veränderten (»verschlechterten«) Schülergenerationen ausgesetzt sehen, ohne Einfluss, ohne Erfolg, wirken auch auf Schülerinnen und Schüler kaum motivierend. Auch Kinder und Jugendliche, die eigene Anstrengungen nicht mehr mit anstrebenswerten Zielen verknüpfen können, sich dementsprechend demotiviert verhalten, oft der Schule ganz den Rücken zukehren (vgl. die vielfältigen Formen der Schulverweigerung), fordern ihrerseits auch Lehrkräfte nicht heraus, ihr Bestes in Unterrichtsvorbereitung, -durchführung und Erziehung zu bieten. Viele solcher entmutigender Teufelskreise lassen sich in Schule heute nachweisen, sie zeigen sich zwischen verschiedenen Personengruppen: Von Lehrkraft zu Lehrkraft, von Kolleginnen und Kollegen zu Schulleitungen und umgekehrt, zwischen Eltern und Lehrkräften, von Ministerien zu den Schulen und in umgekehrter Richtung.

Aber es gibt auch Erfolgskreise gegenseitiger Motivation, Ermutigung und gemeinsamer hoher Selbstwirksamkeits-Überzeugungen. Im Folgenden sollen einige Beispiele für schulpsychologische Beiträge zur Entwicklung erhöhter Selbstwirksamkeits-Überzeugungen auf der institutionellen Ebene Schule und der individuellen Ebene der Lehrkräfte und Schulleitungsmitglieder dargestellt werden. Das Feld der Unterstützung von Schülerinnen und Schülern, ihrer Familien und Lehrkräfte zur Überwindung von Lernproblemen und Herstellung schulischen Erfolges, für das die Schulpsychologie traditionell als Unterstützungssystem angesehen wird, soll hier nicht näher erläutert werden, auf den engen Zusammenhang sei aber hingewiesen.

Die aufgezeigten Beispiele und Erfahrungen stammen aus dem Tätigkeitsfeld einer Schulberatungsstelle. Nicht überall gibt es vergleichbare Bedingungen schulpsychologischer Arbeit, persönlicher Schwerpunktsetzungen und geäußerter Beratungsbedürfnisse der Schulen und Lehrkräfte. Die Beispiele beschreiben deshalb eine mögliche Form der Zusammenarbeit von Schule und Schulpsychologie mit dem Ziel, die Berufszufriedenheit von Lehrerinnen und Lehrern und ihre Profesionalität zu erhöhen.

2.2 Reflexion von Führungs- und Leitungsfragen mit Schulleitungsmitgliedern im Rahmen von Einzelsupervision

Unbestritten wird in vielen Bundesländern die Fortbildung von zukünftigen oder tätigen Schulleitungskräften als zentrales Element schulischer Weiterentwicklung angesehen. Fortbildung muss hierbei aber ergänzt werden durch Formen von Praxisreflexion, z. B. im Rahmen von Supervision, damit der persönliche Führungs- und Leitungsstil weiterentwickelt werden kann. Gerade neu ernannte Schulleitungen erleben in der Anfangsphase ihrer Tätigkeit viele Situationen, in denen sie den Erfahrungshintergrund als Lehrerin oder Lehrer nicht mehr ohne weiteres zur Bewältigung anstehender Konflikt-, Beratungs- und Entscheidungssituationen in der Schulleitungsrolle heranziehen können. Die Schulberatungsstelle bietet Schulleitungskräften Einzelsupervisionsgespräche an, in denen diese regelmäßig solche Situationen mit einer schulpsychologischen Fachkraft reflektieren können. Der geschützte Rahmen dieses Angebotes (Freiwilligkeit, Neutralität und Schweigepflicht), die schulsystemspezifische Fachkompetenz der Schulpsychologin bzw. des Schulpsychologen, die leichte Erreichbarkeit (lokales Angebot in der Nähe, regelmäßige, z. T. auch kurzfristige Termine) und die Kostenfreiheit dieses Angebotes werden als große Vorteile angesehen. Sicherlich ist eine vorher erarbeitete Vertrauensbasis zwischen Schulleitung und Schulpsychologie Voraussetzung für diese Form von Unterstützung, sie erfordert oft ein Erproben der Zusammenarbeit in anderen Projekten (Fortbildungen, Pädagogischen Konferenzen u. ä.). Manchmal wird auch der »vor Ort« tätige Schulpsychologe als »zu nah« angesehen, dies insbesondere dann, wenn die Zusammenarbeit sehr stark durch Einzelhilfe für Schülerinnen und Schüler geprägt ist. Als Lösung bietet sich dann die Spezialisierung schulpsychologischer Fachkräfte an: Einzelberatung und Schulleitungs-Supervision werden von verschiedenen Personen wahrgenommen. Da jede Form von Beratung und Unterstützung auf einem Kontrakt zwischen Schule und Beratungsstelle (zwei unabhängigen Institutionen) beruht, können die jeweiligen Wünsche, Bedürfnisse und Befürchtungen berücksichtigt werden.

Motivation durch Supervision

Bei der Supervision lassen sich grundsätzlich zwei methodische Zugänge unterscheiden:

- Bearbeitung und Reflexion erlebter Konflikt-, Beratungs- und Entscheidungssituationen. Hier liegt der Fokus mehr auf der Verarbeitung eigener emotionaler und kognitiver Prozesse in diesen Situationen, der Einordnung in die eigene berufliche und persönliche Situation und der Klärung der eigenen Rolle als Schulleitungsmitglied bzw. als Pädagoge und Klassenlehrer.
- Vorbereitung zukünftiger Anforderungen, z. B. Gesprächssituationen, Konferenzen, Projekte u. ä. Dieser Zugang zielt mehr ab auf die Herstellung und Erweiterung von Handlungssicherheit und -flexibilität. Indem eine Situation im »Schonraum« der Supervisionssitzung gründlich vorbereitet werden kann, dort auch Phantasien, Vermutungen und Ängste über mögliche Geschehnisse Raum zur Bearbeitung beanspruchen dürfen, kommt es zu größerer Entspannung und zum Erlebnis erweiterter Souveränität in der Realsituation.

Beide Zugänge ermöglichen aber auch eine erweiterte Wahrnehmung der anderen beteiligten Personen, z. B. durch entsprechende Perspektivwechsel in der Supervision (»Wie würde Ihr Kollege Sie in dieser Situation wahrnehmen?«). Eine Abfolge von Vorbereitung einer Situation in einer ersten Sitzung, Erleben der Realsituation und anschließender Reflexion des Erlebten in der nächsten Sitzung stellt einen ermutigenden Prozess für die Beteiligten dar, da sie ihren Einfluss auf die Geschehnisse wahrnehmen, höhere Flexibilität und Erfolgswahrscheinlichkeit erleben und mit Misserfolgserlebnissen umzugehen lernen, indem sie deren Bewältigung wiederum als Unterstützung für zukünftige Situationen wahrnehmen. Die Selbstwahrnehmung entwickelt sich im Rahmen dieser Arbeit mehr in Richtung erhöhter Selbstwirksamkeits-Überzeugung (allerdings verknüpft mit verbesserter Sensibilität für die anderen beteiligten Personen). Weitere Rückmeldungen über Effekte der Supervision lassen sich stichwortartig aufführen:

- Größere Gelassenheit und Ruhe in schwierigen Situationen,
- angemessenere (in der Regel bescheidenere) Zielperspektiven des eigenen Handelns,
- Klarheit über persönliche Eigenarten und Stile des Führungs- und Leitungsverhaltens,
- Klärung der Rollenidentität als Schulleitung, der Möglichkeiten und Grenzen des eigenen Einflusses.

2.3 Gruppensupervision für Lehrerinnen und Lehrer zur Stärkung der Selbstwirksamkeit

Gruppensupervisionsangebote der Beratungsstellen werden seit geraumer Zeit in zunehmendem Umfang von Lehrpersonen aller Schulformen nachgefragt. Anlässe für diese Nachfragen von Lehrergruppen, meist Teilkollegien ergeben sich auf Grund von persönlichen Gefühlen der Überforderung, des »Ausgebranntseins«, der Unzufriedenheit mit dem eigenen pädagogischen Handlungsfeld, auf Grund von unterrichtlichen und erzieherischen Fragen und Konflikten mit Eltern, Kolleginnen, Kollegen und Schulleitungsmitgliedern. Bei den Lehrerinnen und Lehrern, die Supervisionsangebote nutzen, handelt es sich fast nie um den bereits völlig demotivierten, innerlich gekündigten Teil des Kollegiums, sondern um die, die zuminest noch so viel Selbstwirksamkeits-Überzeugung gerettet haben, dass sie Supervision daraufhin erproben wollen, ob sie helfen kann, die schwierige Alltagssituation besser bewältigen zu können.

Hilfreich für eine positive Annahme von Supervisionsangeboten in Kollegien ist dabei die Haltung von Schulleitungen und Schulaufsicht gegenüber diesen Formen kollegialer Professionalisierung. Wird sie anerkannt und wertgeschätzt als Bemühung der Lehrpersonen um persönliche und berufliche Weiterentwicklung und eine Verbesserung von Kommunikation und Kooperation im Kollegium, so führt dies zu einer verstärkten Nachfrage und positiver Konnotation des Angebotes. Mit der Teilnahme von schulischen Leitungskräften an den Supervisionsgruppen (vorausgesetzt, dass diese Teilnahme im Kontrakt abgesprochen und von allen Beteiligten akzeptiert ist) ergeben sich im Rahmen dieser Arbeit weiter gehende Perspektiven: In solchen Supervisionsgruppen können auch Fragen von Leitung, Kooperation im Kollegium und institutioneller Weiterentwicklung der einzelnen Schule thematisiert werden. Verschiedene Schulentwicklungsvorhaben, die von einer Beratungsstelle begleitend unterstützt wurden, führten auch zu Supervisionsnachfragen von Teilkollegien unter Beteiligung von Leitungspersonen.

Im Rahmen von Schulentwicklungsprojekten (z. B.Schulprogrammentwicklung) übernehmen schulinterne »Steuergruppen« wichtige initiierende und koordinierende Funktionen, die häufig aber auch Fragen der eigenen Rolle in der Schule, der Kooperation und Kommunikation im Kollegium aufwerfen. In der verstärkten Supervisionsnachfrage dieser Steuergruppen zeigt sich, welche Belastungen, Konflikte und Störungen in einem Kollegium das Gefühl eigener Motivation und Wirksamkeit gefährden können. Werden diese bislang nicht einmal thematisierten, geschweige denn bearbeiteten Konflikte offen angesprochen, so erleben die Kolleginnen und Kollegen, dass bislang tabuisierte Problembereiche gemeinsam strukturiert und (hoffentlich) positiv beeinflusst werden können. Die gemeinsame, aber nicht kommunizierte Überzeugung des Kollegiums, dass die Bearbeitung eines Konfliktes zur Katastrophe führen wird, stellt somit eine Selbstblockade der eigentlich in vielfältigen Formen vorhandenen Fähigkeiten zur Konfliktbewältigung dar. In Supervisionsgruppen wandeln sich aufgrund solcher Erfahrungen auch Einstellungen der Teilnehmer: Probleme, Konflikte und Widerstände werden mehr und mehr auch als konstruktive Ansätze für neue Wahrnehmungen und Entwicklungen definiert.

Teilnehmer an den Supervisionsgruppen melden noch andere positive Auswirkungen für ihre berufliche Situation zurück:

- Belastungen werden nicht mehr nur als persönliches Problem der einzelnen Lehrkraft identifiziert, sie liegen auch in der Rolle und Identität als Lehrerin oder Lehrer begründet, in den konkurrierenden und unerfüllbaren Erwartungen, in der Vielfalt der Aufgaben und der Fixierung eigener Ansprüche auf ein zu hohes Niveau.
- Verstärktes Erleben gemeinsamer Problemlösekompetenz verbunden mit der Relativierung der eigenen Wahrnehmung durch die Sichtweisen in der Gruppe.
- Erleben von beruflicher und persönlicher Anerkennung durch Kolleginnen und Kollegen, die sonst nur über indirekte Rückmeldungen der »Abnehmer« (Schülerinnen und Schüler, Eltern) zu erschließen, oft auch gar nicht zu erhalten sind.

Die im Abschnitt über Einzelsupervision für Schulleitungen beschriebenen positiven Auswirkungen lassen sich auch für Gruppensupervision nennen.

2.4 Motivationsförderung durch Erwerb psychologischer Kompetenz

Positive Auswirkungen auf die Selbstwirksamkeits-Überzeugungen von Lehrpersonen und Schulen können auch über den Erwerb oder die Weiterentwicklung psychologischer Kompetenzen erreicht werden. Wenn Lehrpersonen im Rahmen von Fortbildungsveranstaltungen einer Schulberatungsstelle ihre Kommunikations- und Beratungskompetenzen weiterentwickeln, sich die Praxis ihrer Beratungsgespräche mit Eltern, Schülerinnen und Schülern vor Augen führen und danach Gedanken zur Weiterentwicklung des schuleigenen Beratungskonzeptes besprechen, so führt dies zu einer veränderten Selbstwahrnehmung des Kollegiums: Beratungskompetenz wird wahrgenommen, gegenseitige Unterstützungs- und Kooperationsmöglichkeiten der Lehrpersonen werden (wieder-) entdeckt, und externe Hilfen zur Lösung von Problemen aufgeschlossen. Letzteres führt zur Reduktion tagtäglich erlebter Belastungssituationen und wirkt damit motivationsanregend.

Kompetenzerwerb führt darüber hinaus zu einer verbesserten Selbstwirksamkeits-Überzeugung, also dem Glauben daran, Probleme und Anforderungen auf Grund eigener Fähigkeiten adäquat und erfolgreich bewältigen zu können. Lehrpersonen und Schulen mit dieser Überzeugung stehen wiederum dem eigenen Lehren und Lernen positiv gegenüber und sind damit offen für Angebote zur Fortbildung und weiterem Kompetenzerwerb.

Folgt man der Argumentation von EDELSTEIN so wird deutlich, dass psychologische Kompetenzerweiterung (neben vielem anderen) für Lehrpersonen deshalb hilfreich ist, weil sie die Belastungen reduziert und die professionelle Weiterentwicklung unterstützt.

»Die Ordnung des Lernens in der Schule muss eine Fundierung erhalten, die den einzelnen Schüler und seine subjektiven Lernbedingungen in das Zentrum des Interesses und des pädagogischen Handelns stellt und dabei eine Transformation der Lernbedingungen ermöglicht. Eine Theorie des individuellen Verhaltens und der individuellen Verhaltensänderung muss freilich notwendig eine psychologische Theorie sein, so wie alle zutreffenden Theorien aus dem nämlichen Grund psychologische Theorien sein müssen, um Realitätsgeltung zu erlangen bzw. reale Wirkung unter realen Individuen zu entfalten«. (EDELSTEIN 1998, S. 57)

Aus der Praxis und den Erfahrungen schulpsychologischer Fachkräfte können vielfältige Fortbildungsangebote abgeleitet werden, die Lehrpersonen hilfreiche Anregungen für die Praxis bieten, z. B.:

- Gesprächsführung und Kommunikationskompetenz,
- Methoden und Konzepte der Konfliktbewältigung in der Schule (Mediation, Streitschlichtung usw.),
- Lernpsychologisch fundierte Diagnose- und Fördermöglichkeiten bei Lernproblemen,
- Moderationsmethoden für den Einsatz in Klassen oder im eigenen Kollegium,
- Fördermöglichkeiten für besondere Begabungen und Interessen.

Allerdings sei hier darauf hingewiesen, dass Fortbildung nur dann Selbstwirksamkeits-Überzeugungen der Schule als Institution verbessert, wenn sie in einen längerfristigen Schulentwicklungsprozess des Kollegiums eingebettet ist. Die hier skizzierten Fortbildungsangebote sind deshalb in der Regel als schulinterne Fortbildungsmaßnahmen für Kollegien oder Teilkollegien konzipiert und bieten oft ergänzend eine längerfristige Begleitung des Kollegiums an. Fortbildung, begleitende Unterstützung schulischer Entwicklungsvorhaben und Supervision stellen schulpsychologische Dienstleistungen dar, die aufeinander bezogen, den jeweiligen Bedürfnissen entsprechend mit den Kollegien oder Lehrpersonen vereinbart werden. Wenn Schulpsychologie Verbesserung der Selbstwirksamkeits-Überzeugung der einzelnen Schule als Ziel begreift, muss ihre Unterstützung immer als Hilfe zur Selbsthilfe definiert sein, d. h. auch längerfristige Begleitung ist darauf ausgerichtet, überflüssig und beendet zu werden.

Und für die Optimierung der Hilfen für die Schulen, Schulleiterinnen und Schulleiter und Lehrerinnen und Lehrer wäre die Mehrfachbesetzung von Beratungsstellen wünschenswert, um Teil-Spezialisierung bzw. Schwerpunktsetzungen der Schulpsychologinnen und Schulpsychologen sowie der Kooperation untereinander besser zu ermöglichen.

Fazit:

Die Überzeugung von Lehrerinnen und Lehrern, dass sie aufgrund ihrer pädagogischen und psychologischen Kompetenz personale, organisatorische und fachliche Veränderungen in der Schule bewirken können, hilft, Schule weiterzuentwickeln, erhöht die Zufriedenheit der individuellen Lehrerinnen und Lehrer mit ihrer beruflichen Situation und fördert ihre Professionalität. Wege dazu sind u. a. Supervision, spezifische Beratung, psychosoziale Fortbildung.

Schulleitungen können für sich und ihr Kollegium einen sich selbst verstärkenden Prozess der Selbstwirksamkeit in Gang setzen, der ein entscheidender Baustein für die Qualitätsentwicklung werden kann.

Helmut Heyse, Dipl.-Psych, arbeitet seit 1970 in der Bezirksregierung Trier als Leiter der schulpsychologischen Hauptstelle und war lange Jahre in führender Position der Sektion Schulpsychologie im BDP. Arbeitsschwerpunkte: Beratung von Schulleiterinnen und Schulleitern, Fortbildung von Lehrerinnen und Lehrern, Schulleitungen, Schulaufsicht.

Anschrift:
Bezirksregierung, Ref. 27/1, 54290 Trier; E-Mail: Heyse.spsychtr@ipcon.de

Hansjürgen Kunigkeit, Dipl.-Psych., Supervisor BDP, arbeitet seit 1982 in der Regionalen Schulberatung/Schulpsychologischer Dienst der Stadt Leverkusen. Arbeitsschwerpunkte: Schulpsychologische Einzelhilfe, schulische Organisationsentwicklung, Fortbildung und Supervision für Lehrkräfte und schulisches Leitungspersonal.

Anschrift:
Regionale Schulberatungsstelle/Schulpsychologischer Dienst der Stadt Leverkusen, Manforter Str. 184, 51373 Leverkusen,
Tel.: 02 14/4 06 52 07, Fax: 02 14/4 06 52 02, E-Mail: Kunigkeit@t-online.de

Dr. Heiner Wichterich, Dipl.-Päd., arbeitet seit 1980 als wissenschaftlicher Referent für Schulberatung und Schulpsychologie im Landesinstitut für Schule und Weiterbildung, Soest. Zu seinen Arbeitsschwerpunkten gehören Schulpsychologie, Schulentwicklung, Lehrerfortbildung, Beratungslehrer, Streit-Schlichtung/Mediation.

Anschrift:
Landesinstitut für Schule/Weiterbildung, Paradieser Weg 64, 59494 Soest,
Tel.: 0 29 21/6 83-2 55, Fax: 0 29 21/6 83-3 26,
E-Mail: Heiner.Wichterich@mail.lsw.nrw.de

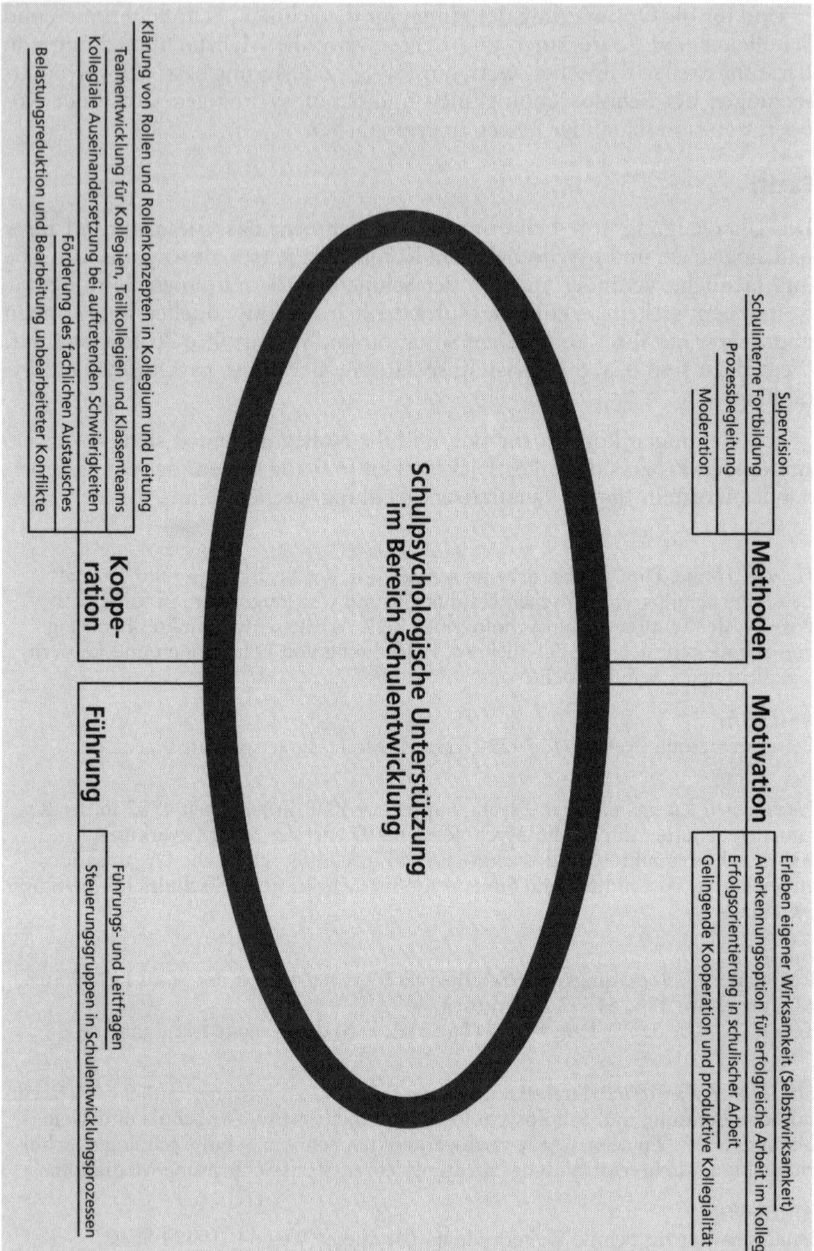
Schulpsychologische Unterstützung im Bereich Schulentwicklung
Methoden
Supervision
Schulinterne Fortbildung
Prozessbegleitung
Moderation
Motivation
Erleben eigener Wirksamkeit (Selbstwirksamkeit)
Anerkennungsoption für erfolgreiche Arbeit im Kollegium
Erfolgsorientierung in schulischer Arbeit
Gelingende Kooperation und produktive Kollegialität
Koope-ration
Klärung von Rollen und Rollenkonzepten in Kollegium und Leitung
Teamentwicklung für Kollegien, Teilkollegien und Klassenteams
Kollegiale Auseinandersetzung bei auftretenden Schwierigkeiten
Förderung des fachlichen Austausches
Belastungsreduktion und Bearbeitung unbearbeiteter Konflikte
Führung
Führungs- und Leitfragen
Steuerungsgruppen in Schulentwicklungsprozessen

Den Wandel gestalten. Motivation und Veränderungsmangement

Peter Herrmann, Christa Hubrig

Die Innere Haltung

»Wenn andere deine Liebe nicht mit Liebe erwidern, überprüfe deine eigene Güte.
Wenn andere deinen Versuch, sie zu führen, nicht mit Ordnung beantworten, überprüfe deine eigene Weisheit.
Wenn andere deine Höflichkeit nicht erwidern, überprüfe deine Rücksicht.
Mit anderen Worten: Überprüfe dich selbst, wenn immer du dein Ziel nicht erreichst«

Meng-Tzu, 372 v. Chr.

1. Die »kunstvolle Konstruktion« von Problemen in der Schule

In diesem Beitrag geht es vor allem darum, systemisch-lösungsorientierte Anschauungen und Handlungsstrategien auf das Feld der Schule und der Schulentwicklung zu übertragen. Wir wollen dabei auf Erfahrungen aus der Wirtschaft zurückgreifen, in die diese neuen Managementideen in den letzten Jahren Einzug gehalten haben. In systemischen Organisations-Entwicklungskursen für Schulleitungen und Kollegien haben die Autoren diese Sichtweisen erweitert und auf das spezielle Umfeld Schule adaptiert. Über diesen Weg ist ein neues Modell entstanden, das zu enormen Veränderungen im Miteinander in der Schule geführt hat. Nachfolgend wollen wir

- die wichtigsten Ideen des systemisch-lösungsorientierten Denkens für die Aspekte Motivation und Management darstellen,
- die Auswirkungen dieses Ansatzes auf Schule erörtern,
- systemisch-lösungsorientierte Maßnahmen zur Mitarbeitermotivation vorstellen.

Die in den 80er Jahren für die Therapie und Beratung entwickelten systemischen Sichtweisen gewinnen in Bezug auf Motivation von Mitarbeitern und auch Kunden sowie für das Personalmanagement in den letzten Jahren zunehmend an Bedeutung. Dies hat nicht zuletzt damit zu tun, dass die praktische Umsetzung dieser Sichtweisen in vielen Organisationen und Institutionen zu verblüffenden Konfliktlösungen und »Klimaverbesserungen« geführt hat.

Jede Organisation oder Institution erlebt im Laufe ihrer Existenz eine Vielzahl von Krisensituationen, die bis hin zur Existenzbedrohung führen können. Diese Krisen sind Ausdruck der inneren Entwicklung der Organisation und der Auseinandersetzung mit den äußeren Einflüssen aus der Umwelt der Organisation. Die von den Kriseneinflüssen betroffenen Mitglieder der Organisation bewerten Krisen häufig sehr negativ. Sie scheinen auf ein Versagen der Konfliktlösungsstrategien der einzelnen Mitglieder hinzuweisen, so dass das kreative Potential des Konfliktes nicht gesehen werden kann. Insbesondere Führungskräfte sind in vielfältiger Weise betroffen und entwickeln individuelle Abwehrstrategien,

- sie suchen einzelne »Schuldige« für den Konflikt, oder
- sie verleugnen den Konflikt, oder
- nachdem sie sich zunächst aktiv um die Bewältigung bemüht haben, werden sie – bei »nicht Gelingen« – zunehmend aggressiver, später dann hilflos und schließlich autoaggressiv in Form von Krankheiten oder Selbstanklagen und Selbstabwertungen.

In der täglichen Arbeit entwickeln die anderen Mitglieder der Organisation ihre eigenen individuellen Strategien und Verhaltensweisen zur Regulation der als permanente Störungen erlebten inneren und äußeren Einflüsse. Angesichts des stetigen Regelbedarfs treten dabei manchmal die eigentlichen Aufgaben der Institution in den Hintergrund.

Ein geflügeltes Wort aus dem Dienstleistungsbereich:
»Wir haben so viel zu tun, Kunden können wir eigentlich nicht gebrauchen.«

Bei der Suche nach den »Ursachen« für den Konflikt greift man auf Erklärungen zurück, die zwar zunächst die Hoffnung erzeugen, »jetzt wirklich verstanden zu haben, woran es liegt«. Später aber – bei eine Neuauflage des gleichen Konfliktmusters – zerplatzen diese Hoffnungen schnell, um einer tiefen Frustration Raum zu geben.

Häufig wird dabei übersehen, dass die entstehenden Schwierigkeiten in Organisationen und Institutionen zu einem übergroßen Teil Ausdruck kommunikativer Störungen im System sind. Also nicht Einzelne sind Schuld an etwas, sondern das gesamte Kommunikationsmuster der Mitglieder der Organisation trägt zur Entstehung und Aufrechterhaltung des Konflikts bei. In der Kommunikationspsychologie geht man davon aus, dass nur 20 % der Störungen in der Kommunikation auf Sachprobleme zurückzuführen sind, 80 % sind hingegen ausgelöst durch Beziehungsstörungen unter den Mitgliedern der Organisation.

Wir verweisen auf eine zentrale kommunikations-psychologische »Weisheit«, nach der immer der Empfänger die Bedeutung der Nachricht bestimmt. Im systemisch- konstruktivistischen Denken gehen wir davon aus, dass alle Schwierigkeiten im Miteinander nicht zufällig entstehen, sondern durchaus sinnvolle Konstruktionen der Mitglieder der Organisation sein können. Die gegenwärtigen Schwierigkeiten sind dabei häufig die Folgen der Lösungen von Gestern. Wobei Probleme und Krisen für jeden Beteiligten in der Organisation eine andere Bedeutung haben. Was für manch einen schon über die subjektive Grenze geht, ist für den anderen nicht einmal irritierend.

Im systemisch-konstruktivistischen Denken sind Problem oder Krisen sehr kunstvolle kollektive Wirklichkeits-Konstruktionen, die, wenn man sie später mit etwas Abstand betrachtet, sogar fast witzig erscheinen. In dem unmittelbaren Konfliktgeschehen indes gehört die emotionale Involviertheit zwingend zum Problem.

Wie man sich am besten in unglückliche Zustände hineinkonstruiert, kann man Watzlawicks »Anleitung zum Unglücklichsein« entnehmen. Auch Organisationen und Institutionen verstehen es sehr gut, ausweglose Krisenkonstruktionen zu erzeugen. Bei der Implementierung von Veränderungen oder Innovationen in ein System wie auch bei strukturellen Krisen kommt es in jedem System immer wieder zu so genannten »Sackgassen« oder »stuck states«. Wir verstehen darunter Situationen, Strukturen, Organisationsformen, die von allen Beteiligten als rigide, unflexibel, verhärtet und wenig »lustmachend« erlebt werden. In der Regel handelt es sich hierbei um Situationen, die das Ergebnis vieler Versuche »alles besser« zu machen sind und dann schließlich nur zu mehr Vorschriften, Regeln und Normen geführt haben.

Existentielle Krisen entstehen aus dem »Mehr desselben« der bisher praktizierten Verhaltensstrategien, zuletzt aber nicht mehr erfolgreichen Lösungsstrategie. In dem man jedoch – wie hypnotisiert – an dieser Strategie festhält, denn was einmal funktionierte, kann ja nicht verkehrt sein, verstärkt man die Schwierigkeiten noch, die eigentlich beseitigt werden sollten. In der kybernetischen Terminologie sprechen wir in diesen Fällen von Veränderungen »1. Ordnung«, also quantitativen Veränderungen, die das Problem nicht beseitigen, sondern vorübergehend lindern, um es dann in einer neuen Variation, manchmal auch mit größerer Vehemenz, neu entstehen zu lassen.

Dies ist dann zugleich auch der Ausgangspunkt vieler systemischer Analysen. Systemisches Denken hilft da, wo man mit kausal-linearem Denken in der Sackgasse gelandet ist. Die Hauptfrage im kausal-linearen Denken ist immer die:

- »Was ist der Grund (die Ursache) für die Krise?«
- Oder noch besser – und hierin sind wir alle sehr geübt: »Wer ist Schuld an dem Problem?«

Auf diese Fragen gibt es eigentlich keine passende Antwort, wenngleich jedoch immer eine gefunden wird, um eine »Lösung« zu haben. Diese Strategie ist uns sehr geläufig, weil sie auch schon sehr lange in der Menschheitsgeschichte praktiziert wird. So ist sie bereits im alttestamentarischen »Sündenbockritual« vorzufinden.

Im systemischen Denken dagegen interessiert uns die Ursache zunächst einmal sehr wenig, denn sie gibt es als isoliertes Phänomen in dieser Form nicht. Ursachen gibt es allenfalls als Faktorenbündel, bei dem man nicht genau weiß, welcher Faktor zuerst da war und welcher dann folgte. Systemisch gesehen interessiert uns nur das Zusammenwirken der Faktoren und die Kunstfertigkeit aller beteiligten Menschen in der Konstruktion des Problems.

Wir fragen nach zirkulären Prozessen, nach Auswirkungen und Sinnkonstruktionen. Wichtig ist nicht die Schuld- oder Ursachenfrage, sondern die Lösungsfrage. Diese Strategie lässt sich sehr gut auf individuelle, interindividuelle und institutionelle Probleme anwenden und führt zu überraschenden Lösungen.

Veränderungen brauchen aus systemischer Sicht daher neue Muster oder anders ausgedrückt: Anstelle quantitativer Veränderungen, die als »mehr desselben« das Problem zementieren, müssen qualitative Veränderungen her, die mehr sind als Erneuerungen. Neue Muster verlangen anderes Denken, verlangen das Verlassen der gewohnten Bahnen, die Metaperspektive, die wirklich Neues ermöglicht. Wie kann dies in Schule möglich werden?

2. Die Sackgassen im Schulalltag

2.1 Auswirkungen der Defizitorientierung

Die kommunikativen Beziehungen in der Schule, vor allem zwischen Lehrern und Schülern sind so angelegt, dass Lehrer eher die Aufgabe haben, Schüler auf einem Weg vom »Nichtwissens« zum »Wissen« zu begleiten. Der hier implizite Förderungsauftrag wandelt sich indes unter den Bedingungen, in denen Schule stattfindet (überfüllte Klassen, Kompensation der Schwachstellen der Erziehung im Elternhaus etc.), vielfach zu einem Defizitfokus, der mit gesellschaftlichen Denkansätzen korrespondiert. Es wird also auf das geschaut, was ein Schüler alles noch nicht kann. Manchmal auch darauf, wo Elternhäuser versagt haben und wie Schule nun mit diesen Folgen zurechtkommen kann.

Der Fokus der Aufmerksamkeit geht also eher auf das Beurteilen der Defizite. Diese Haltung, Defizite eher zu sehen als die Kompetenzen der Einzelnen, kann sich dann – und dies stellen Kollegien häufig fest – auch auf andere Beziehungen generalisieren:

So läuft die Kommunikation auf der kollegialen Ebene nach ähnlichen Mustern, ebenso wie Diskussionen im gesamten Kollegium oder über Schüler oder Eltern. Man sieht eher die Defizite der Kollegen als deren Potentiale. Hinzu kommen noch gruppendynamische Effekte: In sehr großen Kollegien bilden sich Subgruppen, die die Aufgabe haben Zugehörigkeit und Überschaubarkeit herzustellen. Die Gruppe, zu der man gehört (ingroup) braucht andere (outgroups), um die eigene Identität in der Abgrenzung (»So sind wir nicht«) herzustellen. Der eigentlich sehr sinnvolle Prozess der »psychologischen Reduktion der Gruppengröße« durch Subgruppenbildung hat den negativen Effekt, dass er mitunter Feindbilder schafft.

In der systemischen Terminologie sprechen wir bei der oben beschrieben Kommunikationsstrategie von so genannten »isomorphen Strukturen« – von Abbildungsphänomenen eines zentralen kommunikativen Musters auf alle anderen kommunikativen Ebenen im System. Dieses Phänomen ist in vielen Arbeitsfeldern zu beobachten und auf einen natürlichen Prozess zurückzuführen, der in der Verhaltensbiologie als »Synchronisation von Organismen« beschrieben wird. Demnach synchronisieren sich Menschen dann in ihren Sichtweisen, Verhaltensweisen wie auch in ihrer emotionalen und kognitiven Bewertung von Ereignissen umso mehr, je näher sie zusammenleben und/oder aufeinander angewiesen sind.

Lehrer reden demnach also nicht selten über Schüler eher defizitfokussiert und sehen ihre Schule, ihre Kollegen und schließlich sich selbst auf eine ähnliche Art und Weise. Die vielfach zu beobachtende Unzufriedenheit, Perspektivlosigkeit, Burnout Phänomene sowie die fehlende Freude am Beruf haben auch hiermit zu tun.

2.2 Verändern und gleichzeitig Bewahren

Der Auftrag an die schulische Erziehung ist in sich paradox:

Einerseits sollen Veränderungen bei Schülern im Hinblick auf vorgegebene Ziele erreicht werden, andererseits vermittelt Schule Grundlagenwissen und damit auch implizit Werthaltungen und Verhaltensnormen, die eher auf Bewahrung abzielen.

Die beiden Pole »Veränderung« (Morphogenese) und »Bewahrung« (Morphostase) sind in jedem Kollegium wieder zu finden: Die Veränderer wollen vieles neu gestalten, die Bewahrer verweisen auf das Gute der Tradition. In machen Kollegien kommt es zu einer regelrechten »Pattsituation«, in der, wenn überhaupt noch, viel geredet wird, aber nichts mehr verändert werden kann. Sollte sich der Schulleiter dann zu sehr auf die Seite der Veränderer begeben, schlägt ihm der Widerstand der anderen Fraktion im Kollegium vehement entgegen, da diese sich nicht mehr genügend von ihm vertreten fühlt. Er kann also in diesen Situationen nur alles falsch machen. Im Management beschreibt man dieses Phänomen als Champignonprinzip: »Sobald jemand den Kopf aus der Masse hebt, wird im derselbe sofort abgeschnitten.«

Systeme halten auf diese Art ihr Gleichgewicht, verändern sich jedoch nicht sichtlich. Ein System muss sich, um stets dasselbe zu bleiben, laufend verändern. Die sich verändernde Umwelt fordert immer wieder neue Anpassungsleistungen ab. Das System muss also immer wieder für Ausgleichs- und Anpassungsprozesse sorgen, um das ursprüngliche Gleichgewicht zu erhalten. So muss sich Schule also auch laufend verändern, um Schule zu bleiben. In dieser Weise unterliegt Schule sich widersprechenden Anforderungen der Umwelt, einerseits soll sie sich verändern und andererseits am besten so sein, wie sie früher einmal war oder mindestens so bleiben wie sie ist. Als Institution, die von dem beinahe größten öffentlichen Interesse begleitet wird, kann Schule alles nur falsch machen, doch hierin liegt gleichzeitig die Chance.

2.3 »Kunden«-Orientierung in der Schule

Wir wollen Schule hier einmal unter dem Aspekt »Dienstleistungsorganisation« betrachten, um so besser verstehen zu können, was Motivation und Management schwierig macht. Schule hat viele Kunden für ihre Dienstleistung, die aber größtenteils mit dieser nicht vollkommen zufrieden sind. Die große Frage, die sich immer wieder stellt, ist, wer sind denn die eigentlichen Kunden? Sind es die Schüler, die Eltern, die Politiker? Diese Frage ist mit einem »entschiedenen sowohl als auch« zu beantworten, da für alle etwas angeboten werden muss, oder Marketing auf diesen verschiedenen Ebenen zu betreiben ist.

Die Schüler fühlen sich selbst häufig am wenigsten als Kunden, oftmals eher als Zwangskunden, was sie infolge der Schulpflicht ja über einen gewissen Zeitraum auch sind. Kommunikative Beziehungen mit Kunden, die eigentlich nicht unbedingt Kunden sein wollen oder mindestens nicht gerade das kaufen wollen, was angeboten wird und dabei viele Wünsche haben, was sie stattdessen eher und lieber wollten, sind mit besonderen Schwierigkeiten behaftete. Hinzu kommt, dass der Verkäufer (oder Lehrer) nicht immer kongruent sein Angebot vertritt, da er sich die Ware, die er verkaufen soll, nicht frei aussuchen und den Platz, an dem sie angeboten, wird nicht unbedingt nach seinen Vorstellungen gestalten kann. Doch dies gilt für andere Verkäufer auch. Diese haben aber in der Regel einen entscheidenden Vorteil: ihre angebotene Ware wird von den Kunden nachgefragt. Dies kann man bei manchen Schülern in Bezug auf manche Lerninhalte nicht unbedingt behaupten.

In der Wirtschaft wird in den letzten Jahren zunehmend der Aspekt »Wissensmanagement« als zentrale Managementaufgabe in einem Unternehmen diskutiert. Man weiß, dass Wissenstransfer-Leistungen im Unternehmen für dessen Bestehen auf dem Markt von entscheidender Bedeutung sind. Wissenstransfer sorgt innerhalb einer Organisation dafür, dass die Organisation ihre Aufgaben optimal erfüllen kann, weil sie auf die kompletten Potentiale ihrer Mitglieder zurückzugreifen vermag. Dies setzt jedoch voraus, dass sich die Mitglieder der Organisation aus dem alten »Wissen ist Macht« Denken befreien und eine Haltung für sich entwickeln, die offenen Austausch individuellen Wissens als große Ressource und Chance zulässt.

Eine weitere Voraussetzung für modernes Wissensmanagement liegt in der Entwicklung einer inneren Orientierung, sich auf die ständig wechselnden Anforderungen der Umwelt einstellt. Nach dem Motto: das einzig Beständige ist der Wandel. Ein erfolgreiches System muss sich laufend den wechselnden Bedingungen anpassen und das Beste daraus machen. Flexibilität im Denken und Handeln, Feedback-Schleifen bei allen kommunikativen Prozessen sowie der Aufbau interner und externer Netzwerkstrukturen sind wichtige Faktoren des Überlebens eines Systems. Die Dienstleistung »Wissensmanagement« ist ebenso eine Aufgabe von Schule. Die Bedingungen unter denen Schule diese Dienstleistung erbringen soll, sind jedoch anachronistisch. Die Aufgabe verlangt andere kommunikative Strukturen, eine andere Ausstattung eine andere »corporate identity«.

2.4 Motivationale Faktoren

In der Motivationspsychologie unterscheidet man grundsätzlich zunächst einmal zwei Arten von Motivation: die extrinsische und die intrinsische. Jeder Lehrer hätte es nun sehr gern, wenn all seine Schüler intrinsisch motiviert wären. Dieser Wunsch geht jedoch in vielen Fällen nicht in Erfüllung. Ebenso wünscht sich die Schulleitung, dass alle Kollegen intrinsisch motiviert wären – auch dies ist in der Regel schwer zu erreichen.

Der systemisch-lösungsorientierte Ansatz beschäftigt sich insbesondere mit der Frage: »Wie laden wir zunächst einmal nicht motiviert scheinende Mitglieder eines Systems zur Kooperation ein«. Oder: Was ist der positive Aspekt der »fehlenden Motivation«, wozu ist sie gut, welchem höheren Interesse des Systems dient sie? In dem hier vorgestellten Ansatz kommt es in erster Linie darauf an, die weit verbreitete Tendenz »weg – von-Motivation« in eine »hin-zu-Motivation« umzuwandeln. Die Ziele und Inhalte sollen so gestaltet sein, dass sie als Attraktoren wirken, von denen ein Sog ausgeht, sich auf eine neue Erfahrung einzulassen. Systemisches Management baut diesen »Attraktoren-Ansatz« als eigene Form der Zielorientierung in sein Handeln ein.

3. Systemisch-lösungsorientierte Konzepte für Motivation und Management in der Schule

Insbesondere der Ansatz von Peter Senge (1997) hat im Personalmanagement großer Organisationen zu starken Veränderungen geführt, wonach das traditionelle Führungsverhalten nun über andere Dimensionen definiert werden kann. Nachfolgend wollen wir einen kurzen Überblick über diesen Ansatz und seine Bedeutung für den schulischen Kontext geben.

Gesetze des Linearen Handelns

Wie bereits oben beschrieben wurde, sind Probleme in Organisationen häufig die Folge des so genannten »linearen Denkens« in Ursache- und Wirkungs-Zusammenhängen. Viele Probleme in der Pädagogik sind auf dieses verdeckte, manchmal auch offene lineare Reiz-Reaktions-Denken rückführbar.

Im systemischen Denken gehen wir hingegen von zirkulären Prozessen aus. Reiz und Reaktion sind über Feedback-Schleifen aneinander gekoppelt, sodass man nicht mehr genau sagen kann, welcher Effekt den anderen bedingt. Im schulischen Alltag wird oft der »unmotivierte Schüler« vom Lehrer beklagt. Danach kommt häufig die Frage nach dem Grund oder dem »Schuldigen« an der fehlenden Motivation: der Schüler selbst, das Elternhaus, die Beziehung zu den Mitschülern oder gar die Unterrichtsform des Lehrers.

Viele Lehrer wissen, dass diese Frage zu einfach gestellt ist: Es gibt nie »den Grund« oder »die Ursache«, sondern es sind Bündel von Ursachen. Im systemischen Denken sprechen wir hier von strukturellen Koppelungsprozessen, die sich aus unterschiedlichen Quellen entwickeln und schließlich zu einem spezifischen Ergebnis führen. Wir kennen die Auswirkungen der Prozesse, nie genau aber die Ursache.

Die folgenden Statements sollen etwas mehr Sensibilität für die manchmal fatale Wirkung althergebrachter Lösungsstrategien wecken:

3.1 Die Lösungen von gestern, sind die Probleme von heute

Erfolgreiche Lösungskonzepte werden unreflektiert auf neue Problemstellungen übertragen und funktionieren nicht. Stattdessen werden die Probleme verstärkt.

Schule – wie andere Organisationen auch – prüft ihre Konzepte in der Regel nur dann, wenn das System in eine Krise gerät. Vor dieser Krise werden lange Zeit Veränderungen an Symptomen vorgenommen, nie aber das eigentlich strukturelle Problem betrachtet. Die quantitativen Veränderungen in Richtung »mehr desselben oder weniger desselben« zementieren und verstärken das Problem. Die strukturellen Probleme, die heute in der Schule beklagt werden, sind die Auswirkungen der Lösungen von Gestern. Die Gefahr besteht nun darin, dass wiederum die heutigen Probleme genommen werden, um mittels quantitativer Veränderungen strukturelle Fehler im Wesentlichen fortzuschreiben.

3.2 Je mehr man sich anstrengt, desto schlimmer wird es

Je mehr man sich anstrengt, das System zu verändern, desto größer werden die Widerstände. Je mehr man sich bemüht, die Lage zu verbessern, desto schlimmer wird sie. Dieses Geschehen ist begründet in dem sog. kompensatorischen Rückkopplungseffekt oder der Gegenregulation des Systems. Bei Innovationen wird häufig der Fehler gemacht, die »guten Traditionen« nicht genügend zu wertschätzen. Die Vertreter der »guten Traditionen« fühlen sich abgewertet und boykottieren die Veränderung.

3.3 Verbesserungen durch Veränderungen?

Quantitative Veränderungen erzeugen nur vorübergehend eine Verbesserung des alten Musters, nicht aber eine neue, dauerhafte Qualität der Zusammenarbeit oder Kommunikation im System. Nach kurzzeitigen Besserungen tritt der alte Zustand wieder ein. Diese Dynamik führt häufig dazu, dass die Beteiligten eine resignative Haltung gegenüber Veränderungen einnehmen (»Es nutzt ja doch nichts«) und schließlich intendierte Veränderungen aktiv oder passiv ablehnen. Diese sehr verständliche Haltung gegenüber Veränderungen ist in Kollegien heute sehr oft festzustellen.

3.4 Der bequemste Weg erweist sich meist als Drehtür.

Hierzu eine alte Geschichte über den Hodscha Nasreddin:

Nasreddin hatte im Haus seinen Ring verloren. Als sein Bemühen, ihn wieder zu finden, erfolglos blieb, trat er vor die Haustür, wo er die Suche fortsetzte. Ein Nachbar, der ihn dabei beobachtete, fragte ihn, was er verloren habe. Hodscha zögerte nicht, ihm die gewünschte Auskunft zu geben.

»Wenn du den Ring drinnen im Haus verloren hast, ist es doch sinnlos, ihn hier zu suchen«, meinte der Nachbar.

»Drinnen ist es sehr dunkel. Ich dachte, es ist besser, draußen zu suchen, wo es hell ist«, versetzte Hodscha.

Lösungen für Konflikte werden zunächst einmal da gesucht, wo es nicht um große, einschneidende Veränderungen geht. Die Lösung struktureller Konflikte setzt indes den Mut zu neuen Wegen (qualitativen Veränderungen) voraus, sonst gleichen die Lösungsbemühungen denen des Nasreddin.

3.5 Die Therapie kann schlimmer sein als die Krankheit

Mitunter werden Lösungen gewählt, die das Problem noch verstärken, die so genannte Scheinlösungen sind. Ist man erst einmal den Weg gegangen, fällt es sehr schwer anzuhalten und etwas anderes zu probieren, stattdessen werden die problematischen Strategien noch verstärkt. Das Wechseln der Perspektive (Metaebene) hilft dabei, wieder den Überblick zu erhalten. Oft fehlt jedoch der Mut zu tief greifenden Veränderungen, weil der »Preis« zu hoch erscheint.

3.6 Schneller ist langsamer

Wie uns die Geschichte vom »Hasen und Igel« zeigt, gewinnt nicht immer der schnellste. Schnelle Veränderungen überfordern möglicherweise das System und die einzelnen Mitglieder des Systems. Hierbei geht es darum, »passende Interventionen« zu kreieren, die die verschiedenen Phasen des Veränderungsprozesses angemessen begleiten, ohne Widerstände zu erzeugen.

3.7 Ursache und Wirkung liegen zeitlich und räumlich nicht nahe beieinander

Vielfach glaubt man zu wissen, was die Ursache für ein bestimmtes Problem ist. In der Systemtheorie wird diesem Denken die Metapher vom Flügelschlag des Schmetterlings in Frankreich, der – durch strukturelle Kopplung mit anderen Ereignissen – einen Taifun in Asien erzeugen kann, entgegengehalten. Im systemischen Denken beschäftigt man sich mehr mit den Wirkungen und Feedback Schleifen, die die strukturelle Kopplung erzeugen.

In Organisationen werden in kritischen Situationen Veränderungen vorgenommen, die das »Ursachenbündel« nicht genau erfassen, sondern sich nur auf einzelne Teilbereiche beziehen. Aber wie sollen neue Prozesse gelingen, wenn die Problemanalyse unzureichend war?

3.8 Kleine Veränderungen können eine Riesenwirkung haben

Professionelle Veränderer sehen die Probleme mitunter als so gravierend an, dass sie es für sinnvoll halten, möglichst große Veränderungen im System anzustreben. Diese umfassenden Veränderungswünsche erzeugen bei einzelnen Subgruppen in der Organisation immense Widerstände, weil sie sich für die bisherigen Anstrengungen und Leistungen, die für das System erbracht wurden, nicht genügend gewürdigt sehen. Widerstände verhindern letztlich die strukturelle Veränderung.

Im systemischen Denken und Handeln suchen wir nur nach kleinen, aber qualitativen Veränderungen, die wenig Widerstand wecken. Wir suchen nach den kleinen Hebeln, die in dem System eine neue Richtung geben und eine neue Dynamik erzeugen.

Der wichtigste Ansatz für die Implementation einer Veränderungsdynamik ist das eigene Verhalten. Jeder Lehrer kennt die Wirkung kleiner, aber wichtiger Einstellungs- und/oder Verhaltensänderungen auf die Gruppendynamik der Klasse. Was man vorher durch Kontrolle oder negative Sanktionen erfolglos erreichen wollte, wird durch eine andere Haltung auf einmal möglich.

3.9 Nachhaltige Veränderungen

Überall da, wo in Ursache-Wirkungs-Prinzipien gedacht wird, übersieht man zirkulär-rekursive Verknüpfungen und nimmt Veränderungen an den »Symptomen« vor. Die systemische Betrachtung von Problemen verlangt in der Organisations-Entwicklung von den Handelnden das Einnehmen einer Metaperspektive, die sich die Analyse der kommunikativen Prozesse zum Ziel nimmt. Nachhaltige Veränderungen im schulischen Alltag brauchen daher zunächst eine genaue Analyse der Interaktionsprozesse, der Regelmechanismen von Problemmustern.

3.10 Kontext von Schule beachten

Um schwierige Probleme in Organisationen zu verstehen, muss man das System, das das Problem hervorgebracht hat, im Ganzen betrachten. Eine reduktionistische Betrachtungsweise, die vor allem nach der »einzigen Ursache« oder dem an der Misere »Schuldigen« sucht, wird immer nur das erfassen, was sie – Hypothesen gelenkt – erfassen wollte.

Veränderungen an schulischen Organisationsprozessen dürfen sich daher nicht allein auf Schule begrenzen, sondern müssen vor allem auch den Kontext von Schule beachten. Die der Schule übergeordneten Systeme tragen im Sinne rekursiver Prozesse zu den Problemen bei. Eine qualitative Veränderung in den Ergebnissen schulischer Prozesse muss daher durch qualitative Veränderungen in den Ministerien und der Schul- und Bildungspolitik begleitet werden.

3.11 Niemand ist schuld

In einem System gibt es keinen einzelnen, der an allem schuld ist, vielmehr sind die Ursachen des Problems aus dem System hervorgegangen. Bei Konflikten innerhalb einer Institution findet man häufig mehrere dieser Fehler, die – wenn sie konsequent angewandt werden – dazu beitragen, einen Konflikt über lange Zeit aufrechtzuerhalten. In der öffentlichen Diskussion über die Schwierigkeiten von Schule werden zu verschiedenen Zeiten verschiedene »Schuldige« ausgemacht. Dabei kommt jeder Beteiligte im System Schule und an der Peripherie mindestens einmal in die Rolle des »wahren Schuldigen« (Lehrer, Schüler, Elternhaus, Ministerium, Politik etc.). Genauer betrachtet hat diese Diskussion zwar energetisierende Wirkung, da man einen Verantwortlichen ausmachen kann, hilft indes nicht bei der Problemlösung.

4. Management in der »Lernenden Organisation«

Lao-tse:

Ein schlechter Anführer wird von den Menschen verachtet.
Ein guter Anführer ist der, der von den Menschen gepriesen wird.
Ein bedeutender Anführer ist der, von dem die Menschen sagen:
»Wir haben es selbst getan«.

In der traditionellen westlichen Weltanschauung sind Führungskräfte »Helden« – bedeutende Männer und Frauen, die sich durch grandiose Leistungen in Krisensituationen hervortun. Die herkömmliche Führungsauffassung geht im wesentlichen von der Annahme aus, dass Menschen im Grunde machtlos sind, dass ihnen eine persönliche Vision fehlt und sie nicht in der Lage sind, die Kräfte der Veränderung zu meistern – Defizite, die nur durch einige herausragende Führungspersönlichkeiten wettgemacht werden können. In einer lernenden Organisation sind Führungskräfte: *Designer, Stewards, Lehrer.* Sie sind verantwortlich für den Aufbau der Organisation. Die Führungskräfte sind für das Lernen der anderen verantwortlich.

Der Führende als Designer

Der Designer schafft die Struktur der Organisation und ist für die Moderation und Umsetzung von Veränderungsprozessen zuständig. Seine Aufgaben sind selten sichtbar, er arbeitet hinter den Kulissen. Die Folgen, die heute auftreten, sind das Ergebnis der Arbeit von gestern, und die Früchte der Arbeit von heute wird man erst in der Zukunft ernten.

Diese Haltung verlangt eine andere Haltung als sie traditionell von Führungskräften gefordert wird. Machtstreben und Hierarchiedenken haben hier keinen Raum – der Verzicht bringt indes einen erheblichen Gewinn. Wer diese Art von Führung ausübt, findet tiefe Befriedigung darin, andere zur Eigenständigkeit zu befähigen und Teil einer Organisation zu sein, die die Ressourcen und Kreativität ihrer Mitarbeiter fördert und damit auf Dauer erfolgreiche Potentiale entwickelt, erneuert und somit dem stetigen Wandel der Anforderungen an die Organisation eher gerecht werden kann. Im Wesentlichen besteht die Aufgabe von Führungskräften im Design von Lernprozessen, mit deren Hilfe alle Angehörigen der Organisation produktiv mit den entscheidenden Problemen umgehen können.

Die Führenden als Stewards

Führungskräfte sind Begleiter bei dem Aufbau der Lernenden Organisation. Sie sind Hüter der gemeinsamen Vision und motivieren Mitarbeiter zu der Entwicklung gemeinsamer Visionen. Diese Aufgabe wurde in den zuletzt sehr rationalistischen Führungstheorien und Führungsmanualen weitestgehend übersehen. Bevorzugt wurden dagegen nüchterne, zielorientierte Führungsstrategien. Die Ergebnisse dieser Haltungen waren unzufriedene und teilweise orientierungslose Mitarbeiter. Neueren Forschungen über Faktoren der Arbeitszufriedenheit können wir entnehmen, dass einer der wichtigsten Motivationsfaktoren für Mitarbeiter der Aspekt der »Zugehörigkeit« zu einer Gruppe ist. Ein weiterer Faktor ist die »Selbstwirksamkeit«, also der Umstand, den Prozess und die Ergebnisse der eigenen Arbeit mitbestimmen können.

Die Führenden als Lehrer

Ein Großteil der Wirkung von erfolgreichen Führungskräften liegt in ihrer Fertigkeit, anderen Menschen zu einem präziseren und aufschlussreicheren Bild der Realität zu verhelfen und ihnen dadurch die Möglichkeit zu geben, ihre eigenen Fähigkeiten zu erweitern. Die Führungskraft in der »Lernenden Organisation« richtet im Gegensatz zu traditionellen Führungsverhalten ihre Aufmerksamkeit auf alle vier unterschiedlichen Ebenen:

- Ereignisse in der Organisation,
- Verhaltensmuster in der Organisation,
- Systemische Strukturen,
- Sinngeschichten (Visionen).

Sie konzentrieren sich hauptsächlich auf den Zweck und die systemische Struktur. Ihre Aufgabe ist dabei, den Mitarbeitern systemische Zusammenhänge nahe zu bringen, um so den Fokus zu erweitern, der in der Regel durch spezifische Aufgabenstellungen zwangsläufig verengt wird. Sie sind somit verantwortlich für die periphere Wahrnehmung, oder das Aufheben der Tätigkeitstrance (»Tunnelvision«), die sich auf der individuellen Ebene immer wieder einstellt.

Die Elefantengeschichte (Sufi Erzählung):

Als drei Blinde auf einen Elefanten stießen, tat jeder seine Entdeckung lauthals kund. »Es ist ein rauhes Ding, groß und breit, wie ein Teppich«, erklärte der Erste, der ein Ohr in der Hand hielt. Der Zweite, der den Rüssel ertastet hatte, widersprach energisch:«Ich weiß, was es wirklich ist! Es ist ein langer, hohler Schlauch.« Und der Dritte, der ein Vorderbein umschlungen hielt, verkündete: »Es ist groß und fest, wie eine Säule.«

5. Das dynamische Management im Wandel

Das Gestalten von Veränderungsprozessen ist somit eine zentrale Managementaufgabe, die sich die Schule in der gegenwärtigen Diskussion stellen muss. Allerdings braucht das Management von Veränderungsprozessen eine spezifische innere Haltung der beteiligten Führungskräfte, die es dann ermöglicht, den Konflikten kreativ zu begegnen. Hierzu lassen sich fünf Faktoren nennen, die »Veränderungsmanger« berücksichtigen sollten.

1. Kreative Unruhe

Alle heftigen Anforderungen, die von außen an ein System heran getragen werden, versetzen es in Unruhe (Perturbation). Diese Unruhe zieht in der Regel zwei Effekte nach sich:

a) Gegenregulation: Das System versucht die Veränderungsimpulse zu absorbieren, um sich der Veränderung zu entziehen.
b) Selbstorganisation: Das System nutzt die Dynamik der Veränderungsimpulse zu einer Neuorientierung (qualitative Veränderung).

Die Unruhe, der sich das System ausgesetzt sieht, ist im Wesen positiv. Sie wirkt herausfordernd und kann Kreativität und Flexibilität so anregen, dass das System aus sich heraus eine neue Gestalt annimmt. Diese »Unruhe in der Schule« wäre somit eine gute Ausgangsvoraussetzung für den Wandel. Voraussetzung ist auch hier: den positiven Aspekt der Unruhe erkennen und nutzen lernen. Genau dies ist – wie oben gesehen – die Aufgabe der Führungskräfte.

2. Konfliktfähigkeit

Außenanforderungen haben häufig zur Folge, dass Althergebrachtes und lieb Gewordenes durch Neues und Ungewohntes ersetzt werden muss. Hieraus resultieren Konflikte. Der entscheidende Erfolgsfaktor ist dabei die Fähigkeit der Führungskraft, Spannungsfelder frühzeitig zu orten und Konflikte auf den Tisch zu bringen, um sich konstruktiv gemeinsamen neuen

Lösungen anzunähern. Die Führungskraft nutzt die innere Dynamik des Konfliktgeschehens zur Konstruktion von Lösungen.

Ein wesentlicher Erfolgsfaktor für das Gelingen von Veränderungsprozessen liegt in der Beteiligung aller Betroffenen im Sinne eines offen Diskurs. Aus der Konfrontation entwickelt sich Kooperation. Im systemischen Denken gehen wir davon aus, das alle am Prozess Beteiligten Entwicklungsprozesse durchmachen. Niemand bleibt im Konfliktgeschehen ohne Veränderung – selbst dann, wenn diese unbedingt vermieden werden soll.

3. Zusammengehörigkeitsgefühl

Die Gefühle des Dazugehörens und Beteiligtseins sind Voraussetzungen für den sich entwickelnden Gemeinsinn der Organisation. Unternehmen, in denen ein ausgeprägtes »Wir-Gefühl« spürbar ist, bieten ihren Angestellten ausdrücklich keine »Arbeitsplatzsicherheit«, wohl aber ein hohes Maß an »Beschäftigungs- Sicherheit«. Dies bedeutet, dass in einer »lernenden Organisation« die einzelnen Mitglieder immer wieder unterschiedliche Rollen einnehmen können und sollen. Der Perspektivwechsel hilft bei der Überprüfung der kommunikativen Prozesse wie auch der Interaktionsstrukturen. Die äußere Beteiligung erzeugt bei Einzelnen ein inneres »Beteiligtsein«.

4. Sinnvermittlung

In der Lernenden Organisation sind jedem Mitglied die Philosophie, die Visionen und Ziele des Unternehmen klar. Diese werden in der Organisation immer wieder neu kommuniziert und an die Erfordernisse der Umwelt angepasst. Je klarer dem Einzelnen der Sinn seiner Arbeit ist, desto motivierter wird er sie verrichten. Entscheidend für das Gelingen von Veränderungsprozessen ist der Aufbau einer gemeinsamen Zielvision, an der gearbeitet werden kann. Über Zielvisionen lässt sich die »corporate identity« der Organisation schaffen. Eine Schule hat demnach die beste Wirkung, wenn sie klare Ziele und innere Bilder von sich geschaffen hat und es ihr darüber hinaus gelingt, dies kongruent zu kommunizieren. Diese Entwicklung der Zielvisionen muss im Kollegium beginnen und sowohl die Schüler als auch die Eltern mit einbeziehen. Schulentwicklung ist somit immer auch »Sinnkonstruktion« als Ausdruck des Dialogs aller an Schule Beteiligten.

5. Kommunikation

Informelle und persönliche Kommunikation wird in modernen Unternehmen konsequent gefördert und stellt die Voraussetzung für Effektivität und Erfolg dar. Nur im offenen, unzensierten Austausch entstehen neue Impulse, die das gesamte System bereichern. Offene Kommunikation braucht dabei aber die Regel der »Gleichrangigkeit aller Beiträge«. Später kann man sich dann immer noch entscheiden, was realistisch und sinnvoll im Hinblick auf die gesetzten Ziele ist.

Fazit

Immer wieder haben wir in unseren Kursreihen zu systemischen Ansätzen in der Schule die Gefühle von Ohnmacht bei Lehrern und Schulleitern in der Organisation erleben können, die nach und nach in einer resignativen Haltung endeten. Das System Schule scheint selbst engagierten Lehrerinnen und Lehrern schnell die Grenze aufzeigen zu wollen, um ihre individuelle Veränderungs-Dynamik auszubremsen.

Die zentrale Dynamik im System Schule lässt sich gut mit dem aus der Transaktionsanalyse bekannten »Dramadreieck« beschreiben, in dem sich die Handelnden auf eine der drei Positionen »Opfer, Retter, Verfolger« wieder finden. Das Drama ist hierbei: Wenn man nicht schnell genug aus dieser Dynamik aussteigen kann, gibt es keine Gewinner sondern am Ende nur Verlierer.

Als zentrales Thema der Motivation erweist sich immer wieder der Schritt aus der Opfer/Retter/Verfolger-Rolle in eine neue Rolle, die definiert ist durch die Verantwortungsübernahme für das eigene Wohlbefinden in der Schule. Hierzu gibt die systemisch-lösungsorientierte Sichtweise entscheidende Hilfestellungen. Systemisch-orientierte Betrachtungen der Motivation und Mitarbeiterführung verlangen von dem Beobachter das Einnehmen einer neuen Perspektive – der Metaperspektive. In allen Erfahrungen mit der Einführung dieser Perspektive in der Weiterbildung von Lehrern und Schulleitern zeigt sich nach einer zunächst deutlichen Verwirrung bei den Beteiligten (man kann seine Feindbilder nicht mehr so pflegen, wie es vorher lieb und nützlich war) eine starke Erleichterung in dem Maße, in dem neue Perspektiven des Handelns eröffnet werden. Die systemische Perspektive gibt dem Klagenden die Verantwortung für sein eigenes Handeln in der Organisation zurück.

Der systemisch ausgebildete Lehrer oder Schulleiter erkennt auf einmal neue Handlungsperspektiven und kann sich damit aus der Ohnmacht der Opferrolle verabschieden, wird zum Gestalter seiner Spielräume und initiiert an den passenden Stellen »kleine Musterveränderungen«, die große Hebelwirkung haben. Natürlich stoßen die individuellen Veränderungsstrategien immer wieder an die Grenzen des Systems. Hier setzt nun eine weitere systemisch-lösungsorientierte Strategie ein:

Wie kann ich die System-Dynamik im Sinne meiner persönlichen und beruflichen Ziele nutzen. Dies setzt jedoch voraus, dass man seine Ziele kennt. Aus unserer Erfahrung sind diese Ziele in einer Form, die offensives Handeln ermöglichen, bei genauer Nachfrage nur bei wenigen Menschen im Berufsleben deutlich präsent. Immer wieder finden wir, nicht nur bei Lehrern, negative Zielformulierungen (»Demotivation«) oder so große Zielschritte, dass Handlungen erst gar nicht möglich werden.

Ein entscheidender Schritt für den Aufbau von Motivation in der Schule muss daher sein, dass sich jeder in der Organisation zunächst einmal mit klaren (individuellen und strukturellen) Zielformulierungen auseinandersetzt und sich vor allem auch mit den Auswirkungen beschäftigt, die die Realisierung dieser Ziele nach sich ziehen könnten. Hierbei ist die Frage zu beantworten, ob wirklich alle Beteiligten bei Veränderungen auch zu »Gewinnern« werden können, denn »Verlierer« kooperieren nicht.

Dieser Zielfindungsprozess verlangt den Diskurs aller Beteiligten und braucht attraktive Ziele, auf die man sich hin bewegen möchte. Ziele können als Attraktoren wirken, die – wenn sie richtig formuliert und visualisiert werden können – Veränderungen wünschenswert und anziehend machen.

Dr.Peter Herrmann, Studium der Erziehungswissenschaften und Psychologie. Lehrtrainer und Lehrtherapeut in Gestalttherapie, Systemischer Therapie, Hypnotherapie und NLP. Geschäftsführender Gesellschafter der Systeam Consult GmbH Unternehmensberatung, Gründer und fachlicher Leiter von ISIS (Institut für systemische Lösungen in Schulen und sozialen Institutionen). Arbeitsschwerpunkte: Psychotherapie in eigener Ambulanz, systemische Organisationsentwicklung, Change Management, Supervision und Coaching in großen Unternehmen. Seit 1985 Arbeit mit systemisch – lösungsorientierter Ansätze in Schulen und in der Lehrer- und Schulleiterfortbildung. Weiterbildung von Therapeuten, Personal- und Organisationsentwicklern.

Christa Hubrig ist Lehrerin und Diplom-Psychologin. Weiterbildungen in klientenzentrierter Psychotherapie, systemischer Familientherapie, Hypnotherapie, NLP Master. Gründerin und fachliche Leiterin von ISIS. Arbeitsschwerpunkte: Beratungslehrerin an einem Gymnasium, Weiterbildung von LehrerInnen, Supervision, wissenschaftliche Arbeit über systemisch-lösungsorientierte Ansätze in der Schule.

Anschrift:
Institut für systemische Lösungen in Schulen und sozialen Institutionen (ISIS), Herzogsfreudenweg 1, 53125 Bonn, Tel.: 02 28/92 56 17, Fax: 02 28/9 25 - 6 22, E-Mail: isis-ev.@t-online.de

Kooperation statt Konkurrenz

Hartmut Balser

»Defizitfahnder« und »Schatzsucher«

Schulleiter, Lehrer, Schüler, Eltern, Hausmeister und Sekretärinnen sind dann in der Schule motiviert, Probleme zu lösen und sich überdurchschnittlich zu engagieren, wenn sie Erfolg haben, wenn ihnen die Arbeit Spaß macht und sie sich dabei wohl fühlen. Die Schule ist dann erfolgreich, wenn die Lern- und Erziehungsziele erreicht werden, wenn eine positive Identifikation mit der Schule ermöglicht wird und wenn sich möglichst alle in der Schule wohl fühlen.

Die gemeinsame Formulierung der Leitlinien und der Schulziele führt – nach dem Konzept der »Corporate Identity« – zu mehr Motivation aller am Schulleben Beteiligten. Das Zusammenspiel der Einzelnen im gesamten »Unternehmen Schule« ist wichtig, auch wenn es dabei ohne »Solisten« nicht geht, die Entwicklungen allein oder in einer kleinen Gruppe voranbringen. Um Motivation zu erhöhen, sollten »Defizitfahnder« durch »Schatzsucher« abgelöst werden, die Erfolge und (noch versteckte) Potentiale im Kollegium wahrnehmen, wecken und unterstützen. Neben Unterstützung »von oben« ist die Entwicklung »von unten« wichtig, um Selbstgestaltung, Selbstverantwortung und Motivation der Lehrerinnen und Lehrer in selbstlernenden, autonomeren Schulen zu erreichen.

Bewegung »innen« bringt Bewegung nach »außen«

Die Motivation von Lehrerinnen und Lehrern für ihre pädagogische und fachliche Arbeit in der Schule ist verbunden mit

- Herausforderung,
- Neugier,
- Einfluss- und Realisierungsmöglichkeiten,
- Leitbildern und Visionen.

Das sind wichtige Motivationsbedingungen, die sich in Kooperation, Wettbewerb und sozialen Anerkennungen widerspiegeln. Heolscher (1994) hat das Konzept von Malone und Lepper (1987) auf das Konzept des Selbstwertes bezogen und begründet, warum dieses Konzept zu höherem Selbstwertgefühl der an Schule Beteiligten führt.

Motivation kann demzufolge als »*selbstwertdienliche Anstrengungsbereitschaft*« aufgefasst werden, die sich auf das Lösen konkreter Probleme bezieht. Dieses Konzept entspricht den Forschungen über die Bedeutung und Wirkung des Selbstwertgefühls (SCHEFFER 1995, BALSER 1992). Ein

Selbstwertzuwachs ergibt sich durch die Bewältigung von Konflikten und den Aufbau von Erfolgen und Bestätigungen. Das nachfolgende Schaubild zeigt den systemischen Zusammenhang.

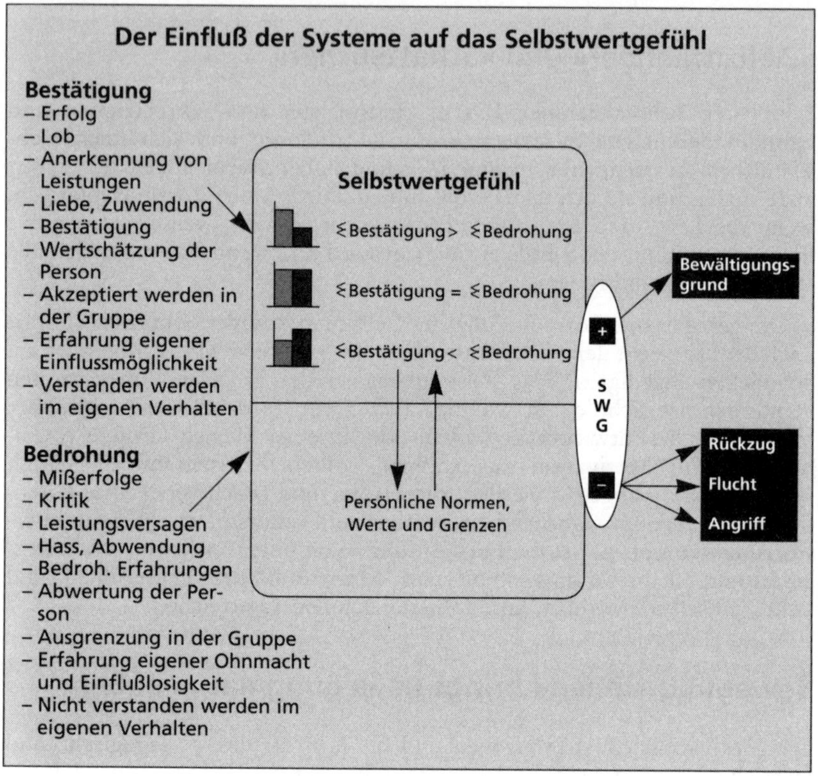

Abb. 1: Das Selbstwertgefühl als Relation zwischen Bestätigung und Bedrohung, die sich aus sozialen- und Leistungssituationen ergeben. (BALSER 1997, BALSER/SCHREWE/SCHAAF 1997)

Die Arbeit in der Schule besteht in der Lösung komplexer Probleme und dem motivationsbezogenen Umgang mit Ressourcen. Als eine der wichtigsten Bewältigungsressourcen gilt in diesem Bereich die »Selbstwirksamkeit« bzw. »Selbstwirksamkeits-Erwartung«. Nach Bandura erfordert diese Selbstwirksamkeits-Erwartung zwei Arten von Überzeugungen:

a) Ergebniserwartung (*outcome expectancy*)
b) Kompetenz bzw. Selbstwirksamkeits-Erwartung (*self-efficiency expectancy*)

Bandura hat die Verbindung zwischen der Selbstwirksamkeits-Erwartung mit dem tatsächlichen Engagement überprüft und herausgefunden, dass die

Selbstwirksamkeit als zentraler Motivationsfaktor darüber mitbestimmt, wie viel Anstrengung man investiert und wie lange man an einer Problemlösungsaufgabe arbeitet. Bandura (1991), Schwarzer (1991), Jerusalem (1991) und Lazarus (1991) haben aufgezeigt, dass das Selbstwertgefühl in der Mehrzahl der Untersuchungen den höchsten Korrelationszusammenhang zur Selbstwirksamkeit, d. h. zum tatsächlichen Engagement hat. Erkenntnisse der Organisationsentwicklung verdeutlichen, dass ein System dann optimal arbeitet, wenn es so gestaltet ist, dass es die Anstrengungsbereitschaft des Einzelnen optimal fördert. Diese Ergebnisse lassen sich auf die Schule und das Schulmanagement übertragen.

Individuum, System und Leitung stehen hier in einem interaktiven Prozess und hängen voneinander ab. Systemisch gesehen (BALSER 1997) kann sich eine Schule dann verbessern und eigenständige Problemlösungen bei hohem Motivationsgrad der Beteiligten erreichen, wenn optimale »Anstoßstellen« dafür gewonnen werden, die das Engagement der Lehrerinnen und Lehrer in Gang setzen. Wie lassen sich diese Anstoßstellen finden?

Rutter (1980) hat in zwölfjähriger Begleitung von Schulen herausgefunden, unter welchen Bedingungen Schulen optimal arbeiten. Als Qualitätskriterien für eine gut funktionierende Schule hat er folgende Merkmale herausgestellt:

- *Verhalten und Lernerfolge,*
- *Regelmäßigkeit der Unterrichtsteilnahme,*
- *Häufigkeit weiterführender Abschlüsse,*
- *Prüfungsleistungen am Ende der Schulzeit, Abschlussquoten,*
- *niedrige Deliquenzrate.*

Darüber hinaus sind in einer »guten Schule« folgende Schwerpunkte (»Schulziele«) realisiert:

1. Positive Lernkultur
- hohes Ausmaß an Leistungsorientierung,
- positives Lehrerverhalten im Unterricht,
- konsequenter Umgang mit Belohnung und Bestrafung.

2. Positive Schulkultur
- allgemeine gute Lern- und Arbeitsbedingungen in der Schule,
- Öffnung von Schule nach außen,
- positive Führungssqualität der Schulleitung.

3. Verantwortungskultur
- Bereitschaft der Übertragung von Verantwortlichkeiten auf Schülerinnen und Schüler, Lehrerinnen und Lehrer sowie die Einbeziehung der Elternschaft.

Wie kann sich eine Schule diesen »Kulturen« optimal nähern? Nach unseren Erfahrungen ist dies am besten erreichbar, wenn gleichzeitig auf drei Ebenen versucht wird, Problemlösungen zu finden:

- innerschulische Kooperation,
- Kooperation die sich auf das ganzheitliche Lernen der Schüler bezieht,
- Kooperation von Schule und Region.

Kooperation statt Konkurrenz

Kooperation statt Konkurrenz trägt zur Steigerung der Motivation der Lehrerinnen und Lehrer bei. Diese Kooperation kann erreicht werden, indem neues Denken und Handeln durch systemische Grundvorstellungen bei Mitarbeitern und Leitern realisiert werden. Dazu einige Empfehlungen.

»Gute« und »schlechte« Schulen

Der Unterschied zwischen »guten« und »schlechten« Schulen ist rasch erkennbar, man benötigt dazu keine aufwendigen empirischen Untersuchungen. Beim »schlechten« System kämpft jeder als »Einzelkämpfer« primär um die Verwirklichung individueller Ziele, beim »guten« System ringen die Systemmitglieder eher um gemeinsame Ziele und Problemlösungen. Für gemeinsame Vorhaben sind deshalb Zielvereinbarungen, Leitlinien und konkrete Arbeitsziele notwendig.

In den Kollegien existieren oft unterschiedliche Gruppen, die – je nach Schule – größer oder kleiner sind und Lösungsprozesse erschweren bzw. erleichtern:

- die »Fortschrittlichen«, die Neuentwicklungen mittragen,
- die »Reformgegner«, für die Neuerungen eher Bedrohungen bedeuten,
- das »abwartende Mittelfeld«, das sich Reformen erst dann anschließt, wenn das Risiko des Nichtgelingens gering ist.

Innerhalb dieser drei idealtypischen Gruppen besteht noch einmal ein großes Spektrum von Meinungen:

- In der Gruppe der »Fortschrittlichen« kann es auch Kolleginnen und Kollegen geben, die unreflektiert und ohne Detailkenntnisse Neuentwicklungen mittragen.
- Unter den »Reformgegnern« kann es Lehrkräfte geben, die sich argumentativ mit Schwachstellen der geplanten Neuerungen auseinander setzen. Die Eröffnung und Aufnahme dieser Gesichtspunkte kann für eine erfolgreiche Umsetzung einer Reform bedeutsam sein.
- Im »abwartenden Mittelfeld« haben oftmals sehr unterschiedliche Befindlichkeiten und persönliche Belastungen Einfluss auf die Beurteilung von Neuerungen. Bei »Fortschrittlichen« und »Reformgegnern« können auch schulpolitische Aspekte eine Rolle spielen.

Die Hierarchie im Kollegium, in der Schulleitung und in der erweiterten Schulleitung sowie die unterschiedlichen Fachgruppen und gewerkschaftlichen Gruppen bilden Konkurrenzebenen. Auch Eltern sind eine mögliche

Konkurrenz. Ebenfalls gibt es die Konkurrenz zwischen Schulen. Wie aber können wir von einem »schlechten« System, das von Konkurrenz geprägt ist, hin zu einem Selbstwert vermittelnden kooperativen System kommen?

Gemeinsame Lösungen schulischer Probleme sind oft nur über Konflikte und deren Lösung und/oder über Vereinbarungen zu erreichen. Menschen bewegen sich, weil sie ein Ziel haben – in der Schule und anderswo. In der Schule ist entscheidend, wie die Lehrerinnen und Lehrer die Leitziele umsetzen und optimieren. Dabei stellen sich folgende Fragen:

- Engagiert sich eine Person im Unternehmen »Schule«?
- Engagiert sie sich für das Ganze und die gemeinsamen Ziele?
- Gelingt es, die Teilziele einvernehmlich zu formulieren und zu evaluieren?
- Liegen die richtigen Instrumente für eine gute gemeinsame Problemlösung vor?
- Lässt ein System die Entwicklung »von unten« und die Begleitung »von oben« zu?

Das Systemische Denken und Handeln reflektiert Reaktionsmöglichkeiten in schwierigen Situationen, in denen der Selbstwert der Beteiligten auf dem Spiel steht. Veränderungen können Konflikte schaffen. Mit alten Traditionen brechen bedeutet, sich von seinen alten Ufern entfernen, ansonsten werden keine neuen Ufer erreicht. Schulprogramme und neue Projekte, z. B. fächerübergreifende Unterrichtsprojekte, können in der Lage sein, diesen Prozess anzustoßen. Dabei können Regeln und Erkenntnisse systemischen Denkens den Kooperationsprozess unterstützen.

Merkmale für erfolgreiche bzw. erfolglose Initiativen in der Schulentwicklung

Aus Projekterfahrungen an Schulen wird deutlich, dass insbesondere folgende Kategorien für die Weiterentwicklung von Schule bedeutsam sind:

A) Suchen, Realisieren und Bewerten gemeinsamer Ziele
B) Erlernen eines anderen Umgangs mit Konflikten und deren Lösungen
C) Veränderungen der Schwerpunktsetzung im Alltag
D) Denken und Wirken über den »Tellerrand« hinaus.

Innerhalb dieser vier Kategorien werden nachfolgend die erfolgreichen bzw. erfolglosen Strategien bei der Schulentwicklung dargestellt.

A) Gemeinsame Ziele suchen, realisieren und bewerten

»Erfolgreiche Veränderer«	»Energie-Verschleuderer«
1. Gemeinsame Zielfindung steht am Anfang von Maßnahmen.	Ziele werden vorgegeben.
2. Es werden Projekte gestartet, die die Interessen und Kooperationen in Schwung bringen.	Erstarrung in Alltagsproblemen
3. Ziele werden in kleinen Schritten angestrebt.	Zielerreichungen werden in einem Schritt geplant.
4. Es wird Verantwortungsübernahme ermöglicht.	Verantwortungsübernahme wird verhindert.
5. Die eigenen Aktivitäten werden regelmäßig selbst bewertet.	Ohne detaillierte Analyse wird die gemeinsame Arbeit positiv oder negativ eingeschätzt.

B) Mit Konflikten und deren Lösungen umgehen

»Erfolgreiche Veränderer«	»Energie-Verschleuderer«
6. Im Konfliktfall wird der kooperative Umweg gegangen, um die Meinungen der Beteiligten einzuholen und einzubinden.	Problemlösungen werden mit viel Kraftaufwand ohne Einbeziehung der Beteiligten durchgezogen.
7. Innere Widerstände der Zielpersonen werden in Überlegungen zu den Maßnahmen einbezogen.	Widerständen wird mit höherem Kraftaufwand und selbstherrlichen »Chef«-Entscheidungen begegnet.
8. Gemeinsame Problemlösungen werden entwickelt und gestaltet.	Man verschleißt sich in kraftaufwendiger Ursachensuche nach dem »Schwarze-Peter-Spiel«.
9. Bei der Problemlösung wird der Kontext einbezogen.	Ein Problemlöser ist allein kompetent.
10. Ein Problem wird aus verschiedenen Blickwinkeln gesehen.	Ein Problemlöser definiert, wie die Sache zu sehen ist.
11. Entwicklungen werden prozesshaft verstanden.	Die Entwicklung eines Problems ist nicht von Interesse. Nur das Ergebnis zählt.
12. Die Problemlösekompetenz wird in Lern- oder Arbeitsgruppen reflektiert.	Die Problemlösekompetenz wird nicht hinterfragt.

C) Im Alltag andere Schwerpunkte setzen

»Erfolgreiche Veränderer«	»Energie-Verschleuderer«
13. Kraft und Energie wird in die Erreichnung vorwiegend positiver Ziele investiert.	Kraft und Energie wird allein in kräftezehrende Reparaturmaßnahmen investiert.
14. Das Selbstwertgefühl der Mitstreiter und der Zielpersonen wird geachtet (Belastung sowie Bestätigung).	Die Selbstentwicklung der Betroffenen spielt keine Rolle.
15. Hilfen für alle stehen im Vordergrund.	Es geht nur um Maßnahmen für Schwierige.
16. Es werden Alternativen zur Selbstwert-Stärkung und Felder zum Abbau von Belastungen entwickelt.	Es werden nur Maßnahmen zur Grenzziehung angewandt.
17. Auffälligkeiten werden als Notsignal für ein bedrohtes Selbstwertgefühl gesehen.	Auffälligkeiten werden ignoriert oder direkt bekämpft.
18. Hilfe wird als Hilfe zur Selbsthilfe realisiert.	Zielpersonen werden mit Hilfen bzw. Ratschlägen zugeschüttet.

D) Über den »Tellerrand« denken und wirken

»Erfolgreiche Veränderer«	»Energie-Verschleuderer«
19. Lösungen setzen in 3 Ebenen an ■ dem ganzheitlich lernenden Kind, ■ an der Kooperation in der Schule, ■ an der Kooperation in Schule und Region.	Es wird jeweils nur eine Ebene einbezogen.
20. Es werden unterschiedliche Berufsgruppen zusammengeführt: Lehrer, Eltern, Schüler, Experten.	Es arbeitet immer nur die gleiche Berufsgruppe unter sich.
21. Initiativen werden von »oben nach unten« und von »unten nach oben« in den Systemen gleichzeitig entwickelt.	Allianzen (regional oder überregional) werden den Beteiligten »von oben nach unten« aufgedrückt.
22. Es werden unterschiedliche Ressourcen gebündelt.	Die Ressourcenfrage wird nicht gestellt.

Für Leitungsfunktionen sind folgende Schwerpunkte bedeutsam:

- Denken in systemischen, ganzheitlichen Zusammenhängen,
- Realisierung der Arbeit in prozess- und ergebnisorientierten Teams,
- Realisierung einer Leitung, die Übernahme von Verantwortung zulässt und fördert,
- Realisierung einer Leitung, die Selbstmanagement zulässt und fördert,
- Realisierung einer Leitung, die ein offenes selbstlernendes System zulässt und aktiv fördert, das sich mit Visionen verbindet,
- Realisierung eines Systems, das auf selbständige Problemlösung gerichtet ist.

Beispiele, wie systemische Leitlinien in der Schule weiterhelfen

Beispiel 1 (Leitlinie 19).

Eine Schule gestaltet einen Pädagogischen Tag zum Thema Gewaltprävention. Nach einleitendem Referat gibt es 3 Parallelarbeitsgruppen,

- ganzheitlich lernende Jugendliche,
- Kooperation in der Schule,
- Kooperation Schule und Region.

Die Arbeitsgruppen sollen prüfen, was die Schule schon tut und was in diesen Feldern geschehen soll.

Beispiel 2 (Leitlinie 20).

Aus einer Gesamtkonferenz entwickelt sich eine Arbeitsgruppe »Umgang mit aggressiven Schülerinnen und Schülern«. Lehrer, Schüler und Eltern entwickeln ein Fortbildungsprogramm zusammen mit einer Psychologin. Dieses Fortbildungsprogramm wird von Eltern, Lehrern und Schülern kooperativ angenommen.

Zusammenfassung:

Trotz schwieriger Bedingungen und komplizierter Strukturen im Schulalltag ist eine Verstärkung der Motivation der Lehrerinnen und Lehrer möglich. Projekte wie »Schule ohne Gewalt«, »Schule der Toleranz«, »Netzwerk Gewaltprävention und Verantwortungsübernahme« entfalten dynamische Entwicklungen, die sich auf die Schulen und deren Schulprogramme positiv auswirken. Dabei nimmt die Entwicklung der Kooperation in den Schulen als auch die Achtung und Unterstützung des Selbstwertgefühls der Beteiligten eine wesentliche Rolle bei deren Motivation ein.

Wir brauchen in Schule und Schulumfeld eine neue Kultur von Initiativen und Experimenten, die auf

- Konsensbildung und
- gemeinsame Aktivitäten

gerichtet sind. Gemeinsame Erfahrungen in schulischen Lerngruppen sind für alle Beteiligten (Lehrer, Eltern und Schüler) bedeutsam und motivierend.

Kooperation in den Kollegien entsteht nicht von selbst, sie muss entwickelt werden. Hierzu bieten sich die Systemischen Leitlinien an, die an sensiblen Stellen ansetzen und wirksam in Kreisprozesse der Motivation eingreifen können. Erfolg und Motivation in der Schule hängen damit zusammen, ob es gelingt, den Lehrerinnen und Lehrern mehr Verantwortung zu übertragen. Zu viel Veränderungsplanung »von oben« macht allerdings das Entstehen eines selbstlernenden Systems in Schule unmöglich.

Wenn es in der Schule gelingt, die Interessen der Menschen mit gemeinsamen Zielen zu verbinden und die damit verbundenen Aktivitäten zu Erfolgen zu führen, können langfristige Entwicklungsprozesse in Gang gesetzt werden. Die Arbeitsbedingungen der in der Schule Tätigen muss ständig mitreflektiert werden. Schulentwicklung in der Wissensgesellschaft kann nur bestehen, wenn sie Identität, Kooperation und Leistung in den Mittelpunkt bei Lehrern und Schülern stellt (STOCK, J./WOLFF, H. 1998). Leistung kann aber nur eng verbunden mit der Entwicklung der Gesamtpersönlichkeit gesehen werden. Motivation kann dann in der Schule erwartet werden, wenn sie mit einem Selbstwertzuwachs der Beteiligten verbunden ist. Dies gilt für Lehrer, Eltern, Schüler und für die Schulleitung gleichermaßen. Die Systemischen Leitlinien können dazu eine Orientierungshilfe sein, Engagement einzuleiten und wachzuhalten.

Hartmut Balser ist Lehrer und Schulpsychologe, Leiter des Modellversuches »Netzwerk Verantwortungsübernahme und Gewaltprävention« der Bundesländer Berlin, Brandenburg, Sachsen, Nordrhein-Westfalen und Hessen.
Zentrale Koordinierungsstelle am Staatlichen Schulamt für den Lahn-Dill-Kreis und den Kreis Limburg-Weilburg in Wetzlar. Er ist Lehrbeauftragter an der Universität Gießen, Fachbereich Psychologie und tätig in der Lehrer- und Psychologenausbildung.

Anschrift:
Staatliches Schulamt für die Kreise Lahn-Dill und Limburg Weilburg, Brühlsbachstraße 2a, 35578) Wetzlar, Tel. 0 64 41/90 28 50, Fax 0 64 41/4 74 45, Internet http:/www.verantwortung.de, E-Mail: Balser-Hartmut@t-online.de

Spannung zwischen Realität und Vision – schulpsychologische Erfahrungen

Christine Enders, Hermann Meidinger, Roland Storath

1. Einleitung

Den Kontext des Beitrags bilden unsere Erfahrungen als Schulpsychologen mit Schulqualitäts- und Schulleiterforschung, mit Veranstaltungen zur Weiterentwicklung von Schule mit Burnout-Seminaren, mit Supervision für Schulleiter und Schulaufsicht. Schulleiter und Schulleiterinnen sind Schlüsselpersonen in Schule, die die Motivation ihrer Lehrkräfte, »Lust an Schule«, Schulentwicklungsprozesse fördern oder behindern können. Wenn vormals hochmotivierte Lehrerinnen und Lehrer demotiviert sind und Burnout-Symptome zeigen, dann laufen viele Dinge in der Schule falsch. Mit der Darstellung eines Fortbildungskonzepts für Schulleiter geben wir Erfahrungen weiter, wie Schulleiter die Spannung zwischen Realität und Vision für sich nutzen können, um Schulentwicklung weiterzudenken und für ihre Schulen umzusetzen, um Burnout zu verhindern, um Motivation zu steigern. Wir zeigen damit exemplarisch auf, welchen Beitrag Schulpsychologen zur Organisationsentwicklung in Schule leisten können.

2. Burnout in der Schule

Burnout in der Schule – ein Thema, das in vielen Gesprächen eine Rolle spielt. Und trotzdem bleibt es in der Schule, in Kollegien, in der Schulaufsicht merkwürdig tabu. Es entsteht der Eindruck: jeder weiß, dass es Burnout in der Schule gibt, aber kaum einer ist (öffentlich) davon betroffen. Ein Umdenken setzt allmählich ein, nicht zuletzt unter ökonomischen Gesichtspunkten: es kann nicht gleichgültig sein, wie das Klima in Schulen ist, welche Qualität Unterricht hat, wie viel Lehrer sich vorzeitig pensionieren lassen.

Aus der Organisationsklimaforschung an Schulen ist bekannt, dass sich die Führungsqualitäten des Schulleiters auf die Berufszufriedenheit von Lehrern auswirken. Die Führungsrolle des Schulleiters ist als kritischer Faktor in Bezug auf das Ausbrennen von Lehrern anzusehen.

In Burnout-Seminaren zeigte sich, dass die Lehrerinnen und Lehrer ihre Schulleiter weniger als entlastend, sondern eher als stressverstärkend empfinden. Sei es, dass sie offene und verdeckte Konflikte zwischen Kollegium und Schulleitung erleben oder sei es, dass sie dem Schulleiter Leitungs- und Führungskompetenz absprechen. Andere Lehrer berichten von Nichtwahrgenommenwerden und Verachtung durch den Schulleiter. Soweit Lehrer eine Änderung dieses Sachverhalts erreichen wollen, erleben sie nur zeitweise die Solidarität des Kollegiums. Die Gespräche mit der Schulleitung führen in das Dilemma zwischen dem Wunsch, berechtigte Ansprüche durchzusetzen, und Schuldgefühlen, die Struktur der Schule zu hinterfragen. Dieser Zwiespalt wird als neuer Stressor erfahren.

In diesem Zusammenhang stellt sich die Frage der Qualifikation von Schulleitern in Bezug auf ihre Personalführungs-Kompetenz. Diese zu verbessern stellt einen systemischen Präventionsansatz gegen Burnout in der Schule dar.

3. Schulleiter und stellvertretende Schulleiter – Schlüsselpersonen in Schule

Schulleiter haben nicht nur die Aufgabe, Schule zu verwalten, sondern zu gestalten. (MEIDINGER/ENDERS 1997). Ihr Aufgabenfeld ist durch Heterogenität gekennzeichnet. In der Literatur werden sie als »Türöffner« bezeichnet, als diejenigen, die Entwicklungen ermöglichen und unterstützen, die Freiräume schaffen und nutzen. Ihr Aufgabenverständnis ist ein wesentlicher Faktor für das Klima einer Schule – Schulleitung als anspruchsvolle Aufgabe modernen Managements.

Visionen

In einer Befragung zur Bewerbungsmotivation (STORATH 1995) nennen die Befragten primär die Chance zu Schulgestaltung und -optimierung, zu Führungs- und Verantwortungsbereitschaft sowie mit geringerer Bedeutung die erhoffte Statusveränderung. »Ich hatte vor, Innovationen durchzuführen: Das Hauptmotiv war, das, was ich mir unter Schule vorstelle, zu verwirklichen. ... Es reizte mich auch der Gedanke, eine kooperative Schulleitung auszuprobieren. Ich wollte es wagen, Schule kooperativ zu leiten sowohl innerhalb des Schulleitungsteams, des Kollegiums, der Eltern, der Schüler wie auch der schulnahen Einrichtungen. Dazu brauchte ich natürlich Hilfen und Anregungen.« (STORATH 1995).

Realitäten

Auch nach ihrer Ernennung sehen Schulleiter trotz aller Belastungen durch die Funktion unter dem Strich mehr Nutzen- als Kostenanteile. Wichtige positive Erfahrungen sind menschliche wie amtsbezogene Akzeptanz, erfolgreiches Agieren sowie vielschichtige, abwechslungsreiche Tätigkeiten.

Trotz der aufgeführten Nutzenanteile bringt die Schulleitertätigkeit als permanenter Spagat zwischen Vision und Realität allerdings auch deutliche Kostenanteile mit sich: Die mit Übernahme der Schulleiterfunktion sich einstellenden Ist-Soll-Widersprüche schlagen sich inhaltlich als Ärger hauptsächlich über Kollegen (Faulheit, Intoleranz, Konsumhaltung), Schulaufsicht, Eltern und Schüler nieder. Eher strukturell verursachter Ärger wird ausgedrückt bezüglich Bürokratismus, Verwaltung, Statistiken, bezüglich des »zu geringen« Schulleiterstatus wie auch bezüglich der zu hohen Unterrichtsbelastung, der zu vielen Krankheitsvertretungen. Länger anhaltender Stress führt zu chronischen Belastungszuständen. Einschränkungen der notwendigen Freizeit, massive Belastungen der Familien und gesundheitliche Auswirkungen wie Erschöpfungszustände, Schlafstörungen, Herz- und Magenbeschwerden werden von Schulleitern angeführt.

Spagat zwischen Realität und Vision

Durch die staatlichen Qualifizierungsmaßnahmen fühlt sich die überwiegende Zahl der Schulleiter nicht ausreichend weiter- bzw. fortgebildet. Was sie als hilfreich erachten würden, zeigt auch eine Erhebung bei Schulleitern in Mittelfranken (ENDERS/SCHMIELAU/STORATH 1997): berufsbegleitende Supervision, mehrtägige Veranstaltungen mit Zeit zu Erfahrungsaustausch, zu Reflexion, zu Themen wie Weiterentwicklung von Schule, Konfliktmoderation, Personalführung – also Hilfestellung in Bezug auf die kommunikativen Anforderungen. Die Frage, die sich stellt, ist: Wo bleibt das Selbst des Schulleiters, das Kümmern um die Frage, wie er als Mensch mit dem Spagat zwischen selbstbestimmten Wünschen und fremdbestimmten Erwartungen, mit der Spannung zwischen Vision und Realität umgeht? Bei fehlendem Kümmern um subjektiv gesehene Möglichkeiten und Grenzen von Schulleitern, bei objektivistischer und funktionalistischer Betrachtungsweise droht der idealistische Appell zur humanen Schule umzuschlagen in Resignation, Frustration und Burnout.

4. Dokumentation eines Zwei-Tages-Seminars

Das Autorenteam (im Folgenden als »wir« bezeichnet) versucht seit ca. 10 Jahren gezielt, dem Fortbildungsbedarf durch entsprechende Seminarangebote und Supervisionsveranstaltungen für schulische Führungspersonen gerecht zu werden. Unser zentrales Ziel ist es, auf freiwilliger Basis Schulleitern Zeit und Raum anzubieten, um ihre individuellen beruflichen Fragestellungen zu reflektieren, von den Erfahrungen anderer zu profitieren und sich neue Wege zur Zielerreichung gemeinsam zurechtzulegen.

Die Legende zu den Seminaren lautet:

Schulleitung im Spannungsfeld zwischen Realität und Vision

Auf dem Weg zur aktiven Gestaltung der eigenen Rolle in der eigenen Schule

In der Veranstaltung soll der Bogen gespannt werden von der Reflexion der eigenen Schulwirklichkeit bis hin zur Planung von Möglichkeiten, die Rolle als Schulleiter/in bzw. Stellvertreter/in aktiv zu gestalten.

Dabei wird Raum sein für die gedankliche und erlebnisbezogene Auseinandersetzung mit der momentanen Situation an der einzelnen Schule. Innen-

und Außensicht sind dafür gleichermaßen bedeutsam: Wie sehe und erfahre ich mich und meine Schulwirklichkeit als Schulleiter/in? Wie wird die Schulwirklichkeit, wie werde ich von meinem Umfeld gesehen und erfahren?

Nach einer Analyse der Ist-Situation wird Wert gelegt auf die Entwicklung von Visionen und Leitideen. Schließlich geht es darum, anhand der Visionen konkrete Handlungsschritte zu entwerfen, um das Ziel erreichen zu können, die eigene Rolle aktiv zu gestalten und damit auch Schule weiterzuentwickeln – zufriedenstellender für sich wie auch für Schüler, Eltern und Lehrer.

Der Verlauf des Seminars wird im Folgenden stichpunktartig wiedergegeben.

ERSTER SEMINARTAG:

1. Eröffnung, Vorstellung der Teilnehmer und Klärung der Erwartungen

Vorstellung der Teilnehmer, Abklärung der Erwartungen, Vereinbarung von Vertraulichkeit.
Austausch der Teilnehmer in Dreiergruppen zu den Leitfragen:« Was hat das Thema bei mir ausgelöst? Warum komme ich eigentlich hierher? An was will ich arbeiten?«

2. Klärung der Seminarstruktur, der Rolle des Moderatorenteams

Seminarstruktur:
Zuordnung der visualisierten Erwartungen zur geplanten Seminarstruktur (Verlauf auf Kärtchen so vorbereiten, dass die Erwartungen flexibel zuzuordnen sind); Prüfung auf Konsensfähigkeit.

Rolle des Moderatorenteams:
Wir sehen uns nicht als Experten für inhaltliche Fragen von Schulleitung, sondern als »erfahren in der Leitung von Schulleiterseminaren, als zuständig für den methodengeleiteten Prozess des Meinungs- und Erfahrungsaustausches, der gemeinsamen Entwicklung von Zielvorstellungen und ihrer Umsetzung in kleine Handlungsschritte«.

3. Wie sehe ich mich? – Meine Realität als Schulleiter (Selbstbild)

Gelenkte Reflexion zum Alltag als Schulleiter mit dem abschließenden Arbeitsauftrag, das eigene Erleben an der Schule in Form eines verdichteten Bildes in einer Zeichnung auszudrücken.

Die Auswertung der Bilder im Gespräch reflektiert die eigenen Sichtweisen: Wie ist meine Arbeitssituation? Was charakterisiert meine Ist-Lage? Was ist mein zentrales Thema?

Ein *weiterer Arbeitsschritt* ist das Angebot, das kognitiv-bildhaft Gesammelte durch Stellen von Skulpturen erlebbar und damit begreifbar zu machen.

Diskussion zum Selbstbild: »Die Bilder sind Spiegel unserer wahrgenommenen Wirklichkeit, unserer subjektiven Eindrücke zur Ausprägung der komplexen und anspruchsvollen Rolle als Schulleiter, der Abweichung von Vision und Realität.«

Überleitung zum Nachmittag: »Von der Binnen- zur Außensicht!« Wer sich bewusst entwickeln will, bedarf neben der Reflexion der eigenen Sichtweise auch der Einbeziehung von Außensichten!

4. Perpektivenwechsel

Als Schulleiter werde ich u. a. mit divergierenden bis gegenläufigen Erwartungen anderer konfrontiert (z. B. von Schulaufsicht, Lehrer, Eltern). Trotz aller Bemühungen bleiben Enttäuschungen nicht aus, werde ich evtl. frustriert und frustriere ggf. auch andere. Kollegen, Eltern, Schüler, Schulräte machen sich ein Bild von mir als Schulleiter, das an ihren Erfahrungen festgemacht ist, das mir nur in Auszügen zugänglich oder auch gar nicht bekannt ist! Welche Vermutungen habe ich zu meinem Fremdbild?

Partnerübung und -reflexion zum Fremdbild:
Was schätze ich an meinem Kollegen als Schulleiter besonders? – Welche (überraschenden oder bestätigenden) Aspekte bietet das erfahrene positive Fremdbild?

Reflexion:
Jeder hat einen Ersteindruck vom anderen, unabhängig davon, ob er ihn (gut) kennt, ob er oder der andere sich öffnet! – Fremdbilder fungieren wie Vorurteile, beeinflussen die Wahrnehmung, Erwartungen und Verhaltensweisen anderer, mit denen wir zusammenarbeiten.

Einzelreflexion zum Fremdbild:
Übertragung auf die Situation an der eigenen Schule mit Hilfe der folgenden Leitfragen:

Wie – glaube Sie – werden Sie von Ihren Kollegen, Eltern, Schulaufsicht etc. wahrgenommen? Suchen Sie sich eine oder auch mehrere Personen an Ihrer Schule aus, mit denen Sie im Unklaren sind, mit denen Sie evtl. nicht zurechtkommen! Überlegen Sie sich, welches Bild diese vermutlich von Ihnen als Schulleiter, als Person haben ... Schreiben Sie die vermuteten Fremdbilder auf.

5. Selbst- und Fremdbild beeinflussen sich gegenseitig

Selbst- und Fremdbild befinden sich in einer dynamischen Balance – sie beeinflussen sich gegenseitig, sie weisen Übereinstimmungen und Abweichungen auf. Selbstbilder resultieren aus der Biographie unserer Interaktionserfahrungen, sind oft mit persönlichen Soll- und Wunschvorstellungen gekoppelt. Davon abweichende Fremdbilder werden von uns ggf. als Unterstellungen erlebt, sind konfliktträchtig. Sie fordern zu einem bewussten Umgang, zur Klärung auf.

Eine grafisch unterstützte Übung zur Selbstreflexion ermöglicht es den Teilnehmern, die Anteile von Selbst- und Fremdwahrnehmung in ihrer Bedeutung für den Umgang mit Kollegen zu erfassen.

Die Auswertung betrachtet Aspekte wie die Berechtigung von Selbstschutz, die Frage nach Selbst- Offenbarung und der Echtheit: Wie öffentlich bin ich (glaube ich zu sein)? Wie öffentlich will ich sein, ohne mich preiszugeben, ohne meine verletzlich machenden Unsicherheiten offen zu legen? Wie transparent mache ich meine Funktion, meine Erwartungen, ggf. meine beruflichen Konflikte? Wie trete ich in Konferenzen auf? Welche Strategien wende ich an, um so zu sein, wie ich bin? Könnte ich mir vorstellen, »öffentlicher« zu werden?

6. Ursachen- und Bedingungsanalyse

Eine Einzelreflexion zu Ursachen und Bedingungen für die Entstehung der Fremd- und Selbstbilder geschieht anhand einer auf einem ausgeteilten Blatt befindlichen und individuell ergänzbaren Auflistung von möglichen Einflussgrößen (z. B. Alter des Kollegiums, Aussiedler- bzw. Ausländeranteil, Burnout im Kollegium, Cliquen im Kollegium, meine eigene Person als Schulleiter, Eltern(beirat), Fluktuation im Kollegium, Innovationsfreudigkeit bzw. -verdrossenheit, politische Einflüsse, Problemkollegen, Problemschüler, Schulamts- bzw. Schulratsbeziehung etc.). Dazu gibt es folgenden Reflexionshinweis:

»Selbst- und Fremdbild haben eine Geschichte; sie gehen auf komplexe biografische und kontextbezogene Ursachen und Bedingungen zurück …: Warum ist es eigentlich bei mir so wie es ist? Suchen Sie sich aus der Liste 4 bis 6 zentrale Einflussgrößen heraus und stellen Sie deren Einfluss in Form eines Kuchendiagramms dar …«

Rückblick auf den Tag:
Ist-Analyse bzgl. Selbst- und Fremdbild sowie Ursachen- und Bedingungsanalyse stellen OE-Handlungsschritte im Vorfeld von Veränderungsmaßnahmen dar.

ZWEITER SEMINARTAG:

7. Visionsfindung: Gestaltung meiner Traumschule

Die folgende Phantasie-Werkstätte dient dem Zweck, die Visionen, die ich als Schulleiter bzgl. meiner Traumschule habe, in eine Kleingruppe einfließen zu lassen und gemeinsam mit den zur Verfügung gestellten Materialien diese zu gestalten. Damit der kreative Prozess nicht durch vorauseilende Gedanken an befürchtete Grenzen gelähmt wird, bitten wir nur so viel zu sprechen, wie zur Klärung der gemeinsamen Gestaltung in der Gruppe erforderlich ist.

Material:
Pro Kleingruppe vier Tische, zusammengerückt und mit einem großen Poster bedeckt; Materialien eines Sceno-Kastens; weiteres Material liegt in der Mitte des Seminarraums (Seidenpapier in verschiedenen Farben, Bauklötze, Steine, Muscheln, Glasmurmeln, Tücher, Wollfäden, Moderationsmaterial, Wachsmalkreiden etc.).

Markt der Möglichkeiten:
Die Teilnehmer haben die Möglichkeit, umherzugehen, sich die Gruppenentwürfe zu betrachten, sich erklären zu lassen, zu diskutieren.

Auswertung im Plenum:
Welche Qualität hat unsere Traumschule? Welche Ziele sind in den Vordergrund gerückt? Haben sich neue Aspekte, weiterführende Impulse für meine Tätigkeit als Schulleiter ergeben?

Die zentralen Leitideen werden visualisiert; in der Diskussion wird reflektiert, was sie letztlich für die Handlung des Schulleiters bedeuten, was er tun kann, um sie vor Ort zu ermöglichen.

8. Von der Leitidee zur Handlung

Der nächste Arbeitsschritt verwendet ein Verfahren aus Kreativitäts-Trainings (»6-3-5-Schema«), in dem Ressourcen der Gruppe genutzt werden, um eine Vielfalt von Realisierungsmöglichkeiten zu Leitideen des einzelnen Teilnehmers zu finden. Wir kopieren in der Mittagspause die Einzelblätter, so dass am Nachmittag jedem alle Ideen als »Schatztruhe« zur Verfügung gestellt werden können.

9. Handlungskonkretisierung

Was kann ich tun, um »Silvester-Vorsätzen« in der Begeisterung der Seminar-Atmosphäre vorzubeugen? Mit Hilfe eines schriftlich auszufüllenden Reflexionsblattes mit Leitfragen zur individuellen Konkretisierung einer ausgewählten Leitidee nach dem Prinzip der kleinen, möglichst bald durchführbaren ersten Schritte, dem eigeninitiativ Umsetzbaren und der Evaluation:

Einzelreflexion zur individuellen Konkretisierung:
Welche meiner drei Leitideen wähle ich aus? Welche Teilschritte sind zu ihrer Realisierung wichtig? Mit welchem Schritt fange ich an? Womit kann ich bereits morgen beginnen? Welche Bündnispartner finde ich dazu? Was brauche ich an Hilfen, an weiterer Fortbildung, an administrativer Unterstützung? Wie werde ich mit evtl. auftretenden »Stolpersteinen«, mit

Widerständen umgehen? Wie kann ich den ersten Schritt überprüfen? Wann werde ich mir zu den weiteren Schritten Rechenschaft geben? Woran mache ich meine Erfolge, meine Annäherung an die Leitidee fest? (Evaluation)

Partnerreflexion zur Handlungskonkretisierung:
Mit dem Ziel, jeweils den anderen Partner als »advocatus diaboli« in seinen Überlegungen zu unterstützen, möglichst konkret und kritisch nachzufragen, mitzuhelfen beim Präzisieren des Vorhabens.

10. Rückblick und Feedback

Rückblick auf die zwei Tage anhand der OE-Stufen (wobei die Seminarstruktur diese Stufen wiederholt):

Erster Tag:
1. Ist-Analyse zur Schule (Identität, Image),
2. Ursachen-/Bedingungsanalyse (organisations-pädagogische Doppelfrage).

Zweiter Tag:
3. Zielfindung (Visionen – Phantasie-Werkstätte),
4. Suche nach Lösungsmöglichkeiten (Entwicklung von Leitideen),
5. Handlungsplan (Operationalisierung und Konkretisierung),
6. Evaluation (Feedback) – und ggf. Wiederbeginn bei Schritt 1.

»Schulleitung im Spannungsfeld zwischen Realität und Vision – was haben wir erarbeitet, um die Spannung nicht lähmend-destruktiv wirken zu lassen, sondern sie möglichst dynamisch zu nutzen?« – Organisationsentwicklung als langfristiger Prozess beinhaltet die Spannung zwischen der Berücksichtigung der in Schule arbeitenden Menschen als Subjekten und den institutionellen Erwartungen von Schule als hierarchischem System genauso wie die Spannung zwischen gewünschtem Ideal und erlebter Realität. Um Demotivation und Burnout durch eine zu große Kluft, durch eine zu hohe Spannung zwischen Vision und wahrgenommener Wirklichkeit vorzubeugen, gilt es – ohne das Wünschenswerte aus den Augen zu verlieren – sich auf das Machbare als graduelle Annäherung an Ideale auszurichten. Das bedeutet, z.B. Geduld mit sich selbst und mit anderen beim Prozess der Gestaltung aufzubringen, »kleine Brötchen zu backen«. Anstrengende Wege durch Neuland mit ungewissen Risiken und Chancen lassen sich gemeinsam leichter durchführen als allein (wofür das Moderatoren-Team auch Modell sein wollte).

5. Ergebnisse und Reflexion

Im folgenden Abschnitt werden die Erfahrungen und Ergebnisse der dargestellten Fortbildungsveranstaltungen wiedergegeben. Dabei wird auf folgende Punkte eingegangen:

1. **Rollenverständnis der Schulleiter:** Die Auseinandersetzung mit der eigenen Berufsrolle erfolgt sowohl vor dem Hintergrund der eigenen Persönlichkeitsstruktur (Biographie, berufliche Sozialisation) als auch der täglich erlebten Schulsituation.
2. **Selbst- und Fremdbild:** Die Spannung Vorgesetzter – Kollegium kommt in der Reflexion zu Gruppenprozessen im Lehrerkollegium wie im Aufgabenverständnis des Schulleiters zum Ausdruck.
3. **Bedingungsanalyse der schulischen Realität:** Konstruktivistische Gedanken reizen zum Experimentieren mit der (wahrgenommenen) Wirklichkeit: Ist die Realität in der momentanen Form gegeben oder veränderlich? Was machen Perspektivenwechsel aus?
4. **Visionen:** Visionen werden kreativ entwickelt und auf ihre Realisierung hin überprüft – Gedanken denken, die sonst oft nicht gewagt werden und ihre Umsetzung planen; Engagement aus dem Seminar mit hinaus nehmen in den Alltag.

1. Rollenverständnis der Schulleiter

In den Seminaren wird die permanente Drucksituation, in der sich Schulleiter befinden, geäußert: Ansprechpartner für die unterschiedlichsten Personengruppen sein (vom Hausmeister bis zum Wirtschaftsvertreter); unterschiedliche Rollen mit diskrepanten Verhaltensweisen spielen müssen (Lehrer, Konferenzleiter, Vorgesetzter Vermittler etc.); im Bild des »Figaro« immer und überall präsent und perfekt sein.

Die Vorstellungen, die dahinter sichtbar werden, beinhalten einen permanenten Spagat: in der Vielfalt der Beziehungen Grenzen abstecken und persönliche Möglichkeiten durchsetzen; die Spannung zwischen Harmoniebedürfnis und Durchsetzungswünschen aushalten; die Kluft zwischen Realität und Vision ertragen; die Diskrepanz zwischen Privatleben, persönlicher Identität und Schulraum leben.

In großem Umfang scheint das Verständnis der eigenen Rolle durch persönliche Sicht- und Erlebensweisen gekennzeichnet, die als Ausdruck der persönlichen Ängste und Wünsche verstanden werden können. In Anlehnung an die Riemann'schen Persönlichkeitstypen (RIEMANN 1995) kommen vier Grundängste und damit verbundene Wünsche zum Ausdruck. Als Bezeichnung der Typen werden die von Miller (MILLER 1997) verwendeten Begriffe gebraucht:

- *»Nähetyp«*: Angst vor Geborgenheitsverlust und der Wunsch nach Nähe und Bindung stehen im Vordergrund (»Ich brauche den anderen und seine Unterstützung. Ohne ihn kann ich nicht leben!«).
- *»Dauertyp«*: Angst vor Veränderungen und Wunsch nach Dauer und Beharren bestimmen den Führungsstil. (»Alles soll so bleiben wie es ist!«).

- *»Wandeltyp«*: Angst vor der Begrenztheit und Erstarrung tritt in Verbindung mit dem Wunsch nach Wandel, Entwicklung und Risiko auf: (»Abwechslung tut gut! Öfter mal was neues ausprobieren!«).
- *»Distanztyp«*: Angst vor Abhängigkeit und An- und Einbindung äußert sich in Verbindung mit dem Wunsch nach Distanz und Freiheit. (»Das mache ich schon! Einer muss ja schließlich die Verantwortung tragen!«).

2. Selbst- und Fremdbild

Selbst – und Fremdbild bei Schulleitung und Kollegium werden oft als diskrepant erlebt. Es wird viel Kraft verwendet, das Selbstbild nicht öffentlich darzulegen: Lehrer und Schulleitung versuchen dem Gegenüber eine bestimmte Rolle vorzuspielen, die das Verhältnis beider zueinander unecht und wenig authentisch sein lässt. Jeder versucht sich vor dem anderen zu profilieren, Schwächen zu verbergen und sich zu schützen.

Die Seminare bringen zum Ausdruck, dass es Schulleitern oft schwer fällt, die persönlichen Vorstellungen transparent zu machen und sich dem Kollegium so darzustellen, wie sie sich selbst erleben. Dahinter stehen Ängste, als schwach und unsicher zu gelten. So versuchen Schulleiter häufig eine Maske zu zeigen und die Vorgesetztenrolle zu spielen. Während der Fortbildungsveranstaltungen entdecken sie, dass sie oftmals »psychische Schwerstarbeit« leisten, ein bestimmtes Image aufrecht zu erhalten und das persönliche Erleben dahinter zu verbergen. Die Teilnehmer gelangen zu der Einsicht, dass Schulleitung beides erfordert, nämlich *Transparenz und Nähe zu schaffen* und *Vorgesetzter zu bleiben.*

Der Schulleiter muss den Spannungsbogen aushalten zwischen:

- **Transparenz und Nähe schaffen:** Dem Kollegium sollten die Entscheidungskriterien der Schulleitung bewusst sein. Autonomie von Schule kann nur das Ergebnis gemeinsamer Entscheidungen sein. Dies wird oft durch fehlende Zeit, die Größe des Kollegiums und den Konkurrenzdruck zwischen Kollegium und Schulleitung erschwert. Kooperation erfordert den Umgang miteinander. Gruppenbildung und Beziehungspflege müssen in Schule ermöglicht und gefördert werden.
- **Vorgesetzter bleiben:** Die Vorgesetztenrolle ist eng mit Verantwortung verbunden: Wo kann ich sie delegieren – wo muss ich sie übernehmen und (er)tragen? Distanz zu den Kollegen zu wahren heißt auch, Einsamkeit zu ertragen. In welchem Ausmaß gelingt es mir, diesem Anspruch gerecht zu werden? Veränderung zuzulassen heißt auch, ein Risiko einzugehen. Inwieweit kann ich fehlenden Mut äußern bzw. mir von Kollegen Mut machen lassen? Der Wunsch nach Harmonie und der Wunsch, die Fäden in der Hand zu behalten, stehen oft einer mit Veränderung verbundenen Unruhe und auszutragenden Konflikten entgegen. Kann ich die mit Schulentwicklung verbunden Unruhe zulassen und aushalten?
- **Initiativen zur Verringerung der Diskrepanz,** die die Teilnehmer entwickelten: gemeinsame Unternehmungen mit dem Kollegium durchfüh-

ren, Kollegen zu konstruktiver Kritik ermuntern, Entscheidungen durch Begründungen transparent machen, Kollegium bei Entscheidungen einbeziehen (z. B. Einteilung von mobilen Reserven), viel »unterwegs sein«, Organisationsaufgaben delegieren.

3. Bedingungsanalyse der schulischen Realität

Persönliche Einstellungen und Sichtweisen beeinflussen in hohem Ausmaß die Wahrnehmung und Einschätzung unserer Realität. Sie beeinflussen auch die Wahrnehmung der Realität einer Schule durch den Schulleiter hinsichtlich ihrer Veränderbarkeit bzw. Unveränderbarkeit.

Im Lauf der Diskussion erweisen sich einige Variablen, die zuvor als unveränderbar eingeschätzt wurden, als durchaus veränderungsfähig: die eigene Person, Burnout-Symptome im Kollegium, Kooperation mit den Eltern, Gestaltung des Pausenhofs.

Die Schulleiter entwickeln im Verlauf des Seminars wachsende Freude daran, eingangs statische Variablen in zunehmendem Maß als variabel einzuschätzen: sie erleben es als förderlich, konstruktivistischen Sichtweisen zu folgen und Verantwortung für das zu übernehmen, was sie an ihrer Schule als variabel oder konstant beurteilten. Auch entwickelt sich im Lauf der Seminare die eher positive Einstellung, weniger über unveränderliche Variablen zu klagen sondern vielmehr bei veränderlichen Variablen ansetzen zu wollen.

4. Visionen

Aus der »Schatztruhe« der über 200 Ideen, die in der Kreativitätsphase entwickelt wurden, bringen wir jeweils einige markante Beispiele zu Leitideen, die Schulleiter für sich umsetzen wollten:

- **Strukturierte Freiräume entdecken und entwickeln:** flexible Stundenplangestaltung, Entzerrung des Stundenplans am Vormittag, Gestaltungsmöglichkeiten der Mittagspause mit Lehrern und Schülern suchen und organisatorisch unterstützen.
- **Schule im Team:** auf die Ideen der Kollegen vermehrt eingehen, Spezialisten eine Chance geben, verschiedene Teams für verschiedene Bereiche, Zeit für Teams im Unterrichtsalltag einräumen, profilbildende Arbeitsgemeinschaften bilden (Qualitätszirkel – Arbeit), Einflussnahme auf Personalzuweisung, Identifikation mit Schule und Personen durch gemeinsames Vorgehen (planen, handeln, Reflektieren in Unterricht und Erziehen), Experten von außen einbeziehen, gemeinsame Freizeitveranstaltungen.
- **Autonome Schule verfolgen:** bestehende Freiräume intensiver nutzen, Standortbestimmung mit dem Kollegium, Lehrerkonferenz als Entscheidungsgremium stärken, Standhaftigkeit und Selbstbewusstsein gegenüber der Schulaufsicht zeigen, Einfluss auf Personalzuweisung nehmen.

- **Mitmenschliche Schule:** Mensch (Kind) als Grundlage aller Entscheidungen, Zeit für Gespräche mit Lehrern, Eltern und Schülern, mit Unterschieden leben, einander zuhören, Eingehen auf Personen und persönlich schwierige Situationen, Begegnungsmöglichkeiten schaffen (Gruppenarbeit in Konferenzen), Eltern einladen und vermehrt einbeziehen, mit Vereinen zusammenarbeiten (Spiel- und Sportstraßen auf dem Pausenhof installieren).
- **Mit Zeit und Raum flexibel umgehen:** mit Lehrplänen lockerer umgehen, mit dem Kollegium überlegen, wo Zeit eingespart werden kann, gemeinsame Zeiten einplanen, in denen sich Kollegen austauschen und stützen können.
- **Eigene Identität bewahren und fördern (Selbstbestimmung/Offenheit/Spielräume):** Supervision (Schulleiter- Supervision sowie kollegiumsinterne Supervision), Konferenz zum Thema »Wie stelle ich mir eine gute Schule vor?«, Überlegung: Wie viel Zeit kann /will jeder einbringen? Kollegen je nach Stärken einsetzen, unterschiedliche Vorstellungen an einer Schule zulassen, Leitziele gemeinsam entwickeln: Wo wollen wir hin? Was ist unser kleinster gemeinsamer Nenner?
- **Beziehungsnetz ausbauen:** Zusammenarbeit zwischen Eltern – Lehrern, Lehrern – Lehrern, Lehrern – Schulleiter, wöchentlicher Erfahrungsaustausch, gemeinsame Wochenpläne der einzelnen Jahrgangsstufen, Vorhaben gemeinsam diskutieren, planen und durchführen, gemeinsame Strategien für schwierige Erziehungssituationen entwickeln, Kollegium als Stützsystem nutzen, kollegiumsinterne Supervision.
- **Ganzheitlichkeit realisieren:** Erlebniswelt einbeziehen, Arbeit und Spiel, Erfahrungen statt Belehrungen, Kopf, Herz und Hand fördern, am Schönen ansetzen (Kreativität entwickeln), Schulgarten, Leseecken, Bühne und Atrium vermehrt nutzen und einbeziehen.

Die Schulleiter unterstreichen in ihren Rückmeldungen am Ende der Tagung, dass sie Mut bekommen haben bzw. sich gegenseitig Mut gemacht haben, Veränderungen in ihren Schulen zu initiieren. Sie staunen über die entwickelte Gedankenvielfalt. Sie wird als Ausdruck und Ergebnis der auf der Tagung realisierten Teamarbeit gesehen. Sie wünschen sich eine über die Tagung hinausgehende Kooperation informeller und formeller Art. Forderungen nach vertiefender Fortbildung zu den Themen

- Gesprächsführung in schwierigen Situationen (z. B. Konfliktgespräche) sowie
- Moderation von Konferenzen und ein
- kontinuierliches Supervisionsangebot für Schulleiter.

Die modellhafte Kooperation des Referententeams weckt in den Schulleitern den Wunsch, in zukünftige Fortbildungsveranstaltungen die stellvertretenden Schulleiter einzubeziehen, d. h. die Schulleitungsteams gemeinsam einzuladen.

6. Konsequenzen für die Weiterentwicklung von Schule

Die von uns konzipierten Schulleiter-Seminare sind ein schulpsychologischer Beitrag für Schulleitungsmitglieder von heute, die sich auf den Weg in ein »morgen« machen wollen. Organisationsentwicklung definiert Schule als lernende Organisation; in einer solchen Schule muss Zeit und Raum sein für die Reflexion der eigenen Rolle, der vorhandenen Aufgaben, der Beziehungen, der Dynamik zwischen den Personen, die »Schule« ausmachen, und den strukturellen Gegebenheiten. Schulentwicklung so verstanden bedeutet ein lebenslanges dynamisches Aushandeln (und damit Verändern) der Widersprüche zwischen Realität und Visionen, bedeutet, die Spannung zwischen Ist und Soll optimaler für sich und andere auszubalancieren. Schulpsychologen können mit ihrem Verständnis für Personen wie Gruppen mithelfen, Schulentwicklung als Weg zu begreifen, der zwar anstrengend sein mag, letztlich aber zu mehr Arbeitszufriedenheit führt – und damit auch ein sinnvoller Weg ist, präventiv Burnout vorzubeugen.

Christine Enders, Diplom-Psychologin, Klinische Psychologin/Psychotherapeutin (BDP), Supervisorin (BDP) ist als Schulpsychologin beim Staatlichen Schulamt Erlangen tätig.

Hermann Meidinger, Diplom-Psychologe, Klinischer Psychologe/Psychotherapeut (BDP), Supervisor (BDP), ist an der Staatlichen Schulberatungsstelle für Schwaben als Schulpsychologe tätig.

Dr. Roland Storath, Diplom-Psychologe, Supervisor (BDP), ist an der Staatlichen Schulberatungsstelle für Mittelfranken als Schulpsychologe tätig.

Spezielle Aufgabengebiete des Autorenteams: Supervision von Lehrern, Beratungslehrern, Kollegien, Schulleitungen und Schulaufsicht; Gesprächsführung für Lehrer und Führungskräfte; Führungsseminare für Schulleitungen und Schulaufsicht; Arbeit mit Lehrerkollegien und Schulleitern im Sinn von Organisationsentwicklung; Burnout-Prävention.

Anschriften:
Christine Enders, Staatl. Schulberatung Augsburg, Tel.: 08 21/50 91 - 60,
Fax: 08 21/50 91 - 6 12, E-Mail: Christine.Enders@t-online.de

Hermann Meidinger, Staatl. Schulberatung Augsburg, Tel.: 08 21/50 91 - 60,
Fax: 08 21/50 91 - 6 12, E-Mail: Meidinger.Hermann@t-online.de

Dr. Roland Storath, Staatl. Schulberatungsstelle Mittelfranken, Sulzbacher Str. 45,
90489 Nürnberg, Tel.: 09 11/58 67 60, Fax: 09 11/5 86 76 15,
E-Mail: r.storath@odn.de

Prima Klima – auch in der Schule!

Walter Kowalczyk

Eine Austauschschülerin kehrt nach 10 Monaten aus Amerika zurück.

»Als ich das erste Mal wieder zu meiner Schule ging, um mich zurückzumelden, wurde ich im Sekretariat nordisch kühl mit einem ›Was willst du?‹ begrüßt. Verglichen mit dem herzlichen ›How can we help you, sweety?‹ der amerikanischen Sekretärinnen meiner High School klang das doch eher wie ein Rauswurf.«

Atmosphärische Eindrücke. Schulkultur in Deutschland – reicht da die Erklärung »nordisch kühl«?

Meine Grundthese, die ich in meinem Beitrag verdeutlichen möchte, lautet:

Ein gutes Betriebsklima an der Schule fördert,

- **sowohl die Motivation der Schülerinnen und Schüler,**
- **wie auch die der Lehrerinnen und Lehrer.**

Bereits 1987 hat Wilfried Schley auf der Bundeskonferenz zur Schulpsychologie und Bildungsberatung die derzeitige Schullandschaft als krisengeschüttelt beschrieben. »Es gärt an den verschiedensten Ecken und Enden unseres Schulsystems.« Die Ausdrucksformen der Krise variieren sehr stark. Wilfried Schley hat sieben Symptomkomplexe ausgemacht, zwei sollen hier kurz skizziert werden, die die gegenwärtige Schulsituation besonders gut verdeutlichen.

Minimalismus

Die Lehrertätigkeit reduziert sich auf das minimal notwendige Maß. Es zeigt sich ein Rückgang unterrichtsübergreifender Aktivitäten, ein Rückzug ins Private und eine Verlagerung von Interessen auf außerschulische Bereiche. Das Verschwinden von Engagement und der mangelnde Einsatz für die Schule stellen Einzelsymptome des Minimalismus dar. Das Schulleben verarmt. Der pädagogische Konsens rutscht unter das Existenzminimum an Absprachen und Übereinstimmungen.

Cliquen im Kollegium

Innerhalb der Kollegien existieren immer mehr verschiedene »Welten« nebeneinander her. Oft bilden Fächer dafür den Rahmen: die Naturwissenschaftler, die Sprachler etc. Oft führen auch politische Kulturen ihr Eigenleben: die pragmatischen Reformer, die Unpolitischen, die Traditionalisten etc. Die Abgrenzungen sind vielfach stark emotional besetzt und erschweren Kommunikation und Kooperation. Krisensymptome treten deutlicher hervor, Spannungen und Konflikte in Kollegien werden stärker, letztlich ist eine veränderte Grundhaltung der Akzeptanz und Konfliktfähigkeit von Nöten.

Schulmanagement

Ein schlechtes Schulmanagement kann den Frust in der Schule noch erhöhen und zur Demotivation der Schülerinnen und Schüler sowie der Lehrerinnen und Lehrer beitragen. Deshalb sollte sich die Schule auf Chancen und Möglichkeiten besinnen, das Betriebsklima zu verbessern. Folgende Merkmale sind für das Schulklima besonders wichtig:

- Teamgeist,
- Kooperation der Kolleginnen und Kollegen,
- Selbständiges Arbeiten,
- Anerkennung durch Vorgesetzte,
- Gerechte Arbeitsaufteilung,
- Transparenz der Informationen,
- Beteiligung an Entscheidungen,
- Gute Gestaltung des Arbeitsplatzes (z. B. Klassenraumgestaltung).

Reiner Dieterich hat sich intensiv mit der Bedeutung der Verständigung für die Teamentwicklung in der Schule auseinander gesetzt. Verständigung findet für ihn dann statt, wenn Probleme unter Einsatz von Verstand, arbeitsteilig und verabredungsgemäß gelöst werden. Er unterscheidet Verständigungsprozesse nach der Art ihres Gegenstandes. Ihm erscheinen zwei Hauptgruppen von Verständigungsaufgaben wichtig, die als »Probleme« oder als »Konflikt« beschreibbar sind. Inhaltlich und formal treten Überschneidungen auf. »Probleme« beziehen sich auf Sachen, »Konflikte« auf Personen.

Überforderung durch Verständigungsprobleme

Lehrer erscheinen oft angesichts von Verständigungsproblemen überfordert. Das liegt nicht daran, dass es grundsätzlich schwierig ist, hinter den sich meist als Disziplinstörungen bemerkbar machenden persönlichen Konflikten der Kinder die eigentliche »Botschaft« über ihre seelischen Nöte zu vernehmen, sondern daran, dass der schulische Bildungsauftrag dem Lehrer ein Rollenverständnis nahe legt, das den Kindern die Aufgabe des Verstehens und ihm selbst die Aufgabe der Übermittlung von Botschaften zuweist, statt umgekehrt. Der Lehrer erwartet von den Kindern, dass sie ihn verstehen, seine Maßnahmen und Informationen, die sich auf den Unterrichtsstoff beziehen und somit sachorientiert und nicht personenorientiert sind.

Die Sachorientierung der schulischen Lernvorgänge bringt beim Lehrer die Erwartung hervor, dass die Kinder ihre persönlichen Konflikte zu Hause lassen, anstatt ihn mit Problemen zu belästigen, die er nicht verursacht und auch nicht zu verantworten hat. Aber nicht nur zwischen den Schülern und den Lehrkräften gibt es Missverständnisse. Sie entstehen auch zwischen den Kollegen untereinander sowie zwischen den Lehrern und den Eltern.

Kommunikation als Quelle von Missverständnissen

So ist es an der Tagesordnung, dass Missverständnisse im Kommunikationsprozess der Schule auftreten und diese Vorgänge dann zu Verwunderungen, Verwundungen, Verletzungen, Kränkungen führen, sodass ein Konfliktpotential entsteht, das viele an Schule leiden lässt.

Kommunikation als Quelle von Missverständnissen. Dies beschreibt auch der Titel eines Fernstudienbriefes: »Über die Unwahrscheinlichkeit gelingender Kommunikation«. Eine prägnante und verständliche Darstellung liefert Schulz von Thun. Sein Kommunikationsmodell – von ihm als Vier-Ohren-Modell bezeichnet – charakterisiert unsere Probleme miteinander. Sie entstehen dadurch, dass unsere Mitteilungen auf unterschiedliche Weise – und anders als beabsichtigt – wahrgenommen werden können.

Jede Äußerung enthält zunächst eine Sachinformation, daneben aber auch Informationen über die Person, die diese Sachinformation gibt. Schulz von Thun wählt dafür den Begriff der *Selbstoffenbarung* und meint damit sowohl die gewollte Selbstdarstellung als auch die unfreiwillige Selbstoffenbarung. Aus der Mitteilung geht ferner hervor, wie der Sprecher die Beziehung zu seinem Gesprächspartner definiert, was er von ihm hält. Und schließlich kann in jeder Äußerung auch ein *Appell* stecken: Wozu soll der Hörer veranlasst werden?

Der vierohrige Empfänger

Jede Nachricht enthält ein ganzes »Botschaftengeflecht«, das selten in seiner Gesamtheit beim Empfänger ankommt. Um eine Nachricht möglichst vollständig aufnehmen und richtig enschätzen zu können, bedarf es eines »vierohrigen Empfängers«.

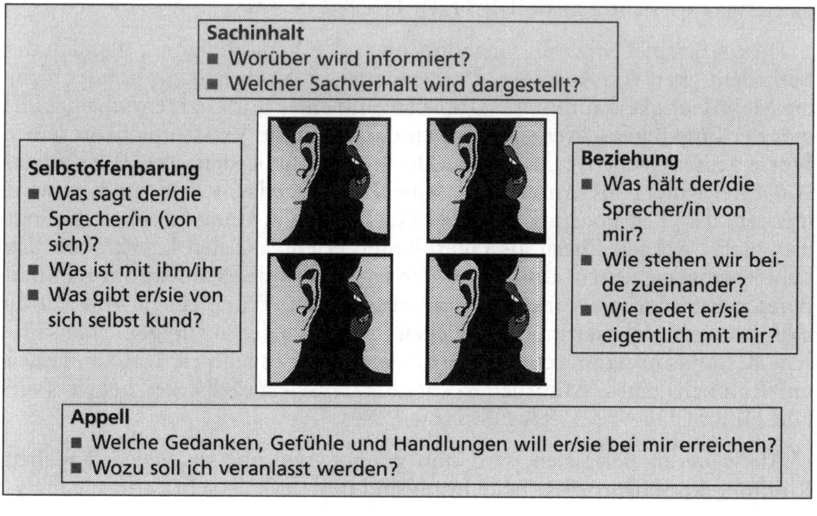

Jeder Empfänger einer Botschaft kann diese nun unterschiedlich wahrnehmen, je nachdem, »mit welchem Ohr er sie hört«. Diese Mehrdeutigkeit ist die Quelle für Missverständnisse. Das Vier-Ohren-Modell ist mittlerweile weithin bekannt. Doch gelingt es nur sehr selten, in Konfliktsituationen einen Schritt zurückzutreten, sich die Mehrdeutigkeit von Mitteilungen klarzumachen und über den Weg der Rückfrage eine Klärung missverständlicher Positionen vorzunehmen.

Wie kann Kommunikation verbessert werden?

Im folgenden Abschnitt soll ein pragmatischer Weg beschritten und für einen ersten kleinen Schritt im Kommunikations-Dschungel geworben werden. In den nachfolgenden Beispielen wird deutlich, welche Nebenaspekte die Aussage enthält. Es entwickelt sich ein Gespür für Zwischentöne. Eine solche Analyse ist eine Art Vorübung zur Verbesserung der mündlichen Kommunikation und der Förderung der Motivation.

Wir unterschätzen immer wieder, wie nachhaltig sich eine mündliche oder schriftliche Äußerung auswirkt. Ein gutes Wort kann beflügeln, ein unbedachtes kränken, ein Übersehenwerden kann bedrücken, eine aufmunternde Bemerkung Hoffnung machen.

Beginnen wir mit einem Beispiel zum Stichwort Zeugnisbemerkungen:

»Die Aufmerksamkeit Ihres Sohnes könnte noch gesteigert werden!« Die Eltern überlegen: »Heißt das ›noch‹, dass sie schon etwas gestiegen ist? Oder gar, dass sie schon erheblich gestiegen ist und nur noch ein bisschen steigen sollte? Sollte sie überhaupt gesteigert werden, schließlich heißt es ja ›könnte‹ und nicht ›sollte‹? Vielleicht will uns der Lehrer nur schonend beibringen, dass der Kerl überhaupt nicht aufpasst, schließlich drücken sie sich ja immer etwas vorsichtig aus« (DIETERICH 1982, S. 34).

Dieses Beispiel zeigt ein Grundproblem der Verständigung, nämlich die Mehrdeutigkeit von Aussagen. Der Sender einer Nachricht kann leider nicht die Mehrdeutigkeit auflösen. »Über den Sinn einer Botschaft entscheidet immer der Empänger.« Wer spricht, kann aber auf die Verständlichkeit seiner Worte achten (siehe Reaktion der Eltern). Er kann lernen, dass Rückfragen von Eltern nicht als Angriff auf seine Person gedacht sind, und er wird merken, dass Klärungsprozesse über Nachfragen in Gang kommen. Gelingt dies nicht, werden Eltern als Querulanten erlebt, die den Lehrkräften das Leben schwer machen. Und damit verringert sich die Motivation, z. B. den Bereich Elternarbeit konstruktiv auszugestalten. Ein Element von Personalführung besteht darin, die Kollegen immer wieder anzuregen, eine kritische Bestandsaufnahme der eigenen Tätigkeit vorzunehmen. Das kann etwa im Rahmen eines Mitarbeiter-Vorgesetzten-Gesprächs geschehen (vgl. FISCHER/SCHRATZ 1993, FISCHER 1994).

An weiteren Beispielen wird nun gezeigt, wie und an welchen Stellen Kommunikationsprozesse bedeutsam sind und deshalb selbstkritisch analysiert werden sollten. Die gängige Formel »Es geht doch hier nur um die Sache!« muss durch die Vielschichtigkeit der Kommunikationsebenen ergänzt werden. Was ist das Ziel einer solchen Analyse? Worin besteht der Zusammenhang zur Selbst-Motivation der Lehrer und Mitarbeiterführung? Das skizzierte Vorgehen zielt darauf ab, Blockierungen und Abwehrhaltungen, die durch Kommunikationsprobleme entstehen, zu überwinden. Konflikte aus gestörter Kommunikation werden selten angesprochen und geklärt. Gerade deshalb aber macht sich dann Unzufriedenheit und Demotivation breit. In diesem Klima ist es kaum möglich, neue Ideen, Vorschläge und Projekte in der Schule zu besprechen.

■ *Fehlersuche und Kritik*

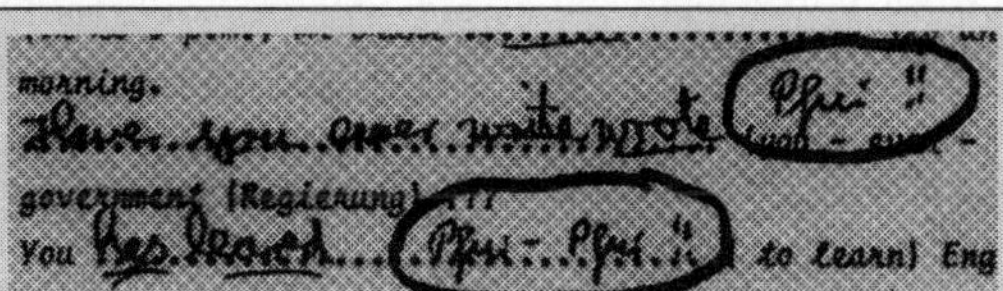

Die Aufgabenzettel für eine Englischarbeit sind verteilt, die Lehrkraft muntert die Schüler noch mit einem »Good luck« auf, dann beginnt die Arbeit. Einem Schüler und dessen Vater fallen später, als sie nach der Rückgabe den Zettel noch einmal durchgehen, ein mehrfaches »Pfui!« in die Augen. Der unfreundliche Ton und die schroffe persönliche Abwertung des Kindes treten besonders unangenehm hervor. Das jeweilige Ausrufungszeichen verstärkt noch die Heftigkeit der Abwertung und weist auf Unmut der Lehrerin hin. Kein Schüler legt es aber darauf an, seine Lehrerin durch eine fehlerhafte Arbeit zu verärgern. Positive Impulse dürften von einem solchen Verfahren kaum ausgehen, denn hier fehlt es an den elementaren Zügen freundlich-respektvollen Umgangs zwischen Lehrern und Schülern.

Der ehemalige Vorsitzende der Bürgerinitiative »Aktion Humane Schule«, Kurt Singer, hat in seinem Buch »Maßstäbe für eine humane Schule« (1981) u. a. geschrieben, Lehrer sollten Fehler nicht moralisch bewerten, da dies das Kind abwerte. Singer hebt den »pädagogischen Takt« als entscheidende Grundlage mitmenschlicher Beziehungen in der Schule hervor.

■ *Nur eine Pflichtveranstaltung?*

> An die Eltern der Jahrgangsstufe 11!
>
> Sehr geehrte Damen und Herren,
>
> gemäß § 5 der Verordnung über die Gymnasiale Oberstufe laden wir Sie zu einer Informationsveranstaltung ein. (…)
>
> Die Schulleitung

So knapp und so bürokratisch kühl informiert eine pädagogische Einrichtung. Dienstleistungsbetriebe dagegen orientieren sich am Interesse des Kunden und betreiben Kundenpflege: »Der Kunde ist König!« Diese Grundregel legt Gerd Sennlaub einem Aufsatz zugrunde, in dem er sich kritisch mit der Schule als unzulänglichem Dienstleistungsbetrieb auseinander setzt. Er nennt ein Beispiel aus dem Schulalltag: Mit den Vordrucken aus dem Sekretariat schreiben wir den Kunden ›blaue Briefe‹ von feindselig wirkender Sachlichkeit. Dabei weiß doch bereits jeder Lehrling: Zur »Kundenbetreuung« gehört mehr als das Abfassen juristisch korrekter Schriftsätze.

- *Es muss kein langer Text sein!*

> Wiederhole bitte die unregelmäßigen Verben und das Kapitel Passive Voice in der Grammatik, Jan.

Bei dieser Anmerkung unter einer Klassenarbeit fallen gleich mehrere positive Züge ins Auge: die persönliche Anrede, das höfliche »bitte« und der knappe, konkrete Hinweis darauf, wie der Schüler seine Leistung verbessern kann.

- *Selbstverständlichkeiten aussprechen!*

> LETCHWORTH CENTRAL SCHOOL
>
> REPORT OF EXCELLENT WORK
>
> Dear Parent, We wish to call your attention to the excellent work that
> .... is doing in ....
> We realize that this high quality work is due not only to effort and ability on the part of the pupil but also to your fine cooperation.
>
> Date Grade Teacher

Die Schule bedankt sich bei den Eltern für die Unterstützung ihrer Kinder. Wie gehen Lehrer mit Eltern um? Es passiert nicht selten, dass der Pädagoge die Eltern für Lern- und Verhaltensschwierigkeiten ihrer Kinder verantwortlich macht und ihnen vorhält, versagt zu haben. Er weckt bei den Eltern oft Schuldgefühle und provoziert Widerstandsreaktionen. Ralf Blanco empfiehlt dagegen, die unterstützenden Maßnahmen und Hilfen der Eltern zu verstärken. Eine solche Haltung entspricht auch dem, was Eltern häufig suchen. Sie hoffen, dass ihr Gesprächspartner anerkennt, was sie bisher geleistet haben. Dies hilft ihnen dann auch, selbstkritisch zu sein und eigene Schwierigkeiten einzugestehen. Eltern verfügen über reiche Erfahrungen, die ihnen ermöglichen, selber Ideen zu entwickeln, wie mit dem Kind vernünftig umzugehen ist. Lehrer und Eltern können gemeinsam herausfinden, welche Vorgehensweise der Situation besonders gut entspricht und deshalb Aussicht auf Erfolg bietet.

- *Gute Beispiele wahrnehmen und in der Schule bekannt machen.*

Klassenfahrten gehören zu den Selbstverständlichkeiten im Schulprogramm. Die Eltern zahlen, die Schüler haben ihren Spaß, die Lehrkräfte wenig Schlaf und jede Menge Arbeit. Besonderes pädagogisches Engagement ist gefordert. Lohnt sich aber der ganze Aufwand, wenn hinterher keine Resonanz auf die Mühe erfolgt? Wenn weder ein Wort des Dankes fällt, noch z. B. ein Blumenstrauß zum Ausdruck bringt ›Wir freuen uns über Ihr Engagement‹?

Hier das Schreiben eines Leistungskurses Deutsch:

> Liebe Eltern!
>
> Den meisten von uns wurde erst durch Sie die Kursfahrt nach Rom ermöglicht. Aus diesem Grund möchten wir, der Deutsch-Leistungskurs, Sie im Rahmen eines gemeinsamen »Rom-Abends« an unseren Erlebnissen dort in Form einiger Dias und literarischer Impressionen teilhaben lassen.
> Wir wollen nun mit der Planung dieses Abends beginnen. Daher möchten wir Sie bitten, uns mitzuteilen, ob es Ihnen möglich ist, die »Danksagung« wahrzunehmen. Das Treffen soll am Mittwoch, dem 4. September, stattfinden.
> Wir würden uns sehr über Ihr Erscheinen freuen.
>
> Mit freundlichen Grüßen
>
> Ihr *Deutsch LK 13*

Fazit: Die angeführten Beispiele illustrieren einen Grundgedanken von Monika und Jochen Grell: Positive reziproke Affekte senden!

Positive reziproke Affekte

Der mit dem etwas sperrigen Titel gemeinte Sachverhalt, dass sich nämlich die Kommunikationspartner in ihrer gefühlsmäßigen Befindlichkeit wechselseitig beeinflussen, scheint mir in zweierlei Hinsicht bedeutsam. Zum einen beeinflusst der Lehrer durch sein Auftreten, seine Zugewandtheit und seine Freundlichkeit die Stimmung in der Klasse und nutzt damit die Chance, gute Laune zu entwickeln und andere damit anzustecken.

Zum anderen leistet er damit auch einen wesentlichen Beitrag zur Stärkung seiner seelischen Gesundheit. Heute wird immer häufiger vom so genannten Ausgebrannt-Sein (Burnout) gesprochen. Damit ist ein schleichender Motivationsverlust gemeint, der von Resignation über Apathie zu psychosomatischen Erkrankungen führen kann.

Lehrer beklagen häufig, dass es nur selten eine positive Resonanz auf ihre Tätigkeit gibt. Selbst das Schweigen von Eltern – z. B. ein Zeichen dafür, dass sie gar nichts kritisieren möchten – wird häufig als unangenehm erlebt. Denn Passivität ist mehrdeutig und verunsichert deshalb (vgl. KOWALCZYK 1988).

Der Umgang miteinander beeinflusst die Schulentwicklung.

Schulentwicklung braucht einen Nährboden. Gute Ideen reichen allein nicht aus. Sie müssen in einem sozialen Zusammenhang umgesetzt werden. Mitarbeiterführung bedeutet, die zwischenmenschlichen Prozesse im Auge zu haben. Dann gelingt auch die Schule. Ein guter Anfang ist gemacht, wenn die alltäglichen Umgangsformen zum Ausdruck bringen: Wir nehmen uns wechselseitig ernst, sprechen höflich und freundlich miteinander. Unser Arbeitsklima stimmt. Dann ist auch die Grundbedingung für die Motivation der Schüler und Lehrer erfüllt.

Dr. Walter Kowalczyk ist Schulpsychologe und als Lehrbeauftragter an der Universität Hannover tätig. Er ist Mitglied in der Aktion Humane Schule. Zahlreiche Aufsätze und Bücher bilden seinen Beitrag zur Diskussion pädagogischer Themen. Der Autor ist Mit-Herausgeber der Sammlung »Konkrete Handlungsanleitungen für erfolgreiche Beratungsarbeit mit Schüler, Eltern und Lehrern« (WEKA Verlag) und der Lerntrainer-Reihe *klipp & klar* (Rowohlt Verlag).

Anschrift:
Bezirksregierung Hannover, Dezernat 401 – Schulpsychologie, Außenstelle Hameln, Wilhelmstr. 5, 31785 Hameln, Tel.: 0 51 51/97 24 89, Fax: 0 51 51/97 20 82, E-Mail: Dr.Walter.Kowalczyk@t-online.de

Motivation durch Stressabbau und Entspannungstechniken

Dieter Mundt

Motivierte Schüler motivieren auch ihre Lehrer. Gelangweilte oder aggressive Schüler demotivieren ihre Lehrer. Pädagogen kennen diese Wechselwirkung der gegenseitigen (De-) Motivation.

Wer mit Kindern und Jugendlichen arbeitet und daran Freude hat, wird aber auch Momente erleben, in denen die Arbeit keinen Spaß mehr macht. Bei pädagogischen oder fachlichen Misserfolgen nimmt die Frustration überhand, und richtige Arbeitsfreude will nicht mehr aufkommen. Dabei ist es belanglos, ob der Frust eintritt, weil man resigniert hat, und nur noch seinen Dienst nach Vorschrift durchzieht, oder ob man an seinen Misserfolgen leidet, die trotz eines vollen Einsatzes eingetreten sind. Diese Tiefpunkte treten – gerade auch im Lehrberuf – immer wieder auf. Wie man diese Tiefpunkte durch Selbst-Motivation, Stressabbau und Entspannungstechniken abbauen kann, möchte ich in meinem Beitrag zeigen. Es geht darum, sich selbst zum Erfolg zu motivieren – auch wenn manchmal das Unterrichten und die pädagogische Arbeit nicht mehr sehr erfolgreich erscheinen. Lehrerinnen und Lehrer sind besonders dann motiviert und – gerade auch in schwierigen Klassen – pädagogisch erfolgreich, wenn sie ihre Schülerinnen und Schüler in ihrer Persönlichkeit stärken und für den Lernstoff motivieren und begeistern können und diese positive Rückmeldung auch von ihrer Lerngruppe erhalten.

Die nachfolgenden Empfehlungen beruhen auf meinen Erfahrungen als langjähriger Ausbildungsleiter in der Freizeitpädagogik mit Kindern und Jugendlichen und Leiter von Trainingsseminaren für Lehrerinnen und Lehrer.

Wechselwirkung von Schüler- und Lehrermotivation

Schauen wir uns diese Wechselwirkung von Schülermotivation und Lehrermotivation einmal genauer an.

Sie kennen das folgende Beispiel aus Ihrer praktischen Arbeit. Es klappt einfach super mit Ihrer Klasse. Sie und die Schüler sind motiviert, selbst schwieriger Stoff lässt sich gut vermitteln. Irgendwann schlägt aber diese gute Stimmung um, und die Probleme häufen sich. Was ist geschehen?

Aus verschiedenen Gründen hat sich das Stress- und Spannungspotential Ihrer Klasse verändert. Was auf einem niedrigen Stressniveau funktioniert, klappt auf einem höheren Stressniveau nicht mehr. Stress und Spannung sind eigentlich positive Dinge, die aber, wenn sie ein gewisses Maß überschritten haben, negative Auswirkungen auf den Unterricht und die Motivation der Schüler und der Lehrer haben können. Es gibt viele Gründe für Stress und Spannung in der Schule, und es gibt viele Methoden, Stress und Spannung positiv zu beeinflussen. Wer diese Methoden kennt und einsetzt, kann das Stressniveau der Klasse senken.

Stressabbau bei Kindern und Jugendlichen

Manchmal können kleine Veränderungen viel bewirken. Ein Beispiel: Die Mutter eines 10-jährigen Jungen rief mich an, weil das Verhalten ihres Sohnes in der Schule zu immer mehr Klagen der Lehrer Anlass gab. Der Sohn störte regelmäßig den Unterricht und prügelte sich immer wieder mit Klassenkameraden. Die Lehrerin meldete sich fast täglich mit immer neuen Beschwerden bei der Mutter und berichtete, dass der Schüler ständig »ausrastete«. Eine weiteres Problem, das die Mutter ansprach, war das noch regelmäßige Bettnässen. Ich empfahl der Mutter, ihren Sohn bei einem Entspannungstraining anzumelden und ihren Sohn jeden Abend vor dem Schlafen gehen ca. 2 Minuten zu massieren: Sie sollte die Arme und Beine ihres Sohnes von der Schulter bzw. von der Leiste bis zu den Knöcheln ausstreichen. Am Morgen vor der Schule das Gleiche, nur von den Knöcheln nach oben. Nach einiger Zeit berichtete die Mutter: Das Sozialverhalten ihres Sohnes in der Schule hätte sich deutlich verbessert, die Beschwerden über ihn waren weniger geworden und das Bettnässen hatte aufgehört. Der gezielte Stressabbau hatte diesem Jungen geholfen, in der Schule konzentrierter und motivierter am Unterricht teilzunehmen und friedlicher mit seinen Klassenkameraden umzugehen. Die Lehrerin berichtete von einer positiven Verhaltensänderung des Jungen im Unterricht.

Jeder Mensch hat seine individuelle Belastungsgrenze. Wird sie überschritten, reagieren viele mit auffälligem Verhalten, wie der Junge im obigen Beispiel. Er erreichte stets den Punkt, an dem sein Belastungsprofil »überläuft« und es für ihn sehr schwierig wird, negative Programme, die in seinem Unterbewusstsein gespeichert sind, zu kontrollieren. Er reagiert auf Signale von außen und »rastet aus«.

In dem Belastungsprofil eines Schülers befinden sich die unterschiedlichsten Belastungen, z. B. mangelndes Selbstwertgefühl, Stress, Schuldgefühle, Umweltbelastungen, Angst, körperliche Probleme etc.. In unserer Arbeit mit Kindern und Jugendlichen versuchen wir, den Schülern Methoden zur Stressbewältigung an die Hand zu geben. Damit können sie einige Belastungsschichten selbst bearbeiten und ihr Belastungsprofil verändern. Es ist sinnvoll und notwendig, dass Kinder lernen, selbst in ihr Belastungsprofil einzugreifen.

Gezielter Spannungsabbau ist notwendig beim einzelnen Kind und in der Klasse. Beobachten Sie doch einmal die Wirkungen im Fach Kunst – Thema »Masken« – wenn die Schüler sich gegenseitig im Gesicht mit Pinseln und Fingern ausdauernd bemalen. Die meisten Schülerinnen und Schüler genießen die Ruhe und Entspannung dieser Gesichtsmassage.

Von vielen Lehrerinnen und Lehrern hört man sehr häufig den Satz: »Ich bin fürchterlich im Stress«. Wer so unter Stress steht, arbeitet sichtbar »schlecht« für alle Außenstehenden. Aus der Entfernung betrachtet, kann man sich allerdings manchmal des Eindrucks nicht erwehren, dass das ganze Spiel etwas mit dem berühmten »Hamster im Laufrad« zu tun haben könnte. Man rennt und läuft, und es kommt doch keine rechte Freude an der Arbeit auf. Im Gegenteil: Der Frust steigt, die Aggressionen, auch die Fehler nehmen zu und die »pädagogische Intelligenz« nimmt ab. Der Frust in der Schule wird mit nach Hause genommen, wird dort – im günstigen Fall – abgebaut oder kann – im ungünstigen Fall – im Privatleben weiter wachsen. Am nächsten Tag in der Schule: Weitermachen im »Hamsterkäfig«. Nur dass wir dann gleich auf höherem Ausgangsniveau beginnen und im Laufe des Schultages zur negativen Höchstform auflaufen. Diesen Teufelskreis können wir weiter pflegen, bis er uns aus der Bahn wirft – oder wir können ihn unterbrechen.

Als Lehrer oder Lehrerin ist es für Sie nichts Neues, dass ein gewisses Maß an Druck auch zu besseren Leistungen führen kann. Genauso wissen Sie, dass ein zu viel an Druck das Gegenteil erreichen kann. Die menschliche Leistungsfähigkeit hängt unter anderem vom Grad der Spannung ab, in dem sich Körper und Geist befinden.

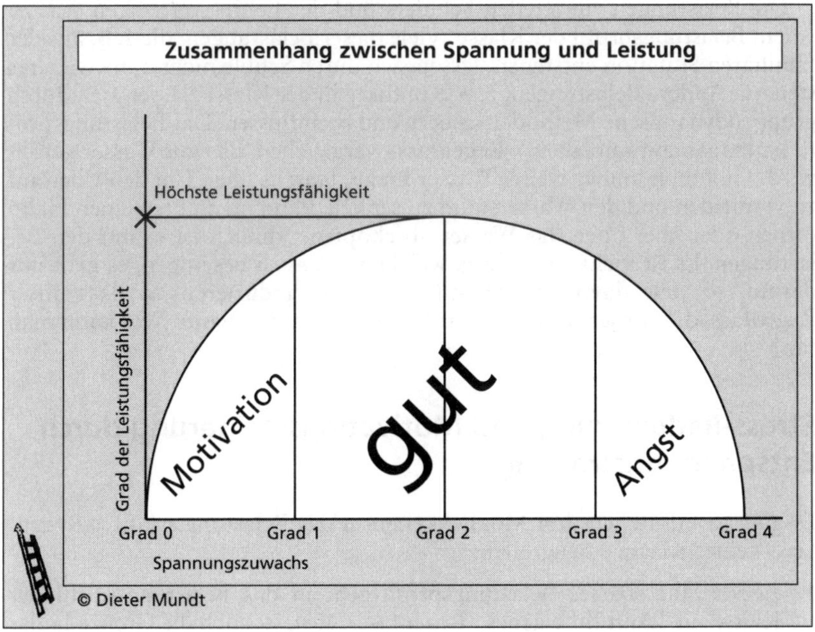

- Ist die Spannung gering, wird auch nur wenig Leistung gezeigt. Aber durch Spannungsanstieg – bedingt durch Motivation – steigt die Leistungsfähigkeit recht mühelos, bis zu einem gewissen Grad.
- Die Grafik deutet an, dass von Spannungsgrad 1 an mehr Spannung nur noch geringen Leistungszuwachs erbringt, bis beim Überschreiten von Spannungsgrad 2 mehr Spannung sogar weniger Leistung zur Folge hat.
- Trotzdem erbringen wir im Bereich der Spannung zwischen Grad 1 und Grad 3 unsere Höchstleistungen.
- Von Grad 3 an führt jeder Spannungsanstieg zu rapidem Leistungsabfall, da sich ab Grad 3 eine Denkblockade bemerkbar macht. Das bekannte »Brett vor dem Kopf«, das Körper und Geist lähmt und im Extremfall, bei Grad 4, zu totalem »Blackout«, zum »Kopf-verlieren« führen kann. Dazu kommt, dass unser Körper auf Dauerstress sehr unangenehm reagiert. Die Leistungsfähigkeit wird immer geringer.

Demotivation durch Stress und Belastung

Je größer der Stress und die Belastungsmomente bei Schülern und Lehrern sind, desto größer ist die Demotivation, desto schwieriger wird es mit der Motivation und der Lehr- bzw. Lernleistung. Deshalb ist Stress-Reduzierung bei Schülern und Lehrern gleichermaßen ein sinnvoller Weg, um Motivation und Leistung zu erhalten und zu steigern.

Die Belastungen eines jeden Schülers und der Lehrer vereinigen sich zu einem Belastungsprofil der Klasse. Viele dieser Belastungen, die z. B. aus der familiären Situation entstehen, lassen sich durch Schule nicht ohne weiteres steuern. Andere Belastungen, z. B. Konflikte in der Klasse, lassen sich durch gruppendynamische Methoden steuern und beeinflussen. Das Belastungsprofil kann man gut mit einem »Regenfass« vergleichen, das mit Wasser gefüllt wird. Gibt man immer weiter Wasser hinzu, läuft es über. Um den Überlauf zu vermeiden und den Wasserstand zu senken, kann man unten einen Hahn öffnen oder aber oben das Wasser abschöpfen. Ähnlich ist es mit den Belastungen. Es ist nicht so wichtig, welche wir davon beseitigen, es geht nur darum, so viele davon zu beseitigen oder zu reduzieren, so dass unser Regenfass, d. h. unser Belastungsprofil, nicht mehr überläuft. Was kann man tun?

Stress-Reduzierung und Motivationssteigerung durch Entspannungstraining

Es gibt grundsätzlich drei Möglichkeiten in das Belastungsprofil (»Regenfass«) einer Klasse einzugreifen:

1. *Lehrer*: Ihr eigenes Belastungsprofil geht in das Belastungsprofil der Klasse ein. Läuft Ihr eigenes »Regenfass« über, ist auch die Grenze in der

Klasse eher erreicht. Arbeiten Sie also an Ihrem eigenen Belastungsprofil. Besuchen Sie Kurse für Autogenes Training oder Anti-Stresskurse. Wenden Sie das Gelernte täglich an. Diese Kurse werden z. B. in Volkshochschulen, aber auch von vielen freien Trainern angeboten.

2. *Eltern:* Arbeit an den Belastungsprofilen der Kinder und Jugendlichen. Wünschenswert ist eine enge Zusammenarbeit mit den Eltern, denn viele Belastungsfaktoren entziehen sich unseres Eingriffs. Aus Kursen, die ich mit Schulklassen gemacht habe, hat sich häufig der Kontakt zu den Eltern entwickelt, sodass die Arbeit intensiviert werden konnte.

3. *Klasse*: Natürlich können Sie als Lehrer auch direkt in das Belastungsprofil der Klasse eingreifen. Einfache Entspannungsübungen lassen sich sehr gut vor Beginn der Stunde und vor Klassenarbeiten einfügen. Hierbei sollten Sie sich auf einfache Techniken konzentrieren, die nicht viel Zeit kosten. Je nach Alter der Schüler gibt es verschiedene Entspannungsübungen, z. B. progressive Muskelentspannung oder Grundübungen des autogenen Trainings. Grundsätzlich gelten diese Techniken für alle Altersgruppen.

Im letzten Teil dieses Beitrages sind einige Beispiele kurz beschrieben. Mit all diesen Techniken nehmen wir Spannung aus dem Belastungsprofil der Schüler – und der Lehrer – heraus (MENN-HAUPTVOGEL/SMOLKA 2000).

Entspannungsübungen für die Schule

Die Schildkröten-Phantasie-Übung

Sie wird sehr gerne in Grundschulen und den Anfangsklassen der Sekundarstufe I eingesetzt. Sie ist ein erprobtes Verfahren, um durch Bewegung zur Ruhe zu kommen.

Übung: »*Verteilt euch jetzt bitte gleichmäßig im Raum. Wie immer vor einer Übung, recken und strecken wir uns nun und gähnen mit weit geöffnetem Mund. Ihr seid jetzt Schildkröten, die langsam und ruhig durch den Raum kriechen. Ihr fühlt euch wohl und mit jedem Meter, den ihr kriecht, werdet ihr ruhiger und ruhiger. Angenehm fühlt ihr die Schwere in euren Armen und Beinen. Wenn ihr Jemanden berührt oder irgendwo anstoßt, dann zieht ihr euch in euren Panzer zurück und wartet bewegungslos, bis ich euch am Rücken berühre und ihr dann wieder weiter kriechen könnt. Genießt das Gefühl, wie eine Schildkröte immer mit einem sicheren Panzer versehen zu sein.*

Dieses Gefühl bleibt nun bei euch, auch wenn ich nun von 4 bis 1 zähle und wir uns dann recken und strecken, tief durchatmen, die Augen aufmachen und wieder voll da sind.

4 – 3 – 2 – 1 und recken und strecken, tief durchatmen, die Augen auf machen«.

Die Progessive Relaxation nach Jakobsen

Sie eignet sich für Kinder und Jugendliche. Am Einfachsten geht die Übung im Liegen.

Übung: »*Legt euch nun so bequem wie möglich hin, reckt und streckt euch und gähnt mit offenem Munde.*

Ballt nun die rechte Hand zur Faust. Ihr spürt jetzt deutlich die Spannung in der Hand. Lasst nun die Faust los. Vergleicht die rechte und linke Hand miteinander. Welche Hand fühlt sich leichter an, ist wärmer, fühlt sich wohler?

Ballt die rechte Hand noch einmal zur Faust und führt sie an die Schulter. Ihr spürt jetzt die Spannung in der Hand, im Unter- und Oberarm und in der Schulter. Haltet die Spannung einige Sekunden und lasst dann los. Sofort fließt Entspannung von der Schulter in den Arm ein. Vergleicht wieder in Gedanken, wie sich der rechte Arm vom linken unterscheidet.

Macht jetzt das, was ihr auf der rechten Seite gemacht habt, auch auf der linken Seite. Ballt erst die Hand zur Faust. Spürt die Spannung und lasst los. Ballt die Hand noch einmal zur Faust und führt sie an die Schulter. Spürt die Spannung und lasst dann los.

Hände, Arme und Schultern sind jetzt entspannter als vorher. Sie sind wärmer und fühlen sich wohler.

Spannt die Gesichtsmuskeln an. Zuerst beißt ihr die Zähne aufeinander, Spannung spüren und loslassen.

Jetzt die Zunge an den Gaumen drücken, Spannung spüren und loslassen.

Die Lippen aufeinander pressen, Spannung spüren und loslassen.

Die Nase kraus ziehen, Spannung spüren und loslassen.

Augen zusammenkneifen, Spannung spüren und loslassen.

Die Stirn in Falten legen, dabei auch die Kopfhaut anspannen, Spannung spüren und loslassen.

Jetzt zieht ihr die Schultern hoch bis an die Ohren, Spannung spüren und loslassen.

Ein leichtes Hohlkreuz machen und dabei die Muskeln des Rückens anspannen, loslassen.

Jetzt einatmen und den Atem anhalten und loslassen.

Den Bauch nach außen wölben und loslassen.

Jetzt den Bauch nach innen ziehen und loslassen.

Das rechte, gestreckte Bein etwas anheben, mit den Zehenspitzen zum Fußboden zeigen und die Spannung von den Zehen bis zum Po und der Hüfte spüren und loslassen.

Das Gleiche nochmals, nur mit den Zehenspitzen zum Gesicht zeigen.

Nun das linke, gestreckte Bein etwas anheben, mit den Zehenspitzen zum Fußboden zeigen und die Spannung von den Zehen bis zum Po und der Hüfte spüren und loslassen.

Das Gleiche nochmals, nur mit den Zehenspitzen zum Gesicht zeigen.

So, jetzt haben sich eure Muskeln gespannt und wieder entspannt. Ihr fühlt euch wohler als vor der Übung.

Dieses Wohlbefinden bleibt bei euch, auch wenn ich nun von 4 bis 1 zähle und wir uns dann recken und strecken, tief durchatmen, die Augen aufmachen und wieder voll da sind.

4 – 3 – 2 – 1 und recken und strecken, tief durchatmen, die Augen auf machen«.

Die »Wanderung durch den Körper«

Übung: *»Lege dich nun so bequem wie möglich hin, recke und strecke dich und gähne mit offenem Munde.*

Wandere jetzt in Gedanken durch deinen Körper. Stell dir deinen Körper so vor, wie du das möchtest und wie er dir gefällt. Beginne deine Wanderung im rechten Daumen. Schau dir jede einzelne Muskelgruppe an, streichele diese Muskeln in Gedanken. Du spürst, wie angenehm das für deine Muskeln ist, sie lassen immer mehr los und werden immer entspannter. Gehe jetzt zum Zeigefinger, zum Mittelfinger, zum Ringfinger und zum kleinen Finger. Überzeuge dich davon dass alle Muskeln locker und entspannt sind und streiche Reste von Spannung einfach weg. Gehe jetzt genauso durch die anderen Teile deines Körper.

Ist deine rechte Hand, der Unterarm, der Oberarm und das Schultergelenk locker?

Ist deine linke Hand, der Unterarm, der Oberarm und das Schultergelenk locker?

Sind alle Gesichtsmuskeln schön glatt und gelöst, der Kiefer, die Zunge, die Lippen, die Nase, die Muskeln um die Augen, die Stirn und die Kopfhaut?

Sind Nacken und Schultern auch schon gelöst und weich?

Sind die Muskeln des ganzen Rückens entspannt und weich?

Ist der Brustkorb locker und die Atmung angenehm ruhig?

Sind die Bauchmuskeln gelöst und weich? Vielleicht sagt dir der Bauch durch ein leises Gluckern, dass er sich wohl fühlt.

Ist der rechte Oberschenkel, Unterschenkel und der Fuß ganz locker und gelöst?

Ist der linke Oberschenkel, Unterschenkel und der Fuß ganz locker und gelöst?

Alle Muskeln sind nun angenehm entspannt, locker und gelöst. Du bist jetzt ganz ruhig und entspannt und du fühlst dich wohl.

Dieses Wohlbefinden bleibt bei dir, auch wenn ich nun von 4 bis 1 zähle und du dich dann reckst und streckst, tief durchatmest, die Augen aufmachst und wieder voll da bist.

4 – 3 – 2 – 1 und recken und strecken, tief durchatmen, die Augen auf machen«.

Grundübung Entspannung

Die Übung lässt sich im Liegen, aber auch im Sitzen durchführen. Sie ist für Kinder wie auch für Jugendliche geeignet.

Übung: *»Legt euch nun so bequem wie möglich hin, reckt und streckt euch und gähnt mit offenem Munde.*

Stellt euch vor, ihr liegt im warmen, weichen Sand, die Sonne scheint euch auf den Bauch. Ihr fühlt euch wohl und geborgen. Achtet auf euer rechtes Bein. Spürt wie zuerst der Oberschenkel, dann der Unterschenkel und der Fuß ganz ohne euer dazutun tiefer in den Sand eindringen. Spürt die angenehme Entspannung. Geht nun in Gedanken in den rechten Fuß hinein. Alles ist dort warm, weich und schwer und fühlt sich wohl. Die Sonne, die euch auf den Bauch scheint, scheint jetzt auch angenehm warm auf den Oberschenkel, den Unterschenkel, den Fuß. Das Wohlbefinden steigt.

Achtet jetzt auf euer linkes Bein.

Spürt wie zuerst der Oberschenkel, dann der Unterschenkel und der Fuß ganz ohne euer dazutun tiefer in den Sand eindringen. Spürt die angenehme Entspannung. Die Sonne scheint jetzt angenehm warm auf den linken Oberschenkel, den Unterschenkel, den Fuß. Das Wohlbefinden steigt.

Achtet jetzt auf euren rechten Arm.

Spürt wie zuerst der Oberarm, dann der Unterarm und die Hand ganz ohne euer dazutun tiefer in den Sand eindringen. Spürt die angenehme Entspannung. Geht nun in Gedanken in den rechten Arm hinein. Alles ist dort warm, weich und schwer und fühlt sich wohl. Die Sonne scheint jetzt angenehm warm auf den rechten Oberarm, den Unterarm, die Hand. Das Wohlbefinden steigt immer weiter. Achtet jetzt auf euren linken Arm. Spürt wie zuerst der Oberarm, dann der Unterarm und die Hand ganz ohne euer dazutun tiefer in den Sand eindringen. Spürt die angenehme Entspannung. Alles ist dort warm, weich und schwer und fühlt sich wohl. Die Sonne scheint jetzt angenehm warm auf den rechten Oberarm, den Unterarm, die Hand. Achtet jetzt auf euren Rücken, er dringt tief in den Sand ein.« Euer gesamter Körper ist nun angenehm ruhig, schwer und warm. Ihr fühlt euch wohl und geborgen. Dieses Wohlbefinden bleibt bei euch, auch wenn ich nun von 4 bis 1 zähle und wir uns dann recken und strecken, tief durchatmen, die Augen aufmachen und wieder voll da sind. 4 – 3 – 2 – 1 und recken und strecken, tief durchatmen, die Augen auf machen«.

Dieter Mundt Studium der Biologie, Sozialwissenschaften und Pädagogik in Düsseldorf und Duisburg. Kursleiter für Entspannungstechniken für Kinder, Jugendliche und Erwachsene sowie Ausbilder für Kursleiter für Autogenes Training. Er ist Vorsitzender der Deutschen Gesellschaft für angewandte Psychohygiene und Entspannungstechniken. Weitere Schwerpunkte sind Sucht- und Gewaltprävention sowie Selbstsicherheits-Trainings in der Schule. Er veranstaltet Fortbildungen für Pädagogen und Schulleiter.

Anschrift:
Gelinterstr. 11, 47669 Wachtendonk, Tel. 0 28 36/13 90, Fax: 0 28 36/82 80,
E-Mail: Seminarausbildung@t-online

Motivations-Management

Selbstmotivation: Kann ich andere besser führen als mich selbst? Fragen zur eigenen Beunruhigung

Hans-Dieter Kulhay

Als ich meiner Frau Ingrid von der Absicht erzählte, an diesem Buch mitzuwirken mit einem Beitrag über Selbstmotivation, zeigte sie sich amüsiert:

»Wenn du an einem der wenigen Abende, die du zu Hause bist, nach zwanzig Minuten vor dem Fernseher eingeschlafen bist, ist das nicht gerade ein positives Beispiel für Motivation.«

»Dann habe ich also kein Recht, über dieses Thema zu schreiben?«

»Doch, wenn später am Abend ein Kunde anruft, springst du aus dem Sessel und strotzt vor Tatendrang.«

Zum Thema Motivation schreibe ich also keinesfalls als Experte zu Ihnen, sondern als Betroffener.

In meiner Praxis als Kommunikations- und Führungstrainer haben sich fünf unbequeme Fragen herausgestellt, mit denen jede(r) ihre/seine Haltung zur Motivation überprüfen kann:

1. **Habe ich eine mitreißende Vision?**
2. **Wie steht es mit meiner Inspiration und Begeisterung?**
3. **Welche Selbstmotivations-Techniken wende ich an?**
4. **Was zeichnet mich als Motivator/in aus?**
5. **Weiß ich die Demotivation anderer zu vermeiden?**

1. Habe ich eine mitreißende Vision?

In einem meiner Führungskräfte-Seminare saß ein Spielwarenhändler mittleren Alters, der das Ausbleiben von Verkaufserfolgen beklagte, wofür er vor allem die mangelnde Motivation seiner Mitarbeiter verantwortlich machte. Aufgefordert, doch etwas eingehender über sein Geschäft zu sprechen, vernahm die Gruppe eine erstaunliche Einschätzung: »Wenn ich die kleinen Rotznasen schon reinkommen sehe und miterleben muss, wie sie mit ihren schmutzigen Fingern meine weißen Regale betatschen und mit den Spielzeugautos meinen Teppichboden ruinieren, dann bin ich satt für den ganzen Tag.«

Ähnlich das Vorstandsmitglied einer Kölner Bank, das sich mir entrüstet anvertraute: »Wenn ich frühmorgens in den Computerausdrucken sehe, wer sich nachts aus meinem Tresor bedient hat, dann habe ich so 'nen Hals.« Was er meinte, waren die Kunden seiner Bank, die am Bargeldautomaten 200 Mark mehr abgehoben hatten, als ihr Limit es erlaubt hätte. Aber Banken leben zweifellos davon, dass sie Geld verleihen.

Sofern ich als Führungskraft, Unternehmer, Schulleiter oder Lehrer mentale Probleme der Art habe, dass ich meine Kunden »kriminalisiere« und negative Bilder erzeuge, darf ich mich über die entsprechenden Resultate nicht wundern. Mit Marc Aurel: »Das Leben ist das Produkt unserer Gedanken.«

Sicher eines der überzeugendsten Beispiele für eine mitreißende Vision stammt von J.F. Kennedy. Auf dem Höhepunkt des Kalten Krieges hatten die Russen ihren Sputnik ins All geschossen. Amerika war schockiert. Der US-Präsident aber hatte eine Vision: In einer gigantischen Kraftanstrengung wollte er einen Amerikaner als ersten Menschen auf dem Mond landen. Die Fachleute winkten ab und versuchten ihrem Präsidenten den Gedanken auszureden. Kennedys Konter: »Gentlemen, you are right, but I see the man on the moon.« Wir wissen, wie's ausging. Der Sieg einer mitreißenden Vision!

Anekdote am Rande: Wernher von Braun, der Projektverantwortliche, musste sich später vor den Parlamentariern wegen der Unsummen erklären, die der Plan verschlingen würde. Einer fragte: »Mr. Braun, was glauben Sie auf dem Mond zu finden?« Seine kluge Antwort: »Die Russen.« Danach soll die Bewilligung der Milliarden-Dollar-Investitionen kein Problem mehr gewesen sein.

Also: Habe ich eine Vision, die mich motiviert und andere mitreißt?

2. Wie steht es mit meiner Inspiration und Begeisterung?

Was hat Sie in den letzten vier Wochen inspiriert? Vielleicht während Ihres Unterrichts in einer an sich ungestümen Klasse jene Stille, in der Neues in den Herzen und Köpfen von Menschen entsteht. Möglich auch: die Begegnung mit einem bemerkenswerten Menschen, die dankbare Reaktion einer Mutter auf Ihren ambitionierten Kampf um ihren Sohn. Vielleicht das Eintauchen in eine ungewohnte Bergwelt in den Ferien oder auf der Rückfahrt die Fünf-Minuten-Andacht in der Autobahnkirche.

Fragen Sie sich jetzt: Was hat mich *heute* inspiriert? Kann ich dankbar sein für meine Partnerschaft, für den Weg, den unsere Kinder gehen, die Ruhe um unsere Finanzen und für meine Gesundheit? Oder brauche ich erst das kontrastierende Erlebnis von Krankheit, Geldmangel oder Trennungsschmerz?

Begeisterung bedeutet die Fähigkeit, auch die Stimmung zu managen.

In der Schule sind wir gewohnt, viele Dinge zu managen: Schüler, Wissen, Mitarbeiter, Geld, Zeit, Kapazitäten. Begeisterung bedeutet in diesem Zusammenhang die Fähigkeit, auch die *Stimmung* zu managen. Die eigene und die der anderen. Gemeint sind nicht törichter Positivismus und die Produktion von »heißer Luft«. Vielmehr beherrscht ein begeisterter Mensch die Kunst, dass er seine Gedanken steuert – und nicht seine Gedanken ihn.

Begeisterung, so verstanden, führt zu einer realistischen Wahrnehmung der Wirklichkeit. Realistisch meint, die eigene Umgebung ganzheitlich zu registrieren. Zu warnen ist demgegenüber vor dem naiven Alles-oder-nichts-Standpunkt nach dem Motto: Entweder alles in meinem Leben ist in Ordnung, dann geht es mir gut – oder auch nur ein einziger Bereich ist nicht okay, dann fühle ich mich total schlecht.

Frage: Erleben mich Schüler, Eltern und das Kollegium die meiste Zeit inspiriert und begeistert? Oder sind nach x Berufsjahren das anfängliche Engagement und die Freude vollends verbraucht: Burnout? Selbstkritisch angemerkt: Und wenn ich beruflich Kraft entwickeln kann, gelingt das auch zu Hause – oder ist dort nur »Reste-Essen« angesagt?

3. Welche Selbstmotivations-Techniken wende ich an?

Immer wieder einmal müssen wir auch mit Niederlagen und Unerfreulichem fertigwerden. Hier ist es wichtig, sich nicht von einzelnen Erlebnissen runterziehen zu lassen. Vielmehr geht es darum, auch in solchen Fällen jeweils eine realistische Betrachtung anzustellen: Wer sich in ein Auto setzt, riskiert, in einen Stau zu geraten. Wer ein Telefon auf seinem Schreibtisch stehen hat, muss damit rechnen, dass es auch mal im völlig unpassenden Moment klingelt. Wer sich entschließt, mit Menschen zu arbeiten, sollte akzeptieren, dass diese ihre eigenen Vorstellungen haben.

Folgerichtig ist es ein wichtiges Mittel der Selbststeuerung, angesichts von Hindernissen nicht weinerlich zu reagieren nach dem Motto »Immer muss das mir passieren«, sondern zu erkennen: Wer sich für einen bestimmten Weg entscheidet, kauft – ganz realistisch – ein bestimmtes Risiko gleich mit ein.

In diesen Zusammenhang gehören auch Fragen zur Alltagsgestaltung mit dem Ziel der Psychohygiene (Praxis und Lehre vom seelischen Gesundheitsschutz, nach FENGLER 1998):

- Wie sieht mein typischer Arbeitstag aus? Hierbei verdienen vor allem die Zeiten des Übergangs Beachtung: Aufstehen – Frühstück – Haus verlassen, Heimkehr – Essen – Unterrichtsvorbereitung ... Bin ich mit dem Ablauf voll zufrieden – oder wie sähe ein *idealer* Arbeitstag aus?
- Für welche Dinge gebe ich viel Geld aus? Ist diese Mittelverwendung richtig, oder kommt für mich diese Überlegung in Betracht: weniger Stunden = weniger Einkommen = weniger Konsum = mehr Erholung?

- Mit welchen Kollegen treffe ich in den Pausen zusammen? Bin ich danach kraftvoll und wohlgestimmt oder deprimiert und beunruhigt? Wen treffe ich in meiner Freizeit – mit welchem Ergebnis?
- Welche Kraftquellen und Möglichkeiten der Selbstbelohnung stehen mir zur Verfügung? Wie kann ich meine eigene Batterie immer wieder aufladen? Denkbar sind zum Beispiel das Hören von Musik, sportliche Aktivitäten, Meditation, gutes Essen, Kunsterfahrung und künstlerischer Ausdruck, das Gebet, ein Spaziergang, das Treffen mit Freunden. Oder – zwischen zwei Unterrichtsstunden – das Lesen eines inspirierenden Textes, die gezielte Begegnung mit einer positiven Kollegin, Selbstentspannung, der Lieblingsjoghurt.

4. Was zeichnet mich als Motivator/in aus?

Es gibt Menschen, die verbreiten Licht, und solche, die verbreiten Finsternis. Ich denke an einen Schulleiter, der – sooft ich ihn treffe – heitere Gelassenheit ausstrahlt. Sein Blick ist stets offen, seine Stimmlage moderat, seine Wortwahl positiv. Immer fühle ich mich nach einer persönlichen oder telefonischen Begegnung mit ihm ein wenig besser als zuvor.

Was also lässt sich über Motivation lernen, wenn man Menschen betrachtet, die als Motivatoren äußerst erfolgreich sind (HARVEY 1998)?

- ***Seien Sie positiv*** – und nicht negativ! Positive Menschen wirken wie Magnete auf andere. Einige Fragen zur Selbstüberprüfung: Welche Wörter verwende ich beim Sprechen und Schreiben? Welcher Prozentsatz ist positiv, welcher negativ? Wie steht es mit dem Einsatz von Ironie – getreu dem Motto: Lieber einen Freund verlieren als eine gute Pointe?
- ***Empfinden Sie Dankbarkeit!*** So strahlen Sie – die leider seltene – Harmonie aus, die innerhalb der Gruppe sehr dynamisch wirkt: Sie zieht die besten Menschen an.
- ***Das Selbstwertgefühl ist wichtig!*** »Ich betrachte ein positives Selbstwertgefühl als das Immunsystem des Bewusstseins, das uns Widerstandsfähigkeit, Kraft und die Fähigkeit gibt, uns immer wieder zu erholen« (BRANDEN 1997). Und diese Erkenntnis war es doch zweifellos auch, die nicht wenige von uns zur Übernahme pädagogischer Verantwortung bewegt hat: Ohne Selbstachtung kann keiner sein Potential wirklich ausleben. »Die Stabilität, die wir in der Welt nicht finden können«, formuliert Nathaniel Branden, »müssen wir in uns selbst schaffen«.

5. Weiß ich die Demotivation anderer zu vermeiden?

Zu den schlimmsten demotivierenden Faktoren im Umgang mit anderen gehören zweifellos Pedanterie, mangelnde Glaubwürdigkeit und Nicht-Zutrauen (SPRENGER 1992).

Pedanterie: Sie lähmt jede kreative und lebendige Zusammenarbeit und zermürbt leise. Die Beamtenseele erhöht die eigenen Ordnungsvorstellungen schlicht über alle(s). »Hinter nichts verbirgt man sich so gut wie hinter Genauigkeit« (Hubert Fichte).

Mangelnde Glaubwürdigkeit: Ein paar Tage in jedem Jahr lehre ich an einer Berufsakademie die Fächer Führung und Kommunikation. Das Kollegium dort ist hochkompetent und ausgesprochen kooperativ. Und doch drehen sich manche Pausengespräche im Referentenraum um »tote Gruppen«, »Störer« und einen »Mangel an Disziplin«. Also auch in diesem Expertenkreis das klassische Wahrnehmungsproblem: Auslöser von Motivations-Schwierigkeiten sind immer die anderen. Wie viel glaubwürdiger wäre es, die eigenen Gefühle – auch die des Selbstzweifels und der Ohnmacht – anzusprechen.

Nicht-Zutrauen: Menschen, mit denen wir beruflich arbeiten, leiten privat Projekte mit Etats von einer halben Million Mark und mehr (Hausbau), organisieren multikulturelle Mammutveranstaltungen (Weltreise), schicken Regierungen in die Wüste (Wahl). Die Spitze der Demotivierungs-Skala innerhalb der Chef-Mitarbeiter-Beziehung: »geringe Leistungserwartung, Missachtung fachlicher Kompetenz, Nicht-Zutrauen eigenverantwortlicher Arbeit (Chef greift oft und gerne ein), Chef weiß und kann immer mehr, übertriebene Kontrolle« (SPRENGER 1992).

Zum guten Schluss: Der Wegweiser

Eine professionelle Führungskraft wurde einmal zutreffend mit einem Wegweiser verglichen. Ein Wegweiser steht nicht *im* Weg, sondern *am* Weg. Ein Wegweiser ist *deutlich* und *klar:* er zeigt nicht gleichzeitig nach rechts und nach links. Ein Wegweiser ist *ehrlich* in seinen Angaben: 20 Kilometer Entfernung bleiben 20 Kilometer. Und schließlich: Ein guter Wegweiser *leuchtet auch im Dunkeln.*

Hans-Dieter Kulhay studierte Betriebspädagogik und trug Verantwortung für das operative Geschäft in marktführenden Industrie-, Handels- und Dienstleistungsunternehmen. Seit 20 Jahren Erfahrung mit der Einführung von kreativen Konzepten der Weiterbildung und Personalentwicklung in Unternehmen jeder Größe. Er ist Management-Trainer, Berater, Vortragsredner.

Anschrift:
Kulhay Kommunikation, Leinsamenweg 108, 50933 Köln, Tel.: 02 21/4 97 20 30,
Fax 02 21/4 97 20 22

Selbstmanagement bringt Motivation

Klaus Bischof

1. Einleitung

Nur wer sich selber genau kennt, wer seine Ziele geklärt hat und diese Arbeit mit sich lustvoll erlebt, der kann auch andere motivieren.

Jeder ist für sich selbst verantwortlich. Sie definieren und entscheiden über Ihre persönliche Entwicklung und die Kraft, die Sie in Ihren Lehrerberuf investieren. Es liegt in Ihren Händen, was Sie tun bzw. was Sie nicht tun. Wir zeigen Ihnen für Ihre eigene Entwicklung und für die Entwicklung Ihrer Arbeit an der Schule praxiserprobte Vorgehensweisen und Instrumente. Aus unserer Erfahrung durch jahrelanges Coaching und Training in der Wirtschaft klärten sich unsere Vorstellung über »Motivation«. Wir glauben heute fest daran, dass der erste Schritt zur Motivation bei einem selber liegt. Das gilt für Schulleitungsteams und Lehrerkollegien gleichermaßen. Unsere Empfehlungen richten sich deshalb sowohl an Schulleitungsmitglieder wie auch an Lehrerinnen und Lehrer aller Schulformen.

In diesem Beitrag geben wir Hilfen für eine individuelle und persönliche Standortbestimmung und die Zielformulierung, die wir als Grundvoraussetzungen für Motivation und innovatives Handeln in der Schule ansehen.

2. Standortbestimmung

Die Standortbestimmung ist der erste Schritt für Ihre persönliche Weiterentwicklung. Die zentrale Frage bei der Standortbestimmung lautet:

- **Wo stehe ich heute?**

Die Frage beantworten Sie für sich, indem Sie sich ein klares Bild darüber machen:

- Was macht Ihnen als Pädagoge/Pädagogin Spaß und Freude, und was frustriert und ärgert Sie?
- Was erreichten Sie bisher bzw. was erreichten Sie nicht?
- Was sind Ihre Erfolge und welche Niederlagen erlebten Sie bisher?
- Welche Stärken und Schwächen haben Sie?

2.1 Lust-Frust-Bilanz

Die Lust-Frust-Bilanz dient der schnellen Einschätzung der aktuellen Situation. Mit der Lust-Frust-Bilanz beschreiben Sie, welche positiven bzw. negativen Gefühle Sie mit bestimmten Situationen in Verbindung bringen, was Sie motiviert, was Sie nervt, ärgert oder besorgt.

Welchen Nutzen bringt die Lust-Frust-Bilanz?

- Die Lust-Frust-Bilanz dient z. B. der persönlichen und/oder beruflichen Standortbestimmung oder der Analyse von Beziehungen mit Menschen (Kollegium, Schülerschaft, Partner).
- Sie erfassen die Emotionen konkret. Damit drehen sich die Gedanken nicht weiter im Kopf, sondern Sie bringen sich nach einer Standortbestimmung auf die Handlungsebene: Wenn etwas aufgeschrieben oder ausgesprochen ist, dann ist der nächste Schritt, konkret etwas zur Veränderung zu unternehmen.
- Die Lust-Frust-Bilanz dient zur Dokumentation des Ist-Zustands und ist Voraussetzung für persönliche, pädagogische und schulorganisatorische Veränderungsprozesse.

Vorgehen

1. Sie überlegen für sich selbst, was Ihnen positive Gefühle gibt und was diese Gefühle sind. Sie tragen die Aspekte auf der Lustseite der Bilanz ein: Was sorgt in Ihrem Beruf für positive Gefühle (z. B. schwierige Schüler zum Lernen motivieren, Routinestoff spannend aufbereiten). Was an Ihren Aufgaben, Tätigkeiten macht Ihnen Spaß, (z. B. die Zusammenarbeit mit engagierten Kolleginnen und Kollegen).

2. Frustbilanz: Wer oder was nervt und ärgert Sie? Was bedeutet es, dass Sie bei Aufgaben nicht oder nur sehr langsam vorwärts kommen? Welche Aufgaben schieben Sie lange vor sich her, bevor Sie sie bearbeiten, und was löst das in Ihnen aus? In der Zusammenarbeit mit welchen Personen verschwenden Sie viel überflüssige Energie?

Abb. 2.1: Die Lust-Frust-Bilanz verdeutlicht positive und negative Emotionen

Lust	Frust

2.2 Leistungsbilanz

Die Leistungsbilanz hilft Ihnen festzustellen, was Sie z. B. seit Anfang des Jahres tatsächlich geleistet haben. Sie stellen fest, in welchen Bereichen Sie Erfolge bzw. Misserfolge hatten.

Die Erfolgsseite bringt eine Blitzlichtaufnahme in schriftlicher Form: Welche Erfolge können Sie für sich verbuchen? Welche Ziele nahmen Sie sich vor und was setzten Sie bisher davon um? Welche ungeplanten Aufgaben erfüllten Sie zusätzlich?

Auf der Misserfolgsseite dokumentieren Sie Ihre Misserfolge und Niederlagen, z. B. unerledigte Aufgaben oder Tätigkeiten, die Sie zu wenig oder zu viel machten. Möglicherweise verzetteln Sie sich immer wieder in ganz bestimmten Tätigkeiten, die nichts bringen. Sie dokumentieren, was Ihnen konkret an Aufgaben misslungen ist oder was Sie zu wenig beachteten.

Welchen Nutzen bringt die Leistungsbilanz?

- Der Nutzen liegt in einer klareren Selbsteinschätzung aller Tätigkeiten, z. B. auch der Einschätzung der eigenen Arbeitstechniken und der Selbstorganisation.
- Die Leistungsbilanz zeigt auf, wo Sie Ziele erreicht und wo Sie Ziele verfehlt haben.
- Die Leistungsbilanz ist eine wichtige Voraussetzung, damit Sie persönliche Erfolge klären und an diesen weiterarbeiten können.

Vorgehen

1. Die Leistungsbilanz wird schriftlich gemacht, damit sie dokumentiert ist und Sie Verbindlichkeit sich selbst gegenüber erhalten.
2. Machen Sie sich Gedanken, was tatsächlich erreicht wurde, und schreiben Sie diese Leistungen und Ergebnisse auf.
3. Auf der Erfolgsseite tragen Sie erreichte und dokumentierte Erfolge ein. Sie tragen auch »zufällige« Erfolge ein.
4. Andererseits werden Sie auf der Misserfolgsseite aufführen, wo Ihnen Dinge aus dem Ruder gelaufen sind. Sie führen auf, welche Ergebnisse Sie objektiv nicht erreicht oder verpatzt haben. Sie listen auch auf, was Sie auf Grund äußerer wie innerer Umstände nicht erreicht haben.
5. Später werden Ihnen immer wieder weitere Punkte einfallen. Notieren Sie diese und ergänzen Sie Ihre persönliche Liste. Das gibt Ihnen die Möglichkeit, eine nahezu vollständige Leistungsbilanz für sich selbst aufzustellen.

Abb. 2.2: Die Leistungsbilanz verdeutlicht eigene wichtige Erfolge und Misserfolge

Erfolge	**Misserfolge**

2.3 Stärken- und Schwächenanalyse

Die Stärken- und Schwächenanalyse klärt Ihre Fertigkeiten und Ihre Defizite. Bei der Stärkenanalyse fragen Sie sich: »Was kann ich gut?« Bei der Schwächenanalyse lautet die Frage: »Welche Aufgaben machen mir Mühe?« Diese Fragen können als aktuelle Standortbestimmung dienen, z. B. für das Schulklima, das Führungsverhalten der Schulleitung, den Teamgeist des Kollegiums.

Welchen Nutzen bringt diese Analyse?

- Sie hilft besonders in längeren Veränderungs-Prozessen konkret und genau zu beschreiben, was Sie können und wo Sie noch zu verändernde Schwächen feststellen.
- Feedback und Evaluation fördern die Stärken und geben Sicherheit.
- Die Wahrnehmung der Stärken bestätigt positive und innovative pädagogische Wege der Schulentwicklung.

Vorgehen

Beantworten Sie für Ihre wichtigsten Aufgaben die folgenden Fragen:

1. **Welche Stärken habe ich genau?** Was kann ich sehr gut (z. B. konzeptionelle Aufgaben, fächerübergreifende Unterrichtsprojekte)? Was bedeutet diese Stärke? Welche Chancen ergeben sich daraus für mich? Andererseits: Sind Risiken in dieser Stärke, wenn ich beispielsweise in einem anderen schulischen Arbeitsfeld arbeite? Werde ich dann genauso von den Kollegen angenommen?

2. **Welche Schwächen habe ich genau?** Was genau mache ich nicht gut? Bei welchen Aufgaben habe ich Schwierigkeiten? Sind auch verborgene Chancen in diesen Schwächen vorhanden? Kann ich die Schwächen zu Stärken machen? Oder spielen die Schwächen in einem anderen schulischen Schwerpunkt keine so große Rolle mehr?

Abb. 2.3: Die Stärkenanalyse zeigt Ihre großen Fähigkeiten

Zeitraum:			
Aufgabe (Lebens- oder Berufsfeld)	**Stärken**	**Folgen/Chancen**	**Offene Fragen/ Absichten?**
1			
2			

Abb. 2.4: Die Schwächenanalyse verdeutlicht problematische Felder

Zeitraum:			
Aufgabe (Lebens- oder Berufsfeld)	**Schwächen**	**Folgen/Chancen**	**Offene Fragen/ Absichten?**
1			
2			

Abb. 2.5: Beispiel einer Stärkenanalyse

Zeitraum:			
Aufgabe (Lebens- oder Berufsfeld)	**Stärken**	**Folgen/Chancen**	**Offene Fragen/ Absichten?**
1. Konzeptionelle Aufgaben	■ Hohes analytisches Denkvermögen	■ Probleme, Aufgaben sind übersichtlich und auf das Wesentliche beschränkt, strukturiert und damit leicht verständlich.	
2 Projektleitung	■ Strukturierung eines Projektes	■ Übersichtlicher Projektplan mit klaren Zuständigkeiten und Terminen	Leitungsaufgabe

Abb. 2.6: Beispiel einer Schwächenanalyse

Zeitraum:			
Aufgabe (Lebens- oder Berufsfeld)	**Schwächen**	**Folgen/Chancen**	**Offene Fragen/ Absichten?**
1. technisch orientierte Aufgaben	■ geringe Experimentierfreude	■ findet wenig für sich selbst heraus, lange Lernphase	
2 Präsentation, Vortrag	■ Lampenfieber in Konferenzen	■ kommt bei Zuhörern schlecht an	Rhetorikkurs

3. Ziele finden, vereinbaren und realisieren

■ **Wo stehe ich heute?**

Diese Frage klärt die Ausgangssituation für die weitere Entwicklung. Wenn Sie Entwicklung und Ergebnisse im persönlichen, pädagogischen und schulischen Bereich wollen, brauchen Sie Klarheit und Verbindlichkeit. Dies erreichen Sie, indem Sie Ziele definieren und schriftlich fixieren. Alles, was nicht schriftlich fixiert ist, wird bei unklaren Verhältnissen vergessen oder Opfer der vielfachen Interpretation.

Sie klären für sich:

- Wo will ich hin? In welche Richtung will ich mich entwickeln/verändern? Was sind meine Absichten? Was sind die Dinge, die ich an mir selber, in meiner Umgebung ändern möchte?
- Wie sollen die Dinge verändert werden?
- Wie schnell möchte ich etwas erreichen?

Zur erfolgreichen Zielerreichung sollten Sie die Meinung anderer Menschen, die für Ihre Veränderung eine wichtige Rolle spielen, kennen. Solche Personen sind z. B. Ihr/e Lebenspartner/in, eine Kollegin/ein Kollege, Ihre Schüler, Ihr Vorgesetzter etc. Offenheit und Ehrlichkeit der Kommunikation ist notwendig. Die Fragen der Entwicklung können deshalb nur in einem offenen Gespräch mit an der Schulentwicklung beteiligten Personen beantwortet werden.

Für Ihre private Beziehung ist es durchaus wichtig, dass Ihr Lebenspartner die zusätzliche Leistung von Ihrer Seite mit unterstützt. Gerade in schwierigen Situationen ist eine funktionierende Partnerschaft erfolgsentscheidend und trägt erheblich zu Ihrer beruflichen Motivation bei.

3.1 Zielfindung

Bei der Zielfindung geht es darum, herauszufinden, wohin die Reise der Entwicklung gehen soll.

Sie kennen sicherlich auch die Aussagen: »*ich möchte gerne mal ein Buch schreiben*«, »*ich möchte gerne mal ein Instrument spielen können*«, »*ich möchte gerne mal …*« etc. Die Wünsche gilt es hier zu prüfen. Sie klären bei der Zielfindung die Wichtigkeit dieser Wünsche für Sie selbst, für Ihre berufliche Entwicklung, für die Entwicklung Ihrer Schule.

Sie dokumentieren die Vorhaben, die aus Ihrer Sicht machbar sind. Sie dokumentieren Schwierigkeiten, die auf Grund bestimmter Rahmenbedingungen zu erwarten sind. Bei der Zielfindung erarbeiten Sie Ideen, Vorstellungen und Richtungen für die Weiterentwicklung. Im nächsten Schritt »Zielformulierung« konkretisieren Sie Ihre Ideen und Vorstellungen.

Welchen Nutzen bringt diese Analyse?

- Sie kennen die Richtung Ihrer Weiterentwicklung.
- Ihre Wunschvorstellungen sind geordnet und auf der Zeitachse platziert.
- Alle Ideen, Wünsche, die Sie nicht auf der Zeitachse zuordnen können, gilt es bezüglich ihrer Echtheit zu überprüfen. Möglicherweise sind das nur »Luftschlösser«.
- Sie haben für sich geklärt, welche Wünsche Sie in welchem Zeitrahmen angehen wollen.

Vorgehen

1. Für die Ermittlung Ihrer Wünsche, Vorstellungen, Ideen bezüglich Ihrer Weiterentwicklung helfen Ihnen die Lust-Frust-Bilanz und die Leistungsbilanz. Dadurch, dass Sie sich konkret den Zeitrahmen vorstellen, in dem Sie Ihre Veränderung vollziehen wollen, fallen alle Wünsche der Kategorie *»wäre vielleicht mal was«*, *»könnte interessant sein«* durch.
2. Für die Zielfindung helfen die Stärken-Schwächen-Analyse aus der Standortbestimmung und die Lust-Frust- und Leistungsbeurteilung.
3. In der Stärkenanalyse haben Sie Ihre Stärken notiert und die daraus zu erwartenden Chancen. Es gilt zu prüfen, inwieweit die erwarteten Chancen realisiert werden können.
4. Sie erstellen eine Lust-Frust-Bilanz, die in die Zukunft gerichtet ist und die zukünftigen Erfolgsfelder klärt. Sie beantworten sich die folgenden Fragen:
   - Was soll mir in Zukunft (in einem Monat, Jahr) Spaß machen?
   - Was wird mich nerven, ärgern?
5. Sie erstellen ebenso eine Leistungsbilanz, die in die Zukunft gerichtet ist. Sie überlegen sich hierfür Folgendes:
   - Was möchte ich in einem Monat/Jahr erreichen? Wichtig ist, dass Sie sich darüber klar werden, in welchem Zeitrahmen Sie eine bestimmte Veränderung umsetzen wollen. Auf der Erfolgsseite tragen Sie erreichbare, zu erwartende Erfolge ein.
   - Mit welchen Schwierigkeiten muss ich rechnen? Auf der Misserfolgsseite führen Sie die Dinge auf, die Ihnen vermutlich nicht gelingen werden bzw. die Sie nicht beeinflussen können. Sie führen auf, welche Ergebnisse Sie objektiv nicht erreichen werden. Sie listen auch auf, was Sie auf Grund äußerer wie innerer Umstände nicht erreichen können.

3.2 Zielformulierung

Je konkreter und klarer ein Ziel formuliert ist, desto einfacher kann es umgesetzt werden. Ein Ziel wird durch folgende Aussagen beschrieben:

- die Absicht, den Zweck der Veränderung,

- die Maßnahmen, die Aktivitäten für die Umsetzung des Ziels,
- das Ergebnis, den Zustand, der erreicht werden soll,
- den zeitlichen Rahmen, bis zu dem die Veränderung umgesetzt wird.

Welchen Nutzen bringt die Zielformulierung?

- Die Zielformulierung schafft Klarheit für die Zielumsetzung. Es werden Details für die Veränderung definiert.
- Die Zielformulierung beinhaltet den Plan für die Umsetzung Ihrer Ziele. Zielkonflikte werden während der Zielformulierung aufgedeckt und gelöst.

Vorgehen

1. Was ist der Zweck für Ihre Veränderung?

Sie klären für sich:
- Die Absicht der Veränderung.
- Was bedeutet die Veränderung für mich?
- Welche Vorteile, welchen Nutzen erwarte ich aufgrund der Veränderung?

2. Wie komme ich dahin?

- Was muss ich machen, damit ich die gesteckten Ziele erreiche?
- Welche Aktivitäten, Maßnahmen sind für die Zielerreichung notwendig. Beispielsweise wird ein Lehrer mit dem Ziel, den eigenen besser Unterricht zu gestalten, sich mit einem Kollegen beraten.
- Was brauche ich für die Umsetzung der Veränderungen (z. B. Ressourcen, Teamkollegen)?

3. Wo will ich hin?

Was ist das Ergebnis, der Zustand, den ich mit der Veränderung erreichen möchte? Was sind die Ergebnisse Ihrer Entwicklung? Entwicklung ist unabdingbar mit Zielen verbunden. Die Ziele können sowohl **aufgabenorientiert** wie auch **beziehungsorientiert** sein. Welchen Inhalt sie genau annehmen, hängt von Ihren gesteckten Zielen ab. Wir empfehlen Ihnen, sich einen Coach zu suchen. Dies kann Ihr Lebenspartner oder ein Kollege/eine Kollegin sein. Ein Coach gibt Feedback und hilft Ihnen, sich zu orientieren.

Hinzu kommt der **persönliche Aspekt.** Jeder Pädagoge hat selbstverständlich eigene persönliche Ziele. Je enger diese mit den schulischen und pädagogischen Zielen zur Deckung gebracht werden, desto eher werden sie auch erreicht. Die persönlichen Ziele können Sie nur über offene Gespräche mit Kollegiums- und Schulleitungsmitgliedern in Einklang bringen.

4. Bis wann?

Damit die Ziele, die Sie sich vornehmen, auch für Sie erreichbar werden, ist es wichtig, einen realistischen Zeitrahmen zu setzen. Deshalb legen Sie zu jedem Ziel fest, bis wann Sie das Ziel erreicht haben wollen.

Ziele gezielt erreichen: Grundlagen der Motivation					
Ziele für den Zeitraum:		Persön-liche Ziele	Soziale Ziele	Ziele mit Schülern	Fachliche Ziele
Z	**Zweck** Zu welchem Zweck machen wir das? Was habe ich davon? Was bedeutet das für uns? Wann?				
I	**Inhalt** Methoden, Vorgehensweisen, Handlungen und Personen Wie und Wer?				
E	**Ergebnis** ein messbarer und überprüfbarer Zustand Erfolgskriterien? Was?				
L	**Länge** **Wie lange?**				

3.3 Ziele realisieren mittels Aktivitätenliste

Damit Ihre Ziele, pädagogischen und schulorganisatorischen Ideen nicht Wunschvorstellungen bleiben, gehen Sie an deren konkrete und praxisorientierte Verwirklichung. Um in einem Veränderungsprozess den Überblick über alle anstehenden Aufgaben zu behalten, ist es sinnvoll, für den Ablauf und die Kontrolle dieser Aufgaben eine Aktivitätenliste zu erstellen.

1. Sie stellen alle Aktivitäten, die Sie in der Zielformulierung definiert haben, zusammen. Sie überprüfen die einzelnen Aktivitäten bezüglich ihrer logischen Abhängigkeiten und bringen die einzelnen Aktivitäten in die Reihenfolge, wie sie anschließend abgearbeitet werden. Sie erstellen einen Ablaufplan/Netzplan. Ein Engpass könnte für Sie selbst die zur Verfügung stehende Zeit sein. Ein weiterer Engpass können die Voraussetzungen für die Umsetzung bestimmter Ziele sein. Oft liegt die Bereitstellung solcher Voraussetzungen nicht in Ihrem Einflussbereich. Sie sind hier auf die Unterstützung des Schulleitungsteams und des Kollegiums angewiesen.

2. Sie erstellen eine Aktivitätenliste und kontrollieren diese. Die Aktivitätenliste dient dazu, alle pädagogischen und schulorganisatorischen Aufgaben überblicksmäßig darzustellen. Die Aktivitätenliste hilft, die eigenen Kräfte immer wieder zu konzentrieren und verhindert Verzettelung. Alle Aktivitäten tragen Sie in Ihre Aktivitätenliste ein. Die Aktivitätenliste aktualisieren Sie z. B. wöchentlich. Sie definieren für die Aufgaben einen neuen Termin. Wichtig dabei ist, dass Sie die Aktivitätenliste in regelmäßigen Abständen immer wieder auf den aktuellen Stand bringen. Bei Ihrer regelmäßigen Tages-/Monatsplanung ist die Aktivitätenliste eine Basis. Anhand der Liste richten Sie Ihre Arbeit aus.

Abb. 3.3: Die Auflistung der Aktivitäten verschafft Transparenz

Datum	Priorität	Aktivität – Was	Bis	Wer?	Ok? wann?

4. Was tun, wenn Sie Ihre Ziele nicht erreichen?

Es kann sein, dass Sie Ziele, die Sie sich gesteckt haben, nicht erreichen. Das kommt vor. Nun sollten Sie sich nicht einfach damit abfinden und die Ziele fallen lassen. Klären Sie die Ursachen, die dafür verantwortlich sind. Sie haben bereits viel investiert und es wäre schade, wenn Sie die Energie einfach so verpuffen lassen.

Wenn die Ursachen deutlich sind, klären Sie, was Sie tun können, damit das Ziel doch noch mit Erfolg erreicht wird. Hierbei kann es auch sein, dass Sie ein Ziel inhaltlich korrigieren. Es muss für Sie stimmen! Seien Sie ehrlich mit sich selbst!

Fazit:

Jeder, der selbstverantwortlich seine Zukunft plant und an der Umsetzung seiner Ziele arbeitet, kann die Richtung und den Weg zum großen Teil selbst bestimmen. Wer seine Laufbahn, seinen Lebensweg selbst in die Hand nimmt, ist in der Regel in der Lage, auf Veränderungen aus einer gestärkten Position zu reagieren. Selbstmanagement hilft zu agieren und nicht nur in der Position des Reagierens zu verweilen. Aus unserer Erfahrung hat es sich bisher für jeden – egal ob eine einzelne Person oder ein Unternehmen, eine Schule – gelohnt, die Ziele zu klären und umzusetzen. Wir wünschen Ihnen viel Spaß und Erfolg dabei!

Dr. Klaus Bischof ist Geschäftsführer des Unternehmens BISCHOF-Management und seit über 15 Jahren Trainer und Coach. Seine Schwerpunkte sind Personalentwicklung, Führung, Kommunikation und Coaching. Er ist Fachbuchautor verschiedener Bücher zu den Themen Führung, Selbstmanagement und Kommunikation.

Anschrift
Bischof Management/Unternehmensberatung, Alemannenstr. 9, 79618 Rheinfelden, Tel.: 0 76 23/29 57, Fax: 0 76 23/2 09 07, E-Mail: Dr.Klaus.Bischof@t-online.de

Selbstverantwortung in der Schule

Reinhard K. Sprenger

In unserer modernen Welt stehen in einem ganz normalen Leben viele Optionen zur Entscheidung an, die früher weitgehend von der Tradition und Herkunft eingeschränkt wurden. Wir können unser Leben immer weniger entlang alter Gewohnheiten oder vorgegebener Muster leben.

Das gilt zunächst für unsere privaten Lebensumstände. Schon heute basteln sich die meisten Menschen ihre Biographie permanent neu zusammen. Unser ganzes Leben wird mehr und mehr ein ständiges Anfangen und Herstellen, jeder einzelne zum Selbstschöpfer und eigenen Lebensbildner.

Das gilt vor allem auch für das Arbeitsleben. So geht uns natürlich nicht die Arbeit aus, aber für viele Menschen die traditionelle Sicherheit eines einmal gewählten und dann von der Wiege bis zum Grab ausgeübten »Berufs«. Die Beschäftigten von morgen sind Unternehmer in eigener Sache.

Wir stehen vor einer Situation, in der die wechselseitigen Wahl-Möglichkeiten für Arbeitgeber und Arbeitnehmer explodieren. Und dies in globalem Maßstab! Je mehr aber der Beruf zum Job wird, desto häufiger wird auch die Notwendigkeit (und auch die Chance!) zum Jobwechsel bestehen. Dementsprechend wird der Einzelne auch für die Entwicklung und Erhaltung seiner Leistungs-Fähigkeit, für sein Wissen und seine Fertigkeiten selbst sorgen müssen. Lernen als selbst gesteuerter Prozess, die Bereitschaft und Fähigkeit zum lebensbegleitenden Lernen wird die Aufgabe permanenter Selbstaktualisierung. Gefragt wird sein ein selbständig denkendes, kreatives Wesen, dass weiß, wie man Wissen organisiert, das vor allem kommunizieren kann, Entscheidungen zu treffen vermag, mithin unternehmerische Fähigkeiten aufweist.

Durch die Ausweitung dieser Wahlmöglichkeiten bekommt gerade das Entscheidungs-Verhalten eines Menschen eine neue Dringlichkeit. Wir brauchen heute eine aktivere, selbstverantwortlichere Einstellung, bei der Jobsuche wie in allen Fragen der Lebensführung und des Selbstbildes.

Was kann Schule tun, um Kinder und Jugendlichen zu helfen, ihr Leben selbstverantwortlich zu führen? Sie kann mindestens selbstverantwortlich ihre Möglichkeiten nutzen, und nicht die Verantwortung an das Elternhaus, den Kindergarten oder andere Sozialisationsinstanzen weiterreichen. Viel wäre schon gewonnen, wenn die Schule nicht darüber jammern würde, dass die Kinder schon so verbildet in die Schule kämen. So aber klagen die Gymnasiallehrer über die Grundschullehrer, die Grundschullehrer über die Kindergärtnerinnen, die Kindergärtnerinnen über die Eltern …

Grundsätzlich gilt für die Aufgabenteilung zwischen Schulaufsicht und Schule, zwischen Schulleitung und Lehrern und zwischen Lehrern und Schülern: Weniger Fremdsteuerung! Die einen dürfen nicht mehr die vornehmlich Steuernden und die anderen nicht länger die vornehmlich Gesteuerten sein. Die jeweils »höhere« Instanz muss sich angemessen und überlegt zurückziehen. Subsidiarität muss das Kooperationsprinzip werden.

Das bedeutet z. B. mehr selbst gesteuertes Lernen. Wir müssen Schüler in die Verantwortung bringen. Bringt man sie in die Verantwortung, erweisen sie sich in aller Regel als außerordentlich umsichtig, einsichtig, weitsichtig. Was Schüler selbst entscheiden können, sollen sie auch dürfen. Damit muss Pädagogik entschieden weniger moralisierend auftreten und sich viel mehr auf logisch-natürliche Konsequenzen individuellen Handelns konzentrieren. Allgemein wünschbares Verhalten kann sich nicht auf ehrenwerte, aber folgenlose Sollensmoralen stützen, sondern auf das wohlverstandene Selbstinteresse des Einzelnen.

Eine Ideensammlung in rhapsodischer Kürze:

1. Wahl-Möglichkeiten erhöhen!

Behörden und Administrationen gehen in der Regel alternativ-vernichtend vor; sie zerstören Wahl-Möglichkeiten und damit Selbstverantwortung. Aber: Nur Freiheit macht verantwortlich. Und das Burnout-Syndrom hat nichts, aber auch gar nichts mit Stress, Midlife-Crises oder hochrepetitiver Arbeit zu tun. Es resultiert – beruflich oder privat – ausschließlich aus einem subjektiv erlebten Autonomie-Verlust. Zu glauben, nicht mehr wählen zu können. Nicht mehr Herr seiner Entscheidungen zu sein. Von anderen gelebt zu werden.

Das heißt: Mehr Selbstverwaltung in der Schule! Das Konzept der staatlichen Schulaufsicht muss sukzessiv rückgeführt werden. Anzahl, Größe, Teilung und Zusammenlegung von Lerngruppen; jahrgangsübergreifende Klassen, Doppelbesetzungen; Kombination, Vermehrung und Wegfall von Schülerstunden; individuelle Regelungen für einzelne Kinder, ein verfügbares Personalstunden-Kontingent: Kann das nicht flexibler gehandhabt werden, wenn es dafür gute pädagogische Gründe gibt? Muss die Stundentafel so starr gehandhabt werden, wie häufig vorgeschrieben? Warum 13 Schuljahre (oder 12, oder 11); warum nicht hier von anderen lernen, z. B. von Amerika, wo man sich seinen Ausbildungsgang sehr weitgehend selbst zusammenstellen kann? Zählt nicht das Ergebnis?

2. Bildung stärker funktionalisieren: Lernen lernen!

Die nahezu unbeschränkte Verfügbarkeit von Informationen erfordert künftig Schlüsselqualifikationen: Die Fähigkeit, mit jenen Instrumenten und Techniken umzugehen, die es ermöglichen, sich das jeweils benötigte Wissen in kürzester Zeit verfügbar zu machen. Auch wenn es wehtut, wir dürfen nicht unsere eigenen Fächer zum Nabel der Welt erklären. Deutschland braucht dringend eine Diskussion um ein Kern-Curriculum, einen Streit um den Stellenwert der großen Wissensgebiete.

Vielen ist die Rede von den Schlüsselqualifikation zu reduktionistisch und instrumentell. Aus meiner Perspektive als ehemaliger Lehrer und heutiger Unternehmensberater sehe ich, dass unsere jungen Leute auf den Weltmärkten immer weniger mithalten können. Die Konkurrenz zieht an uns vorbei. Es ist höchste Zeit, Abschied zu nehmen von einem inhaltlich hochtoupierten Bildungskonzept. Wenn hier eine Neu- und Höherbewertung ansteht, dann sicher im stärkeren Einbinden von kreativen Übungsfeldern, wie sie in visuellen, audiellen und verbalen Äußerungen des Kunstgeschehens repräsentiert werden.

Unser rezentes Bildungsmodell – ein Drittel Lebenszeit lernen, ein Drittel anwenden, ein Drittel ableben – ist völlig überholt. Warum entlassen wir die Menschen nicht mit 22 in die Praxis? Wenn die Halbwertzeit berufsrelevanten Wissens heute zwischen 5 und 7 Jahren beträgt, dann müssen wir kürzer »vorbereiten«, häufiger »erneuern«, früher wechseln.

Aber die Bildungsdebatte wird auch heute noch weitgehend ohne die Wirtschaft geführt. Zu sehr fürchtet man eine Verengung der Bildung auf die Aus-Bildung, fürchtet man den passgenauen Einheitskandidaten. Auch ich sympathisiere mit von Hentigs Bildungsbegriff. Aber die Erwachsenen von morgen werden sich einem globalen Wettbewerb ausgesetzt sehen. Sie werden sich bedanken bei jenen, die den heiligen Gral bildungspolitischer Hochgüter hüten wollen, letztlich aber nur ihre eigene Vergangenheit verteidigen und diese in eine Zukunft extrapolieren, die sie selbst nicht mehr erleben werden. Eine Bildungsinstitution muss so aufgebaut sein, dass sie das anbieten kann, was das wirkliche Leben, die Praxis fordert. Das ist eine Kunden-Lieferanten-Beziehung.

3. Personalentwicklung für pädagogische Führungskräfte!

Die Schulleitung spielt für die gesamte Schulentwicklung die zentrale Rolle. Bekanntlich stinkt der Fisch zuerst am Kopf. Schulleitung kann und darf nicht mehr Nebentätigkeit eines Lehrers, sondern muss ein eigenständiger Beruf sein. Die Auswahl der Schulleiterstellen ist die wichtigste »Management«-Entscheidung überhaupt. Ebenso wäre es wünschenswert, die Revidierbarkeit dieser Entscheidung zu erleichtern. »Schulleitung auf Zeit« ist eine hilfreiche Idee; Rotation zwischen verschiedenen Schulen und Schulformen ebenso.

Woran aber sollen sich pädagogische Führungskräfte orientieren, die wirklich Verantwortung übernehmen wollen (und nicht nur Stellen besetzen), die verändern wollen ohne zu manipulieren, beeinflussen ohne zu retten, führen ohne zu bevormunden?

Zunächst an diesem Grundgedanken: *Vermeiden Sie Belohnung und Bestrafung.*

Im Belohnen und Bestrafen ist immer ein Achtungsgefälle eingebaut. Kinder werden belohnt und bestraft. Wir belohnen einen uns Unterlegenen, einen Minderwertigen für seine »Hilfe«. Nicht etwa für seinen eigenständigen Beitrag, dem er dem Ganzen leistet, sondern weil sein Beitrag »mir« gilt. Wenn ich, der Chef, Zielpunkt seiner Bemühungen bin, wenn seine Energie gleichsam in meiner Arbeit »aufgeht«. Wie aber soll er dafür in die Verantwortung gehen? Durch ein Element des Belohnens/Bestrafens verwehren wir Mitarbeitern und Kollegen jenes Gefühl der Verantwortung, das allein aus dem Gefühl des eigenständigen Mitwirkens entsteht. Um es klar zu sagen: Wenn Belohnen und Bestrafen eine Rolle spielen, können Sie sich von der Selbstverantwortung verabschieden.

In einem System gegenseitigen Respekts wird getan, was getan werden muss. Unter Partnern leistet jeder seinen eigenständigen Beitrag. Jeder ist verantwortlich für seinen Beitrag. Er arbeitet nicht »für mich«, sondern für das Ganze. Motivation und Commitment erwachsen aus der Harmonie von Menschen, die etwas *zusammen* leisten. Die Kooperationspartner sind. Partnerschaft ist, was Partner schafft.

Die Übertragung von selbst zu verantwortenden Entscheidungs-Freiräumen ist wichtig. Aber wir können Menschen nicht zwingen, Verantwortung zu übernehmen. Niemand kann jemandem Verantwortung übergeben, wenn dieser sie nicht will. Wir können nur *Bedingungen der Möglichkeit* schaffen. Fragen Sie sich: Unter welchen Bedingungen sind Sie selbst bereit, Verantwortung zu übernehmen? Die Antwort kennen Sie: in einer Atmosphäre des Vertrauens, des Dialogs, der Vereinbarung, in gegenseitiger Unterstützung und wechselseitigem Respekt.

4. Mehr Wettbewerb der Schulen untereinander!

Eine autonomere Schulleitung darf sich nicht nur in der Verwaltung der Finanzmittel erschöpfen, sondern muss vor allem die »Ressource Lehrer« gezielt einsetzen. Das ermöglicht die pädagogische Profilbildung jeder einzelnen Schule. Ebenso kann sie das Konzept der »schulscharfen« Stellenausschreibungen vorantreiben, vorausgesetzt der Ablauf ist nicht zu bürokratisch.

Und Beförderungsstellen? Selbsterlebt das Beispiel einer Lehrerin, die sich um die Profilbildung ihrer Schule mehr als verdient gemacht hat, dummerweise aber auch noch einen gutverdienende Ehemann hatte. Nachdem sie sich auf eine Beförderungsstelle beworben hatte, wurde sie zur Schulleitung gerufen, wo man ihr freundlich beschied, man habe die Ausschreibungen bewusst so abgefasst, dass ihre Bewerbung chancenlos sei. Außerdem hätte sie es ja im Gegensatz zu einigen Kollegen »nicht so nötig.« Oh, Deutschland.

5. Lehrer austauschen können – Beamtenstatus abschaffen!

Unsere Gesellschaft spaltet sich zunehmend in das Lager jener, deren berufliche Existenz tagtäglich einem knochenharten Wettbewerb ausgesetzt ist, andererseits die Schar derer, die sich behaglich in einer vom Leistungswettbewerb freien (und damit oft auch leistungsfreien) Zone eingerichtet haben. Der Schullehrer gehört zur letzten Gattung. Einmal beamtet ist er unkündbar. Das bedeutet die Abwesenheit jeder echten, d.h. wirklich konsequenten Leistungskontrolle.

Das bedeutet aber auch die Exorzisierung aller Lebendigkeit aus dem Lehrerleben. Womit wir beim Thema »Resignation und Burnout« wären. Darüber wäre nun ein eigener Essay fällig. An dieser Stelle nur soviel: Spiele müssen beendet werden können. Alle Kooperationsverhältnisse pervertieren, wenn sie nicht zu beenden sind. Und das Ende des Spiels muss gefürchtet werden. Nur dann wird Verantwortung für das Spiel übernommen. Wenn das Ende des Spiels nicht gefürchtet wird, ist es nichts wert. Dann besteht kein Grund, sich einzusetzen. Dann gibt es kein Motiv, das Spiel lebendig zu halten. Dann gibt es keine Motivation.

Positiv gewendet: Wir müssen wollen, dass das Spiel dauern möge. Uns muss klar sein, dass wir es gewählt haben mit allen Wirkungen und Nebenwirkungen, dass wir es jeden Morgen neu wählen – und dass wir es abwählen können. Jederzeit.

Während meiner Referendarzeit erlebte ich jede Menge kommunikativ hochproblematischer Lehramtsanwärter, die – zwar mit einer »4«, aber immerhin – noch übernommen wurden und mir bei dem Gedanken, meine Kinder könnten ihnen vor die pädagogische Flinte laufen, den Angstschweiß auf die Stirn treiben. Mut zum »Nein!« ist gefordert. Mut zum »Sie sind auf dem falschen Spielfeld!« Eine krude Barmherzigkeit vergeht sich an den Überlebensinteressen unserer Gesellschaft.

Selbstverantwortung ist ein quer liegendes, ein »pädagogisches« Thema. Sehr große Sorge macht mir die Tatsache, dass insbesondere die Studienräte in den allermeisten Fällen eben *keine* Pädagogen, sondern ihrem eigenen Selbstbild nach »Fachlehrer für XY« sind und sich entsprechend verhalten.

6. Belohnungssysteme kritisch überprüfen!

Schule ist eine Drogenszene geworden. Wenn eine mir bekannte Lehrerin sich von dem Geräuschpegel in ihrer Klasse gestört fühlt (und für ruhige Stunden verspricht, die Hausaufgaben zu reduzieren), dann bedarf es des Nachdenkens und der Überlegung, ob man Kindern zumuten kann, so lange ruhig zu sitzen. Es bedarf der Selbst-Reflexion, ob sie selbst nicht vielleicht mittlerweile überempfindlich gegen Schülerlärm ist. Es bedarf des Mutes und der Geduld, den Kindern die Gründe für ihren Wunsch zu erklären. Es bedarf des pädagogischen Talents, mit den Kindern Mechanismen der Selbstkontrolle zu entwickeln. Es bedarf der Zivilcourage, sich selbst als Ursache der Unruhe in Frage zu stellen. – Aber es bedarf keiner Zivilcourage, keiner Geduld, keines Mutes, keines pädagogischen Talents, keiner Überlegung, den Kinder die Wurst vor die Nase zu hängen: »Wenn ihr ruhig seid, bekommt ihr weniger Hausaufgaben.«

Dieselben Grundgedanken gelten für die Beförderungsmöglichkeiten der Lehrer. Überall in der Wirtschaft wurden die Hierarchien abgeflacht, sind die Karriereleitern weggebrochen, stehen die Menschen plötzlich vor der unerhörten Zumutung, den Sinn ihres Handelns nicht mehr aus der Aufstiegserwartung, sondern aus dem Handeln selbst, aus dem Hier und Jetzt zu ziehen. So wohl auch in der Schule. Nichts kann mehr die Niederungen des Lehrerdaseins Trost bringend umwölken, nichts kann mehr die alltägliche Unzufriedenheit lindern, nichts stillt mehr die permanent leicht blutende Wunde des verletzten Größenideals, – schon gar nicht die Hoffnung auf eine höhere Schmutzzulage.

Gut so! Vielleicht erleben einige Kollegen sich dann wieder mehr als selbst gesteuert, inszenieren weniger für die Tribüne, erinnern sich der pädagogischen Werte, für die sie einst angetreten waren, nehmen ihren Erziehungsauftrag ernst, statt sich auf Führungspositionen fehlmotivieren zu lassen, für die sie weder geeignet sind noch auf denen sie glücklich werden können, kämpfen für die Würde des Augenblicks, statt auf ein besseres Morgen zu warten, anerkennen das, was ist, statt sich in der Hoffnung auf Positionsautorität weiter von den pädagogischen Tagesproblemen entfernen und in praxisferne Hierarchiehöhen flüchten zu können. Es ist wahrscheinlich illusionär zu hoffen, dass jene, die sich in der Wahl ihres beruflichen Spielfeldes geirrt haben, bei fehlenden *Auf*stiegsmöglichkeiten vorhandene *Aus*stiegsalternativen nutzen. Aber darum geht es: die in unseren Schulen zum Prinzip gewordenen Halbherzigkeit abzuwählen. Konsequent »Ja« zu sagen, oder zu gehen. Voll bei der Sache zu sein. »Denn nichts ist für den Menschen als Menschen etwas wert,« rief Max Weber seinen Studenten zu, »was er nicht mit Leidenschaft tut.«

Ich weiß, diese Ideensammlung zur Selbstverantwortung in der Schule ist nicht besonders originell. Die Vorschläge liegen schon lange auf dem Tisch. Aber warum setzt sie niemand um? Warum sagen wir nicht »Why not?«

statt immer nur »Yes, but...«? Weil es im Bildungssystem einen geradezu frühchristlichen Widerstand gegen alle Anfechtungen der Realitäten gibt. Und die heißen nun mal: Globalisierung, Informationstechnologie, Geschwindigkeit.

Wenn aber Veränderungen im Bildungssystem endlich greifen, haben sich die Rahmenbedingungen schon wieder dramatisch verändert. Wir müssen einfach schneller lernen, sonst werden wir unseren Wohlstand nicht sichern können. Was wir hier versäumen, regelt sonst das global vagabundierende Kapital oder die Medien. Eine chinesisches Sprichwort sagt: »Herr der Vergangenheit ist, wer sich erinnern kann. Herr der Zukunft ist, wer sich wandeln kann.«

Dr. Reinhard K. Sprenger ist Lehrer, Autor der Bestseller »Mythos Motivation« und »Das Prinzip Selbstverantwortung«, »Die Entscheidung liegt bei Dir« (alle Campus Verlag, Frankfurt), Lehrbeauftragter an den Universitäten Berlin, Bochum, Essen und Köln. Er ist Berater für Personalentwicklung und Managementtraining.

Anschrift:
Velberter Straße 111, 45239 Essen, Tel.: 0201/404591, Fax: 0201/8405622

Lust und Frust in der Schule

Gernot Lütz

Erfolgreiche Methoden der Unternehmensführung sind keinesfalls allgemein gültig. Dennoch gibt es einige Erfolgsfaktoren, die auf das Schulmanagement übertragen werden können und zu den wichtigen Grundbedingungen für Motivation und Engagement in der Schule gehören.

Erfolgsfaktoren für Motivation und Engagement:

1. **Eine offene, positive Grundeinstellung**
2. **Zuhören: ein offenes Ohr für Kollegen und Mitarbeiter**
3. **Eine klare Aufgabenstellung schafft klare Verhältnisse**
4. **Motivation und Motivierung statt Demotivation und Burnout**
5. **Teamarbeit und Kooperation statt Konkurrenz und Einzelkämpfer**
6. **Stärkung der Selbstverantwortung**
7. **Änderung des Blickwinkels, Einbeziehung unterschiedlicher Positionen**
8. **Den Teufelskreis der Demotivierung stoppen**
9. **Wahrnehmung und Anerkennung guter Leistungen**

1. Sorgen Sie für eine offene, positive Grundeinstellung!

Ein gutes Management zeichnet sich nicht dadurch aus, dass keine Konflikte bestehen, sondern dadurch, wie bestehende Konflikte gelöst werden. Konflikte können nicht bereinigt werden, solange der Wunsch und Wille besteht, dass sie weiter bestehen sollen. Wenn es zu einer Aussprache kommt, kann diese nur dann positiv für die Beteiligten enden, wenn beide Parteien an einer Lösung Interesse haben. Betonen Sie, dass Sie beide dasselbe Ziel vor Augen haben und dass Ihre Ansichten lediglich darüber auseinander gehen, auf welchem Weg Sie es am besten erreichen. Denken Sie daran, dass beide Parteien ohne Gesichtsverlust aus dieser Situation herauskommen: Geben Sie dem anderen die Möglichkeit, das Gesicht zu wahren. Eine Scheinlösung nach dem »Gewinner-Verlierer«-Prinzip sorgt für anhaltende Demotivation, innere Kündigung und Burnout.

2. Zuhören: Haben Sie ein offenes Ohr für Kollegen und Mitarbeiter!

Sich einfach nur anhören, was jemand sagt, ist eine passive Tätigkeit. Engagiertes Zuhören ist dagegen eine höchst aktive Tätigkeit, die für beide Seiten vorteilhaft und wichtig ist. Schenken Sie Ihrem Gegenüber Aufmerksamkeit und erkunden Sie die Wünsche, Ziele und wecken Sie (versteckte) Potentiale. Dabei sollten Sie nicht jedes Wort auf die Goldwaage legen. Denn es ist nicht unbedingt der Ton, der die Musik macht: Es kommt nicht nur darauf an, *was* man sagt. Es kommt nicht nur darauf an, *wie* man es sagt. Es kommt darauf an, wie es beim anderen ankommt!

3. Eine klare Aufgabenstellung schafft klare Verhältnisse.

Ist es Ihnen nicht schon mal passiert, dass Sie nach einer Aufgabenstellung ein Ergebnis erhielten, das überhaupt nicht Ihren Erwartungen entsprach? Die häufigste Ursache hierfür ist eine mangelhafte Aufgabenstellung. Der Coverdale Zielkreis kann für jede Aufgabe, jeden Auftrag hilfreich sein:

Der Zielkreis. © Coverdale

Coverdale ist eine Beraterfirma, die sich auf das Erfahrungslernen spezialisiert hat. Das heißt, das z. B. Lerninhalte auf dem Gebiet der Zusammenarbeit in Rollenspielen vermittelt und somit »erlebt« werden.

Der Zielkreis sorgt für eine Auftragsklärung, die Lösungsansätze bietet. Ich wende diesen Zielkreis immer wieder an und fordere meine Mitarbeiterinnen und Mitarbeiter auf, Aufgabenstellungen oder Aufträge anhand dieses Zielkreises zu prüfen.

4. Motivation und Motivierung statt Demotivation und Burnout

Wir sprechen von *intrinsischer Motivation*, wenn ich aus eigenem Antrieb heraus eine Sache angehe, eine Aufgabe erledige. Ich habe die Sinnhaftigkeit erkannt und glaube, dass es gut für mich ist. Wir sprechen von *extrinsischer Motivierung*, wenn der Sinn der Tätigkeit relativ uninteressant ist, aber wir durch die Erledigung einen Vorteil erlangen. Wir sprechen von *Demotivation*, wenn Begeisterung, Engagement und anhaltende Energie für die Aufgaben fehlen. Das Management kann motivieren oder demotivieren. Die Frage »Was demotiviert Sie? Was behindert Ihre Arbeitsfreude?« ist deshalb auch eine Frage nach der Leistungsfähigkeit und der (de-)motivierenden Kraft des Managements. Typische Managementfehler (z. B. einsame Chefentscheidungen, keine Einbeziehung der Mitarbeiter bei Problemlösungen, mangelnde Transparenz der Entscheidungen, Suche nach Sündenböcken bei Fehlentscheidungen etc.) tragen zur Demotivation, Inneren Kündigung und zum Burnout bei.

5. Teamarbeit und Koopration statt Konkurrenz

Teamarbeit ist – gerade in der Wirtschaft und Industrie – die effektivste Aufgabenerledigung. Leider werden in den Schulen immer noch vorrangig »Einzelkämpfer« (Schüler) von »Einzelkämpfern« (Lehrern) ausgebildet. Gruppendynamische und kooperative Prozesse werden eher zufällig, nicht aber systematisch ausgebildet. Deshalb sind viele Schulabgänger gerade in der Teamarbeit wenig geübt. Aus der Schule wirkt eher die »Ellenbogen-Mentalität« nach. Viele angehende Mitarbeiter haben noch nicht gelernt, kooperativ zusammenzuarbeiten und »teamfähig« zu sein. Die Lehrer/Lehrerinnen sollten hier mit gutem Beispiel vorangehen und ihren Schülerinnen und Schülern (z. B. in fächerübergreifenden Unterrichtsprojekten) zeigen, wie Kooperation und Teamarbeit auch unter Lehrern geplant und effektiv durchgeführt werden kann. Statt Konkurrenz sollten mehr Kooperation und Teamgeist in der Schule Einzug halten.

6. Stärkung der Selbstverantwortung

Als 1989 die Mauer fiel, wurde das Fernsprechnetz in den neuen Bundesländern erneuert. Ich war im operativen Management maßgeblich daran beteiligt. Aus heutiger Sicht waren es unvorstellbare Zustände: Die Familien hatten oft mehr als 10 oder 15 Jahre auf einen Telefonanschluss gewartet – trotz Beziehungen und »Handgeld«. Mit engagierten Kräften wurde in den neuen Bundesländern in kürzester Zeit das modernste Kommunikationsnetz der Welt erstellt. Woher nahmen die Mitarbeiter die anhaltende Energie? Ganz sicher nicht von äußeren Anreizen wie Prämien und Incentives. Damit lässt sich nämlich nur ein Strohfeuer entfachen. Es war das Prinzip »Selbstverantwortung«, das sie beflügelte. Es waren die Freiräume zur Improvisation. Die Mitarbeiter merkten, dass man ihnen viel zutraut, und sie sahen, dass sie etwas bewegt hatten: Sie »erlebten« ihre Arbeit hautnah und unmittelbar. Das, was sie taten oder veranlassten, mussten sie auch selbst verantworten. Kontrolle war kaum möglich, aber auch nicht nötig. Man hatte etwas besseres: Vertrauen! Auf das Wichtigste beschränkt, ist Kontrolle nicht schlecht, aber Vertrauen ist bei weitem besser und effizienter. Übertragen auf den Schulbereich heißt das: Kontrolle, insbesondere die Top-down-Kontrolle vom Ministerium über die Schulaufsicht, auf Schulleitung, Kollegium und Schülerschaft ist reichlich vorhanden Was fehlt, ist allerdings die notwendige Vertrauenskultur und die Stärkung der Selbstverantwortung.

7. Änderung des Blickwinkels, Einbeziehung unterschiedlicher Positionen

Was ist Ihr Ziel als Pädagoge, als Fachlehrer, als Klassenlehrer, als Schulleiter? Was ist Ihre Vision? Wenn Sie glauben, ein schwieriges Problem zu haben, Ihre Ziele nicht erreichen zu können, dann beantworten Sie folgende Fragen:

1. Was ist das Problem?
2. Was ist die Ursache des Problems?
3. Welche Lösungen sind möglich?

Schreiben Sie die Antworten auf oder legen Sie den Vorgang eine Zeit beiseite. Dann haben Sie möglicherweise einen anderen Blickwinkel und können das Problem ganz anders angehen. Es kann sogar sein, dass Ihnen das Problem nach einiger Zeit bedeutungslos erscheint. Oder: Fragen Sie Ihre Kolleginnen und Kollegen, die Ihnen in vorausgegangenen Arbeitszusammenhängen vertraut geworden sind. Beraten Sie sich mit anderen über mögliche Lösungen des Problems, bedenken Sie, dass es unterschiedliche Positionen zu diesem Problem geben kann. Beziehen Sie diese unterschiedlichen Positionen in den Entscheidungsprozess ein.

8. Den Teufelskreis der Demotivierung stoppen

Im Rahmen von Krankenpräventions-Gesprächen wurde mir der Zusammenhang klar, warum ehemals hochmotivierte MitarbeiterInnen demotiviert werden und »ausgebrannt« sind. Der Teufelskreis der Demotivierung veranschaulicht diesen Zusammenhang.

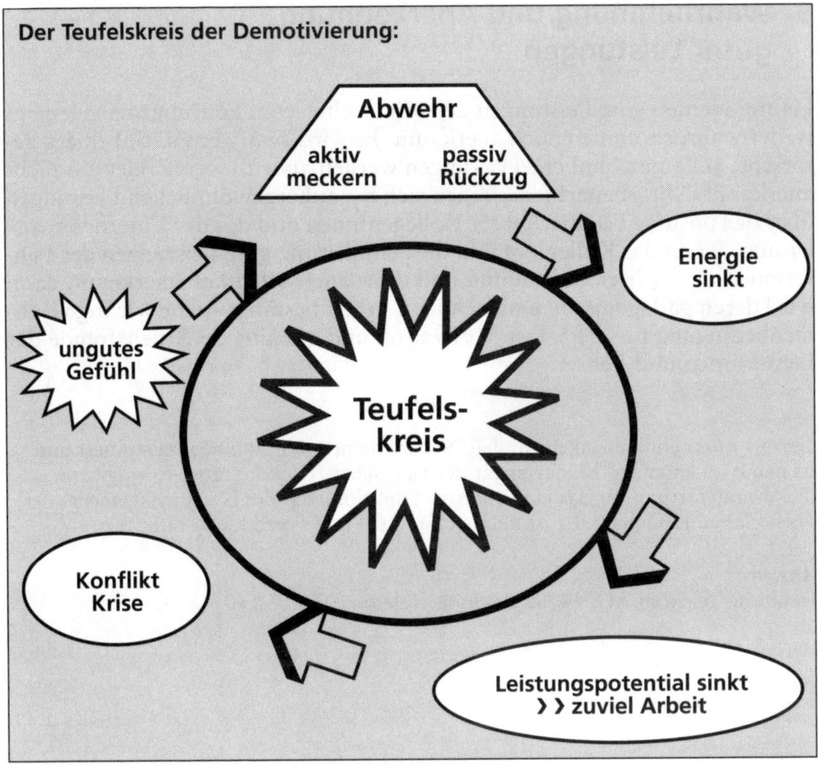

Der Teufelskreis der Demotivierung verdeutlicht die Zusammenhänge und Folgen von Leistungsdruck, Misserfolg, Vergeblichkeit der Bemühungen und Perspektivlosigkeit. Für Führungskräfte sind hierbei nicht so sehr die Patentrezepte entscheidend, mit denen man aus diesem Teufelskreis ausbrechen kann. Ausschlaggebend ist vielmehr das Bewusstsein, der Blickwinkel, die Antennen für diese Zusammenhänge. Dieser Zusammenhang kann auf die Arbeitsplatzsituation des Lehrers übertragen werden.

Der Teufelskreis ist zugleich aber auch Antrieb für Verbesserungen. Um die Ausprägungen und negativen Begleiterscheinungen zu verstehen, sollten Führungskräfte im Mitarbeitergespräch zunächst das ungute Gefühl zulassen und akzeptieren. Betrachten Sie es als einen Indikator, als Warnhinweis, dass etwas nicht stimmt. Wenn Sie dann der Sache auf den Grund gehen, haben Sie vielleicht schon das Potential für eine Weiterentwicklung und die Chance gefunden, die in der Krise steckt. Gerade hier sind die Führungskräfte gefragt, die es verstehen, jemanden aus der Passivität, der Isolation, aus der inneren Kündigung herauszuholen. Erst dann hat der Mitarbeiter/die Mitarbeiterin die Chance, selbst etwas zu verändern.

9. Wahrnehmung und Anerkennung guter Leistungen

Häufig werden gute Leistungen der Mitarbeiter vom Führungsmanagement weder wahrgenommen noch anerkannt. Es wird zwar gern nach Fehlern geforscht, außergewöhnliche Leistungen werden aber zu wenig oder gar nicht anerkannt. MitarbeiterInnen freuen sich bei außergewöhnlichen Leistungen über das positive Feedback ihrer KollegenInnen und das der Unternehmensleitung. Wenn das Kollegium und die Schulleitung gute Leistungen der Lehrerinnen und Lehrer wahrnimmt und diese auch öffentlich anerkennt, dann wird deren pädagogische und fachliche Arbeit bestätigt – eine wichtige Rahmenbedingung für die Selbst-Motivation und anhaltende Arbeitsfreude der Lehrerinnen und Lehrer.

Gernot Lütz, Diplom-Ingenieur, hat Nachrichtentechnik in Dieburg studiert und ist heute im leitenden Management der Deutschen Telekom tätig. Er trägt u. a. die Verantwortung für das einwandfreie Funktionieren des Netzmanagements der Niederlassung Bochum. Er ist auch in der Aus- und Fortbildung tätig.

Anschrift:
Deutsche Telekom AG, 44782 Bochum, Telefon: 02 34/50 50

Neues Steuerungsmodell für die Schule

Jürgen Steinbuß

1. Ursache und Notwendigkeit der Reformen

Sinkende Steuereinnahmen, hohe Personalausgaben, zunehmende Zinslasten und steigende Sozialausgaben zwingen die öffentliche Verwaltung zum Umdenken. Überschreitungen geplanter Neuverschuldungsgrenzen, Haushaltssperren, globale Minderausgaben und Personalabbau in der öffentlichen Verwaltung sind inzwischen sich jährlich wiederholende Notmaßnahmen von Finanzministern und Kämmerern. Die Auswirkungen im Schulbereich sind deutlich: zu wenig Neueinstellungen von Junglehrern, zu große Klassen, Mehrarbeit für Lehrerinnen und Lehrer.

Das Ziel, die Leistungsfähigkeit der öffentlichen Verwaltung zu steigern und gleichzeitig die Krise der öffentlichen Haushalte in den Griff zu bekommen, ist mit den herkömmlichen Mitteln von Rationalisierung nicht mehr zu erreichen. Deshalb müssen im Rahmen der verfügbaren Ressourcen Gestaltungsspielräume gefunden werden, um die künftigen pädagogischen, organisatorischen und finanziellen Anforderungen besser erfüllen zu können.

Der internationale Wettbewerbsdruck und die zunehmende Standortkonkurrenz stellen wachsende Anforderungen an die Effizienz und Effektivität staatlichen Handelns. Diesen Herausforderungen muss sich die öffentliche Verwaltung und damit auch die Schulverwaltung und auch jede einzelne Schule, stellen. Zudem wünschen sich die Bürgerinnen und Bürger sowie die Unternehmen aus der Kundensicht einen öffentlichen Dienst, der als leistungsfähiger Partner die Voraussetzungen für gute Lebensbedingungen und Entwicklungschancen schafft. Den Schulen kommt in unserer Gesellschaft besondere Bedeutung zu, da die gegenwärtige und zukünftige Qualität schulischer Arbeit und damit der Bildung insgesamt für »Abnehmer« schulischer Arbeit wie Ausbildungsbetriebe und Hochschulen bedeutsam ist.

Hinzu kommen die Erwartungen der Beschäftigten im öffentlichen Dienst nach mehr Eigenverantwortlichkeit. Dieses Ziel kann nur erreicht werden, wenn den Menschen innerhalb der Verwaltung die Freiheit zum eigenständigen Denken und Handeln gegeben und Verantwortung delegiert wird. Das ist kein unkontrolliertes Risiko. Die Mitarbeiter/innen besitzen hierfür die notwendigen Fähigkeiten. Ihr Leistungspotential kann nur dann erschlossen werden, wenn Verantwortung delegiert wird und sie tatsächlich zu »Mit-Arbeiterinnen und Mit-Arbeitern« werden.

Ursachen für die Unflexibilität und fehlende Effektivität des öffentlichen Dienstes sind die langen Entscheidungs- und Informationswege sowie die

Aufteilung der Entscheidungs- und Handlungskompetenzen auf mehrere hierarchische Ebenen und in viele Zuständigkeitsbereiche. Ineffizienz des Verwaltungshandelns und Unwirtschaftlichkeit im Umgang mit Steuergeldern werden zumeist auf die Monopolstellung bei der Erfüllung hoheitlicher Aufgaben und die fehlende Ergebnisorientierung der Verwaltungsführung zurückgeführt.

Die wesentlichen Anworten, wie die öffentliche Verwaltung zu reformieren ist, lauten daher

- konsequente Delegation von Aufgaben, Kompetenzen und Verantwortung und die Zusammenführung von Fach- und Ressourcen-Verantwortung auf möglichst unterster Ebene,
- ergebnisorientierte Steuerung und Führung,
- Wettbewerb durch den Vergleich eigenständiger Verwaltungsbereiche.

2. Beschreibung des Neuen Steuerungsmodells (NSM)

Der Begriff »Neues Steuerungsmodell« (NSM) findet sehr häufig als Sammelbezeichnung für Reformprojekte der öffentlichen Verwaltung Verwendung und geht zurück auf eine Wortschöpfung der Kommunalen Gemeinschaftsstelle für Verwaltungsvereinfachung (KGSt) in Köln. Die KGSt hat u. a. die Aufgabe, die vielfältigen Reformprojekte in den deutschen Kommunalverwaltungen zu koordinieren. Unter der Bezeichnung NSM hat die KGSt eine Reihe sinnvoll verknüpfter Systemelemente eines Reformpakets beschrieben. Die einzelnen Systemelemente können unabhängig voneinander eingeführt werden, ihre volle Wirkung entfalten sie aufgrund der systemischen Zusammenhänge und Abhängigkeiten jedoch erst in der konsequenten Verknüpfung.

Auf der Grundlage des kooperativen Führungssystems kann das NSM entwickelt und auch im Bildungsbereich eingeführt werden. Es besteht aus den Elementen:

- Zielvereinbarungen/Kontraktmanagement,
- Dezentrale Ressourcen-Verantwortung,
- Budgetierung und
- Output-Steuerung.

Ein Controlling mit den Instrumenten »Produktbeschreibungen, Kosten- und Leistungsrechnung und einem kennzahlgestützten Berichtswesen« gewährleistet die Informationsversorgung und bildet damit die Klammerfunktion zwischen diesen Elementen, die im Folgenden beschrieben werden.

2.1 Zielvereinbarungen/Kontraktmanagment

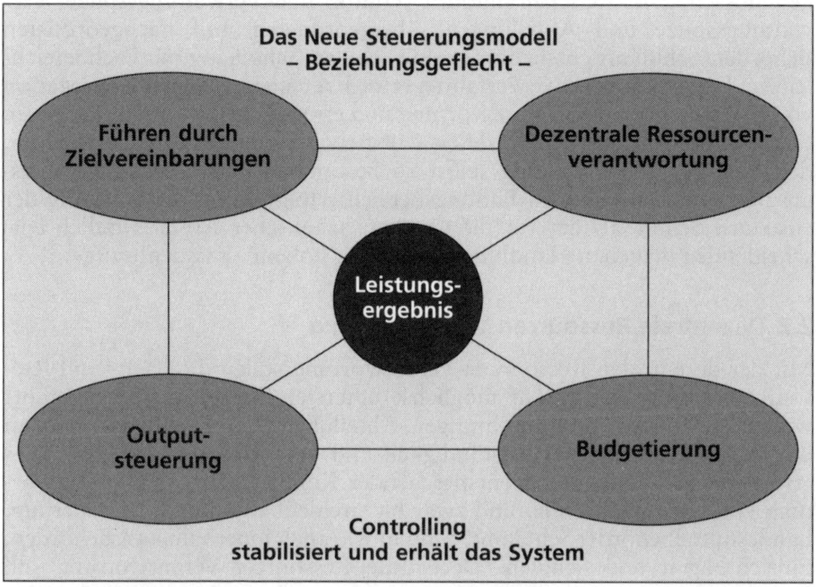

Neben Rahmenrichtlinien und Standards soll künftig Steuerung und Führung systematisch über *Zielvereinbarungen* bzw. Kontraktmanagement auf allen Ebenen erfolgen.

Zielvereinbarungen binden die Partner an die ausgehandelten Ziele (Selbstbindung) und bieten beiden eine zuverlässige Handlungsgrundlage. Sie müssen somit auf der Grundlage eines Zielplanungsverfahrens abgeschlossen werden, das den Partnern die Möglichkeit gibt, sich einzubringen. Am Ende des Verfahrens soll eine partnerschaftlich (partizipativ) geschlossene Vereinbarung (z. B. das Schulprogramm) stehen. In Nordrhein-Westfalen sind alle Schulen aufgefordert, ein Schulprogramm zu entwickeln, dass eine der zukünftigen Schulentwicklung angepasste pädagogisch ausgerichtete, programmatische Arbeit gewährleisten soll und von der Motivation und Leistungsfähigkeit der Kollegien und allen am Schulleben beteiligten Personen getragen wird.

Zielvereinbarungen/Kontrakte beinhalten

- die Erstellung von Leistungen auf der Basis eines verbindlich festgelegten Planes,
- die Durchführung definierter Projekte,
- die Zuweisung eines Budgets sowie
- die systematische und regelmäßige Berichterstattung über die Umsetzung der vereinbarten Leistungen und Ziele sowie über den Stand der Projekte.

Zielvereinbarungen/Kontrakte werden in der öffentlichen Verwaltung abgeschlossen, z. B. zwischen Stadtrat (Politik) und Verwaltungsspitze, Verwaltungsspitze und Abteilungen, übergeordneten und nachgeordneten Behörden, Schulaufsichtsbehörden und Schulen, Schulleiter mit Fachbereichleitern. Dieses kooperative Verfahren erfordert eine konsequente Delegation von Kompetenzen und Verantwortung und ermöglicht Behörden und deren Organisationseinheiten bzw. deren Mit-Arbeiterinnen und Mit-Arbeitern, den Weg zur Zielerreichung selbst zu bestimmen und kreative Lösungsansätze zu entwickeln. Im Bildungsbereich erfolgt damit die Stärkung der einzelnen Schule als der für die Qualität schulischer Arbeit letztlich entscheidenden örtlichen Handlungseinheit mit hohem »Kundenbezug«.

2.2 Dezentrale Ressourcen-Verantwortung

Mit der dezentralen Ressourcen-Verantwortung sollen die Fach- und Ressourcen-Verantwortung auf möglichst unterster Ebene zusammengeführt werden. Behörden und Einrichtungen, Abteilungen und Fachbereiche sollen ihre Aufgaben in eigener Zuständigkeit und Verantwortung erfüllen. Dies erfordert eine Verlagerung entsprechender Kompetenzen und Verantwortung von oben nach unten und zwar hierarchieübergreifend (Ministerium, Landesmittelbehörde, Schulamt, Schule) wie auch innerhalb von Behörden, Einrichtungen und Schulen. Dezentrale Ressourcen-Verantwortung soll Freiräume und Flexibilität vor Ort schaffen und ist Voraussetzung für eine Steuerung und Führung über Zielvereinbarungen. Die Dezentralisierung von Verantwortung bezieht sich in diesem Zusammenhang nicht nur auf die Finanzen, sondern auf alle Verantwortungsbereiche, die eine Organisation trägt, um Leistungen entsprechend ihres gesetzlichen Auftrags und im Rahmen der zur Verfügung gestellten Ressourcen zweckmäßig und wirtschaftlich zu erbringen:

- **Finanzverantwortung,**
- **Personalverantwortung,**
- **Organisationsverantwortung,**
- **Fachverantwortung.**

Ziel der Dezentralisierung ist ein effizienterer Mitteleinsatz und eine Motivationssteigerung und damit auch eine qualitative und quantitative Leistungssteigerung durch schrittweise Übertragung zusätzlicher und damit ganzheitlicher Verantwortung. Durch die Realisierung der dezentralen Ressourcen-Verantwortung werden die Organisationseinheiten mit unmittelbarem Kundenbezug vor Ort auch für ihre Kosten und ihr Personal verantwortlich. Die Leitung trifft mit den verantwortlichen Organisationseinheiten Zielvereinbarungen über die von ihnen erwarteten Leistungen unter Bemessung der dafür erforderlichen Ressourcen (Budgets), die den dezentral Verantwortlichen zur Erzeugung ihrer Leistungen verantwortlich zur Verfügung gestellt werden. Die Führung sollte aber auch gleichzeitig die Managementspielräume definieren, d. h. festlegen, was die Fachbereichsleitung selber entscheiden kann und was nach wie vor zur Wahrung der Gesamtbelange zentral entschieden wird.

Sind die erwarteten Leistungen und Handlungsspielräume definiert, kann man die Organisationseinheit für ihre Aufgaben und die Zufriedenheit ihrer Abnehmer verantwortlich machen. Auf diese Weise wird auf Fachbereichsebene ganzheitlich Mangement- und Ergebnisverantwortung geschaffen. Die Konsequenz wird sein, dass nicht mehr durch einengende Verwaltungsvorschriften, Erlasse, Verfügungen etc. gesteuert wird, sondern durch Zielvereinbarung und Kontrolle der Zielerreichung. Im Bildungsbereich wird damit jede Schule ihr unverwechselbares Schulprofil als individueller Lernort in einer typischen Region entwickeln. Die Stärkung der Selbständigkeit der Schulen durch eine Erweiterung der Gestaltungsspielräume, der Selbstveranwortung und Partizipation ermöglicht die Entwicklung jeder einzelnen Schule als »Haus des Lernens«. Durch Unterricht und Erziehung in selbständigen Schulen gewinnen junge Menschen verstärkt Lernkompetenz als Grundlage lebenslangen Lernens und werden auf ihrem Weg zu mündigen Bürgerinnen und Bürgern gefördert.

Bezüglich der vereinbarten Leistungen, die sich auf die Leistung der Organisationseinheit (Schule, Fachbereich etc.) bezieht, ist mit den dezentral Verantwortlichen darüber zu verhandeln und zu vereinbaren, welche Leistungen von ihnen erwartet werden. Durch die Dezentralisierung von Verantwortung darf die Qualität der Leistungen nicht gemindert werden. Die gleichzeitige Einführung eines Qualitätsmanagements wird zu bedenken sein, insbesondere, wenn von der öffentlichen Verwaltung ein höheres Maß an Effizienz (Verbesserung des Kosten-/Leistungsverhältnisses) aufgrund der gegebenen Rahmenbedingungen erwartet wird.

Mit dieser grundlegenden neuen Steuerungsphilosophie werden die gegenwärtig für die Finanzen, Organisation, Personal oder Fachaufsicht zuständigen Stellen ihr Selbstverständnis und ihre Rolle überprüfen müssen. Sie werden von der Einzelsteuerung entlastet und in hohem Maße für die qualifizierte Erfüllung der zunehmenden Serviceaufgaben/Verwaltungsaufgaben zuständig bzw. als Aufsichtsbehörden die Steuerungsrelevanz insgesamt in den Mittelpunkt der Betrachtung stellen. Steuerung über Einzelfallentscheidungen dürften damit der Vergangenheit angehören. Es wird allerdings grundsätzlich zu entscheiden sein, ob der Dezentralisierung von Verantwortung die Dezentralisierung von Verwaltungszuständigkeiten folgen soll. Im Bildungsbereich werden die Zuständigkeiten zwischen Schule, Schulträger und Schulverwaltung neu zu definieren sein.

2.3 Budgetierung

Die *Budgetierung* ist eine besondere Form dezentraler Verantwortung. Den Organisationseinheiten, die mit dezentraler Ressourcen-Verantwortung ausgestattet sind, wird ein Finanzrahmen zugewiesen, mit dem sie eigene finanzielle Prioritäten im Rahmen ihrer Aufgabenstellung setzen. Im Bildungsbereich wird damit jede Schule für die Einhaltung ihres Budgets verantwortlich. Sie trifft auf der Basis des Schulprogramms die Entscheidungen über den Einsatz der Budgetmittel, wie dies bereits im Hochschulbereich im Rahmen von erfolgreich verlaufenen Modellversuchen »Finanzautonomie« verwirklicht worden ist. Zur Motivationsförderung und »Belohnung« von kreativem und wirtschaftlichem Handeln verbleiben erwirtschaftete Mehreinnahmen zur weiteren Verwendung im Schulbetrieb. Entscheidungen über die Ausstattung der Schule werden im Rahmen des Budgets von den fachlich Verantwortlichen getroffen, z. B. unter Einbeziehung von Alternativen wie Kauf, Miete, Leasing bei Beschaffungsentscheidungen oder die anteilige oder volle Besetzung von Stellen sowie den Zeitpunkt einer Stellenbesetzung bei Personalentscheidungen. Insgesamt muss das Budget einer Schule orientiert an der örtlichen Aufgabenerfüllung flexibel bewirtschaftet werden können.

2.4 Output-Steuerung /Leistungen

Output-Steuerung richtet den Blick auf die angestrebten Arbeitsergebnisse und auf die beabsichtigten Wirkungen. Das Handeln staatlicher Institutionen soll sich durch die Einführung des NSM an einer Zielvereinbarung orientieren. Neben der rechnerischen Feststellung von Ergebnissen mit vorrangigem Blick auf die Quantität ist die Feststellung der Qualität ebenso wichtig, z. B. die Zufriedenheit der Kunden/Abnehmer (Schüler, Eltern) und der Beschäftigten (Lehrer).

2.5 Controlling/Evaluation

Die neuen Freiheiten vor Ort sind eine Seite der Medaille. Ihr stehen Berichtswesen und Controlling/Evaluation gegenüber, denn Voraussetzung für das wirkungsvolle und systematische Zusammenwirken der einzelnen Steuerungselemente ist eine permanente und zielgerichtete Informationsversorgung, die durch Controlling sichergestellt werden soll. Beschäftigte die für das Controlling verantwortlich sind treffen allerdings keine Entscheidungen, denn dies ist und bleibt Aufgabe der Fachverantwortlichen. Controller informieren und beraten zielgerichtet und ergebnisorientiert. Durch Controlling bzw. Evaluation wird die Qualitätssicherung der Leistungen der öffentlichen Verwaltung maßgeblich gewährleistet.

3. Einführung von Elementen des NSM in Schulen

Der mit der Einführung des NSM beabsichtigte größere Handlungsspielraum soll die dezentral verantwortlichen Fachbereiche in die Lage versetzen,

- ihre Aufgaben selbständig, eigenverantwortlich und problemnah wahrzunehmen,
- Kreativitäts- und Leistungspotentiale der am Schulleben Beteiligten besser zu nutzen,

- einen wirtschaftlichen Umgang mit den Ressourcen zu fördern und
- unnötige Bürokratie abzubauen.

Vier Ziele stehen daher im Neuen Steuerungsmodell gleichrangig nebeneinander:

- effektivere Aufgabenerledigung,
- verstärkte Bürger-/Kundenorientierung,
- größere Motivation und Berufszufriedenheit der Beschäftigten,
- mehr Effizienz im Verwaltungshandeln und wirtschaftlicher Ressourceneinsatz.

Insgesamt muss der Reformprozess somit von drei Säulen getragen werden. Die Veränderungen müssen sich auf die Gebiete Personalentwicklung, Organisationsentwicklung und der Verstärkung wirtschaftlicher bzw. betriebswirtschaftlicher Elemente beziehen.

Die dezentrale Verantwortung und Entscheidung über die Ressourcen an Schulen eröffnet die Chance größerer Eigenverantwortung und stärkerer Motivation. Eine bedarfsorientierte Schwerpunktsetzung im Rahmen der Ressourcen und größere Flexibilität sowie kurze Entscheidungswege auf Seiten der Schule wären möglich. Wenn mit der Sachmittelverantwortung auch die Personalverantwortung – soweit sinnvoll, verhältnismäßig und vertretbar – delegiert würden, ergäben sich sicherlich deutlich größere Management- und Entscheidungsspielräume als bisher. Eine Steuerung über Zielvereinbarungen zwischen Schulaufsicht, Schulträger und Schule sowie zwischen Schulleiter und Fachbereichsleitern wäre ebenfalls umsetzbar.

Allerdings muss berücksichtigt werden, dass sich die Einführung des NSM im Schulbereich insoweit von anderen Verwaltungsbereichen unterscheidet, als das Land, Gemeinden und Gemeindeverbände bei der Errichtung, Unterhaltung und Förderung der öffentlichen Schulen zusammenwirken. Die Rechtskonstruktion der Schulen als nicht rechtsfähige öffentlich-rechtliche Anstalten ist dadurch gekennzeichnet, dass i. d. R. eine Kommune (Gemeinde/Landkreis) nach den schulgesetzlichen Bestimmungen »Schulträger« und damit für den Bau und die Ausstattung und Unterhaltung verantwortlich ist und auch die Ausgaben für das nichtpädagogische Personal trägt (Innenverhältnis). Die Lehrerinnen und Lehrer hingegegen sind Landesbedienstete, deren Personalausgaben das Land trägt. Die Schulaufsicht über den pädagogischen Bereich insgesamt übt damit das Land aus (Außenverhältnis). Die Schule ist somit eine gemeinsame Aufgabe für den Staat und die in Betracht kommenden Körperschaften.

Die Kostenträgerschaft ist in den Schulgesetzen der Länder klar aufgeteilt. Teilweise enthalten diese Gesetze bereits jetzt schon die Regelung, dass der Schulträger dem Schulleiter die für den laufenden Sachbedarf der Schule notwendigen Haushaltsmittel zur Bewirtschaftung übertragen soll. Wenn diese Haushaltsmittel aber, wie regelmäßig von Eltern und Lehrern beklagt, nicht zur Abdeckung des notwendigen Bedarfs ausreichen, muss der Ressourcenrahmen durch Dezentralisierung erweitert und flexibel gestaltet werden, um alle Gestaltungsspielräume bezogen auf die regionalen Anforderungen in der jeweiligen Schule auch ausschöpfen zu können.

Für den Bereich der Schulverwaltungen könnten sich besondere Probleme mit Blick auf die Einbeziehung einzelner Schulen in die dezentrale Ressourcen-Verantwortung ergeben. Im Zuge der Übertragung weiterer Aufgaben erwachsen den Schulen, insbesondere den Schulleitungen, den Lehrerinnen und Lehrern und Schulsekretariaten, zusätzliche Aufgaben, ohne dass dies Rückwirkungen auf deren Arbeitszeitkontingente für Verwaltungsaufgaben hätte.

Ein weiteres Problem ist die Qualifikation der in der Schule tätigen Pädagogen für Verwaltungs- und Managementaufgaben. Da dieses nicht Inhalt der traditionellen Lehrerausbildung ist, müssen zur Vermittlung dieser Kompetenzen Fort- und Weiterbildungsmaßnahmen angeboten werden (Personalentwicklung). Insgesamt darf aber keinesfalls durch die Einführung des NSM in Schulen die im Vordergrund stehende pädagogische Aufgabenstellung durch administrative Verwaltungstätigkeiten leiden. Daraus ergibt sich, dass sich (im Zusammenspiel zwischen Schulverwaltung und Schule) Schulaufsicht und Schulträger in einen Beratungs- und Unterstützungsservice für die eigenverantwortliche Entwicklung der Schulen verwandeln (Organisationsentwicklung).

Inhaltlich begründete Entscheidungen und inhaltliche Verantwortung liegen dezentral bei der einzelnen Schule. Die Schule ist insgesamt gehalten, ihre Entscheidungen über Prioritäten zu treffen, die wesentlich vom inhaltlichen Schulprogramm bestimmt werden. In diesen Gesamtzusammenhängen gedacht und gestaltet, könnten sich gerade in der Schule viele Optimierungspotentiale entfalten.

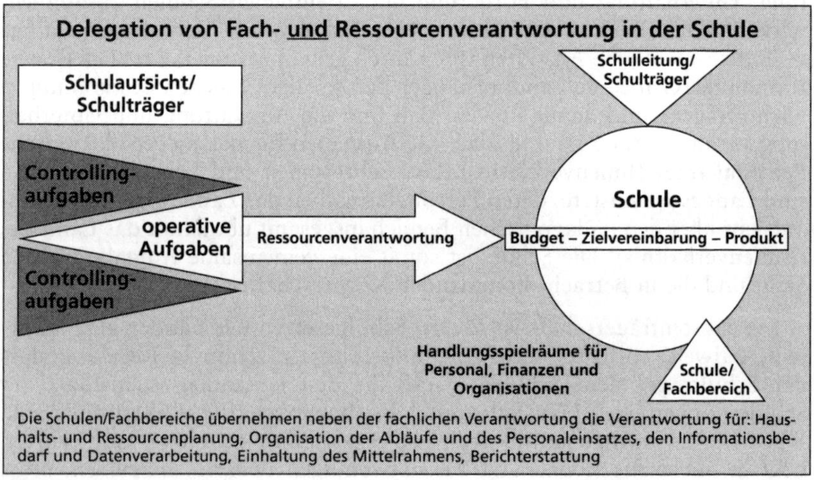

Die Schulen/Fachbereiche übernehmen neben der fachlichen Verantwortung die Verantwortung für: Haushalts- und Ressourcenplanung, Organisation der Abläufe und des Personaleinsatzes, den Informationsbedarf und Datenverarbeitung, Einhaltung des Mittelrahmens, Berichterstattung

Durch die Einführung des NSM würde sich die jeweilige Schule als lernende Organisation etablieren und schrittweise auf dem Gebiet neuer und ganzheitlicher sowie eigenverantwortlicher Steuerung entwickeln. Möglichkeiten und Chancen auf dem Weg zu einer selbständigeren Schule – und damit zu einer Verbesserung der Qualität von Unterricht und Erziehung – könnten weiterhin in einem dialogischen Prozess mit allen an der jeweiligen Schule Beteiligten ausgelotet werden und die Selbstgestaltungskräfte der Schule durch eine entsprechende Ausgestaltung der staatlichen Rahmenbedingungen unterstützt werden.

In verschiedenen Bundesländern laufen bereits erfolgversprechende Vorhaben im Bildungsbereich. Das Umdenken hat dort bereits begonnen. Erfahrungen können ausgetauscht werden. Es gibt allerdings kein »Patentrezept« für die Einführung des NSM und damit auch »kein Richtig und kein Falsch«. Jede Schule muss ihren adäquaten Weg selber finden. Der aufgezeigte Gesamtzusammenhang von wirtschaftlicher, organisatorischer und personeller Entwicklung durch das Neue Steuerungsmodell macht deutlich, dass mit dessen Einführung keinesfalls eine »wundersame Vermehrung der Ressourcen« erfolgen wird und dass im Bildungsbereich keinesfalls noch mehr gespart werden kann und darf. Die verfügbaren Ressourcen müssen vielmehr zielgerichtet und sinnvoll sowie eigenverantwortlich eingesetzt werden. Dieser Einsatz wird sich in Effektivitäts- und Effizienzsteigerungen und in einer Motivationssteigerung aller am Schulleben Beteiligten dokumentieren.

Jürgen Steinbuß ist Dipl. Verwaltungswirt, beim Innenministerium tätig und mit der Entwicklung und Einführung des Neuen Steuerungsmodells beauftragt.
Er ist Lehrbeauftragter an der Fachhochschule für öffentliche Verwaltung NRW, für Fortbildungseinrichtungen als Vortragender und Seminarleiter zu den Fachthemen »Öffentliche Finanzwirtschaft und Neues Steuerungsmodell« tätig und z. Zt. mit dem Aufbau des »Competence Center Verwaltungssteuerung« in Soest beauftragt.

Anschrift:
Competence Center Verwaltungssteuerung, Hoher Weg 1-3, 59494 Soest,
Tel.: 02921/302205, E-Mail: Juergen.Steinbuss@Kreis-Soest.de

Anhang

Literatur

Altrichter, Herbert/Posch, Peter: »Thesen zur Qualitätsevaluation und Qualitätsentwicklung im Bildungswesen.« In: Schulverwaltung NRW, Nr. 1/1998

Auernig, Rupert: Die Funktion des Schulleiters bei der Durchsetzung schulischer Innovation. Frankfurt/M. 1986

Aurin, Kurt: Gute Schulen – worauf beruht ihre Wirksamkeit. Bad Heilbrunn 2. Aufl. 1991

Balser, Hartmut/Schrewe, Hartmut/Schaaf, Nicole: Schulprogramm Gewaltprävention Neuwied: Luchterhand 1997

Balser, Hartmut/Schrewe, Hartmut/Wegricht, Roland: Regionale Gewaltprävention, Neuwied: Luchterhand 1997

Balser, Hartmut: Systemische Problembewältigung, Wetzlar: Gesellschaft für Wirtschaftsförderung und Ausbildungsbetriebe (GWAB) 1997

Bartnitzky, Horst: »Qualitätsentwicklung – Was kann die Schulaufsicht beitragen?« In: Schulverwaltung NRW, Nr. 8/1998

Bauer, Karl-Oswald/Kanders, Michael: »Burnout und Belastung von Lehrkräften.« In: *Rolff, Hans.-G./Bauer, Karl-Oswald/Klemm, Klaus/Pfeiffer, Hermann* (Hrsg.): Jahrbuch der Schulentwicklung Band 10, Weinheim/München 1998, S. 201–233

Bauer, Karl-Oswald: Professionelles Handeln in pädagogischen Feldern. Ein Arbeitsbuch für Pädagogen, Andragogen und Bildungsmanager 1997

Baumert, J./Leschinsky, A.: »Berufliches Selbstverständnis und Einflussmöglichkeiten von Schulleitern.« In: Zeitschrift für Pädagogik, H. 2/1986

Baumert, J./ Lehmann, R.R.: TIMSS (Third International Mathematics and Science Study): Dritte Internationale Mathematik und Naturwissenschaftsstudie. Berlin: Max-Planck-Institut für Bildungsforschung 1997

Becker, Georg E.: Lehrer lösen Konflikte. Weinheim 8. Aufl. 1997

Behler, Gabriele: »Selbständige Schule und staatliche Schulaufsicht.« In: Zukunftsforum Bildung. Düsseldorf 1996

Bessoth, Richard, Hofmann, Walter & Theymann, Wolfram: Das Diagnose-Instrument für SchlüsselQualifikationen (DISQ): Konzepte und Werkzeuge zum Verständnis und zur Analyse der Vermittlung von Schlüsselqualifikationen in der betrieblichen Ausbildung. St. Ingbert: G.f.b.W. Gesellschaft für berufliche Weiterbildung 1997

Bessoth, Richard: Lehrerberatung – Lehrerbeurteilung. Neuwied: Luchterhand 1994 (3. Aufl.)

Bessoth, Richard: »Alarmierende Nachrichten zur Schülermotivation: Erfahrungen mit dem Erziehungs-Diagnose-Instrument.« In: Pädagogische Führung 6 (1995), S. 137–141

Bessoth, Richard: »Leistung und Wirksamkeit bundesdeutscher Schulaufsicht.« In: ebenda, Bd. 1, 1998, LE 14.04, S. 1–96

Bessoth, Richard: »Motivation von Lehrer/innen.« In: ebenda, Bd. 3, LE 34.05, S. 1–76

Bessoth, Richard: »Organisationsklima und Organisationskultur: Synergie und Potential an Schulen.« In: Pädagogische Führung 7 (1997), S. 175–177

Bessoth, Richard: »Paradigmenwechsel im Bildungsmanagement: Neue begriffliche und konzeptionelle Grundlagen.« In: *Bessoth & Schmidt* (Hrsg.): Schulleitung – Bd. 1. Neuwied: Luchterhand 1994 + 97, LE 14.01, S. 1–120

Bessoth, Richard: »Schulaufsicht neu denken: Ideen für eine radikale Neugestaltung.« In: ebenda, Bd. 1, 1998, LE 14.05, S. 1–152

Bessoth, Richard: Verbesserung des Unterrichtsklimas. Neuwied: Luchterhand 1989
Bessoth, Richard: Organisationsklima an Schulen. Neuwied: Luchterhand 1989
Bildungskommission NRW: Zukunft der Bildung – Schule der Zukunft. Denkschrift der Kommission beim Ministerpräsidenten des Landes Nordrhein-Westfalen. Neuwied: Luchterhand 1995
Bischof, Anita/Bischof, Klaus: Führen – Mit Ihren Mitarbeitern zum Erfolg. WRS Verlag. Planegg 1998
Bischof, Anita/Bischof, Klaus: Selbstmanagement, effektiv und effizient. STS Verlag, Planegg 1997
Bischof, Klaus: Aktiv führen. WRS Verlag. Planegg 1995
Bischof, Klaus: Jeder gewinnt – Die Methoden erfolgreicher Gesprächsführung. WRS Verlag. Planegg 1997
Blanchard, Kenneth/Carlos, John/Randolphs, Alan: Management durch Empowerment. Das neue Führungskonzept: Mitarbeiter bringen mehr, wenn sie mehr dürfen. Rowohlt Verlag, Reinbek 1998
Blanco, Ralf: »The neglected parent.« In: Devereux Forum, Vol. 11, 1976, S. 11–15
Böhme, Ingrid/Schneider, Jens: Produktives Lernen – eine Bildungschance in Europa, Milow 1996
Bonsen, Matthias zur: »Energiequelle Zukunftskonferenz.« In: Harvardmanager 16/1994, H. 3, S. 25–30
Branden, Nathaniel: Die 6 Säulen des Selbstwertgefühls. Erfolgreich und zufrieden durch ein starkes Selbst. Landsberg 1997
Bürkler, Sylvia: »Leitbildentwicklung und ihre Wirkung auf das Organisationsklima.« In: Pädagogische Führung 7/1996, S. 197–199
Caiden, Gerald E.: Administrative Reform Comes of Age. New York: de Gruyter 1991
Caine, Geoffrey/Caine, Renate N./Crowell, Sam: Mind Shifts – A Brain-Based Process for Restructuring Schools and Renewing Education, Tucson, Arizona 1994
Champy, James: Reengineering im Management. Radikalkur für die Unternehmensführung. München: Heyne & Frankfurt am Main: Campus 1997 (1995)
Crowell, Sam/Caine, Renate N./Caine, Geoffrey: The Re-Enchantment of Learning – A Manual for Teacher Renewal and Classroom Transformation, Tucson, Arizona 1994
Csikszentmihalyi, Mihaly: Creativity – Flow and the Psychology of Discovery and Invention, New York 1996
Dalin, Per/Rolff, Hans-Günter: Institutionelles Schulentwicklungsprogramm. Soest 1990
Deming, W. *Edwards*: The New Economics for Industry, Government, Education. Cambridge, MA: Massachusetts Institute of Technology 1994
Dieterich, Reiner: »Verständigung psychologisch verstanden.« In: *Scheidt, Friedrich* (Hrsg.): Lernziel Verständigung – Dialogprinzip und Dialogverhalten. München: Reinhardt 1982, S. 14–43
Döbrich, Peter/Lohmann, Armin: »Arbeitsplatzuntersuchung als Teil von Schulentwicklung. Ein Praxisbericht.« In: Journal für Schulentwicklung 1998, 2, S. 24–33
Dreesmann, H./ Eder, F./ Fend, H./ Pekrun, R./v. Saldern, M.: »Schulklima.« In *Ingenkamp, K., Jäger, R.S., Petillon, H. B. Wolf* (Hrsg.). Empirische Pädagogik 1970–1990. Eine Bestandsaufnahme der Forschung in der Bundesrepublik Deutschland, Bd. II (S. 655–682). Weinheim: Deutscher Studien Verlag 1992
Dresselhaus, Günter, »Schulprogramm, Motor der Schulentwicklung.« In: Schulmanagement. Die Zeitschrift für Schulleitung und Schulpraxis, Nr. 5/1999, S. 19–23

Dröge, Joachim/Woker, Edda: »Arbeitsformen und Methoden in der selbständigen Schule.« In: Schulleiter-Handbuch, Bd. 84. München 1997

Dunkel, Lothar /Enders, Christine/Hanckel, Christoph: Schule – Entwicklung – Psychologie. Schulentwicklungspsychologie. Bonn 1997

Edelstein, Wolfgang: »Selbstwirksamkeit im Kontext der Schulreform.« In: Pädagogische Führung, 9, Heft Nr. 2, 1998

English, Fenwick/Hill, John C.: Total Quality Education: Transforming Schools Into Learning Places. Thousand Oaks, CA: Corwin 1994

Faller, Kurt: Mediation in der pädagogischen Arbeit. Ein Handbuch für Kindergarten, Schule und Jugendarbeit. Mülheim an der Ruhr1998

Fend, Helmut: »Was ist eine gute Schule ?« In: *Tillmann, Klaus-Jürgen* (Hrsg.), Was ist eine gute Schule ?, Hamburg 1989, S. 14 ff.

Fengler, Jörg: Helfen macht müde. Zur Analyse und Bewältigung von Burnout und beruflicher Deformation. 5., überarbeitete und erweiterte Auflage, München 1998

Fischer, Walter A./Schratz, Michael: Schule leiten und gestalten. Mit einer neuen Führungskultur in die Zukunft. Österreichischer StudienVerlag, Innsbruck 1993

Fischer, Walter A./Schratz, Michael: Schule leiten und gestalten. Mit einer neuen Führungskultur in die Zukunft. Österreichischer StudienVerlag, Innsbruck 1993

Frase, Larry E./Conley, Sharon C.: Creating Learning Places for Teachers, Too. Thousand Oaks, CA: Corwin 1994

Gampe, Harald/Knapp, Rudolf/Margies, Dieter/Rieger, Gerald: Allgemeine Schulordnung (ASchO) für Nordrhein-Westfalen. Kommentar. Praxishilfen Schule. Luchterhand Verlag, Neuwied 1995

Gebauer, Karl: Turbulenzen im Klassenzimmer. Emotionales Lernen in der Schule. Stuttgart 1997

Gebert, Diether/Rosenstiel Von, Lutz: Organisationspsychologie. Stuttgart 1992

Glickstein, Lee: Be Heard Now! – Tap Into Your Inner Speaker and Communicate with Ease, New York 1998

Graumann, Carl Friedrich: »Interaktion und Kommunikation.« In: *Graumann, Carl Friedrich* (Hrsg.): Handbuch der Psychologie Bd. 7/2, Sozialpsychologie. – Göttingen 1972

Grell, Jochen/Grell, Monika: Unterrichtsrezepte. Urban & Schwarzenberg Verlag, München 1979

Grewe, Norbert, »Beraten im Schulsystem«. In: *Müller, Alfred/Gampe, Harald/Rieger, Gerald/Risse, Erika* (Hrsg.), Leitung und Verwaltung einer Schule. Luchterhand Verlag. Neuwied 1997

Gudjons, Herbert: »Fallbesprechungen in Lehrergruppen. Ein Leitfaden für gegenseitige Supervision und Beratung in der praxisnahen Lehrerfortbildung.« In: Westermanns Pädagogische Beiträge 1977/9, S. 373–379

Gügel, Günther: Methodenmanual I. Weinheim 1997

Haenisch, Hans: Qualitätssichernde Maßnahmen in der Schule, hrsg. vom Landesinstitut für Schule und Weiterbildung. Soest 1994

Haeren, Anton/Hoven, Anton: »Widerstand gegen Veränderung. Woran liegt es, wenn Kollegen neue Ideen abblocken?« In*: Buchen, Herbert/Horster, Leonhard/Rolff, Hans-Günter,* Schulleitung und Schulentwicklung. Erfahrungen, Konzepte, Strategien. 9/1996, S. 1–13

Hammer, Michael: Das prozesszentrierte Unternehmen. Die Arbeitswelt nach dem Reengineering. Frankfurt am Main: Campus 1997

Hanks, Kurt: Die Kunst der Motivation. Wien 1995

Hannemann, Ulrich: »Mit Schulprogrammen ›Gute Schule‹ machen?« In: Schulmanagement. Die Zeitschrift für Schulleitung und Schulpraxis, Nr. 5–98, Oktober 1998, S. 14–17

Hartmann, Peter: »Das Kollegium motivieren – aber wie? Eine Schule schaffen, in die Lehrer gern kommen.« In: *Buchen, Herbert/Horster, Leonhard/Rolff, Hans-Günter*, Schulleitung und Schulentwicklung. Erfahrungen, Konzepte, Strategien. Ergänzungslieferung November./1997, S. 1–15

Harvey; Christine: Erfolgreiche Motivation in 7 Tagen. Landsberg 1998

Heidemann, Rudolf: Körpersprache im Unterricht. Ein praxisorientierter Ratgeber. Wiesbaden 5. Aufl. 1996

Heitkämper, Peter: Mehr Lust auf Schule. Paderborn 1995

Heymann Von, Dietrich: Instrumente zur Führungstechnik, Schulleiter-Handbuch, Bd. 40. Braunschweig 1986

Heyse, Helmut: »Schulpsychologie in einer selbstverwalteten Schule – Erwartungen, Befürchtungen, Chancen.« In: Report Psychologie 1998, S. 14–16

Hilb, Martin: Integriertes Personal-Management: Ziele – Strategien – Instrumente. Luchterhand Verlag, Neuwied 1998 (5. Aufl.)

Holtappels, H.G. (Hrsg.): Entwicklung von Schulkultur. Ansätze und Wege schulinterner Erneuerung. Luchterhand 1995

Holtappels, H.G.: »Schulstruktur und Innovationsansätze, Trends und Perspektiven der Schulentwicklung.« In: ders. (Hrsg.): Entwicklung von Schulkultur. Neuwied 1995

Horster, Leonard, »Auftakt und Prozeßbegleitung in der Entwicklung einer Schule« In: *Altrichter, Herbert/Schley, Wilfried/Schratz, Michael* (Hrsg.), Handbuch der Schulentwicklung. Innsbruck, Wien 1998

Hough, L.M.: The »Big Five«. Personality Variables – Construct Confusion: Description versus Prediction. Human Performance, 5/1992, S. 139–155

Huber, Stephan G., »Effectiveness & Improvement: Wirksamkeit und Verbesserung von Schule – eine Zusammenschau«. In: Schulmanagement, Die Zeitschrift für Schulleitung und Schulpraxis, Nr. 5/1999, S. 8–18

Hurrelmann, Klaus/Rixius, Norbert/Schirp, Heinz: Gegen Gewalt in der Schule. Ein Handbuch für Elternhaus und Schule. Beltz Verlag, Weinheim und Basel 1996

Ingrisch, Edgar: »Wandel und Veränderung« In: Schulmanagement. Die Zeitschrift für Schulleitung und Schulpraxis, Nr. 5–98, Oktober 1998, S. 8–13

Jäger, T.S./Jäger, R.S.: Gewalt und kein Ende? Ein programmatischer Präventionsansatz ausserschulischer Bildung. Materialien zur politischen Jugend- und Erwachsenbildung. Heft 3–4/1998, S. 252–257

Kasper; Horst: Mobbing in der Schule. Probleme annehmen, Konflikte lösen. Lichtenau und Weinheim/Basel1998

Kasper; Horst: Kreative Schulpraxis. Vom Unterrichtsprojekt zum Schulprogramm. Lichtenau und München1995

Keller, Gustav: Motivationsstörungen im Schulalter. Donauwörth 1995

Kirsten, Rainer/Vopel, Klaus W.: Kommunikation und Kooperation, Pfeiffer-Verlag, München 1974

Kleinbeck, Uwe, Quast, Hans-Henning, Thierry, Henk & Häcker, Hartmut (Hrsg.): Work Motivation. Hillsdale, NJ: Erlbaum 1990

Kline, Peter/Saunders, Bernard: Zehn Schritte zur Lernenden Organisation, Paderborn 1996

Kohn, Alfie: Beyond Discipline. From Compliance to Community. Alexandria, VA: Association for Supervision and Curriculum Development 1996

Kowalczyk, Walter: Umgang zwischen Elternhaus und Schule. Regensburg 1988

Kreienmeyer, Gudrun/Herbst, Rolf: »Organisationsentwicklung an Schulen« In: *Müller, Alfred/Gampe, Harald/Rieger, Gerald* (Hrsg.): Leitung und Verwaltung einer Schule. Luchterhand Verlag, Neuwied 1997, S. 114–129

Kuhlmann, Andreas: Faustrecht – Gewalt in Schule und Freizeit, Köln 1998

Kulhay, Hans-Dieter: »Das ist der erfolgreiche Manager«. In: Dale Carnegie Management. Durch Menschenführung zum Erfolg. Rentrop Verlag, Bonn 1992

Landesinstitut für Schule und Weiterbildung (Hrsg.): Gemeinsam Schule machen. Soest 1988

Landwehr, Norbert: »Schlüsselqualifikationen als transformative Fähigkeiten.« In: Pädagogische Führung 8 (1997), S. 65–70

Leymann, Heinz: Der neue Mobbing-Bericht. Erfahrungen und Initiativen, Auswege und Hilfsangebote. Reinbek1995

Leymann, Heinz: Mobbing. Psychoterror am Arbeitsplatz und wie man sich dagegen wehren kann. Reinbek1993

List, Juliane (Hrsg.): Timss: Mathematisch-naturwissenschaftliche Kenntnisse deutscher Schüler auf dem Prüfstand. Köln 1998

Locke, Edwin A. & *Latham, Gary* P.: »Work Motivation: The High Performance Cycle.« In: *Kleinbeck, Uwe* u. a. (Hrsg.) 1990, S. 3–25

Lohmann, Armin., Identität und Schulprogramm, München 1997

Lohmann, Armin: »Auf dem Weg zur autonomen Schule. Ein Weg von 1000 Schritten beginnt mit einem Schritt.« In: Pädagogik Nr. 11/1993, S.9–15

Mackowiak, Ronald: »Motivation im Schulalltag« In: Schulleitung und Schulentwicklung. Berlin 1998

Malone, Thomas W./Lepper, Mark: »Making Learning Fun. A Toxonomie of Instrusic Motivations for learning« In: *Snow, E*: Aptitude, Learning and Instruktion 1983

Margies, Dieter: »Quo vadis Schulleitung? Verlangt der Schulwandel ein neues Kompetenzprofil der Schulleiter/innen?« In: Materialien zum Schulmanagement, hrsg. VBE NRW. Dortmund 1996

Meidinger, Hermann/Enders, Christine: Burnout-Seminare für Lehrer. Arbeits- und Nachdenkbuch. Praxishilfen Schule. Luchterhand Verlag, Neuwied 1997

Menn-Hauptvogel, Marion/Smolka, Dieter, Klasse(n) entspannen. Integratives Entspannungstraining in der Schule. Verlag Moderne Industrie, Landsberg 2000

Mietzel, Gerd: Wege in die Psychologie. Stuttgart 1994

Miller, Reinhold: Beziehungsdidaktik. Weinheim, 2. Aufl. 1998

Miller, Reinhold: Schilf-Wanderung. Wegweiser für die praktische Arbeit in der Lehrerfortbildung. Weinheim, 3. Aufl,. 1992

Miller, Reinhold: Schule selbst gestalten. Band 1: Beziehung und Interaktion. Weinheim 1996

Miller, Reinhold: Schul-Labyrinth. Hilfen im Umgang mit Veränderungen. Weinheim 1993

Mitschka, Ruth: Die Klasse als Team. Ein Wegweiser zum Sozialen Lernen in der Sekundarstufe. Veritas Verlag, Linz 1997

Müller, Alfred/Gampe, Harald/Rieger, Gerald, Risse. Erika (Hrsg.): Leitung und Verwaltung einer Schule. Luchterhand Verlag, Neuwied 1997

Müller-Limmroth, Bernd: »Lehrer« *In*: Züricher Weltwoche, Nr. 35/1983, S. 27

Mundt, Dieter: »Streßsteuerung in Gruppen«. In: *Müller, Werner* (Hrsg.): Praxishandbuch Kinder- und Jugendfreizeiten, Landsberg 1997

Nather, Wolfgang: »Zukunftskonferenzen an Schulen.« In: Pädagogische Führung 6/1995, H. 3; S. 141–145

Neubauer, Walter: Führen und Leiten in sozialen Organisationen. Neuwied 1996

Nuttin, Jean: »Motivation«. In: *Arnold, W., Eysenck, H. J.; Meili, R. (Hrsg.):* Lexikon der Psychologie, Bd. 2. Augsburg 1996

Ogger, Günter: Nieten in Nadelstreifen. Deutschlands Manager im Zwielicht. Droemer Knaur Verlag, München 1992

Osswald, Elmar: »Gestalten statt verwalten. Die lebendige Schule und ihre Schulleitung.« In: *Ruth C. Cohn/Christina Terfurth* (Hrsg.), Lebendiges Lehren und Lernen. TZI macht Schule. Klett-Cotta Verlag, Stuttgart 1993, S. 214–247

Peniuk, Helene: »Berufliche Identität und Persönlichkeit«. In: *Buchen, Herbert/Horster, Leonhard/Rolff, Hans-Günter,* Schulleitung und Schulentwicklung. Erfahrungen, Konzepte, Strategien. Raabe-Fachverlag, Ergänzungslieferung Sept. 1999

Peters, Tom/Austin, Nancy: Leistung aus Leidenschaft: Über Management und Führung. Hoffmann & Campe Verlag, Hamburg 1986

Peters, Tom/Waterman, Robert H.: Auf der Suche nach Spitzenleistungen: Was man von den bestgeführten US-Unternehmen lernen kann. Verlag Moderne Industrie, Landsberg 1983

Peters, Tom/Austin, Nancy: Leistung aus Leidenschaft. A Passion for Excellence. Über Management und Führung. Hoffmann und Campe Verlag 1993

Peters, Tom: Das Tom-Peters-Seminar: Management in chaotischen Zeiten. Campus Verlag, Frankfurt am Main 1995

Philipp, Elmar: »Teamentwicklung in Schulen«. In: *Buchen, Herbert/Horster, Leonhard/Rolff, Hans-Günter,* Schulleitung und Schulentwicklung. Erfahrungen, Konzepte, Strategien. Ergänzungslieferung Aug./1995

Philipp, Elmar: Teamentwicklung in der Schule. Konzepte und Methoden. Beltz Verlag, Weinheim und Basel 1996

Philipp, Elmar: Teamentwicklung in der Schule. Weinheim, 2. Aufl. 1998

Poppe, Manfred: Die dezentralisierte Gesamtschule In: Schulmanagement, Braunschweig Verlag, 2.1993, Seite 22ff.

Poppe, Manfred: Jahresterminplanung. Ein organisatorisches Muß für eine Schule mit Anspruch auf Profilbildung. In*: Buchen, Herbert/Horster, Leonhard/Rolff, Hans-Günter:* Schulleitung und Schulentwicklung, Ausg. 7/1997, F 1.3

Poppe, Manfred: »Teamarbeit.« In: Schulmanagement, Heft 1/1999, S. 20–30

Rauscher, Heinz: »Gesprächsführung als Schlüsselkompetenz des Schulleiters.« In: Schulleiter-Handbuch, Bd. 81. München 1997

Regenthal, Gerhard: Identität und Image. Corporate Identity – Praxishilfen für das Management in Wirtschaft, Bildung und Gesellschaft, Köln 1992

Regenthal, Gerhard: Schule und Management. In: Schule braucht Management. Neuss 1994

Regenthal, Gerhard: »Corporate Identity – Strategien zur Entwicklung und Gestaltung von Schulentwicklungsprozessen und Schulprogrammen.« In: *Lade, Eckhard/Kowalczyk, Walter* (Hrsg.), Konkrete Handlungsanleitungen für erfolgreiche Beratungsarbeit mit Schülern, Elter und Lehrern. Ergänzungslieferung September 1998, Teil 12/3.3, S. 1–32, WEKA Verlag, Kissing 1998

Regenthal, Gerhard: Corporate Identity an Schulen. Luchterhand Verlag, Neuwied 1999

Reichel, Gusti/Rabenstein, Reinhold/Thanhoffer, Michael: Bewegung für die Gruppe. Münster 8. Aufl. 1992

Rice, A.K.: Führung und Gruppe. Stuttgart 1973

Riemann, Fritz: Grundformen der Angst. München 1995

Risse, Erika: »Kann eine normale Schule autonom sein? Anregungen, Erfahrungen, Gestaltungsmöglichkeiten« in: Pädagogik 11/1993 S.17–20

Risse, Erika: »Ein Schulprogramm für den ›Kunden‹ Schüler«. In: Pädagogische Führung, H. 2/1995

Rolff, Hans Günter u. a.: Manual Schulentwicklung. Weinheim 1998

Rolff, Hans-Günter: Wandel durch Selbstorganisation. Weinheim 1993

Rosenbusch, Heinz (Hrsg.): Körpersprache in der schulischen Erziehung. Baltmannsweiler 1986

Rosenbusch, Heinz S.: Lehrer und Schulräte: Ein strukturell gestörtes Verhältnis. Berichte und organisationspädagogische Alternativen zur traditionellen Schulaufsicht. Bad Heilbrunn/Obb.: Klinkhardt 1994

Ryan, Kathleen D./Oestreich, Daniel K.: Driving Fear Out of the Workplace: How to Overcome the Invisible Barriers to Quality, Productivity, and Innovation. San Francisco, CA: Jossey-Bass 1991

Schein, Edgar, Karriereanker. Darmstadt 1992

Schley, Wilfried: »Organisationsentwicklung an Schulen.« In: *Heyse, Helmut/Wichterich, Heiner* (Hrsg.): Alte Schule – neue Medien. Berichte aus Schulpsychologie und Bildungsberatung. Bonn: Deutscher Psychologen Verlag 1988, S. 131–145

Schnell, Herbert: »Thesenpapier zur Rolle und Funktion der Schulaufsicht« In: Aktuelles HKM, Juli 1998

Schober, Otto: Körpersprache. Schlüssel zum Verhalten. München 1988

Schreidah, Kädrin: »Noch auf Englisch gepolt.« In: UnKRAUT, 6/1998

Schreyögg, Astrid: »Schulleiter als Konfliktmanager.« In: *Buchen, Herbert, Horster, Leonhard Rolff/Hans-Günter (Hrsg.):* Schulleitung und Schulentwicklung, Bd. 2. Stuttgart 1997

Schulz Von Thun, Friedemann: Miteinander Reden. Störungen und Klärungen. Reinbek 1991

Schwarz, Bernd/Prange, Klaus: Schlechte Lehrer/innen. Weinheim 1997

Seitz, Hans/Capaul, Roman: »Anleitung zur Konfliktlösung in der Schule«. In: *Buchen, Herbert/Horster, Leonhard/Rolff, Hans-Günter,* Schulleitung und Schulentwicklung. Erfahrungen, Konzepte, Strategien. 22. Ergänzungslieferung 5/1999

Senge, Peter M.: Die fünfte Disziplin – Kunst und Praxis der Lernenden Organisation, Stuttgart, 5. Aufl. 1998

Sennlaub, Gerhard: »Dienstleistungsbetrieb« In: *Sennlaub, Gerhard*: macht's gut. AOL Verlag, Lichtenau 1995

Singer, Kurt: Maßstäbe für eine humane Schule. Fischer Verlag, Frankfurt a. Main 1981

Smolka, Dieter: »Management und Führung in der Schule« In: Schulverwaltung NRW Nr. 4/1994, S. 87–90

Smolka, Dieter: »Schulmanagement und Schulklima. Die Zukunft gehört der Teamarbeit« in: Deutsche Lehrerzeitung Nr. 32, 2. Augustausgabe 1994

Smolka, Dieter: »Unterrichtsverteilung – ein Beispiel für Management und Führung«. In: *Müller, Alfred/Gampe, Harald/Rieger, Gerald/Risse, Erika:* Leitung und Verwaltung einer Schule, Praxishilfen Schule, Luchterhand Verlag, Neuwied 1997, S. 51–62

Smolka, Dieter: »Unterrichtsverteilung – Empfehlungen für ein neues Verfahren« In: Schulverwaltung NRW Nr. 8/1993, S.190

Smolka, Dieter: »Schulmanagement« In: SchulLink CD-ROM. Carl Link Verlag, Kronach 2000

Sprenger, Reinhard K.: Das Prinzip Selbstverantwortung. Wege zur Motivation, Campus Verlag, Frankfurt/New York, (8. Aufl.) 1998

Sprenger, Reinhard K.: Die Entscheidung liegt bei dir! Wege aus der alltäglichen Unzufriedenheit, Campus Verlag, Frankfurt/New York, 5. Aufl. 1999

Sprenger, Reinhard K.: Mythos Motivation, Campus Verlag Frankfurt/New York, (16. Aufl.) 1999
Steffens, Ulrich/Bargel, Tino: Erkundungen zur Qualität von Schule. Berlin 1993
Stock, J./Wolff, H.: Delphi Befragung (1996/1998) Potentiale und Dimensionen der Wissensgesellschaft – Auswirkungen auf Bildungsprozesse und Bildungsstrukturen. Basel: Prognos AG, München Infratest 1998
Storath, Roland: Praxisschock bei Schulleitern? Neuwied 1995
Stroebe, Rainer W./Stroebe, Guntram H.: Motivation. Heidelberg 1994
Struck, Peter: Die Kunst der Erziehung, Darmstadt 1996
Struck, Peter: Erziehung gegen Gewalt. Ein Buch gegen die Spirale von Aggression und Haß. Luchterhand Verlag, Neuwied 1994
Struck, Peter: Erziehung von gestern, Schüler von heute, Schule von morgen, München, Wien 1997
Struck, Peter: Neue Lehrer braucht das Land. Ein Plädoyer für eine zeitgemäße Schule. Darmstadt 1994
Struck, Peter: Schule der Zukunft. Von der Belehrungsanstalt zur Lernwerkstatt, Darmstadt 1996
Struck, Peter: Schulreport. Zwischen Rotstift und Reform oder Brauchen wir eine andere Schule? Reinbek 1995
Systemelemente Gruppenarbeit: Volkswagen Coachinggesellschaft, Kassel 1998
Tennstädt, Christian u. a.: Das Konstanzer Trainingsmodell (KTM). Bd.1: Trainingshandbuch (Ordner). Bd. 2: Theoretische Grundlagen. Bern, Stuttgart, Toronto 1992.
Tesch-Römer, Cordelia u. a.: Psychologie der Bewältigung. Weinheim: Beltz 1997
Thiemermann, Franz-Josef: Schulleiter im Hauptberuf – Führung und Management in der Schule. Neuwied 1998
Vopel, Klaus W./Genser, B./Buttgereit, P./Heinze, B.: Lernen in der Gruppe – Theorie und Praxis der Themenzentrierten Interaktionellen Methode Ruth Cohn, Blickpunkt Hochschuldidaktik 25, Hamburg 1972
Vopel, Klaus W./Vopel, Oliver: Wirksame Workshops – 80 Ideen für Dynamisches Lernen, iskopress Verlag, Salzhausen 1999
Vopel, Klaus W.: Handbuch für GruppenleiterInnen – Zur Theorie und Praxis der Interaktionsspiele, iskopress Verlag, Salzhausen, 8. Aufl. 1997
Vopel, Klaus W.: Kooperation & Kompetenz – Spiele für die Lernende Organisation, Teil 1 und 2, Salzhausen 1997
Vopel, Klaus W.: Teamentwicklung, Salzhausen, 1993
Vopel, Klaus W.: Themenzentriertes Teamtraining, Teil 1 – 4, Salzhausen, (2. Aufl.) 1996
Vopel, Klaus W.: Umgang mit Konflikten, Salzhausen, (4. Aufl.) 1993
Weinert, A.B.: Organisationspsychologie. Weinheim 1998
Wiggins, J.S.: Personality and prediction: Principles of personality assessment. Reading, Massachusets: Addison-Wesley 1973
Wimmer, Rudolf: »Die Zukunft von Führung.« In: Organisationsentwicklung, H. 4/1996
Wimmer, Rudolf: »Ist Führen erlernbar?« In: Gruppendynamik, H. 1/1989
Wirries, Ingeborg: »Pädagogische Führungsaufgaben des Schulleiters.« In: Schulleiter-Handbuch, Bd. 39. Braunschweig 1986
Wissinger, Jochen/Rosenbusch, Heinz (Hrsg.): »Motivation durch Kooperation.« In: Schulleiter-Handbuch, Bd. 58. Braunschweig 1991
Wolff, Georg/Göschel, Gesine: Erfolgsfaktor Führung. Frankfurt/M. 1990

Wright, Loraine M./Watson, Wendy L./Bell, Janice M.: Beliefs – The Heart of Healing in Families and Illness, New York 1996.
Zimbardo, Philipp G.: »Psychologie.« In: *Angemeier, Wilhelm F.; Brengelmann, Johannes C.; Thickötter, Thomas J.* (Hrsg.). Handbuch Psychologie. Berlin, Heidelberg, 1983, S. 213